网络与新媒体专业“十二五”规划教材

新媒体理论与实务

周艳 著

中国传媒大学出版社
·北京·

目 录

第一章　新媒体的内涵

■ **本章要点：**

新媒体是相对于传统媒体而言的媒体，新媒体具有媒体的一般属性，即承载信息和传播信息的属性，新媒体强调网络传输、内容生产、业务开发、终端推广、广告营销、用户需求等功能。只是在传播技术进步、传播生态演变的背景下，新媒体能够承载和传播更海量的信息，能够更方便快捷地实现信息在传播过程中的互动分享。而媒体运营的要素也出现了一些变化，诸如在网络融合、内容集成、业务设计、智能终端、互动营销、用户互动信息平台建设等方面发生变化。

在本质上，新媒体是信息传播者和接受者双方平等的新传播方式的构建，是媒体旧格局的解构与重聚，是信息内容生产流程再造与管理的创新，是信息传输网络融合与博弈的产物，更是以个人、家庭、行业和政府的信息需求为动力，所构建的崭新的信息生产、消费与交流平台。

第一节　新媒体的内涵

一、传播技术的演进推动新媒体不断发展

传播技术是指对信息的采集、生产加工、集成、传输、分发和接收等各个传播环节的多种应用技术系统的总称。构建在信息数字化基础的大环境下，能够突破传统传播通路和传播模式的局限，融合最新的有关互联网、无线通信、数字化广播等手段而产生全新的数字传播技术是新媒体产生和发展的巨大推动力①。

在媒体发展史上，技术与媒体息息相关，《传播理论》上早就论述过，媒介科技是生产力②，从传播的角度来看，媒介形态的发展是一个渐进的过程，有着时间的递进性，更和当时的技术、政治、经济和文化环境有着密切关系。传播技术的发展在媒介形态完善过程中更是扮演着不可或缺的角色。正是传播技术的发展催生了媒介形式的不断丰富，也促使媒介的信息传播活动更快捷和有效③。印刷技术推动了出版传媒业的发展，电子技术推动了广播电视的发展。随着计算机的问世，数字化生存的现实使得数字传播技术得以

---

① 黄升民等：《数字传播技术与传媒产业发展研究》（教育部哲学社会科学研究重大课题攻关项目成果），经济科学出版社，2012年版。

② 传播学的多伦多学派持有这样的观点，其代表人物是哈·爱内斯、马·麦克卢汉以及两位大师的学生。

③ 黄升民、周艳、马丽婕：《广电媒介产业经营新论》，复旦大学出版社，2005年版。

迅速发展和应用。

1946年，世界上第一台通用数字计算机的问世揭开了数字传播的序幕。作为人类科技史上具有深远意义的新起点，计算机技术的不断提高和广泛使用，大大提高了人类处理、存储和交换信息的能力。而随着计算机网络的出现和近年来网络在全球的普及，人类信息交流的空间在很大程度上得到了拓展。

1973年，时任美国哥伦比亚大学的著名社会学者丹·贝尔(Daniel Bell)在其出版的《后工业社会的来临》一书中提出了著名的“信息化社会”和“信息时代”的理论，他把科技对社会发展的影响视为关键，提出开始于英国的工业革命将被一种“后工业社会”所取代，而工业革命时代的“制造业”也行将没落，取而代之的则是“服务业”。以知识和科学技术为核心的产业即将兴起，特别是信息技术会将美国社带到一个“信息时代”。贝尔的理论随着畅销书《第三次浪潮》和《大趋势》而得到广泛认知，并且引发了传播学界对传播科技更多的关注和研究。

1995年，美国麻省理工学院教授兼媒体实验室主任尼葛洛庞帝推出的著作《数字化生存》，将数字化传播提到了前所未有的高度。他认为与物质世界的基本粒子——“原子”相对应，信息时代新世界的基本粒子就是“比特”。他在书中指出：“比特，作为信息的DNA正迅速取代原子而成为人类社会的基本要素”，在这种新型信息传播方式的作用下，“计算不仅和计算机有关，它将决定我们的生存”①。《新周刊》杂志曾经这样评论说：“如果说每一个新时代的来临都必有新的宣言的话，那么呼唤并宣告信息时代(数字化传播时代)来临的宣言，则非本书(《数字化生存》)莫属了。”②

进入21世纪，数字技术在各个领域的应用越来越普遍，尤其是在传播领域，数字传播技术更是带来了传媒产业颠覆性的变革。一方面，传统媒体的数字化进程加速，报纸、杂志、图书等平面媒体的内容需要以光盘或有声读物等数字化载体进行重新呈现，以适应不断变化的传播环境。另一方面，数字传播技术催生了以互联网、数字广播电视、移动媒体为代表的多种崭新的媒体形态。

我们看到旧有的媒体也在这场新技术革命的推动下发生了彻底改变，原本不同媒体之间泾渭分明的界线开始变得越来越模糊，新的数字传播技术还使得媒体的互动性变得更加方便，人们也从过去被动接受信息的“受众”一跃成为能够跟媒体互动并且主动生产、传播和使用信息的“用户”。进入21世纪以来，从媒介产业外部大环境来看，正是在数字技术的催生和演变之下，传媒产业挺立在信息时代的前沿位置，数字传播技术让传媒产业站在了一个新的历史起点。

二、新媒体的界定

(一)什么是新媒体

前面我们梳理了传播技术的发展及其应用，也从技术应用、媒体演变和受众变化等角度分析了新媒体的背景，那么到底什么是新媒体呢？对新媒体进行界定，对其内涵进

---

① 〔美〕尼葛洛庞帝著，胡泳等译：《数字化生存》，海南出版社，1996年版。

② 《1978～1998：20年中国备忘》，《新周刊》，1998年第22期。

行解析，关系到我们后面的学习要进入的领域以及设定的一些核心方向。因此在本书一开始我们就讨论这个关键的问题。

有两个定义对于笔者对新媒体的理解和本书的框架影响最大。

第一个就是美国《连线》杂志给“新媒体”下过的一个定义：由所有人面向所有人进行的传播（communications for all by all）。这个定义阐释了新媒体是信息传播的重要载体，在数字传播技术的支持下，新媒体突破了人与人信息传播的限制。

第二个即中国传媒大学黄升民教授认为的，新媒体是信息传播者和接受者双方平等的新传播方式的构建，是媒体旧格局的解构与重聚，是信息内容生产流程的再造与管理创新，是信息传输网络融合与博弈的产物，更是以个人、家庭、行业和政府的信息需求为动力，所构建的崭新的信息生产、消费与交流平台。黄升民教授对于新媒体的界定让我们关注到传输网络不断融合和发展、传输内容的海量喷发、传输终端的多元化，以及人们对信息的消费需求平台化的不断延展。

根据上述两个定义，结合笔者多年对新媒体的研究，本书给新媒体作出这样的一个界定：

新媒体指的是在数字传播技术的支持下，人们为了达到所有人对所有人沟通信息的目的，发明和创造出来的承载信息的各种载体的总称。

新媒体是基于数字传播技术所衍生出来的新的媒体形态，其信息的生产、传输、使用等跟传统媒体有联系和区别：联系在于新媒体对传统媒体信息内容传播模式有一定的延续，而区别在于新媒体创造了崭新的传播流程。新媒体有融合的网络服务、创新的内容运营和业务设计模式、智能化的终端应用、互动的广告营销方式和多元化的赢利模式等。新媒体使得媒体和用户的界限日益模糊，并支持媒体与用户、用户与用户之间的信息互动交流。

不同形态的新媒体的集合以及由此引发的关联产业的集合体就是新媒体产业。新媒体产业①是所有人对所有人的传播形态和产业集合。

（二）对新媒体的理解有几个关键词

1. 信息

新媒体跟传统媒体一样，仍然是信息的载体，信息也仍然是新媒体运营的核心要素。只是现代社会进入了信息社会，信息成为继物质和能源之后非常重要的社会要素②。而新媒体时代对信息的贡献体现在两个方面，第一是新媒体促进了海量信息的产生，第二是新媒体使得信息的传播方式发生改变，不再是一对多的广播式传播，而是出现了一对多广播式和一对一互动式的信息传播方式的融合发展。

2. 新

新媒体指的是区别于传统旧媒体而言的一种新的承载信息的工具，所以新是其重要的特征，只是这里所谓的新是相对而言的，是区别于传统的旧媒体形态的旧传播方式而言的，但是并不是说有了新媒体，旧媒体就消失了，而是新媒体可能是从旧媒体演变而来的，新媒体的应用和业务开发也延续了传统旧媒体的核心资源，如内容等。清华大学教

---

① 关于新媒体产业的详细论述，可参考黄升民、丁俊杰：《媒体经营与产业化研究》，北京广播学院出版社，1997 年版。

② 〔美〕迈可·德托罗斯著，罗耀宗译：《资讯新未来》，台湾时报文化出版企业公司，1997 年版。

授熊澄宇也认为新媒体是一个相对的概念，新与旧只能在比较中区别[①]。

3. 数字化

数字化是新媒体发展的基础，传统媒体基于模拟传播技术发展而来，而新媒体基于数字传播技术发展而来。第四次信息传播革命是以1951年数字计算机被发展用来处理、存储和交换信息为标志的。计算机使原来依赖印刷技术和电子技术传递信息的媒介转向依赖计算机技术来完成。以互联网为基础的新媒体类型迅速发展，而且以数字技术构建起来的卫星、地面、有线和通讯等传输网络的数字化变革以及由此带动的数字电视、直播电视、移动媒介和手机媒介等新媒介被迅速发展和应用[②]。

正是数字技术在传播领域的应用和发展，新媒体才逐渐成熟。数字技术在信息的生产、传输和信息的使用终端方面的巨大进步，使得信息内容的集成、分发、跨网络的传输和创新的终端应用等方面都出现了新的特征。

4. 互动性

互动性是新媒体的一个重要特征。传统媒体的特征在于一对多的广播式信息传播方式，新媒体不仅提供信息传受双方的互动交流，使得传者能够即时掌握受者对信息的需求形态和方式，而且新媒体还提供了信息接受方即用户之间的互动交流，让用户自己和自己感兴趣的个人或群体进行话题的自由交流。正是这种传受双方的互动和用户之间的互动，使得信息的产生和流动以及影响力等方面都发生了巨大的变化，也使得新媒体具有了互动性的鲜明特征。

(三)新媒体产业平台的构成

基于不同的传输网络及其网络之间的交叉应用，基于丰富的内容和多层次的业务形态，新媒体发展出了不同产业类型的平台。这些平台我们可以从媒体类型的角度进行区别和划分，主要包括广播电视新媒体、平面新媒体、移动新媒体和互联网新媒体四个部分(见图1—1)[③]。

广播电视新媒体主要是以传统广播电视和电影的数字化延展出的新媒体形态，主要包括数字电视、IPTV、高清电视、移动电视、移动多媒体广播、数字电影和数字广播等。

平面新媒体是以平面媒体的数字化延展出的新媒体形态，主要指报纸、杂志、图书等平面新媒体的内容以光盘、有声读物、网页、App应用等其他新的数字化载体进行展现的新型媒体形式，主要包括数字报纸、数字杂志、数字出版、电子书等。

通信领域的移动新媒体主要是构建在3G或4G、Wifi或WiMax基础上的新媒体形态，包括手机报、手机电视、手机门户、手机即时通信、手机搜索、手机定位和支付服务等。

互联网新媒体是以互联网的流媒体传播为主所构建的新媒体形态，主要包括即时通信、微博、博客、播客、网络视频和网络社交媒体等。

---

① 〔美〕斯蒂夫·琼斯主编，熊澄宇、范红译：《新媒体百科全书》，清华大学出版社，2007年版。

② 黄升民、周艳、赵子忠：《媒介策划与营销》，高等教育出版社，2009年版。

③ 黄升民等：《数字传播技术与传媒产业发展研究》，经济科学出版社，2012年版。

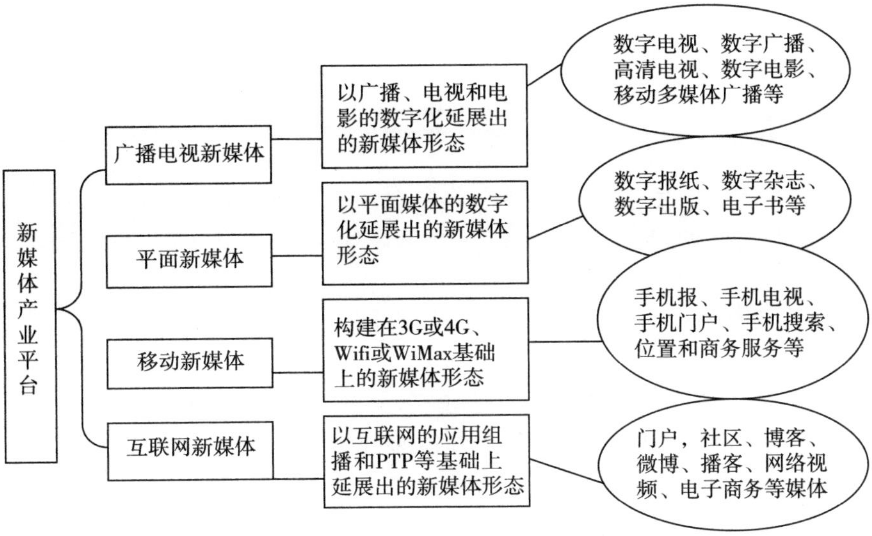

图 1—1　新媒体产业平台结构图

国际视听新媒体的产业链与传统广播影视的产业链有一定的相似性，包括内容提供、网络传输和终端消费三个主要产业环节。虽然由于传播方式、传播空间、服务方式、消费方式的改变，视听新媒体的发展格局与传统媒体相比有一定的差异性，但目前各类媒体的产业链都已形成，并有大量从事内容、传输和终端的机构。

表 1—1　新媒体产业链角色构成①

产业链角色	产业链机构	
内容提供商	电视台	福克斯广播公司(FOX)、美国全国广播公司(NBC)、美国广播公司(ABC)、英国广播公司(BBC)、东京电视台、日本电视台、富士电视台等
	内容制作机构	米高梅公司(MGM)、狮门公司(Lionsgate)、索尼(Sony)等
网络服务商	3G 移动网	英国 O2、英国沃达丰、法国 Orange、美国 Sprint 等
	DSL 网	英国电信等
	卫星数字电视网	BBC 主导的 Freesat 平台、天空广播公司等
	地面数字电视网	BBC 主导的 Freeview 联盟等
	有线宽带网	英国维珍传媒、美国 Comcast 等
	IP 电视网	英国 Tiscali 电视、英国 Talk Talk 等
业务运营商	网络广播影视	Yahoo!、葫芦网、YouTube、Anitele、Gyao 等
	IP 电视	香港电信盈科，新加坡电信，日本软银国际，以色列电信，意大利 FastWeb，法国电信，英国电信，美国 AT&T、Verizon 等
	手机电视	日本 NTT DoCoMo、美国 Sprint、法国 Orange、美国 Verizon 等
	互联网电视	Yahoo!、Google 等
	移动多媒体广播电视	德国 BMCO，法国 TDF Group，芬兰 FinPilot，韩国 KBS、MBC、SBS，美国高通等

① 本资料根据相关公开资料整理。

续表

产业链角色	产业链机构	
终端提供商	电脑	苹果、惠普、戴尔等
	手机	诺基亚、三星、苹果、摩托罗拉等
	电视	索尼、夏普、东芝等

三、新媒体的内涵

(一)新媒体构建在数字传播技术基础之上

所谓媒体,就是能够把信息从一个地方传递到另一个地方的介质和载体。其实,媒体不管新旧,从传播的角度来讲,都是人类在社会生产和生活实践中,发明和创造出来用于沟通信息的工具,即人类彼此之间实现社会传播功能才是媒体的根本所在。

何谓“新媒体”?是互联网的 Web1.0 还是 Web.2.0?是数字电视还是 IP 电视?是手机报、手机电视、手机上网等手机媒体,还是车载或是移动的多媒体广播?其实关于新媒体的理解我们不能这么狭义地从某种媒体形态出发,也不能单纯从技术分类出发,而要考虑到,新媒体是数字技术、新信息传播应用形态和媒体三者融合发展的产物。我们在思考新媒体的时候,不能把这三者割裂开来,如果单纯从技术角度出发来界定新媒体,会把我们引入歧途,我们会不断追寻技术的发展,而忽略了媒体的属性;如果单纯从新旧角度来区分,我们又会忽略新旧媒体之间千丝万缕的联系。

数字传播技术导致了媒体从内容生产、集成、传输、分发、接收方式乃至接收终端等各个方面都发生变化,一方面促使传统媒体发展新的信息传播应用方式,另一方面也裂变产生了崭新的媒体形态。

新媒体是在数字技术不断进步的情况下,在媒介领域出现的创新性信息传播应用形态。数字传播技术在媒体领域的应用和发展,是一个不断进步演进的过程。比如在媒体内容形态方面,在数字传播技术的支持下,从原来传统的图片、音乐、声音、视频等可以更加形象逼真,可以以交叉多元的方式展现,可以自由随意使用等,现在逐渐发展成为数字电影、数字视频、数字音乐等新形态;再比如随着接收终端的智能化发展,人们过去只能使用被动的、按照播出时间接收信号的旧终端,现在演变成可以主动地、自由地使用和消费信息的新终端,可以点播,可以回看,可以进行支付,可以玩游戏等。

(二)新媒体是新传播形态的构建

从传播意义上讲,与传统媒体或者旧媒体一样,新媒体也是一种媒体,是人类社会生产实践活动中沟通信息的工具和手段。由于技术的支持,新媒体解放了信息的传受双方,使得彼此更自由、更方便。

新媒体构建了一种全新的传播形态。传统媒体使用两分法把世界划分为生产者和消费者两大阵营,我们不是作者就是读者,不是广播者就是收听者,不是表演者就是欣赏者。传统媒体是一种一对多的传播,而数字新媒体与此相反,它打破了两大阵营的界限,在数字传播技术的支持下,实现了一对一、多对多的传播。它使每个人不仅有“听”的机会，而且有“说”的条件，在传播模式中都扮演着传者和受者两个角色[①]。

(三)新媒体是一个用户群体离散和重聚的动态过程

新媒体不是一个纸面的定义，不是一个静态的过程，而是一个用户群体不断离散和重聚的过程，是对用户群体的信息需求的个性化满足而不断去中心化的过程，也是对用户群体新的信息共性化需求再中心化的过程[②]。这个过程是由新媒体及其产业不断发展而形成的，同时也是以后发展的趋向。

从用户群体这个层面而言，新媒体包含着“分与聚”的辩证统一，传统营销学派习惯使用“分”的视点来看待消费者和解决市场中发生的问题，然而无限制和无休止地细分也会碰到难以解决的问题，所以，市场上的消费者在消费行为上也出现了分化和重聚的辩证统一[③]。新媒体似乎更是支持了这一观点：终端不断分化，用户群体的信息需求不断呈现出分众形态，内容和业务分发呈现出碎片化的形态；但是新媒体多重传输网络的融合，造成新传播形态和方式的出现；同时，新媒体又对碎片化的用户群体进行重新聚合，不断把已经或曾经细分的用户聚合起来，形成新的群体概念。这又是一个重聚的过程，比如新媒体的社区、论坛、团购等方式就是重新聚合起来的群体。

第二节　对国内外新媒体研究的梳理

一、国外对新媒体的研究

美国斯坦福大学传播研究所的爱德温·帕克博士(Edwin Parker)是传播学大师韦尔博·施拉姆的学生，他被认为是国际上最早对新媒体作研究的传播学者。他在 20 世纪 70 年代就倡导传播学者积极关注数字传播技术的发展及其对媒介和社会的影响，并且发表专门研究新媒体的论文，提出计算机和卫星广播电视对人类社会的影响力会远远超过报纸与电视。20 世纪 80 年代，美国南加州大学的莱斯所写的《新媒体：传播、研究与技术》(*The New Media: Communication, Research and Technology*)一书问世，把对新媒体的研究作为传播研究的新领域。随后斯坦福大学的埃沃特·罗杰斯写成《传播科技：社会中的新媒体》(*Communication Technology: The New Media in Society*)一书。这两本专著的出现，标志着新媒体研究作为传播学领域一个独立的研究领域的开始。

针对传统媒体的转型、数字传播技术背景下新旧媒体融合以及由此引发的网络领域以及社会文化领域的种种变化，美国、日本和欧洲的学者在数字技术与媒体产业的研究领域也取得了崭新的研究成果。罗杰·菲得勒的《媒介形态变化——认识新媒介》，鲍德温的《大汇流——整合媒介信息和传播》以及戴维·希尔曼的《数字媒介：技术与应用》等著作，强调了数字技术发展对媒介形态变化的影响，特别是媒介融合和各类型媒体混合应用发展的状况，以及数字传播技术和新媒介形态发展对传播模式和媒介运营的影响。他提出了“新媒介”的概念，论证了数字新媒介在媒介结构、媒介产品、受众变化等方面的

---

① 黄升民等：《数字传播技术与传媒产业发展研究》，经济科学出版社，2012 年版。

② 同上。

③ 杨雪睿：《分化与重来：对城市居民消费行为的重新解构》，中国广播电视出版社，2009 年版 。

一系列转变。与此同时出现的《宽带的数字电视》、《电子出版物——结构、影响、规制》、《商业化的信息》等著作，则是从具体的电子报纸、数字电视、数字电影等角度，分析了具体新技术的情况，以及该类新技术在电视、报纸、电影等领域推出的新的产品和服务项目。

日本在传播技术和媒介发展方面的研究也迅速起步，石坂悦男的《大众传媒产业的变化》和《媒介信息化现状》、邮政省邮政研究所的《付费广播市场的发展展望》、菅谷实的《美国传媒产业政策——电信和广播的融合》等学者和机构的研究著作，都集中探讨了数字技术发展及媒体产业结构与经营的变化，强调了在数字技术环境下，日本传媒产业政策同产业经营实践的互动关系，以及技术发展促使相关产业投资进入媒体产业的趋势等。

1998 年，联合国新闻委员会在其召开的年度年会上首次提出"新媒体"(New Media)的概念，在当时这个概念主要是指继报刊、广播和电视三大传统媒体之后迅速崛起和发展的互联网媒体，并且将其称为"第四媒体"。

通过查阅国家图书馆和中国传媒大学图书馆关于新媒体和数字媒体的资料，翻阅 49 本外文书籍，其内容涉及新媒体的政治、军事、经济、人文等各个领域。整理后我们发现，国外关于新媒体的研究，集中在以下几个方面：

1. 新媒体与传统大众媒体的关系

国外关于新媒体的研究认为新媒体这个词首先就是来自于对"大众媒介"的否定，认为新媒体不同于传统的大众媒体(广播、电视、报刊)，认为新媒体是流动的、个体的、是用来传播自由的媒体形态。虽然新媒体对计算机技术的依赖性非常强，但是新媒体不是简单的"数字媒体"，也就是说，它不仅仅是其他媒体(图片、声音和文本)的数字化形式，更是一种互动性的、独立性的传播媒介①。

2. 新媒体反映了思维方式的改变

国外关于新媒体的研究非常强调新媒介对人们的思考方式、感知和沟通方式的改变提供的可能性和现实性。有研究指出，通过新媒体，个人和个人、个人与社会能够以不同于以往的方式来沟通。②

3. 新媒体与社会文化环境的变化

新媒体在不断发展，国外的学者认为应当从技术和文化环境角度来关注新媒体的发展。

国外一些关于对新媒体的研究集中在对电脑技术、新的信息网络等方面，还有一些学者关于新媒体的研究集中在社会与文化领域，他们关注新媒体与艺术、电影、商业、科学等方面的关系③。

比如有专门研究新媒体与青少年的关系的④，如越来越多的青少年是如何通过新媒

① Wendy Hui Kyong Chun and Thomas Keenan: *New media*, *Old media* : *A History and Theory Reader*, Routledge, 2006.

② Andrew Dewdney and Peter Ride: *The New Media Handbook*, Routledge, 2006.

③ 同上。

④ Miriam J. Metzger and Andrew J. Flanagin: *Digital Media*, *Youth and Credibility*, The MIT Press, 2008.

体获得信息的，又对新媒体信息的可信性持什么样的态度。另外，还有学者重点研究新媒体的语言①，如新媒体的语言是如何形成的，它的形成又是如何改变人们的交流与沟通的；还有学者从事新媒体与各种学科的理论交叉研究的②，从文艺理论、美学、社会学、伦理学、哲学、媒体研究、符号学和教育学等方面来探讨新媒体对这些理论产生的冲击以及一些概念的重构。

二、我国对新媒体领域的研究

在新媒体产业蓬勃发展的同时，国内在新媒体领域的研究也在不断深化。

（一）我国对新媒体的界定

对新媒体的界定是新媒体研究的第一步，针对新媒体的概念、内涵、外延、特征等问题，很多学者对此提出了自己的看法。

中国传媒大学黄升民教授认为，新媒体是信息传播者和接受者双方平等的新传播方式的构建，是媒体旧格局的解构与重聚，是信息内容生产流程再造与管理创新，是信息传输网络的融合与博弈的产物，更是以个人、家庭、行业和政府的信息需求为动力的，所构建的崭新的信息生产、消费与交流平台③。

清华大学熊澄宇教授指出，对新媒体的理解要重视两个概念：一个是以前没有出现过的媒体；另一个是受数字信息技术影响而产生变化的媒体形态。信息、数字、交互、宽频、移动、人性化等是当今新媒体的重要特征④。

中国传媒大学廖祥忠教授认为，相对于旧媒体，新媒体的第一个特点是它的消解力量，消解传统媒体之间的边界，消解国家之间、社群之间、产业之间的边界，消解信息发送者与接受者之间的边界⑤。

北京大学陈刚教授认为，新媒体是对传统媒体的时间和空间的扩展，是传统媒体的延伸和变化，是通过渠道创新而进行的市场定位的细分和传播范围的扩大化。他还提出了数字生活空间的理念，认为“以互联网为基础的新的传播形态，是依托于数字技术，对人类日常生活中的各种信息传播和交流活动进行的虚拟的还原和放大，这种传播形态创造了一种新的数字生活空间⑥。”

中国人民大学匡文波认为，新媒体是利用数字技术、网络技术，通过互联网、宽带局域网、无线通信网、卫星等渠道，以及电脑、手机、数字电视机等终端，向用户提供信息和娱乐服务的传播形态⑦。

中国政法大学陆小华认为，新媒体的核心运作模式是分享平台，仅仅依靠自我力量的采集制作传播内容已经不能适应今天多样化的需求，通过一定的机制和物质载体，整

---

① Jean Aitchison and Diana Lewis: *New Media Language*, Routledge, 2003; Lev Manovich: *The Language of New Media*, The MIT Press, 2001.

② Gunnai Liestel, Andrew Morrison and Terje Rasmussen: *Digital Media Revisited*, The MIT Press, 2003.

③ 黄升民等：《数字传播技术与传媒产业发展研究》，经济科学出版社，2012 年版。

④ 熊澄宇：《新媒介与创新思维》，清华大学出版社，2001 年版。

⑤ 廖祥忠：《何谓新媒体》，《现代传播》，2008 年第 5 期。

⑥ 陈刚、沈红、马澈、孙美玲：《创意传播管理：数字时代的营销革命》，机械工业出版社，2012 年版。

⑦ 匡文波：《2006 新媒体发展回顾》，《中国记者》，2007 年第 1 期。

合各类内容资源，聚合具有共同指向的需求，才能适应新媒体的竞争①。

中国传媒大学教授宫承波认为，新媒体在内涵上就是指“依托数字技术、互联网络技术、移动通信技术等新技术向受众提供信息服务的新兴媒体”，在具体的外延种类上则包括了网络电视、网上即时通讯群组、对话链、虚拟社区、博客、播客、搜索引擎、简易聚合、电子邮箱、门户网站、手机短信、手机彩信、手机游戏、手机电视、手机广播、手机报纸、数字电视、IPTV、移动电视和楼宇视频（各种大屏幕）等②。

中国社会科学院新闻与传播研究所研究员闵大洪从传统媒体数字化的角度出发，将数字化（digital）定义为：“信息领域的数字技术向人类生活各个领域全面推进的过程，包括通信领域、大众传播领域在内的传播技术手段以数字制作全面替代传统模拟制式的转变过程。”③

2005年年底，我国863计划计算机软硬件技术主题专家组编撰了《2005中国数字媒体技术发展白皮书》，该书将数字媒体定义为：“数字媒体是数字化的内容作品，以现代网络为主要传播载体，通过完善的服务体系，分发到终端和用户进行消费的全过程。”这一定义强调了数字媒体的传播方式是通过网络，而将光盘等媒介内容排除在数字媒体的范畴之外。

中国人民大学喻国明教授在研究中，对新媒体的特征进行了以下概括：首先，由科学技术进步带来的数字化传播方式是新媒体最重要的特征。与以往的传播技术相比，数字传播具有双向互动的特点，信息接收的主动权越来越多地向受众方面转移。其次，数字传播技术改变了以往受众收听收看广播电视必须同步的特点，从而实现了异步性，即受众在任意选定的时间进行收听收看，如有兴趣有必要可以反复收听收看。再次，数字传播技术改变了以往媒体信息受控严格的局面，使信息的传播流通更为自由，尤其是互联网通过其各种强大的功能，形成了海量信息源。最后，数字传播技术改变了以往众多媒体地域性传播的特点，使传播的范围扩大至全球。它是推动全球化的强有力因素，它使任何人在任何地点、任何时间都可以与其他任何人进行任何形态信息的沟通交流。

清华大学熊澄宇教授提出了“信息社会4.0”的概念。他强调，新媒体是一个相对的概念，“新”相对“旧”而言。从媒体发生和发展的过程中，我们可以看到新媒体是伴随着媒体发生和发展在不断变化的。今天我们所说的新媒体通常是指在计算机信息处理等数字传播技术基础之上出现的媒体形态。所以，数字传播技术是当前媒体发展历程中的一个阶段，媒体发展并不会终结在数字媒体这一个平台上。随着科学技术的发展，媒体形态也在不断变迁，关注度在数字媒体之后的新媒体形态总有一天将成为学术热点。在《信息社会4.0》一书中，熊澄宇正式提出了中国信息社会发展的四个阶段，在信息社会4.0阶段，信息作为生产资料和商品在经济生活中处于重要地位，将成为效率最高的生产力，而技术则退一步成为获取、加工和传播信息应用的工具。熊教授的观点强调了数字传播技术在当前的媒体变革中担负着重要作用，同时也从媒体发展的宏观视角对数字传播技术的历史性和阶段性进行了客观分析。

---

① 陆小华：《新媒体观——信息化生存时代的思维方式》，清华大学出版社，2008年版。

② 宫承波：《新媒体概论》，中国广播电视出版社，2011年版。

③ 闵大洪：《数字化时代与数字化传媒》，《中国传媒科技》，2001年第11期。

（二）我国对新媒体产业经营的研究

产业经营研究是我国新媒体研究中的一个重要部分，这部分研究关注于产业结构和运营模式，在追踪产业界最新进展的基础上，提出了相应的理论。

中国传媒大学黄升民教授自 2000 年开始，在实践研究的基础上，先后推出《数字化背景下的中国媒介产业经营》（1999 年）、《数字电视产业经营与商业模式》（2001 年）、《中国数字电视市场报告》（2003 年、2005 年、2007 年）、《中国数字新媒体发展战略研究》（2006 年）、《家庭信息平台》（2009 年）、《新媒介观》（2010 年）、《数字传播技术与传媒产业发展研究》和《互联网的媒体化战略》（2012 年）等著作。

该系列研究立足于国内外广电新媒体、移动新媒体和互联网新媒体的市场发展基本现状，通过大量的实证材料和经营案例，分析新媒体的赢利模式、产业分工和运营角色的变化，并对新媒体的网络融合、内容运营、商业模式等核心问题进行了系统深入的论证分析，提出了“内容、网络、用户是新媒体的三大核心要素”、“媒信产业与三网融合”、“家庭、个人和社区信息平台”、“内容银行”等前瞻性的理论观点。

（三）我国对新媒体政策管制的研究

新媒体的政策管制在国外的研究中是一个非常常见的话题，但在我国现有的研究中还比较少见。笔者的博士论文《中国数字电视产业政策的形成研究》通过分析大量政策文件，对中国的数字电视产业政策的形成进行了研究。笔者认为，数字电视产业政策的形成与市场发展之间是一个相互促进、相互推动的过程①。

黄炜在其博士论文《构建中国广播电视新媒体政策体系研究》（2007 年）中，重点以数字电视及手机电视、IP 电视政策的实践为例证，运用政策分析的方法，对广播电视新媒体政策制定过程、执行过程和评估、修订进行考察，通过对广播电视新媒体及其现有政策进行梳理和分析，明确提出了广播电视新媒体产业政策的目标，即增长、效率和公平。

傅玉辉的《大媒体产业：从媒介融合到产业融合——中美电信业和传媒业关系研究》一书中，通过对美国电信和传媒业关系发展研究的基础上，结合我国媒体产业的现实，对我国新媒体产业发展所面临的融合的动因、背景、融合方式和进程进行了分析，并且从传媒产业政策规制的发展视角出发，对媒介融合的政策管制提出了思考性的观点②。

（四）我国对新媒体传播模式的研究

其他学者们也对新媒体对传播模式的影响、新传播模式建构等角度进行了深入的研究。

北京大学陆地教授分析了新媒体的强制性传播特点。他把新媒体的强制性传播分为三类：组织型强制性传播、个人型强制性传播和国家型强制性传播③。

中国人民大学匡文波在互联网传播模式方面进行了大量的研究，他认为，互联网传播具有传播与更新速度快、信息量大、内容丰富、全球性和跨文化性、检索便捷、多媒体、

① 周艳：《中国数字电视产业政策的形成研究》，中国传媒大学出版社，2007 年版。

② 傅玉辉：《大媒体产业：从媒介融合到产业融合——中美电信业和传媒业关系研究》，中国广播电视出版社，2008 年版。

③ 陆地、高菲：《新媒体强制性传播的类型和特点》，《声屏世界》，2009 年第 1 期。

超文本、互动性等显著特点，他还对互联网传播进行了分类[①]。

(五)我国对新媒体的营销模式的研究

由于新媒体的数字营销在全球范围内迅速发展着，新媒体的营销手段、营销模式、对营销价值的评估等问题的研究也日益凸显出来。

中国传媒大学广告学院互动营销教研室在黄升民教授的带领下一直致力于研究新媒体时代的新营销模式及对发生在国内外的互动营销案例进行整理分析。该团队还推出了著作《互动营销案例100》以及在专业杂志《媒介》上发表了一系列专题报道，包括《互动营销正当时》、《大数据营销》、《搜索营销》、《技术推动广告优化》和《玩转App营销》等。通过这些研究，该团队对互动营销及其具体的运作模式上进行了全方位的解读。该团队认为，互动营销是一个平台营销的过程，是在信息平台的建设和运营过程中，参与各方通过对消费信息的挖掘和满足，分享交流，甚至直接交易等行为，构建出的一种全新的营销模式。互动营销需要从需求出发，整合各种媒体，多点触达消费者，通过大数据的支持，深入消费者心理，提高投放精准程度[②]。

北京大学的陈刚教授提出了数字时代的营销进入传播管理时代的理念，他认为新的数字营销传播模式，不是对原有营销模式的修修补补，而是一种全新的理论模式的转型[③]。企业过去所说的消费者，现在都生活在数字生活空间中，企业原有的广告、公关等模式已经不再适用，而应该采用创意传播的模式，利用沟通元触发生活者参与传播，在不断分享的过程中，创造传播的效果。

(六)我国对新媒体的社会影响力的研究

新媒体产生发展的同时，除了改变媒体的传播模式之外，还将会对社会发展产生深远影响。清华大学的熊澄宇从新公民社会、新经济时代、新文化建构、新媒体形态、学习化社会、新安全问题、填补鸿沟七个方面，对信息技术及网络技术对社会发展所产生的深层影响进行了科学的分析和研究。他认为，在当前这个“信息社会4.0阶段”，信息作为生产资料和商品在经济生活中处于重要地位，将成为效率最高的生产力，而技术则退一步成为获取、加工和传播信息应用的工具[④]。

熊澄宇认为新媒体促进了社会的多元化。由于社会个体的经济、教育水平的差别和兴趣爱好的不同，自发地分为不同的社会群体。新媒体的出现，正好满足了“分众”的需求，促进了社会的多元化发展。以互联网为例，人们可以根据自身的喜好自由加入某个论坛的讨论区，结识朋友，也可以自己建设一个网站，吸引相同爱好者的加入[⑤]。

---

① 匡文波：《网络传播理论与技术》，中国人民大学出版社，2007年版。

② 黄升民在2012年11月21日中国互动营销趋势论坛上的讲话。

③ 陈刚、沈红、马澈、孙美玲：《创意传播管理》，机械工业出版社，2012年版。

④ 熊澄宇：《信息社会4.0：中国社会建构新对策》，湖南人民出版社，2002年版。

⑤ 熊澄宇、吕宇翔、张铮：《中国新媒体与传媒改革：1978～2008》，《清华大学学报》，2010年第1期。

本章重要概念和思考题

1. 新媒体。
2. 新媒体的内涵解析。
3. 阐述和分析四大新媒体产业平台。
4. 理解新媒体的关键要素。
5. 国内外新媒体的研究状况介绍。

第二章 新媒体网络

■ **本章要点：**

网络，是承载媒体信息进行传播和流通的渠道。媒体的信息内容和业务产品通过网络传输到各种终端，然后通过这些终端触达到信息的使用者——用户。所以，网络是媒体信息传输和流通的物理基础。在新媒体时代，网络在传播科技进步的推动下，更加快速、大容量地传输着信息，同时也支持信息的快速反馈，即支持互动信息的实现。网络融合已经发生，并且由于业务融合、终端智能化、需求融合等出现了加速融合发展的趋势。

在现实的生活中，我们经常接触、也最容易理解的网络可能是自来水网、电力网、交通网，它们承载了我们的用水、用电和交通出行。

在媒体的运营中，卫星、有线、无线三种网络是基础的，承载信息进行传输的是有形的物理网络，而广电网、通信网和互联网则是三种产业类型的网络称谓。事实上，哪种产业都能通过任何一种基础物理网络实现其信息内容或者业务的传输，还可以利用三种物理网络的交叉来实现某些信息的传输功能。而网络传输市场的发展情况，一方面取决于不同网络技术的特征，另一方面还取决于不同市场的政策、发展历史的演进、相关产业发展程度等多种因素的影响。

第一节 网络的内涵

一、网络是什么？

对于网络的定义，通常情况下有这样的理解：

第一，网络是指由有关联的个体组成的系统，如人与人之间的人际网络、车与路构成的交通网络、国与国之间的政治网络。

第二，网络指的是流量的网络(flow network)，一般用来对管道系统、交通系统、通讯系统建模。

第三，网络是指由节点和连线构成的图，这样的图可以通过点和线的关联表述出研究对象及其相互的联系。用数学语言说，网络是一种图；从物理含义上讲，网络是从某种相同类型的实际问题中抽象出来的模型。

第四，网络指代的就是计算机网络。这是电子信息技术发展下的产物，是指用通信线路和通信设备将分布在不同地点的多台各自独立的计算机互相连接起来，按照共同的网络协议，共享硬件、软件和数据资源的系统。

二、网络是媒体信息传输的物理基础，是信息内容和用户终端发生联系的通路

在本书中，我们所说的网络是从媒体运营角度而言的。在媒体运营中，网络是传播流程的通路，是媒体承载和传输信息的物理基础，是信息内容和用户终端发生联系的通路。传输渠道中各种形态的网络是传输信息的通路、渠道和途径。传输渠道的一端承载着媒体多重形态的内容信息，另一端衍生出了多元化的接收终端，是媒介内容信息和受众终端发生联系的重要通路。传输渠道基础设施和技术的发展影响着媒体形态的演变，也影响了其经营手段、经营理念的形成和变化。

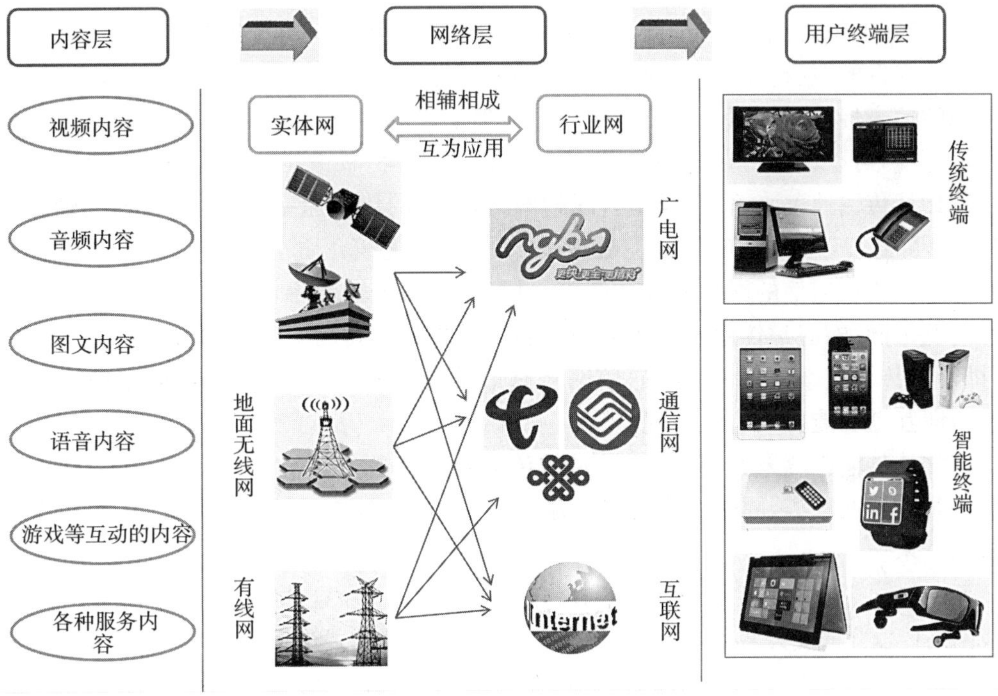

图 2—1　媒体网络的传输渠道

从媒体角度对于网络有两种解释：

第一，有线、无线和卫星是媒体承载信息、传输信息的三种基础物理网络。在现实的媒体运作中，所有信息内容都要通过基础的物理传输网络，不管是用线缆传输，用地下的有线传输还是用天上的卫星传输，这三种基础的物理网络都扮演着使媒体机构的信息和用户进行沟通的渠道作用。

第二，广电网、通信网和互联网是三种不同产业属性和特征的媒体网络。广电网是实现广播电视节目内容和其他数据信息传送、收发的网络，其信息发送方一般指电台、电视台等有业务运营资质的机构，而信息接收终端则是收音机或电视机。通信网是通话业务和各种数据业务传输的网络，传统的通信网络就是指电话交换网络，现在的通信网络可以承载通话业务和多种数据业务，通信网的服务提供方一般是指拥有网络的运营商，而接收终端则是指固定的电话机或移动的手机。互联网则是以支持计算机终端之间交

换和传输的网络，互联网连接的是有信息交流和分享需求的计算机终端及其背后的人。但是随着技术发展与产业融合，这三个产业属性的网络出现了交叉融合，即通常所说的三网融合。

三、媒体传输网络各有特征

作为媒介信息传输的载体和传输通路，网络的传输性能主要与传输速率（即网络的带宽）、传输距离（这个与信息在传输中遇到的各种衰减有关）、抗干扰能力（网络的线路、布局结构等）和费用（网络建设的硬件和软件、建设运营和维护成本等）等因素有关。

因此对于媒介信息传输而言，可以根据需求选择不同的网络，或者对不同的网络交叉使用，来达到最好的效果。比如，如果媒介需要高速快捷的传输信息，可选用有线电缆；如果传输的信息比较简单，而且对于成本比较在意的话，可以选择地面无线或者有线网络中成本低的双绞线网络；如果因为地形地理等因素，不能铺设有线电缆或者布线，媒介形态的信息传输则可以选用无线传输。当然如果既要求广度的覆盖，又面临复杂的地理地形环境，可以选择卫星传输等。

比如从传输速率来看，同样是有线的网络，光缆的传输速率是 100Mbps，同轴电缆是 10Mbps，屏蔽双绞线是 16Mbps，双绞线是 10Mbps，无线介质小于 10Mbps。由于我国广电的有线网络和通信的网络建设基础不一样，所以其传输速率不同。广电经常说自己是天然的宽带网络，但是传输速率快的网络还得看与其配套的其他网络设备和技术发展情况，即便是传输速率不是很快的通信网络其最早的功能也是用户双向的语音通话，所以其在双向互动功能方面有明显优势。

比如从传输距离来看，有线的线缆的传输距离因为材质的不同而有所不同：光缆可以传输几千米的距离，同轴粗缆可以传输 500 米，同轴细缆可以传输 185 米，双绞线可以传输 100 米。

又比如网络的抗干扰能力，有线网络介质中光缆抗干扰能力最好，非屏蔽双绞线最差。无线网络传输介质受外界影响较大，一般抗干扰能力较差。第一，卫星网络首先会受到卫星通信系统之间的干扰。比如，通信卫星系统受到来自雷达系统的干扰及来自广播电视系统的干扰等。第二，卫星网络还会受到来自自然界的干扰，包括太阳黑子、太阳系星体爆炸产生的宇宙射线、流星雨以及雨衰、日凌等造成的干扰。此外，还有卫星网络受到卫星通信的人为干扰，包括对卫星通信上行信号和下行信号的各种人为干扰，如频率阻塞和盗用等。各种类型的干扰，特性相差很大，对卫星信号造成的影响也有很大不同。

四、网络的数字化和融合化

有线、无线和卫星传输网络在数字新媒体中仍然扮演着基础的作用。由于数字技术的支持，三种基础的传输网络之间发生了融合交叉，传输网络在不同技术支持和不同终端的应用上产生了多形态的数字媒体生态，比如在地面与有线结合、卫星与地面传输交叉应用等方面产生了崭新的新媒体形态。

随着数字技术的发展和应用，卫星、有线和无线三种传输网络在不同的技术支持和不同的终端应用上，发展和衍生出了多种形态的数字媒体业务。广播电视类的业务主要有数字广播、数字电视、车载电视、CMMB移动多媒体广播；电信类的媒体业务包括手机媒体(手机报、手机电视、手机网络等)、互联网媒体(门户、商务等)等；无线通信网络则更便捷地实现了在移动状态下和不受地点和线缆局限条件下的数字新媒体业务；互联网和通信网络在无线技术下的交叉融合，衍生出更多更便捷的业务。

而且网络的融合也延展到网络产业的层面，也发生了交叉融合，比如以传输语音信号为主的电信网络、以传输广播电视业务的广电网络之间也开始交融。产业融合发生在三个层面：传输网络上的广播电视网络和信息产业的宽带网络融合，终端上的电信(communication)和计算机(computer)的融合，以及消费类电子产品(consumer electronics)的硬件产品融合以及包括视频、声音、数据和文本在内的内容产业的融合。

第二节 卫星网络、有线网络和无线网络

一、卫星网络

(一)卫星网络是媒体传输的一个基础物理网络

1. 卫星

卫星是指围绕一颗行星轨道并按闭合轨道做周期性运行的天然天体。由于人类对信息传输范围广度和速度的需求不断提升，在生产和生活实践中发明和制造了多种形态的人造卫星(区别于自然生成的围绕着行星周期性运转的天体)。人造卫星是由人类建造，以太空飞行载具如火箭、航天飞机等发射到太空中，像天然卫星一样环绕地球或其他行星的装置，被人类发射升空到特定的位置后，能够按照一定的轨道进行周期性运行。近年来，国际上有很多国家制造、发射了多颗人造卫星，这些卫星在地球上空的适当高度和特定位置上运行，诸如气象卫星、资源卫星、海洋卫星和导航定位卫星等能带来巨大的经济效益和社会效益。

自1957年前苏联发射第一颗人造地球卫星以来，人造卫星即被广泛应用于通信和广播电视领域。在媒体业务中，作为传输网络的卫星从功能上主要划分为通信卫星和广播卫星。

2. 卫星网络

而关于卫星网络的概念，克拉克(Arthur C. Clarke)在1945年提过这样一个著名的理论：只需要有三颗围绕地球运行的卫星就能为地球上的几乎任何两点间提供通信服务。

我们可以说卫星网络是指利用地球轨道上的卫星为人们提供信息服务的网络基础，卫星网络也是全球信息高速公路的重要组成部分。一方面，卫星网络可以作为地面网络和有线网络的补充，来配合信息的传播；另一方面，在一些难以建设地面网络和有线网络的特定区域范围，或者针对范围广泛但是用户不密集的区域地理环境等，卫星作为特定的网络设施，成为一种经济、可靠的信息传播途径。

3. 卫星网络的构成

卫星网络整个系统基本上由上行地球站、卫星和地面接收站三个部分组成。

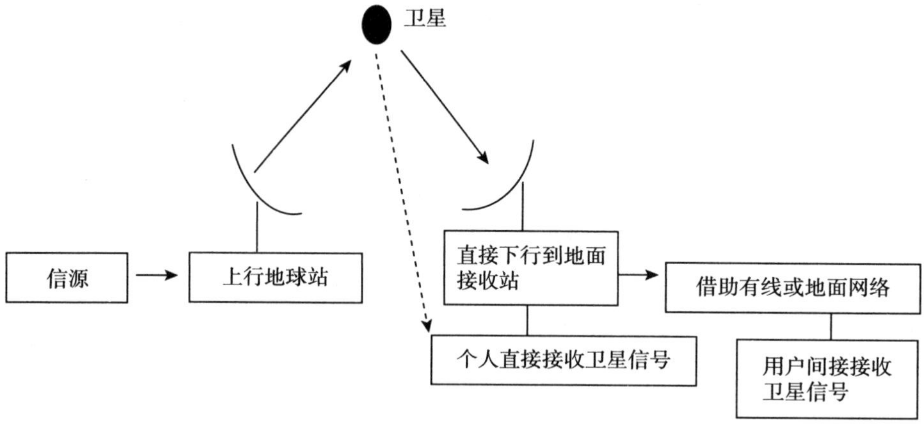

图 2—2 卫星网络系统

(1)上行地球站

上行地球站是卫星网络的重要组成部分，负责对来自于信源的信号进行处理后将其发射到同步轨道卫星上。而且上行地球站还接收由卫星下行转发的信号，并且借此对卫星传输信息的质量进行监测和跟踪等。

比如卫星广播中的上行站就会对来自电视台的节目播控中心传送过来的信号进行处理，并经过中频调制、上变频和高功率放大环节，产生足够强的微波信号回传至天线上，进一步通过定向天线将上行信号发送到同步轨道卫星上。

(2)卫星

卫星是卫星网络的重要组成部分，其功能实质上是一个安装在赤道上空的信息传播的中继站。一方面接收来自地球站的上行信号，另一方面又将接收到的微弱信号通过放大、变频等环节，生成下行信号，并通过卫星网络将此信号转发到服务区域之内。

天上的卫星由发射天线、转发器和电源组成。不同的卫星，由于其体积的大小、重量不同，所携带的转发器的数量、质量、功率不同，决定了其信息传输的效率和质量也不同。

以广播卫星为例，目前世界各国卫星的转发器向地面服务区发送的电视广播信号的下行频率普遍采用 C 频段和 Ku 频段。C 频段主要用来转发模拟广播电视信息，而 Ku 频段主要用来转发数字广播电视信息。

(3)地面接收站

地面接收站的功能主要是接收来自卫星上携带的信息，还原并且生成可以供用户终端使用的信号(音频或视频等)，再通过直接的卫星接收装置，或者通过间接的其他网络(比如作为地面网络和有线网络的补充)的中继转播方式，使得信号最终被用户所使用。接收天线是卫星接收系统设备中最重要的部分，接收天线的性能可直接影响到接收的信号质量。

(二)卫星网络的信息传播业务

通信卫星是指用于固定电话、移动电话、高速互联网服务等通信业务的专业卫星。在数字技术的支持下，通信卫星衍生出来的新媒体业务主要有卫星手机媒体、卫星互联网业务等。

广播卫星是指用于广播电视内容的传输、转播以及开展业务的专业卫星，在数字技术的支持下，广播卫星衍生出的新媒体业务主要有卫星数字电视、卫星数字广播、卫星移动电视和移动多媒体广播等。

卫星也用于互联网络的应用之中，卫星互联网要么是直接利用卫星的宽带双向传输为用户提供互联网服务，要么是利用卫星的高速下载和地面反馈的交互方式为用户提供互联网服务。只是由于成本过高，其民用功能只是在一些地广人稀的地方、在紧急情况下或是超远距离使用。卫星互联网在大区域、稀路由、无缝隙和移动互联方面有其他网络无法比拟的优势。

卫星互联网可以实现用户在任何时间、任何地点高速地从互联网上获得信息。目前国际、国内都有很多公司提供了卫星的 Internet 接入业务。比如美国休斯公司开发的 Dire PC。日本 NTT(日本电报电话公司)推出了一种名为 Mega Wave 的业务。我国广东电信推出了“星网通”业务，是全国第一家提供卫星互联网服务的公司。“星网通”系统可实现高速互联网接入、高速数据包投递和多媒体业务三大功能，向用户提供高速接入、高速转发投递、远程电子程序指导、网站广播、新闻广播等增值服务，其每月的网络通信费为 300 元人民币。

表 2—1　卫星网络的信息传播业务

<table>
<tr><th>卫星类型</th><th>传输内容</th><th>接收终端</th><th>业务形态</th></tr>
<tr><td>通信卫星</td><td>移动通信信号的传输</td><td>手机</td><td>卫星电话业务</td></tr>
<tr><td rowspan="4">广播卫星</td><td rowspan="2">广播电视内容</td><td>机顶盒＋固定电视</td><td>卫星数字电视业务</td></tr>
<tr><td>移动电视</td><td>卫星移动电视业务</td></tr>
<tr><td>音频广播内容</td><td>机顶盒＋电视机</td><td>卫星数字广播业务</td></tr>
<tr><td>其他音视频、图文的多媒体内容</td><td>CMMB 终端</td><td>移动多媒体广播业务</td></tr>
<tr><td>互联卫星</td><td>基于互联网站的多媒体信息内容、基于个人的通讯信息</td><td>电脑、各类具有上网功能的移动终端</td><td>卫星互联网业务</td></tr>
</table>

(三)卫星网络的优劣势

卫星作为一种网络基础，有非常明显的一些优势：

首先，卫星网络的覆盖范围广泛，只要是卫星发射的波束覆盖的陆地范围均可进行信息的传播。而且卫星网络主要的信息传输环节都比较空间化，不受陆地地理和自然条件的限制，所以即便是区域范围内受到地质灾害影响，其信息传播也能够顺利进行。

其次，由于卫星网络容量巨大，通常能够做到大容量信息的迅速传播，这样易于实现“一点发送，广泛覆盖”的广播式信息传播，而且传输的信息量巨大，一般能够做到上百或数百个频道的同时传输。

当然，卫星网络也有其劣势：第一，卫星网络最大的劣势在于其受空间地理环境的影响，比如降雨和降雪，或者太阳异常活动的时候，卫星信号出现不稳定的情况等。例如，进入 2013 年 2 月后，用于我国广播电视节目传输的“中星 6A”、“亚太 6 号”等卫星都将进入日凌期，由这些卫星负责传输的广播电视节目信号将受到日凌影响，用户收看节目时就有可能出现图像不清、有雪花等信号不良的现象。第二，因为卫星网络要依赖上行和下行两个地球站再通过天空的卫星作为信息传输的转继，传播距离通常达到数万公里，所以卫星信号会有延迟的现象出现。

二、无线网络

(一)无线网络是媒体传输的一个基础物理网络

所谓的无线网络是指不需要借助实体的电缆,通过空间传输技术的支持,就可以进行各方信息传递的网络基础。

正如传播大师麦克卢汉所言,空气提供了一种无法触摸的网络传输信息方式。空气也能传输数字信号,通过空气传输信号的网络被称为无线。

自从人类认识到这个特征之后,就逐渐利用这种特征进行信息的传输。相对于卫星和有线网络而言,无线网络的发展和应用最早,可以追溯到第二次世界大战时期。由于其不受线缆限制,使得信息传输能够不受地理环境限制而便捷实现,因此无线网络一直作为一种重要的信息传输网络而被广泛使用。

(二)无线网络的信息传播业务

在媒体业务中,作为传输网络的无线网络从功能上主要有无线广播电视业务、无线电信业务和无线互联网业务。

表 2—2 无线网络的信息传播业务

无线网络的业务领域	业务形态	终端	适用环境和角色
无线广播电视业务(地面广播电视业务)	固定接收电视业务	传统电视机+机顶盒	家庭、室内
	移动接收电视业务	安装有移动接收芯片的移动电视	公交、户外
无线电信业务	移动语音业务	手机、装有 SIM 卡的平板电脑	个人、移动
	移动数据业务	手机、装有 SIM 卡的平板电脑	个人、移动
无线互联网业务	移动互联网接入业务、移动应用平台业务、移动互联网门户业务	3G 手机、3G 平板电脑、无线上网卡+平板电脑/笔记本电脑、户外多媒体显示屏	个人、户外、移动

无线广播电视业务,又称为地面广播电视业务,指的是广播电台或电视台将节目信号借助信号发射站和广播电视塔等设施,以无线电波的方式在大气层中完成信号的传输,用户使用天线完成信号接收。在广播电视业务开展初期,没有应用卫星或有线作为传输网络,而主要使用无线作为传输网络实现广播电视业务的开展。由于数字技术的发展和应用,其衍生出的数字媒体业务主要有地面数字电视的固定接收业务和移动接收电视业务等。

无线电信业务,既包括覆盖全球的移动语音业务,也包括移动数据业务(图文、视音频内容等)。目前,国内三大通信运营商以及一些国外的通信运营商都开展了种类繁多的移动数据业务,基本涵盖了资讯、音乐、视频、即时通讯、邮箱等方面。例如中国移动推出的 139 邮箱、飞信和无线音乐俱乐部等产品,都是较为知名的移动数据业务。

无线互联网业务是在移动无线互联网的基础之上开展移动互联网的互联网接入、移动应用平台和移动互联网门户服务。比如接入服务,中国移动的 GPRS 或者中国联通的 CDMA 无线网络的用户,可以通过购买 PCMCIA 上网卡接入笔记本或者通过 GPRS、CDMA 的手机接入笔记本进行上网。再比如移动应用平台业务,开展这类业务的主体有两类：第一类是基于终端的软件平台，比如谷歌安卓的 Play Store 以及苹果的 App Store；第二类是由通信运营商主导的移动应用平台，比如中国移动的“移动应用商场”、中国联通的“沃商店”、中国电信的“天翼空间”等。

（三）无线网络的优劣势

相对于有线网络而言，无线网络最大的优势在于可以实现移动接收，用户可以在移动的状态下，通过安装天线等移动接收设备来随时随地地接收无线信号。无线网络的第二大优势在于信号的传输几乎不受自然环境和地理环境的影响，接收方式也不受限制，在有自然灾害或者战争发生的情况下，仍然可以进行无线传输。而不会像有线网一样，一旦传输光缆遭到破坏就不能再继续传输。同时，相比卫星传输来说，无线网络在信号上更具有抗干扰性，能够在传输的过程中保证国家信息安全。因此，在自然灾害、战争等非常时期，无线网络还可以成为政府预警，在紧急时刻提供信息的重要手段。无线网络的第三个优势在于，相对于需要铺设实体线路的有线网络，无线网络无布线成本，更容易实现在城市郊区、偏远地区以及山区的大面积覆盖。

无线网络也存在不足：虽然无线网络传输的信号质量可以尽可能地减少邻频或同频的干扰，但是并不意味着可以完全消除干扰。此类问题需要随着技术的不断进步来逐渐解决。同时，无线网信号的传输质量在某些情况下也不够稳定，传输速度较慢。

三、有线网络

（一）有线网络是媒体传输的一个基础物理网络

有线网络是指借助实体的线缆作为网络基础，实现信息传播的方式。具体而言是指信息传播的各方借助有实体的线缆作为物理连接，才能将信号从一方传输到另一方。有线网络的传输介质主要包括同轴电缆、双绞线和光纤。同轴电缆网比较经济，安装较为便利，传输率和抗干扰能力较强，但传输距离较短。双绞线网也是一种常见的联网方式，它价格便宜，安装方便，但易受干扰，传输率较低，传输距离比同轴电缆要短。光纤网络是现在正在迅速发展的网络，传输率高，抗干扰能力强，而且它比同轴电缆的功率损耗要小得多，传输的距离要远得多①。

（二）有线网络的信息传播业务

在媒体业务中，作为传输网络的有线网络从功能上主要有有线广播电视业务、有线电信业务和有线互联网业务。

① 全球最早提出光纤应用的是出生在中国上海的英籍华人高锟。他在 1966 年发表的论文《光频介质纤维表面波导》中提出用石英玻璃纤维（光纤）传送光信号来进行通信，可实现长距离、大容量通信。我国也早在 1973 年就由武汉邮电科学研究院（当时是武汉邮电学院）着手研究光纤在通信领域的应用。光纤网络也在我国广播电视的有线网络建设中起着重要的作用。

表 2—3　有线网络的信息传播业务

有线网络的业务领域	业务形态		终端	适用环境和角色
有线广播电视业务	模拟有线广播电视业务		传统电视机	在有线广播电视发展初期的形态，家庭用户
	数字有线电视业务	单向有线数字电视业务	电视机＋机顶盒	有线网络数字化、双向化改造之后的广播电视形态，家庭用户
		双向互动有线数字电视业务	电视机＋互动机顶盒	
		标清有线数字电视业务	电视机＋机顶盒	
		高清有线数字电视业务	高清电视机＋高清机顶盒	
有线电信业务	有线话音业务		固定电话	家庭、行业
有线互联网业务	有线互联网接入业务		调制解调器＋电脑	家庭
	有线互联网数据传输业务		固定接入端口＋电脑	行业

（三）有线网络的优劣势

首先，有线网络具有频带宽、容量大的优势。下一代广播电视网络核心传输带宽将超过每秒 1000 千兆比特，保证每户接入带宽超过每秒 60 兆比特。这样的高带宽是无线网难以企及的。其次，有线网是实体的光缆网络，因此具有很强的抗干扰能力，不会受到距离、天气和障碍物的影响。

有线网最大的缺陷在于维护和布线成本相对较高。因此，在人口密集的城市地区最适合有线网的铺设，而在人口稀少的郊区或者山区有线网的铺架成本就非常高昂。另外，移动性差、只能固定接收是有线网的另一个缺陷。

第三节　广电、通信和互联网络

有线、卫星、地面无线的三种实体网络的运用还要通过广电、通信和互联网络三个产业运用来体现。三类实体网络与三类产业网络，或者说行业系统之间，是相辅相成、互为应用的关系。没有实体网络的支撑，广电网、通信网和互联网也就无从谈起，没有三个产业的运用，实体网也失去了它存在和架构的意义。因此在本节中，我们还要分别从广电、通信和互联网的三个子系统去审视网络的产业运用和各行业所构建的网络体系。

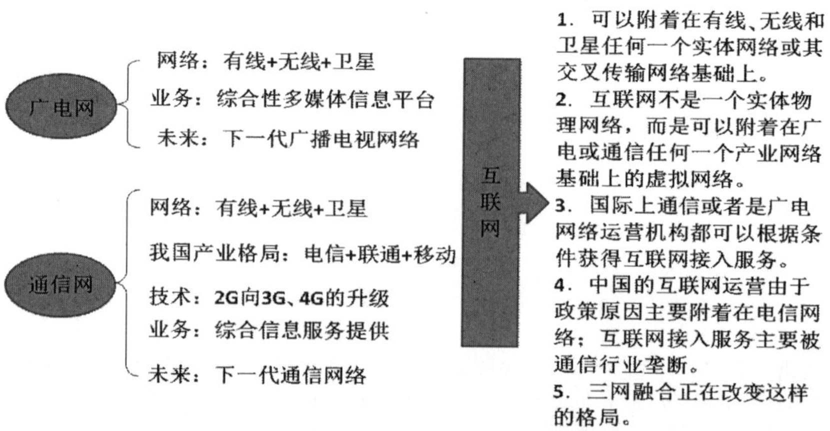

图 2—3　广电网、通信网和互联网的网络架构

一、广播电视系统的广播电视网络

(一)广播电视系统与广播电视网络的定义

广播电视网络具有明显的信息产业的基本功能，即生产、传递和经营信息。

各国对广播电视系统的定义不尽相同。澳大利亚对广播电视服务的定义为“利用广播频谱、有线、光纤、卫星或其他手段或者以上各种手段的综合方法，为拥有相应接收设备的人提供的电视节目或者广播节目服务”。加拿大对广播电视的定义为“利用无线或者其他通信手段为公众提供通过广播接收设备接收的加密或者不加密的节目，但不包括专门为演示而传输的节目”。而美国对广播和有线电视系统分别作出了定义，广播为“为了公众接收，直接或通过转播进行广播电视传播”，有线电视系统的定义为“指由一套封闭的传输通道组成的设施，并有信号的发生、接收和控制设备以便为社区众多订户提供有线电视服务——包括视频节目服务的系统”。

在我国，通过无线电波或通过有线线缆、卫星网络向广大地区播送音像、图像节目的传播媒介，统称为广播电视服务。只播送声音的，被称为声音广播；同时播送图像和声音的，被称为电视广播。

(二)广播电视网络的信息传播业务

高带宽信号传输是广播电视网络的优势所在，在这样的渠道条件下，广播电视网络可以提供的业务类型分为两大类，第一类是媒体类业务，第二类是网络接入类业务。

在媒体类业务中，广播电视网络除了提供传统的视频节目传输外，还能运行各种数据信息服务和交互功能业务，业务形态大大扩展。根据网络传输的特点，广播电视网络所支撑的媒体类业务可以分为直播、互动和推送业务。

直播业务具体指开路频道，比如 CCTV 综合频道、卫视频道、地面频道以及付费频道等。直播业务的网络传输具有速度快、覆盖广的特点。

互动业务主要包括视频类业务、娱乐类业务、信息类业务和支付类业务，业务的双向互动性也必然要求网络传输需要实现双向化、点对点的传输。

推送业务也可以按照内容的种类分为视频类推送业务、娱乐类推送业务和信息类推送业务。推送类业务在单、双向网络上都能够进行，对网络的要求低，不需要刻意地把网络打造成双向化的。在单向网上开展信息推送业务，是服务器主动把用户订制的信息或者可能需要的信息推送给用户端，并且进行存储之后，以信息库的状态便于用户“拉取”。这种“拉取”其实是用户自己对已有信息的“提取”，但是，给用户的感受却是实时的互动体验，在一定程度上满足了用户的个性化需求。

表 2—4 广播电视网络的信息传播业务

<table>
<tr><th colspan="2">业务的传输类型</th><th>业务种类</th><th>具体形态</th><th>网络传输特点</th></tr>
<tr><td rowspan="9">媒体类业务</td><td rowspan="2">直播业务</td><td>开路频道</td><td>模拟、数字电视上的开路电视频道</td><td rowspan="2">单向传输、点对面</td></tr>
<tr><td>付费频道</td><td>加密的付费频道</td></tr>
<tr><td rowspan="4">互动业务</td><td>视频类</td><td>VOD 点播</td><td rowspan="4">双向传输、点对点</td></tr>
<tr><td>娱乐类</td><td>在线游戏、音乐等</td></tr>
<tr><td>信息类</td><td>搜索、查询</td></tr>
<tr><td>支付类</td><td>支付</td></tr>
<tr><td rowspan="3">推送业务</td><td>视频类</td><td>Push VOD</td><td rowspan="3">单向传输、点对点</td></tr>
<tr><td>娱乐类</td><td>本机游戏、本地音乐等</td></tr>
<tr><td>信息类</td><td>本地信息查阅、浏览</td></tr>
<tr><td rowspan="7">接入类业务</td><td rowspan="4">有线网接入</td><td rowspan="3">有线电视网接入</td><td>模拟有线电视网接入</td><td>传统的有线电视网接入</td></tr>
<tr><td>数字单向有线电视网接入</td><td>数字化、带宽资源得到释放</td></tr>
<tr><td>数字双向有线电视网接入</td><td>数字化、双向、互动性、带宽资源得到释放</td></tr>
<tr><td>有线宽带互联网接入</td><td>家庭、企业用户的互联网宽带接入</td><td>带宽高</td></tr>
<tr><td rowspan="2">无线网接入</td><td>地面电视网接入</td><td>城郊家庭地面电视接入</td><td>免费、支持本地信息的传输</td></tr>
<tr><td>CMMB 接入</td><td>面向个人的移动多媒体广播接入</td><td>带宽高、无流量、实时传输</td></tr>
<tr><td>卫星网接入</td><td>直播星电视接入</td><td>山区偏远地区的家庭卫星电视接入</td><td>免费、覆盖广、规模大</td></tr>
</table>

（三）下一代广播电视网

NGB(Next Generation Broadcasting)是指下一代广播电视网，是已经实施了数字化的广电产业升级发展的趋势所在。全世界范围的广播电视机构都会把发展高性能下一代广播电视网作为一个基本的发展方向以及产业战略升级的方向。

数字化是全球广播电视战略升级的根本目标。在数字技术的支持下改变维系多年赖以生存的“一对多广播式”的服务模式，朝“一对一互动式”的服务模式转型，以适应信息社会发展对广播电视产业提出的新需求。

下一代广播电视网是在三网融合和数字传播技术发展的背景下，传统广播电视网全面升级，为普通用户提供高清晰的电视、数字音频节目、高速数据接入和语音等三网融合业务，也可以快速、安全、高效地为行业用户提供各种专用信息数据的传输服务。

中国下一代广播电视网是以有线电视数字化和移动多媒体广播的成果为基础的，以自主创新的“高性能宽带信息网”核心技术为支撑，构建适合我国国情的、“三网融合”的、有线无线相结合的、全程全网的下一代广播电视网络。其目标是为全国 3 亿户以上家庭构建覆盖城乡、低成本的信息高速公路。下一代广播电视网的核心传输带宽将超过每秒 1000 千兆比特，保证每户接入带宽超过每秒 40 兆比特，在这样的网络基础上，其业务平台将提供高清晰度电视、数字音视频节目、高速数据接入和话音等三网融合的一站式服务，可支持跨地域的业务交换、共享和服务。NGB 管理系统可以对业务、内容、网络和用户实现智能化的监控和管理。NGB 管理系统使电视机成为最基本、最便捷的信息终端，使宽带互动数字信息消费如同水、电、暖、气等基础性消费一样遍及千家万户。

二、通信/电信网络

(一)电信系统与电信网络

根据世界贸易组织(WTO)对电信的定义,电信是指"点到点的声讯电话、数据传输、电传、传真、私人线路租赁(传输能力的销售或租赁)、固定和移动式卫星通讯系统及其服务、蜂窝电话、移动数据服务、传呼和个人通信系统服务"。

通信网络是一种使用交换设备、传输设备将地理上分散的用户终端设备互连起来实现通信和信息交换的系统。通信最基本的形式是在点与点之间建立通信系统,但这不能称为通信网络,只有将许多的通信系统(传输系统)通过交换系统按一定的拓扑结构组合在一起才能称之为通信。也就是说,有了交换系统才能使某一地区内任意两个终端用户相互接续,才能组成通信网络。通信网络由用户终端设备、交换设备和传输设备组成。交换设备间的传输设备被称为中继线路(简称中继线),用户终端设备至交换设备的传输设备被称为用户路线。

(二)通信网络的信息传播业务

由于通信网络端到端、双向化的特点,电信网络所制成的业务类型主要包括通讯类业务、接入类业务和媒体类业务三大类。

通讯类业务是电信系统最基本的业务,主要包括话音业务和短信业务两种。这两类业务具有很强的通讯属性。

电信系统利用通信网络所开展的接入类业务,主要包括固话接入、宽带互联网的接入和 IPTV 的接入。

随着通信网络带宽的升级,尤其是 3G 和 4G 的商用化以后,通讯运营商利用通信网开展的媒体类业务也日益丰富,比如手机报业务和手机视频业务、手机 SNS 业务等。

表 2—5 通信网络的信息传播业务

业务类型	业务形态	业务描述
通讯类业务	话音业务	用户与用户之间的固定、移动通话
	短信业务	用户与用户之间的短信、彩信发送
接入类业务	固话接入业务	家庭、行业用户的固定电话的接入
	宽带互联网接入业务	家庭、行业用户宽带互联网的接入
	IPTV 接入	家庭、行业用户 IPTV 信号的接入
媒体类业务	手机报业务	通信运营商、社会专门的 SP、媒体机构推出了综合类、专业类内容的手机报内容
	手机视频业务	通信运营商与广电机构以及社会 CP 合作推出了手机视频类业务,利用手机媒体来传播视频内容
	手机音乐业务	包括手机彩铃、手机在线音乐播放、下载等服务
	手机 SNS 业务	通过推出客户端以及在线 WAP 的形式,为手机用户提供 SNS 服务

(三)下一代通信网络

下一代通信网络,又被称为次世代网络,代表了通信网络的未来方向。下一代通信网络主要目的是在整合现有的固定电话、移动电话的基础上,增加多媒体数据服务及其他增值型服务,建设一个能够提供包括语音、数据、视频和多媒体业务于一体的综合型开放的网络架构。下一代通信网络对用户、运营商和业务提供商都是一种非常理想的网络结构,因此成为全球通信行业共同关注的焦点,各种国际标准化组织和一些专项技术论坛都在积极组织、推进各种设备接口和信令协议的标准化。

由于智能终端的迅速普及,以及海量信息和多种信息业务模式的不断发展,现在通信网络急需升级来面向未来的业务发展需求,通过建设新一代的通信网络,把语音、数据、多媒体等多种业务统合在一个综合性的、开放性的宽频网络平台体系成为通信网络面向未来的必然选择。

三、互联网络

(一)互联网络的定义

互联网络也被称为因特网,即把各种层次的广域网、局域网及各种类型的计算机设备按照一定的通讯协议组成的国际计算机网络。

互联网络有如下特点:第一,它是一个全球性的信息网络,具有广泛的国际性,各种层级的局域网或者广域网可以通过传输控制协议和互联网协议(TCP/IP)来进行彼此间的信息传输和交换。第二,互联网络连接的是两台以上的多种类型的计算机终端,而且每一个计算机终端都需要有“地址”,这些计算机按照共同的规则(协议)连接在一起。而终端背后的个人用户或者公共用户可以共同完成一项工作,共同娱乐,相互之间发送和分享各种信息。

(二)互联网络的信息传播业务

互联网络的双向性、点对点的传播特点使互联网上的业务也呈现出双向互动、个性化、信息获取可以跟随人的移动而移动的特点。

表 2—6　互联网络的信息传播业务

业务类型	业务形态	业务描述
页面类业务	浏览类业务	网站页面浏览
	通讯类业务	电子邮件
	搜索业务	搜索引擎、词典、翻译类业务
	SNS 业务	微博、SNS 社交网站业务
	音乐业务	在线音乐收听、下载业务
	视频业务	在线视频观看、下载业务
	游戏业务	在线的页面游戏互动
	交易类业务	在线的页面金融、交易

续表

业务类型	业务形态	业务描述
客户端类业务	浏览类业务	客户端推送页面浏览
	通讯类业务	客户端即时通讯
	搜索业务	搜索引擎、翻译 App 等客户端
	SNS 业务	微博、SNS 客户端
	音乐业务	音乐客户端应用
	视频业务	视频客户端应用
	游戏业务	游戏客户端应用
	交易类业务	金融交易类客户端应用

(三)下一代互联网

NGI 是 Next Generation Internet 的缩写,是指不同于现在互联网的新一代互联网。首先,它是一个更快的网络,其传输速度要比现在的互联网快千倍以上。其次,下一代互联网也是一个更大的网络,由于采用新的 IPV6 协议,因此具有非常巨大的地址空间,网络规模将更大,接入网络的终端种类和数量更多,网络应用也更广泛。此外,下一代互联网也是一个更安全的网络,可进行网络对象识别、身份认证和访问授权等,具有数据加密和完整性,是一个可信任的网络。

下一代互联网最早是由美国克林顿政府支持开发的项目,目标是突破网络瓶颈的限制,解决交换机、路由器和局域网络之间的兼容问题,将连接速率提高 100 倍至 1000 倍。

我国下一代互联网项目于 2003 年启动,由国家发改委、中国工程院等八部门联合开展,旨在提升我国互联网的核心网络技术和相关设备的产业开发,以及强化互联网在各个产业的多种应用。

时至今日,NGI 在诸多方面都取得了长足进步,例如无损失及低损失数据压缩技术(MP3 与 MP4)降低了音视频信息传输对带宽的需求,速度更快、成本更低的接入技术也大量涌现,从而使 Web 视频成为各类新型应用系统及操作系统的常备应用组件之一。下一代 Internet 协议的 IPV6 等也为 NGI 的发展奠定了坚实的基础。IPV6 是由 Internet 工程工作小组研发的最新的 IP 协议技术,旨在取代已沿用了 20 年之久的 IPV4。IPV6 可以大大增加 IP 地址的数量和安全性能。目前,NGI 已在许多美国政府网站得到了不同程度的应用,相信 NGI 离真正走近网络众生的日子也为期不远了。

资料链接

美国下一代互联网的介绍

美国下一代互联网的三个基本计划:

1. 超高带宽网络服务(VBNS):1995 年,美国国家科学基金会就 VBNS 与 MCI 公司签订 5 年合作协议,VBNS 于 1995 年 4 月起投入运行,连接 5 个超级计算机中心和 100 所大学及研究机构。到 2000 年,VBNS 主干速率将升级到 2.5Gbit/s。

2. Internet2:1996 年 10 月 1 日,美国一些科研机构和 34 所大学代表在芝加哥聚会,提出开发新一代互联网,取名为“Internet2”,以提供高速互联网服务的设想。1997年9月,高级互联网开发合作组(VCAID)成立,以管理Internet2和帮助其他联合组织。Internet2的建立不是为了取代互联网,也不是为普通用户新建另一个网络,而是用于教育和科研。

3. 白宫下一代互联网:Internet2提出之后,美国政府随即于10月6日宣布NGI倡议计划。1997年,研究机构已经演示了5种“前期应用”。NGI计划的研究工作主要涉及协议、开发部署、高端试验网以及应用演示。其中某些目标会通过Internet2或VBNS来实现。NGI计划在三个倡议计划中是最领先的。它的一个关键目标是开发和演示两个试验网,要在端到端的速率方面比目前的互联网分别快100和1000倍,即达到100Mbit/s和1Gbit/s。

美国下一代互联网的目标:

下一代互联网具有广泛的应用前景,支持医疗保健、国家安全、远程教学、能源研究、生物医学、环境监测、制造工程以及紧急情况下的应急反应和危机管理等,它有直接和应用两个方面的目标。

直接目标:

1. 使连接各大学和国家实验室的高速网络的传输速率比现有互联网快100倍~1000倍,其速率可在1秒内传输一部大英百科全书。

2. 推动下一代互联网技术的实验研究,如研究一些技术使互联网能提供高质量的会议电视等实时服务。

3. 开展新的应用以满足国家重点项目的需要。

应用目标:

1. 在医疗保健方面要让人们得到最好的诊断医疗,分享医学的最新成果。

2. 在教育方面要通过虚拟图书馆和虚拟实验室提高教学质量。

3. 在环境监测上通过虚拟世界为各方提供服务,在工程上通过各种造型系统和模拟系统缩短新产品的开发时间。

4. 在科研方面要通过NGI进行大范围的协作,以提高科研效率等。

第四节　网络融合

一、网络融合的内涵

网络融合的概念实质是网络技术上的发展趋势,这种趋势的形成和发展,是以数字传播技术的不断发展为核心和基础的。随着数字传播技术的不断发展,各种新媒体技术的发展成熟,传统媒体平台的彼此孤立、单一的格局将被打破,网络融合成为大势所趋。

从媒体政策管理和产业发展的角度看,笔者认为所谓的网络融合是在技术的支持下,从需求的角度出发,网络的交叉应用自然发生并且延展出新形态的业务和使用方式的过程。

现实中却对网络融合有着许多误解,有人认为网络融合是卫星、无线和有线三种物理网络完全融合为一张网络,这是不太可能的。如前所述,无线、有线和卫星作为三种基础的物理网络，都扮演着媒介传输信息的基础作用，而且各自有各自的技术优势。不能简单地说哪种物理网络不够先进或者成本太高就被其他某个网络所融合。

三网融合也并不意味着电信网、互联网和广播电视网的合一，而主要是指高层业务应用的融合。现阶段三网融合表现为各平台在技术上趋于一致，网络层面可以实现互联互通，形成无缝覆盖。业务层面上相互渗透和交叉，应用层面上趋向使用统一的 IP 协议等。随着数字传播技术的进一步发展，三网融合趋势将迎来更大的发展空间，可以预见，因技术的量变带来的网络传输方式、媒介格局的质变终将来临。

这样的一个界定有以下几层意思：

1. 物理网络内部的自然交叉融合

网络融合是技术支持下发生物理网络层面的自然的交叉融合，因为技术的支持，原来各自分离的传输网络可以在传输媒体信息的时候交叉应用，发生自然的融合。卫星和地面结合、有线和地面结合，或者卫星和有线结合，这样的交叉融合在媒体的模拟时代就存在，只是在数字化的推动下，实现起来更方便，而且交叉应用更有市场需求。

2. 网络外部的终端、业务、需求的自然融合

网络融合是一种基于物理网络之外的融合，是在需求推动下的物理网络之外的终端、业务等自然的融合。随着全球化、移动化、个性化等的发展，人们对信息的需求出现了更高的要求，希望自己能够在任何状态、任何地域，选择性地接收信息。所以，这种从需求出发的融合意愿也自然在媒体的终端发展和在业务规划等各个方面得以逐渐实现，一层层、一步步地发展起来。

二、网络融合的国际化趋势

之前建立的各种广播电视网络、电信网络等基本上是为单一目的而建立的。由于其各有各的应用环境和优缺点，无法以现有的某种网络代替所有的单独网络功能，所以在各种各样的网络上形成了自己的产业。但是随着新技术的不断推动、受众需求的变化以及媒体业务发展的需要，网络融合的趋势逐渐明显，并且也反过来进一步促进了广电新媒体的发展。

1996 年后，很多发达国家开始启动以电信网、广播电视网、互联网三网为主的融合进程，直接允许广电业与电信业互相渗透，实现了形式各异、程度不同的三网融合。例如，英国立法明确规定广播电视和电信双向进入：对电信业采取竞争开放的监管办法，对广电业的准入相对严格一些。英国《2003 年通信法》对于经营电信业务实行一般授权制，申请电信业务不需要许可证，而经营广播电视业务需要许可证。对融合性的业务形态而言，电信企业和广电企业都可以经营。新加坡、日本、加拿大通过立法明确规定融合性业务和服务的管理措施。新加坡依据《广播法》对通过互联网传播的广播电视服务实行轻度管制，而日本出台的《电信业务广播法》则使通过电信宽带网络承载电视节目成为可能。印度和德国两国的电信企业已开始提供视频服务，电信企业在提供融合性服务上已经不存在法律障碍。

从全球来看，网络融合已经呈现出不可阻挡的潮流，成为国际产业发展的大趋势。

资料链接

美国“三网融合”的政策背景

对于电信业和广电业的混业经营，美国政府的态度经历了从禁止到支持的变化。在美国三网融合的过程中，1996年的《电信法》是一份基石性文件，它为三网融合扫清了法律障碍。其中规定，有线电视运营商及其附属机构从事电信服务不必申请获取特许权；特许权管理机构不得禁止或限制有线电视运营商及其附属机构提供电信服务，也不得对其服务施加任何条件；电信企业可以通过无线通信方式、有线电视系统以及开放的视频系统提供广播电视服务。

这一法律彻底打破了美国信息产业混业经营的限制，增强了基础电信领域内的竞争，允许长话、市话、广播、有线电视、影视服务等业务互相渗透，也允许各类电信运营商互相参股，创造自由竞争的法律环境。由此。整个电信市场获得了前所未有的竞争性准入许可。通过电缆和光纤传输信号的有线电视公司借助其设备优势，纷纷进入电话和网络市场，电话公司则通过设施升级和兼并等方式开始拓展网络和电视服务。原先分属不同领域的企业所提供的服务差异越来越小，“语音＋视频＋数据”一体化的模式日趋普遍，并正朝着“语音＋视频＋数据＋无线”的方向发展。

三、我国三网融合的进程分析

（一）20世纪90年代中后期，替代性融合的搁置

我国关于三网融合的讨论最早开始于20世纪90年代中后期[①]，受美国FCC三网融合和广播通信融合的促动，当时在政府高层，出于避免重复建设的原则，出现了广电网并入通信网[②]、仅在通信网的基础上构建我国的信息高速公路的思路，并且在上海等地还进行了实践。但在随后激烈的讨论中，政府高层顾及到广电网的特殊性，尤其注意到信息传输的安全性、舆论引导的重要性，于是搁置了这种替代性融合的思路。

在产业实践方面，相互融合的理性产业结构还没有成熟。虽然数字技术的发展给广电产业和通信产业提供了业务拓展的可能，广电产业开始涉足互联网接入和语音业务，通信产业开始涉足有线电视，但是，此时不论是广电产业还是通信产业，在进入对方传统优势领域方面，均准备不足，竞争只是被当作捍卫生存空间的手段，双方都把抢夺对方用户看作是主要成绩，甚至出现了互剪电缆、流血冲突这样的低层次野蛮竞争。现在回头来看，在当时的历史环境下，即使能够把对方的业务抢到手，也不见得就能经营好，这种野蛮的低层次竞争缺少政策层面的指引和管制，也无法推动产业的健康发展。

因此在当时各种因素的促动下，1999年9月，由国务院出面，出台了影响深远的82

① 1997年，周宏仁在《计算机世界报》上撰文，第一次系统地向国内介绍了“迎接电脑、电视与电话合一的新时代”这一国际领先理念，成为国内最早对“三网融合”的全面论述。

② 国家层面推动“三网融合”的思路详细可见1998年92号文（《印发国家广播电影电视总局职能配置内设机构和人员编制规定的通知》）。其中明确指出：“将原广播电影电视部的广播电视传送网（包括无线和有线电视网）的统筹规划与行业管理、组织制定广播电视传送网络的技术体制与标准的职能，交给信息产业部。”

号文件，其核心思想就是明确规定了通信部门不能经营广播电视业务，而广电部门也不能经营通信业务。从此，网络融合的问题成为敏感问题，被搁置下来。

（二）20世纪90年代到2010年：搁置争议，专心谋发展

在政策层面平息了恶性竞争的可能之后，广电和通信两大产业从盲目替代他人的思路中解脱出来，搁置争议，专心沿着各自的产业发展路线推进。

表2—7　2007年我国通信与广电产业规模对比表①

	传输能力	终端用户
通信	光缆线路长度达到573.7万公里； 光缆纤芯长度达到8893.4万芯公里； 固定长途电话交换机容量达到1747.0万路端； 局用交换机容量达到51116.3万门； 移动电话交换机容量85316.3万户。	固定电话用户总数超过3.6亿户； 移动电话用户总数突破5.8亿户； 宽带接入用户达到7293.7万户。
广电	10颗卫星53个转发器，卫星收转站200多万座； 微波传输线路10.2万公里，微波站2749座； 广播电视发射台、转播台6.6万座，发射机7万多部； 有线电视网络约为300万公里。	有线电视用户1.5亿户； 电视机社会拥有量5亿台； 收音机社会拥有量4亿台。

在这十余年中，广电和通信两大产业不断深化技术探索，调整产业布局。

广电方产业逐渐形成了基于有线电视网络为核心的广电网的建设，形成了一个由有线、无线和卫星三大行业交叉发展、全面开花的数字化格局，业务范围也从单一的广播电视信号传输拓展到了综合性的多媒体信息平台。

通信方产业在通信网的基础上，不仅完成了内部的结构调整，形成了固网和移动网的融通运作及电信、移动、联通三家运营商市场运作的基本格局，而且还搭建起资本格局下的现代企业制度。更是在技术的推动下，通信网络由2G发展到3G，业务也从提供单一的语音服务拓展到了提供综合信息服务上。

在这个过程中，两大产业的竞争和融合不断发生，出现了数字电视与IPTV、网络视频，CMMB与3G手机媒体等业务的矛盾冲突和局部合作。随着这些新兴产业自身的发展和推进，两大产业之间的业务界限和壁垒进一步模糊，这也为日后发生的产业融合打下了基础。

（三）2010年1月，重提三网融合

2010年被称为中国“三网融合”的启动元年。

广电和通信产业在经历了十余年的发展之后，现已经形成诸多基于数字技术、内容业务、传输网络以及服务平台等各个方面融合的事实，因此再来重提三网融合，就有了比较充分的现实动力，而且，中国的国情也使得这个融合是一个具有其他国家和地区所见不到的具有中国特色的三网融合。2011年12月，国务院办公厅下发《关于印发三网融合第二阶段试点地区（城市）名单的通知》；2012年9月，工信部向12个试点城市广电企业发放业务许可，同意开展基于有线电视网的互联网接入业务、互联网数据传送增值业务

① 根据公开数据整理，数据截止时间到2007年年底。

及国内 IP 电话业务；2012 年 10 月，国家广电总局发文同意中国电信集团公司关于从事互联网视听节目服务、IPTV 传输服务和手机电视分发服务三项业务的申请，同时颁发《信息网络传播视听节目许可证》；2013 年 2 月，国家广电总局发文《广电总局关于促进主流媒体发展网络广播电视台的意见》。

从信息传播技术进步的角度来看，在数字传播技术发展之前，我国广电和通信的两张网互不相干，由此也形成了两个完全不同的产业，它们的技术实现方式不同、所能支持的业务和功能不同、服务的对象不同、运作模式不同、所适用的管理规范也不同，而数字传播技术的出现则彻底改变了这种局面。数字化浪潮使得原本不具有媒体属性的通信工具获得了媒体的功能与特征，"泛媒体化"趋势明显。而原本清晰的媒体界线日益模糊，"多媒体化"、"多元业务"成为媒体新旧融合的鲜明特征。技术壁垒的淡化与媒体界线的日益模糊迅速在业务和功能层面体现出来，出现了越来越多在广电和通信两张网上均可运作的业务。双方的同台竞技在所难免，广电和通信这两大基础网络产业在数字化背景下的力量博弈已经展开。广电与通信产业选择了不同的转型方向：广电产业向下游终端用户拓展，加强网络对用户的了解与控制；电信产业则向上游内容提供领域拓展，以满足消费者海量的个性化需求。在转型过程中，两大产业的边界开始变得模糊，广电和通信两大产业的争夺和博弈日益激烈，这其中，渠道的控制力将逐渐弱化，而内容领域的竞争也将更加激烈，这构成了双方博弈的大背景。反映在产业实践中，就是数字电视与 IPTV 对家庭用户的争夺、手机电视与移动多媒体广播对个人用户的争夺。这两大产业的调整将拓展新的发展空间：空间之一是"用户"，广电产业将朝着"用户明晰化"的方向拓展；空间之二是"内容"，电信产业将借鉴内容驱动模式，逐步介入内容市场。

从历史发展过程来看，三网融合的产业政策出台的背后都会映射出所在国家和地区的产业战略思路与产业发展规律。中国现时所提出的三网融合，当然也会受两种力量的牵制：其一，广电和通信两大产业在各自十余年的发展过程中，已经形成了自己的产业格局和利益诉求；其二，国家高层从满足社会发展、民众公共利益的角度出发，必然对三网融合提出相应的规划思路。从这个意义上说，我国现在的三网融合不是技术融合和单纯的产业融合，而是一个多重力量共同作用的融合，它既包含商业的、市场的成分，也包含公共服务的国家意志的成分。

中国的三网融合在经历了十多年的争论、搁置和分头发展之后，已经形成了基于不同产业利益诉求的产业格局，通信产业受基础话音、宽带接入和每用户平均收入（ARPU 值）预期下降的影响而把诉求点放到了基于 NGN 的媒介化方面；广电产业则在饱受单向传播、单一依赖广告收入之苦的基础上开始走向双向全业务的 NGB，两者进入了相互补充、复制性的平台竞争时代，从而形成了中国式的三网融合的基础。

由于中国现实的国情，中国式的三网融合，不是单纯的市场、技术和利益的融合，也不是行政机构和事业单位的融合，而是在意识形态参与主导下的有中国特色的融合，是要构建一个以媒介为高地，以内容、网络和服务为骨干基础的崭新的媒/信产业，即以媒介思维为主导的三网融合。

因此不管是广电产业还是通信产业，在三网融合过程中，二者都应该符合并且围绕着媒介思维去融合，才能做大做强。

因此，看待中国的三网融合问题，必须用中国式的思维来考虑，需要看清三网融合背后是产业利益诉求以及国家意志导向，而不仅仅是一次单纯的技术进步触动的产业融合。

本章重要概念和思考题

1. 网络。
2. 三大物理网络和三大产业网络。
3. 网络与媒体运营是什么关系？
4. 卫星网络与新媒体。
5. 有线网络与新媒体。
6. 无线网络与新媒体。
7. 下一代广播电视网络。
8. 下一代通信网络。
9. 下一代互联网络 。
10. 网络融合的发展趋势分析。

第三章 新媒体的内容运营

■ **本章要点：**

内容是媒体所承载的各种信息形态的总称。数字技术支持下的内容数字化，内容形态不断创新，数字终端的智能化不仅释放了人们对信息内容的需求，同时也支持用户加入到信息内容的生产中，使得新媒体运营有了全新的信息基础。在新媒体的运营中，内容量不断增加，并且根据用户需求把内容产品化并推向市场。

内容是新媒体运营的基础。在新媒体时代，内容的运营模式被彻底颠覆，传统媒体是对内容进行采集加工和传输，而在新媒体时代，内容的运营更强调多元化的获取，多角度的集成，多平台的分发。

第一节 内容与新媒体

一、内容是媒介运营的核心要素

“内容”是媒介运营的核心要素，它指的是借助媒介的传输载体所承载的各类信息形态的总称。

从文化学的角度出发，“内容”这一概念的主要意义在于容纳之物，有内涵，能容万物。内容指的是一种能够把外在包容其内的状态。

从传播学的角度出发，传播模式中把传者、信息、媒介、受者和反馈看作是传播的五个核心要素。

从媒介的角度出发，凡是能够把信息从一个地方传递到另外一个地方的介质、载体、通路都是媒介，而附着在媒介上的信息，就是媒介所要传输的内容。内容就是媒介主动传输出去或者受众主动选择使用的各种信息的总称。

从媒介产业的角度出发，内容是媒介产业链条中重要的环节，和传输环节、经营环节、终端环节等同样重要。内容资源是媒体联系受众、经营广告的基础要素[①]。

从数字新媒体的角度出发，内容是各种能够承载和传播信息的专业技术平台和软硬件之上所承载的信息形态的总称。快速发展的数字技术造就了快速、通畅的传输网络，形成了强大的信息处理功能，对信息内容的处理更快、更便捷。

---

① 黄升民、周艳、马丽婕：《广电媒介产业经营新论》，复旦大学出版社，2005年版。

总之，内容指的就是各种媒介传递的信息，传统的内容包括文字、图片、音频、视频等。伴随着数字技术的发展和融合应用，数字新媒体的内容不仅是指不同形态的内容素材、片段，也指不同形态内容素材的整合应用，以及内容和业务的融合应用等。

传统媒体对内容的运营更多是从内容生产入手，强调信息的采集和加工，而在新媒体背景下，在数字技术的支持下，媒体内容的生产已经不再神秘，任何人都能参与内容的生产。另外，数字传播技术还解决传输资源的限制，数字终端的发展也极大地释放了人们对信息产品的消费能力，于是新媒体发展对内容有着巨大的需求，关于科技、教育、体育、娱乐、动漫等各种信息产品都可以变成可触摸到的、可传输的巨大产业。[①]

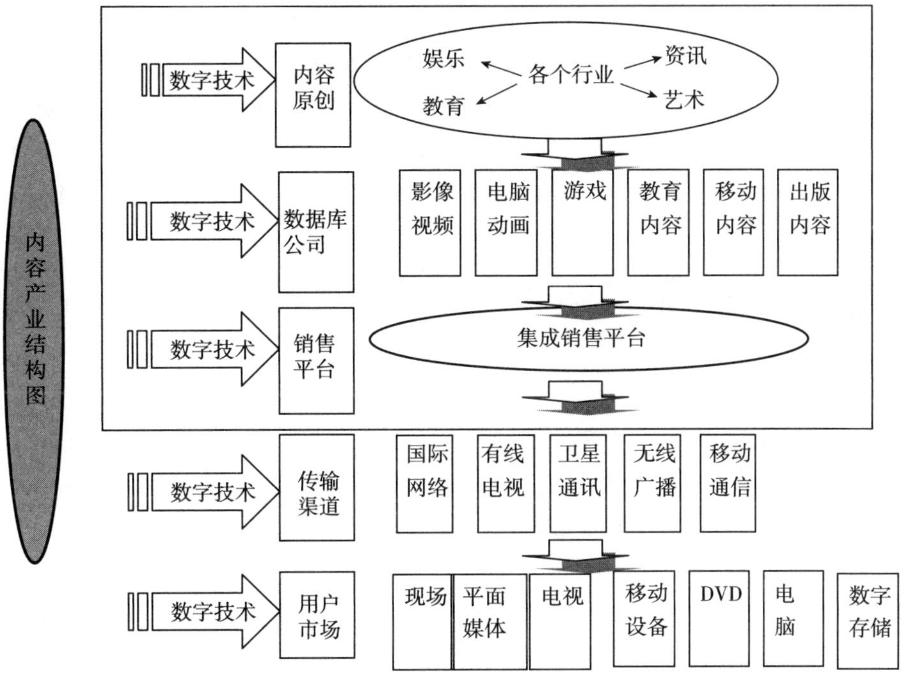

图 3—1　内容产业结构

二、数字化改变内容

(一)数字化使得媒体内容的需求量和使用方式都发生了改变

1. 数字化使得媒体的传输渠道和接收终端无限扩张

在传统的媒体时代，由于受到技术、政策管制等条件的限制，媒体的传输渠道一直以来被作为一种稀缺资源以“执照”的配给方式颁发给运营者；而伴随数字技术和网络通讯技术的发展，媒体的传输渠道不断拓展，频道、频率增多，带宽不断加大，信道不断扩容，传输的瓶颈被打破，这就使得内容传输渠道的规模得到了空前的发展。

不仅是传输渠道无限放大，在数字技术的支持下，一批新的媒体终端也不断涌现出来，包括电脑、手机、MP3(MP4)、手持移动终端、车载移动电视、楼宇电视、户外大屏等。

---

① 赵子忠：《内容产业论》，中国传媒大学出版社，2005 年版。

多种终端在人们生活中的普及使得内容在终端环节的需求放大，人们希望通过电脑、手机、手持移动终端都能够接收到电视、广播、报纸、杂志甚至图书等各种形态的内容产品。

2. 新的传输和终端对内容的需求量和使用方式都发生了改变

渠道和终端的无限扩张对媒体的内容生产也带来了巨大压力。市场对内容的需求进一步扩大，其增速远远超过内容生产的速度，迫切需要大规模的内容注入。

在渠道资源稀缺的时期，可以通过控制有限的渠道资源而保持内容供给与渠道需求的平衡。随着传输渠道和接收终端的不断放量增长，渠道不仅不再稀缺，未来更是将趋向于无限；用户对于内容的需求急剧扩大，使得媒体的内容生产的增量速度必须提升，这样才能与无限扩张的传输渠道和接收终端相匹配①。

不仅需要在内容的量上进行大规模注入，而且在新的技术和市场需求发展的支持下，传输渠道具有互动性，接收终端更加具有个性化和互动性，用户对内容的使用方式也发生了改变：不仅需要更多类型的内容，而且由自己选择内容、上传内容，实现更加自由的互动沟通的需求，这些都反映出内容生产模式与需求方式之间需要构建新的满足模式。

（二）数字技术推动内容生产能力和使用效率的提升

1. 内容数字化生产提高了产能

传统内容类型包括文字、图片、图像和音频，不同的内容类型有不同的媒体方式，报纸、杂志媒体依赖文字形态；广播媒体依赖声音形态；电视媒体依赖视频形态，但是随着数字技术带来的多媒体技术的发展，传统的内容形态都将实行数字化，正如尼葛洛庞帝在《数字化生存》中所说的，内容都变成了可以用“1”和“0”来代表的数字。

内容的数字化使得内容的生产能力得以提升，在先进的数字技术和设备的支持下，各种类型的视频资料、音频资料、文字和图片等形态可以更加方便地进行采集、修改、编辑、储存、检索查询、传输和发布，这种能力将极大地提高内容生产的效率，并降低内容生产的成本，为内容的规模生产提供了基础。

2. 数字化也使得内容扩展到多种媒体形态，提升了使用效率

过去一类媒介生产的内容要转化为另外一种媒介产品，用另外一种终端接收，就必须按照另外一种媒介的特性进行改造，而这种改造的成本非常高昂，这无疑限制了内容向多种媒介、多种终端传输的机会。而数字化的内容生产，内容的基础元素都是以“1”和“0”来代表的数字模式，这就使得内容形态从原先单一的呈现方式变成了共同表现的多媒体内容产品成为可能，将文字、视频、音频、图像等以往单独存在的内容进行融合，极大地丰富了内容产品的形式，这种多媒体的内容形态也使得内容本身更具有吸引力。比如电视台创作的节目内容不再仅仅局限于电视这一单一媒体上，互联网、手机、车载移动电视、IPTV 都可以成为节目内容的载体，通过多种渠道触及不同类型的受众，都将有利于内容的丰富。

3. 数字时代，以海量、搜索、个体创造为代表的内容生产和集成方式的出现

互联网的发展，对媒体的最大冲击其实是源于其独特的内容集成方式，互联网不仅

① 黄升民等：《数字传播技术与传媒产业发展研究》，经济科学出版社，2012 年版。

在发展初期就迅速地完成了海量内容的展现，使得人们觉得在互联网上能够看到更多的资讯，而且随着技术的支持，互联网集文字、音频和视频内容形态于一身，能够让使用者自由搜索、自由表达，这些都为内容的生产和集成模式提供了新的解决思路。

互联网上内容的原创性、草根性也日益成为其吸引众多受众的核心因素。作为一个开放的平台，互联网上每个人都是内容的生产者与传播者，网络用户可以自己拍摄视频上传，可以写博客供所有人阅读，可以在网络社区上自行发表观点。这样一方面使互联网上的内容更加丰富、海量，另一方面这些完全来自于民间的原创内容比传统媒体上的原创内容更具有草根性和话题性，能在短时间内聚集大量的人气。

三、新媒体内容的特征

（一）海量

数字新媒体的优势在于数字化技术使得内容所占用的传输资源大幅度压缩，这就使得媒介的物理传输通道在一定程度上得到拓宽，加之新的传输技术的发展，媒介的传输管道的宽带发展也是一个趋势，在这样的背景下就为内容的海量提供了条件和基础。比如下一代广播电视网络的核心传输带宽将超过 1000 千兆比特/每秒，每户接入带宽超过 60 兆比特/每秒，这意味着 NGB 内容的传输、交换以及存储的能力都将达到 T 比特级，有能力承载大容量的视频节目及其他各样的内容，这是以往所不能及的。

除了传输管道拓宽为海量的内容提供基础外，内容的生产、集成也都在数字化技术的支持下迅速发展，内容生产更快捷、方便，流程更集约化。这样提高了内容的制作能力和水平，而且内容集成更开放，不仅有各种文件格式的内容可以汇集（文字、图片、音频、视频等），而且有传媒行业内外的内容可以汇集（包括平面媒体、电波媒体和互联网等媒体资源，也包括制作机构、政府机构和社会团体等）。另外，不仅有专业制作还有草根原创的内容可以汇集（专业机构的专业报道、评论或发布，而且有来自非媒体的草根的自制上传、评论议论等）。因此，内容的海量不仅成为可能也将成为趋势。

（二）双向互动

新媒体最大的特点就在于其双向互动性，这就对内容平台的互动性提出了现实的需求。

在数字技术支撑下开展新媒体多种交互式业务，就赋予了内容平台互动的特点。在传统媒体时代，技术条件的限制使得内容只能“我播你看”，用户只有被动地接收内容，既不能点播内容又不能对内容进行及时反馈，难以形成内容的互动。

而在新媒体时代的内容平台上将打破内容不能互动的限制，使得用户可以随时随地选择自己喜爱的内容，一点即播，还可以随意进行暂停、倒退、快进，不再像以前那样在规定的时间、地点被动地收看播出的内容。用户与内容平台之间还可以形成一种及时的反馈机制，通过在线投票、在线留言用户可以将自己对于节目内容的意见及时反馈给内容运营商。

此外，用户与用户之间也能够进行内容的交流与分享，用户可以把自己观看过的精彩电影、电视节目等内容通过网络推荐赠送给自己的朋友，即便是不同终端间的用户也能进行这种内容的分享、互动。

不仅如此，在新媒体环境下，内容平台还将内容的创作向广大电视用户开放，用户可以将用手机、摄像机拍摄的图片、视频通过互动的网络实现上传，让用户成为媒体的内容供给方之一。这样不仅扩充了内容来源，也进一步推动了数字内容平台与用户之间的互动。

（三）跨平台、融合

以往，不同媒体的内容类型界限清晰。报刊上的内容是文字、图片；电视里的内容是视频；广播里的内容是音频，但是，数字化打破了不同媒体之间的界限，使得不同媒体形态之间的边界越来越模糊，不同的媒体平台都可以提供同样的内容。以视频内容为例，电视机、手机、PC 机、游戏机、阅读器、平板电脑等均可以提供。

与此同时，原本各种不同形态的内容，如视频、音频、图像、文字，均可以转化成“0”和“1”，在同一个平台上出现。比如在电视机里，除了看视频之外，还可以听广播、打游戏、查询信息、阅读报刊、购物等。

这就使得内容本身的界限也变得模糊不清，跨平台的内容融合成为内容的基本特征，同一内容可以出现在不同平台上，不同类型的内容也可以出现在同一平台上。

（四）可管可控

内容是媒体的核心资源，也是舆论引导的核心要素，还是国家信息产业的前沿，如何监管和把控信息，防止有害信息的非法侵入和传播也是数字化媒体时代内容平台的必要特征。

数字化时代的内容平台将在政策上赋予内容可管可控的各种资源，保障相关机构对内容的监管。此外，各种先进的数字技术也引入内容平台，如数字水印、内容 DNA 等技术手段对内容的合法性进行检测与告警，对在音频、视频、图像、文本中出现的不安全内容进行及时进行过滤、追踪和取缔，从而保证内容的合法性和安全性。

版权保护也是数字媒体时代在内容平台管控特征下所关注的问题，版权保护是关系到数字内容产业能否顺利推进的关键，没有对内容生产者的版权保护，内容本身的价值就得不到认可。要保证内容生产者源源不断地进行内容投入，保证平台的可持续运营，就必须注重内容的版权保护。

四、新媒体内容运营流程

经过长期经营和管理实践的探索，目前，新媒体已经形成了较为完善的内容运营流程，以平台化的模式对内容的传播进行流程再造。

首先，新媒体的内容运营需要经过内容获取、集成、分发三个重要环节。新媒体通过各种渠道广泛吸纳海量内容，新媒体机构对各种内容进行集成，使之成为符合市场需求的内容产品，并面向多种终端和用户进行传输分发。在各环节中，新媒体内容运营均体现了多元化、多样性、开放式的特点，使之有别于传统媒体的封闭式、单一化的管理模式。

其次，新媒体的内容运营还有两个重要支撑，第一是内容监管，即内容的可管可控，通过遴选和监控保证内容的安全可靠。第二是媒体资产管理系统的建设。媒体资产管理系统在新媒体内容管理过程中的作用至关重要，新媒体的内容管理流程千头万绪，需要有科学的管理系统来保证资源的合理配置。同时，原始的内容资源通过媒体资产管理系统的调配之后，可以进行多次开发，深度发掘内容资产的价值。

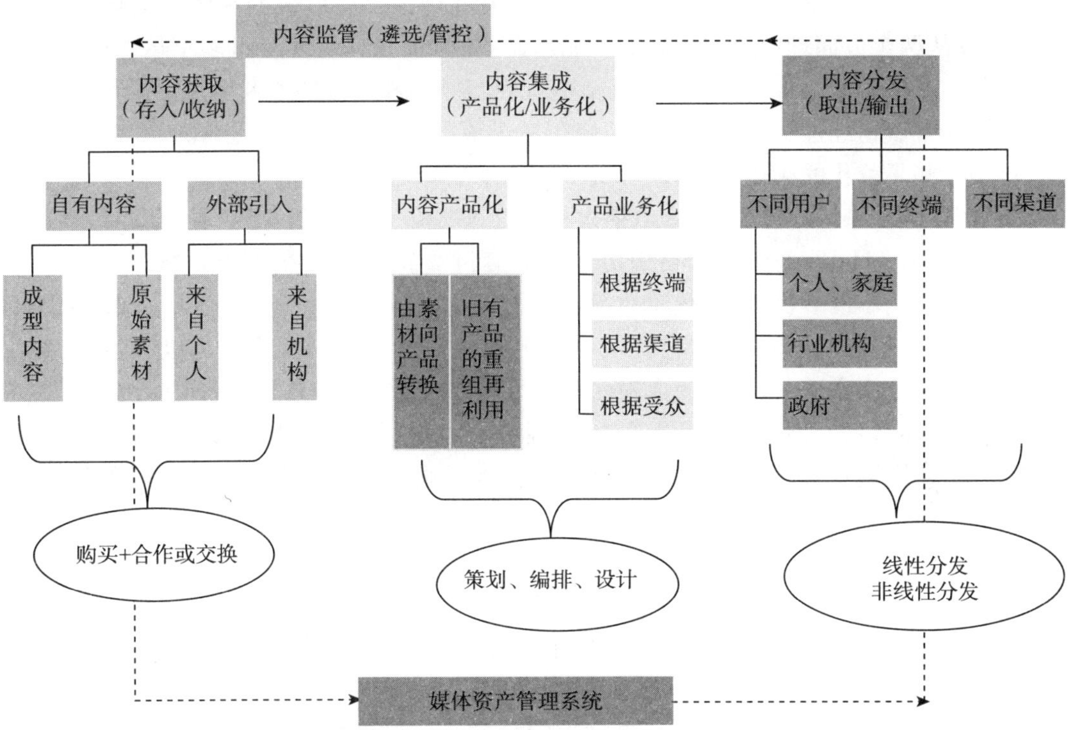

图 3—2　新媒体内容管理流程图

第二节　新媒体内容的获取

一、内容获取方式

内容获取是内容平台的最前端，也是基础的部分。在媒体运作的需求下，媒体内容的获取不再是封闭式自产，而是会从更多的外部渠道获取内容资源，保证内容的海量供给。具体到操作方式，可以通过购买、合作、交换等方式进行。

数字化背景下，媒体的内容获取源将会发生巨大变化。对于新媒体内容运营机构来说，内容获取不再只是自给自足的事情，它既可以使用媒体自己生产积累的内容，也可以从外部引进内容。由媒体自己累积的内容，既包括成熟的品牌化内容产品，也包括原始素材。从外部引进的内容，既包括来自用户原创的内容（UGC），也包括由专业内容生产者生产的内容。

除了传统媒体经过几百年或者几十年发展积累的内容库和丰富的素材库，还有来自于以互联网为代表的新媒体的内容资源。同时在数字技术的支持下，内容获取的大门也向广大的用户敞开，极大地丰富了数字媒体的内容量。

二、内容类型

(一)品牌化的内容产品

一般而言,媒体自有内容中最成熟的就是经过自身发展形成的品牌化的内容产品,我们可以从两个方面理解这些内容的产品形态:一方面是指媒体经过多年运作所形成的频道、杂志、报纸、网站等;另一方面是指随着内容类型和数量的不断增多,为了获得市场以及受众的认可,经过不断策划、传播、修正所形成的在特定市场有影响的品牌化内容产品,比如一些品牌化的频道、栏目或者报纸杂志中品牌化专栏等。

拿广播电视来讲,我国共有广电播出机构2587家,开办节目3760套,其中广播节目2477套、电视节目1283套;此外还开办了155套付费节目,其中付费电视频道138套、付费广播17套。不仅节目频率、频道数量众多,而且这些频率、频道还根据行政级别、节目定位等有着进一步的细分,例如在传统电视频道中按行政级别分为中央级频道、省级上星频道、省级地面频道、市县级频道等众多类型,而中央级频道又根据频道的内容定位分为"综合"、"经济"、"文艺"、"体育"等13个频道。付费频道更因其专业化的定位将频道分得更细,类别遍及人们生活的各个方面,光是体育就又可以分为篮球、足球、赛车、高尔夫等众多频道。

(二)原始的内容素材库

在媒体自有的内容中,除了完整内容外,还有一类不可忽视,那就是积累多年的内容素材,包括媒体为制作各种产品形态所积累的文字、图片、音频和视频的素材。以好莱坞的电影制作为例,在制作过程中,其素材库的分类是非常细致的。在他们的电影工业体系中,会出现专门制作"水"的特效公司,他们拥有庞大的数据库来对各种"水"的特效进行分类,然后向电影、电视、广告制作方提供素材①。

这些素材是媒体长期工作中积累下来的宝贵资源,是构成媒体数字化内容运作的核心资源之一。但是目前由于受到技术、管理模式和资金等方面因素的制约,很多素材没有得到有效管理和充分利用,甚至被白白浪费掉,造成了资源的流失。未来在数字媒体时代,通过建立数字化的内容管理系统,大量内容素材将得到有效的管理。相关工作者充分开发和利用素材的价值和资源,这样使得积累多年的原始素材库成为内容平台上具有战略意义的内容资源,由此为内容创新提供强大的基础。

(三)引入内容

随着新媒体时代的到来,渠道的无限扩大需要海量的内容来填补,两者的供需平衡被打破,在这样的情况下,仅依靠媒体自给自足来维持内容供给,满足用户的内容需求已不可能,于是媒体也打开了长期以来封闭的大门,从外部引入更多的内容资源。

新媒体时代,媒体还通过广泛的引入其他社会组织机构的信息内容资源,丰富内容来源,满足了用户多元化的内容需求。例如政务信息主要是从政府各部委单位获得,一

---

① 赵子忠:《内容产业论》,中国传媒大学出版社,2005年版。

些涉及天气、旅游、购物、招聘的信息则是来源于气象局、旅行社、商场、人才中心等相对应的机构组织，而教育、医疗、证券等更为专业的内容就要从学校、医院、证券所等机构获取。

比如网络视频就引入大量社会机构的内容资源，百度视频的内容合作商为其提供的电影相关视频高达 200 多万个，电视剧相关视频高达 130 多万个。

再比如我国一些地方广电机构就在其数字电视的内容中引入互联网内容，让用户在电视机上就可以浏览到上万个甚至更多网站的海量内容，从而弥补广电自身内容数量的不足；而且互联网上有不少节目花絮、八卦娱乐的内容以及网友原创的内容是在电视节目中难以看到的。引入这些内容是对广电自产内容的一种有力补充，使得内容更加多元化，在满足用户“胃口”的同时又能聚集大量的人气，一举多得。

资料链接

YouTube 每天浏览量达 20 万亿次，70% 的流量来自美国以外的国家。每分钟上传至该网站的视频长达 24 小时，网民平均每天会花 15 分钟在该网站上。每天 YouTube 会显示 4500 万次网站主页广告，每天通过 Google 版权技术管理公司系统 Content ID 扫描的影片加起来长达 100 年的时间。一个人要看完 YouTube 上数亿部影片，大概要花上 1700 年。

（四）数据库构建的内容

在媒体内容的构建中，数据库扮演着非常重要的作用。由于数字技术的支持，一些内容技术手段的变革，使得数据库成为媒介内容生成的一个重要方式。数据库构建内容建立在对零散信息的数据库结构管理基础之上，数据库模型本身并没有什么创新，只是由于互动使用内容和开放采集内容等新内容运营思维的加入，使得这样的模式能够生产出符合人们需要的内容。一方面，所有的信息都会被整理进入数据库，此时数据库起着存储信息的作用。另一方面，数据库中存储的信息会被分类应用，可以作为资讯等出现在媒体内容板块中，有关的信息也会被整合，出现在搜索结果所呈现的页面上。

在内容缺口和创新压力下，在技术的支持下，互联网媒体就大量地运用了数据库创建内容的运作模式，通过构建强大的数据库并对其进行管理，梳理数据指标之间和不同数据库结构之间的关联。互联网能够把原本零散而没有关联的信息重新组合起来，生产出人们需要的信息内容，于是其内容运营的能力也得以大幅度提升。

比如在一些专业的汽车媒体的构建中，数据库起着非常重要的作用。数据库包括车型、经销商和消费者的数据。车的数据库包括车型资讯和用户评价两方面。其中车型资讯包括国内外所有汽车品牌的报价、参数、配置、图片、视频、车型等详细全面的信息，而用户评价则主要来源于 UGC 中用户的购车、用车以及口碑等方面的内容。经销商数据库包括经销商的级别、地点、经营品牌等等。我们前面提到，经销商在汽车行业中的地位逐渐上升。汽车专业网站都正在构建经销商数据库。易车网数据库中包括上万家经销商的数据库，包括经销商名称、电话、促销信息以及级别（4S 经销商或者综合经销商）。消费者可以按照所在区域进行选择，而且可以使用“地图查看”的方式选择离居住地较近的经销商。

（五）用户原创内容

在数字新媒体内容平台建设中，在内容的获取上还有一个重大突破，那就是来自于UGC的内容，包括视频、音频、图片等，允许用户自己生产特色的内容，并且通过提供新媒体的网络服务支持其上传内容，这一点是新媒体互动性在内容获取方面的具体体现。UGC使得新媒体的内容极大扩充，在YouTube上上传的内容达到10万条/每天，Facebook上更是高达22万条/天。

新媒体的内容获取平台向用户开放，鼓励用户通过自己的终端，比如手机、电脑、摄像机等原创一些内容，并且通过网络上传这些内容，经过审查合格后便可以在电视、电脑、手机或其他终端上分发。

新媒体搭建了两个供用户原创内容的平台类型：

第一是供普通用户交流信息的平台：比如提供一些诸如能够实现用户交流和分析的社区、论坛、博客等模块，使得用户能够在交流互动中产生内容原创等。

第二是供特殊用户实现互动传播目标的平台：媒体可以通过开发或运用一些后台操作软件，使得一些有特殊需求的用户，比如需要达成民意互动的政府组织机构，或者需要达成互动营销目标的广告主通过这些软件自行发布信息，从而引发关注和讨论。比如一些政府机构通过数字电视的社区发布一些政务信息，并且就政务信息中引发的关注点进行讨论和交流，得到民意的反馈；再比如一些汽车广告主通过汽车专业网站提供的软件时时发布包括试乘试驾、团购、优惠券等各种形式的信息，这些信息能够在网站的相关页面上迅速呈现，成为广告主与消费者交流的平台。

对于UGC内容的产生，新媒体运营者主要扮演了一个平台的功能，其功能之一是使用户自己生产内容。在新媒体时代，媒体提供了一个平台让用户将自己创作的内容上传，每个人都可以成为内容的生产者。其功能之二是搭建可供用户自由交流内容的平台。这里所说的用户既包括普通的消费者或者受众，也包括一些要利用数字媒体互动性达成互动传播目标的机构，比如要与民意互动的政府组织和要与市场消费者互动的广告主或企业等。

在UGC的内容构建中，新媒体的运营者对于用户原创内容的引导与整理非常重要。一方面，媒体要通过等级评定，如通过积分有奖等多种措施鼓励用户更多地进行内容原创；另一方面，媒体也要积极引导用户进行某些话题、焦点问题的原创参与。再者，媒体还要对UGC进行清晰有效的分类整理，方便其他用户参阅以及交流。

UGC能够实现媒体与用户、用户与广告主、用户与用户之间的互动交流，通过鼓励用户原创、上传、分享内容，不仅能充实媒体与用户的内容互动，使得媒体获得来自于用户的新鲜内容，了解现在用户的舆论关注点、话题方向，而且还可以通过用户与广告主、用户与用户之间的互动，延展内容之外的互动交流。比如数字媒体在互动营销的过程中，用户可以通过在内容领域的创作、上传和分享，来参与广告主的营销诉求。

资料链接

海外传媒新贵的内容生成模式

谷歌有一个词叫“爬网”，即他们通过爬网，来取得和追踪已有的信息，把网络上的资料放入他们自己的系统。他们利用搜集整理的用户资料做广告，还通过 Double Click 和 Ad sense 的 Cookies 追踪用户的上网记录。通过这种方式他们建立了一套用户对什么内容感兴趣的档案。

谷歌的搜索业务作为网络技术产品本身并没有提供任何形式的内容，但人们可以通过它迅速地找到想要消费的媒介产品，从而获得所需的信息和内容。当然，这类内容还必须依赖于互联网的开放性。如果你不开放你的文档、音乐、图片的话，谷歌也没法替你搜索到。谷歌风投合伙人乔·克劳斯曾经说过："Google 依赖于开放的互联网，互联网的开放性是其生存和发展之本，而谷歌天生就是开放的。"

微软亚洲研究院最近推出了一款名为"人立方"的社会化搜索引擎。它从超过 10 亿个中文网页中自动抽取出人名、地名、机构和中文短语，并通过算法自动计算出它们之间存在关系的可能性。只要随便输入一个人物，人立方就将给出该人物的关系图谱、网页、资讯、简介、"六度关系"等众多内容。

不仅是搜索引擎，社交网站和微博也都具备这种提供意义服务的特征。这样的服务使内容的呈现摆脱了传统媒体式的把关方式，实现了自动化的内容生产。

对于传统媒体而言，它们也完全可以基于现有的内容提供这样的服务。通过对现有内容的重新编排和组合，生成多样化的内容包或者细分化的专业频道，即可对不同人群提供有针对性的服务。

视频网站如何鼓励用户原创内容

原创内容由于其趣味性、短小性、平民性和广泛性等特征，也能够聚集大量的人气，成为视频网站黏着用户的一个很好的手段，同时能够满足不同用户的不同口味和需求。因此，原创内容受到了综合性视频网站的极大重视，通过对原创内容及作者的激励方式，视频网站每天都会有数万条原创内容进行上传，这样就保证了互联网海量分众化内容的供应。

1. 专业的拍客团队

视频网站海量原创内容及网站自制内容在很大程度上要归功于专业拍客们。专业拍客是指那些对视频拍摄和创作有着很大兴趣的视频爱好者，这些人比普通网友对视频原创的热衷度要高很多，上传和分享视频内容的频率也明显高出普通网友。这类人又可以分为几个类别：(1)职业拍客：这些人辞掉原有的固定工作，和网站或电视台签订协议，经常为媒体供稿，报酬丰厚。他们的拍摄有一定的专业水准，并且具有良好的新闻敏感。在这一过程中，诞生了一批知名的拍客群体，有的还成为了圈子中的舆论领袖，发挥着个人的影响力。(2)半职业拍客：有正常的工作、学习和生活，利用业余时间进行拍摄，和媒体有一定联系，遇见生活中有价值的新闻及时向媒体传播。有些人还成为了所在行业和部门的 DV 通讯员。(3)业余拍客：不求物质回报，纯粹热爱影像，记录生活的点点滴滴。

原创团队是由两个以上的视频爱好者组成的，随着个体拍客经验的积累和继续发展并争取能够实现赢利的需要，拍客们就逐渐组成了大小程度不同、专业程度不同的团队或者工作室。近两年，网络视频作为营销手段已经逐渐形成规模，营销效果也很不错。但是由于许多企业并不具备专门的视频创意团队，普通广告商的思维和影响力也不如掌握网民资源的网络拍客，由此，基于出色的创意和较为专业化的制作水准的拍客团队恰恰满足了这一需求。2010 年年底，优酷出品的《11 度青春系列》就有很多视频原创团队的参与。

2. 为拍客们提供物质激励和平台支持

在原创内容的合作方式方面，视频网站会通过各种不同的激励机制鼓励用户上传原创视频。最直接的方式是向受欢迎的视频作者提供物质性的奖励，物质激励也可以有各种形式，比如稿费、票房分成等。各大视频网站都有相应的稿费激励，如优酷对原创内容的奖励主要集中在两个方面，一是拍客。如果上传的内容被推荐到头条就奖励1000元，被推荐到首页奖励500元，被推荐到频道首页奖励300元。二是被电视台等站外机构使用的，优酷会将所得报酬的主动权交给作者。土豆在这方面也进行了各种探索，并开创了原创作者与视频网站进行分成的激励模式。比如，2010年土豆网举办的"G客G拍"原创手机视频大赛，所有入围第三阶段的选手将可以从点播计费中按比例分成，作者将从其参赛作品被点播的计费中收取30%的分成收益。酷6网更是在2008年就声称拿出部分公司期权作为奖励发放给优秀的签约伙伴，让优秀的原创作者和原创红人真正成为酷6的股东之一，激励他们的创作潜力。

除了物质上的激励及在技术、设备和资金上支持这些拍客们的视频创作之外，更重要的还在于视频网站会为原创作者提供脱颖而出的机会和平台。由于拍客过于个人化、随意性的拍摄，造成了视频资源的浪费和主题的分散，而视频网站则通过整合策划，把零散的资料和题材整合为一些专题，并对有影响力的拍客作品进行重点推荐，使这些作品能够接触到广大网友并形成大量的转载或分享。在发掘有潜力的拍客方面，视频网站也会经常举办各种拍客大赛，推展创意营销，并将那些在大赛中表现出众的拍客纳入网站的人才库。比如，土豆网专门联合中影集团举办"土豆映像节"和"橙色盒子"活动，为这些原创作者提供脱颖而出的平台，并将突出拍客融入"新媒体视听节目计划"和"青年导演电影制片计划"中。此外，视频网站也会帮助创作内容特别好的拍客寻找更大的商业运作的机会，比如推荐他们参与为广告客户进行的定制视频的创作等。

第三节　新媒体的内容集成

随着数字新媒体时代的到来，媒介对所获取来的内容的使用也发生了巨大变革。在此，我们引入内容集成的概念，这个概念更强调了在数字化、融合性和互动性的支持下内容资源重聚的过程。

所谓的内容集成是指对多渠道获取的内容，通过产品化和业务化两个重要环节，使得原来零散的内容素材通过策划、编排和设计生成可以供用户使用的内容产品，同时这些内容产品还可以根据终端的类别、渠道的特性和用户的需求形成方便使用的业务类别。

过去传统媒体基本上是一个封闭式的自制模式，自己制作什么就播出什么；而新媒体时代更强调对内容的开放式集成，内容来源更多元。新媒体用集成的思路主导内容，在集成基础上对内容进行定制编排。

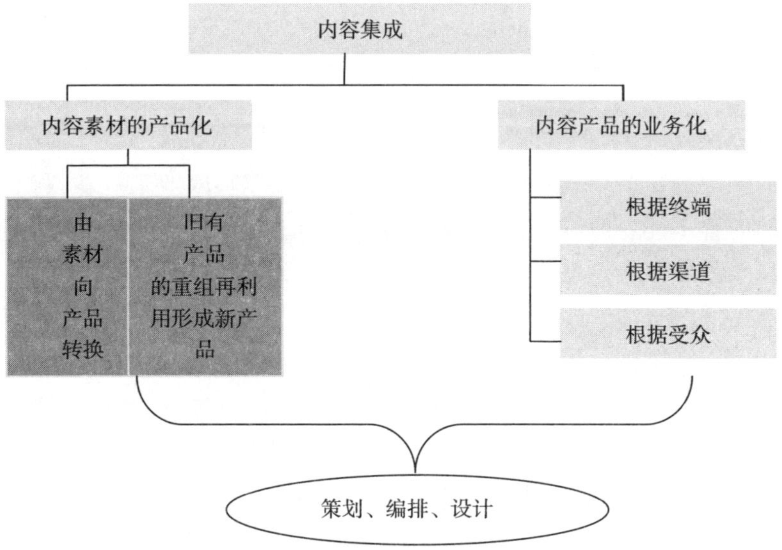

图 3—3 新媒体内容集成模式

一、内容素材的产品化和内容产品的业务化

(一)内容素材的产品化

新媒体时代,媒体运营者不再像以前一样,按照固定的、模式化的内容产品类型生产内容,而更多是把来源众多的各种内容素材进行重新的组合集成,其目的是形成符合用户需求、能够实现内容资源价值最大化的内容产品。

比如,可以根据其内容的类型不同细分为新闻、娱乐、体育、电影、少儿等不同板块,并开始对现有相关的内容资源进行重整,构思如何将它们聚合在一起形成一个专题。

再比如,也可以按照相关的主题对内容进行产品化,例如围绕“秦俑第三次发掘”这个专题,不仅可以在网上设置纪实节目,而且还可以加入与秦俑、秦始皇相关联的电影、电视剧以及很多资讯。这些内容原本都是分散的,通过策划部门对其进行重新聚合就形成了一个包含纪实节目、影视剧以及图文资讯的完整专题。

此外,还可以按照内容和内容之间的关系将内容素材产品化。这样的产品化是指通过综合运用点播、关联、推荐、评论等多种方式建立起内容与内容之间的联系,从而盘活内容资源。如用户点播电影《非诚勿扰》后,除了将这部电影在点播中作重点推荐外,还可以把冯小刚、葛优、舒淇的其他电影也纳入进来,用户在观看《非诚勿扰》的同时,就会在界面上看到相关的推荐,这样就可以把用户不断留下来。

(二)内容产品的业务化

业务化是新媒体内容运营的重要环节,它改变以往内容产品线性播出模式,强调内容产品要与用户互动,要能够通过推送和关联等手段,增强用户体验,形成全新的业务模式,吸引用户来消费内容产品。

由于新媒体的业务类型非常丰富,本书专门有一个章节对新媒体的业务运营展开论述,此处不再赘述。

二、内容集成强调对内容的策划、编排和设计

(一)内容策划

在新媒体的内容运营中,媒体通过广泛获取内容资源,网罗了五花八门的内容,如此丰富而庞杂的内容不能一股脑地随意堆到播出平台上,而是必须对其进行重新聚合,如何合理使用以及重新聚合这些内容就需要有专门的策划部门来发挥角色。

1. 线性策划方式到互动策划方式的转变

传统媒体内容策划的鲜明特点就是内容的线性策划思维,所有的内容都按照时间的流动而排列,受众必须要等到一定的时间才能看到相应的节目,这种方式显然已经不适应新媒体时代用户按照自己的时间和需求,自主选择内容的需求。

新媒体的内容策划不仅要把不同的内容资源聚合为专题,而且要通过综合运用点播、关联、推荐、评论等方式建立起内容与内容之间、内容与业务之间的联系,从而盘活内容资源。比如新媒体页面在电影《非诚勿扰》中出现西溪湿地画面的同时,又将西溪湿地的广告和旅行社的信息用其他方式呈现出来。用户在欣赏内容的同时直接通过智能终端订购门票,这样就把看内容变为了用内容,内容具有了较高的商业运营价值,以此盘活了内容资源。

2. 单一内容产品策划到内容产业链策划的转变

下一代内容,将不仅仅是内容产品。一些专业化程度比较高的内容,还可以成为一个完整的产业。因此新媒体的内容平台在进行内容策划时可以引入产业链的思路,抓住核心价值点,与产业链的上下游进行合作,线上线下进行联动,将产业链各环节的资源充分调动、整合。在新媒体内容集成平台上运用产业链的思路来策划实现"一种资源,多种使用",进一步提升内容的价值,并不断迁移用户,增加用户在整个产业链上的黏着度。

比如上海文广运营的游戏风云频道,除了正常在电视频道播出之外,还在互联网上开办频道论坛和主持人博客,举办游戏赛事;劲爆体育频道盯住了篮球中的 NBA 项目,与 NBA 建立全方位合作,全天候进行赛事转播,同时跟体育类垂直网站琥珀网进行合作,请网络上的草根评论员和权威评论员进行对话,让用户进行投票和讨论,使得内容在多个平台的多个方面进行深度结合。配合线上内容还策划了一系列线下活动,上海文广运营的音乐频道推出了演唱会,在全国各地巡演,创造了不菲的收入;音乐频道还进行主持人选拔赛等活动,牢牢黏住用户;极速汽车频道则通过与易车集团的合作,成立了中国汽车领域最大的专业服务平台,为频道用户提供汽车免费验车、公路急救导航等增值服务,与整个汽车产业链都建立了关系。

(二)内容编排

1. 非线性编排

编排就是生产力,在新媒体时代,内容的呈现方式除了传统的线性编排之外,一个非常鲜明的特点就是编排非线性的呈现。

新媒体内容平台上为用户提供了数十数百倍于以前的海量内容,为了方便用户使用这些海量内容,得用非线性编排给用户提供一个容易使用的、界面友好的、可以快速访问

内容的非线性呈现方式。这样的编排方式，使得直播、点播、资讯服务、商务交易等业务功能的实现得以呈现。这种编排方式能帮助用户方便地选择和浏览各种类型的内容，同时还将提供搜索功能，使用户方便快捷地找到所要的内容和信息。

2. 注重内容的关联

编排时还要注重内容的关联性，编辑人员在内容的策划环节就已应考虑到内容的关联性，而编排则是把这种内容的关联落到了实处。编辑人员应注意深入挖掘内容之间内在的关联性，在各种不同的元素中，诸如内容性质、新闻标题、演员、导演等元素中找到关联，这样可以对彼此存在关联的内容通过编排以组合的方式一起推荐给用户。

通过关联性的编排一方面可以使内容的整体感更强，更容易让人接受；另一方面这种关联也是对用户需求的一种预测。例如某位用户喜欢某明星主演的电影，也有可能喜欢该明星的专辑 MTV 或是其参与的综艺节目，编辑人员若将这位明星的电影、MTV、综艺节目编排组合在一起，就能不断迁移用户使用和观看，使用户一直留在平台上，挖掘更多的用户价值。

3. 热点内容主动呈现或推送

在新媒体的编排策略中，常常会将热点内容呈现在最醒目的位置上，让用户能够主动地点击收看，这样既方便了用户又提高了内容的点击率。

在编排新媒体的内容时，通常把当前的热点内容或是预测用户可能感兴趣的内容编排呈现在业务应用的醒目位置，这实际上相当于把内容主动推到了用户眼前，用户不需要动脑筋去想自己到底看什么内容，也不需要翻阅众多层级去寻找，满足他们需求和喜好的内容就能主动呈现在他们的终端和界面上。通过这种主动呈现的方式，可以为用户带来便利，同时也将在很大程度上提升内容的关注度和收视率。

图 3—4　搜狐视频电视剧板块呈现方式（搜狐视频将剧集以滚动的方式轮番出现在首页醒目的位置，用户可以根据这些了解到哪些剧集是最热门的，并点击观看）

（三）易操作、人性化的内容设计

1. 内容最终呈现在设计上要体现策划和编排的构思

经过策划和编排两个环节，内容集成的框架和组织形式已经成型，接下来则是要进行内容界面的设计。内容界面设计要体现内容策划和编排时的构思，例如经过策划、编排的某一热点内容，设计者就要在界面上进行重点突出，用不同于其他内容的颜色或是形状使其看上去很显眼，吸引更多的用户去收看。正如画图一样，每样东西要画在纸上的哪个位置，大小怎样，是什么颜色，这都是设计环节需要考虑的。

2. 界面设计要简单易操作、人性化

新媒体的界面设计要让用户易使用和操作，过于复杂的设计常常使人们失去欣赏内容的乐趣，只能造成用户的流失。内容界面的整体风格要简单大方，不要太复杂花哨。在设计界面时要尽可能简单化处理，使得界面操作能够在用户的控制能力之内，层级之间的关系要清晰明了，还要尽可能地减少界面层级，最大程度地减少用户记忆负担。

要做到简单易操作的界面设计需要在设计之前作大量的用户使用调研，了解用户的使用习惯、操作方式，根据他们的要求再进行设计调整。

资料链接

BBC iPlayer 页面设计

当前，面对新媒体技术的冲击，如何突围成为诸多传统媒体必须面临的挑战。这场变革是一次由内向外的蜕变，是一次新平台的战略转移。BBC 应时而动，于 2006 年启动了“创意未来”计划。在 2007 年推出网络视频点播服务的 iPlayer，在英国乃至全球都取得了巨大的成功，成为影响力最广的传统媒体互联网视频服务品牌。

在这一产品页面的设计上，BBC 着重体现了“极简”的定位，这一理念的实践首先落在了用户界面的设计和优化上。

BBC iPlayer 在版式布局、导航设计、界面设计元素、搜索功能等方面体现出自己的风格与特色。在版式布局上，iPlayer 首页的版式从原来的四分栏基础上的区域划分式版式演化为通栏下二分栏的框架结构，整体构架更加清晰。从导航设计来说，iPlayer 采用文字标题作为二级菜单导航的标题栏，并充分发挥缩略图的跳转和导航功能。从界面设计元素上来看，iPlayer 采用高纯度的黑色作为主色调，在黑色背景的映衬下，经过优化选择和处理过的高清缩略图显得异常醒目，具有很强的视觉吸引力。在搜索功能的设置上，iPlayer 提供了更加人性化的搜索，在首页上可以通过频道、节目类型以及节目首字母进行搜索，同时还有热门专题和最流行节目的推荐，用户也可从搜索栏自行查找所需要的内容。①

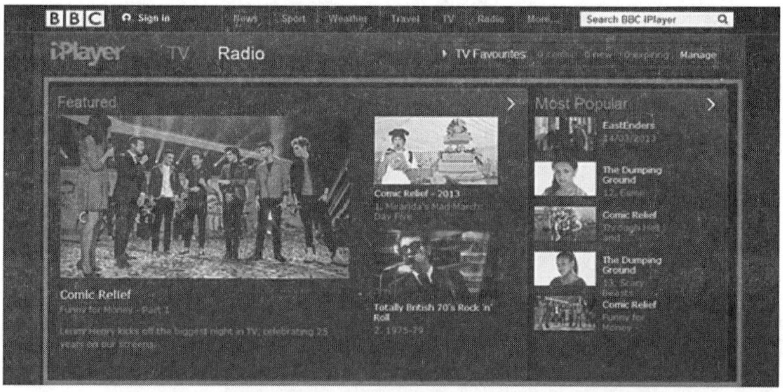

图 3—5　BBC iPlayer 首页两分栏的内容框架结构

① BBC iPlayer:《以用户体验为核心》，人民网，http://media.people.com.cn/n1113/c351621—19568174—1.html。

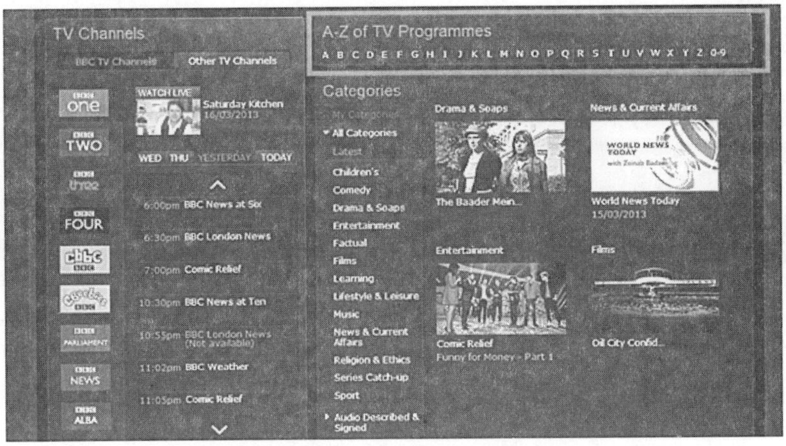

图 3—6　便于用户使用的节目搜索设计

在 2012 年，BBC 又对 iPlayer 上原有的 Radio Stations 页面进行了重新设计，新的网页画面更加简洁，分类和频道也很明显，用户能迅速找到自己要收听的广播节目。BBC 未来媒体的负责人也表示，这次设计风格的改变也是 BBC 对响应式网页的第一次尝试。

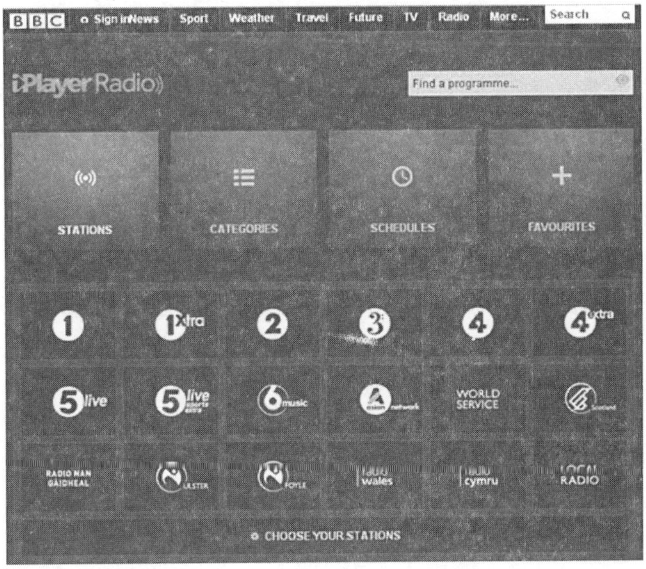

图 3—7　BBC iPlayer 广播节目页面上极简的频道分页设计

3. 界面设计要注重美观

界面的美观也是界面设计的一个重要方面，对用户来讲是一种视觉享受。在风格、形象上要注意页面的颜色、版式等的设计等要素；展示页面要做到吸引眼球，一个颜色不对就可能损失很多的用户和点击量。

案例:上海百视通内容生产管理流程图

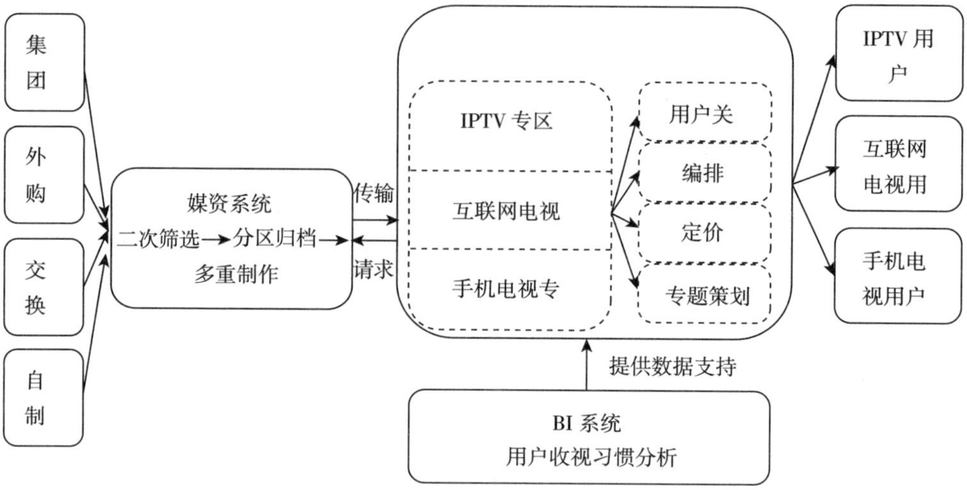

图 3—8　百视通内容生产管理流程

以百视通的内容生产管理流程为例,首先集成多方内容,包括来自东方传媒集团内部的节目内容、外部购买内容、交换内容以及少部分的自制内容,为这些不同来源的内容提供不同的接口,然后统一传送到百视通的媒资系统。

编辑会对媒资系统的内容进行二次筛选,分区归档,然后对内容进行多重格式的生产制作,存储在不同的分区,如 IPTV 专区、互联网电视专区、手机电视专区。编辑会根据目前热点、自身资源以及用户的收视习惯对内容进行编排、策划、定价以及对用户进行关联推荐,然后分发给不同平台的用户。来自用户端的反馈也会影响不同分区业务的开展。

所以,百视通所提供给用户的,都不再是一个个线性播出的电视频道,而是各种各样的点播,是可以录制、回看、搜索、关联推荐的新型收看方式,是可以购物、娱乐、缴费的生活服务平台。

案例:苹果、谷歌、Facebook、微软的内容平台建设

苹果、谷歌这些公司在利用内容平台整合产业链的过程中,将内容提供商、应用提供商、个人生产者、系统制造商、网络运营商、终端生产商和用户都串联起来,将每一方都构成整个媒体内容生态系统中的节点,成为不可或缺的一环,所有参与者都需要依赖于其产品。而一旦一家公司处于整个生态系统的中心地位时,几乎垄断的地位让竞争对手再想要挤走它就变得异常困难了。微软早在 20 多年前推出 Windows 时就已体现这种思维。

现在这些巨头所构建的内容平台是 iTunes、Android 应用商店、Ebooks、Music Store、YouTube、Facebook、Xbox Live。他们有的是综合性的内容平台,也有的是单一产品的内容平台,所连接的终端抑或是开放性的,抑或是封闭性的。但他们现在都在朝着云内容的方向迈进,未来的形态都会是在基于自身发展思路的前提下,做到内容的无限扩展,渠道的无限传输,终端的无限接收。

表 3—1　苹果、谷歌、Facebook、微软的内容平台及其特点

	内容平台	应用终端	平台特点
苹果	iTunes 和 App Store	音乐播放器、手机、平板电脑、互联网电视	封闭的，内容平台与苹果的硬件终端相辅相成。系统应用与终端捆绑，很好地保护了上游的内容版权、促进了自身的内容销售，为个人、家庭用户提供了多元应用。
谷歌	Android 应用商店	手机、平板电脑	开放的，多个种类、特色的内容细分平台同时拓展，系统应用范围广泛，免费提供；内容平台之间相对独立。
	Ebooks	电子书	
	Music Store	音乐播放器	
	YouTube	互联网、互联网电视	
Facebook	Facebook	互联网、手机	以人的聚集为核心，强调每一位用户提供的内容和他们之间的相互联系，将内容的传播性与社交性结合起来；用户 UGC 是内容平台的主要来源。
微软	Xbox Live	游戏机、媒体播放器、手机	以操作系统和软件为核心，但仍旧坚持软硬件分离的固有模式；在内容方面，也以游戏内容为主导，进而逐步向其他内容扩充

第四节　新媒体的内容分发

一、内容分发提升了内容的使用率

内容分发是要考虑如何把内在的内容和外在的业务形态以线性或非线性传播的方式进行分发，而且同时还要考虑不同的用户形态、不同的使用终端和不同的渠道。跨终端、跨媒体的内容分发可以极大提升内容的利用率。新媒体时代，内容平台中的内容产品将不再是供单一媒体“消化”，而是分发到广播电视媒体、网络媒体、移动媒体、户外媒体等网络和渠道，这样既解决了目前这些渠道、媒体上内容的短缺，还让单一的内容能够通过重复利用获得价值增值。内容只需创建一次，然后就能以不同的形式、在不同的渠道和终端对其进行重复再利用。在实现内容共享的同时也提升了内容的利用率，从而给新媒体时代的内容产业带来新的经济增长点和更多的赢利机会。

随着新媒体时代的到来，由原来单一终端、各自独立的网络和网络间分隔的内容，变成了网络、终端、内容的融合，这也将促使新媒体的内容分发体系发生重大变革。新媒体的内容不仅分发给电视机、电脑、手机等多种终端，而且多种终端间的内容还能实现互动。这样不仅能提高内容的重复利用率，也能为内容带来新的利益增长点。

在新媒体的背景下，所有的内容在获取阶段都将实现数字化，这为后期的内容分发带来了可能。在数字化之前，媒体的内容要分发到另外一种终端媒体上，格式转换和改造的成本非常高昂。而数字化技术使得内容变成了“1”和“0”，内容在不同格式间转换的成本大大降低，能够非常容易地被不同类型的传输网络和媒介终端接收。

二、多渠道跨终端分发内容

（一）多渠道

随着新媒体的发展，媒介内容的分发日益全渠道化。以往内容的分发受限制于媒体自身的渠道，各渠道只是各自为政，自己顾着自己的内容，渠道之间的内容不能形成共享，那么内容分发的意义也就不复存在。因此，新媒体时代多种分发渠道应该要进行内容的交流与共享。例如电视网络制作的内容与互联网网络、移动网络等渠道共享，而互联网络中一些网友上传优秀的原创视频可以放到电视网络以及移动网络中播出。

内容的多渠道分发使内容资源以更快的速度、更大的规模在多种发布渠道中得以共享，提高了内容的重复利用率，也因此带来了更多收益。但必须注意的是，因为每种载体自身特点的不同，对内容的要求也不一样，例如电视网络对于视频内容的画质要求较高，互联网网络要求标题和内容尽可能具有轰动效应，而移动网络就要求内容尽可能精短扼要。因此，在内容分发时不能所有渠道的内容都是一个模样的，这是不科学的，而要根据不同载体的特点对内容进行适当调试。

比如，新浪网的网站和手机媒体在很多内容上是共享的，但是同样一条文字新闻或是视频新闻，新浪会取两个侧重点不一样的标题分别供网站和手机使用。例如上海文广互动旗下付费频道制作的很多内容都会提供给 IPTV、东方龙手机电视，但在分发内容时，文广互动会把内容稍作修改，做成点播形式供 IPTV 使用或剪辑成短视频供手机电视使用，而不是一股脑儿地将整个频道的内容分发出去。

案例：《中国好声音》在互联网上的片段式发行

传统电视上的节目通常是线性播出，观众必须守在电视机前，但在新媒体环境下，年轻人是没法看完一期完整节目的。因此，在一些综艺节目里，尤其是选秀类的节目里，每一个参赛者的表演都可以被切割成不同的小片段在互联网上播出。

图 3—9 2012 年 9 月 30 日《中国好声音》视频片段

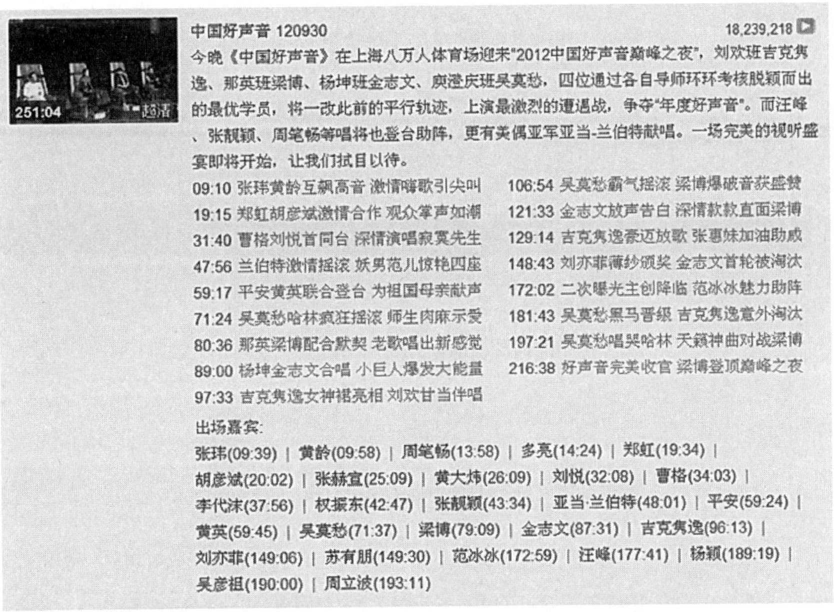

图 3—10　2012 年 9 月 30 日《中国好声音》完整版视频

在《中国好声音》中，并不是所有的选手都受到观众的喜爱，但每个观众又都有自己喜欢的明星，他们会格外去关注特定选手的表演片段，所以这些单独的片段在互联网上是有生命力的。这些片段也不是免费提供给视频网站播出的，制作方将每一期节目都切割成很多片段再分别卖给不同的视频网站和移动新媒体。这种方式下的点击率和下载量都比较可观。

通过将 2012 年 9 月 30 日《中国好声音》的整体视频和片段视频的点击量进行比较，虽然整体视频的点击量超过了 1823 万次，但仅仅是刘欢和吉克隽逸共同表演的《天地在我心》片段的点击量就近 150 万次，更不要说其他几十个小片段加起来的总和了，其点击量至少是整体点击量的 10 倍。因此，电视节目在视频网站上的"片段式发行"模式，将会吸引越来越多电子时代观众的目光，而这样的新突破在未来也将会获得更大的发展空间。

(二)跨终端

新媒体时代内容分发在终端的拓展上有了重大突破，由以前只限于某一类型的终端，比如只能在电视机或者只能在手机上传播，拓展到在更多的终端上传播。移动多媒体广播将传统电视和广播频道延伸到了手机和其他手持移动终端；网络视频将电视播出的节目延伸到了电脑终端；车载广播将原来电视播出的内容延伸到了车载移动电视终端；城市屏幕延伸到了户外终端……从而形成了同一内容在电视、手机、电脑、车载广播、城市屏幕等多终端分发呈现的格局。未来新媒体环境下各种固定的、移动的终端将更加丰富，终端的多样化也促使对内容的渴求增大，从而要求新媒体要将其内容平台上的内容分发到各终端，实现内容共享。

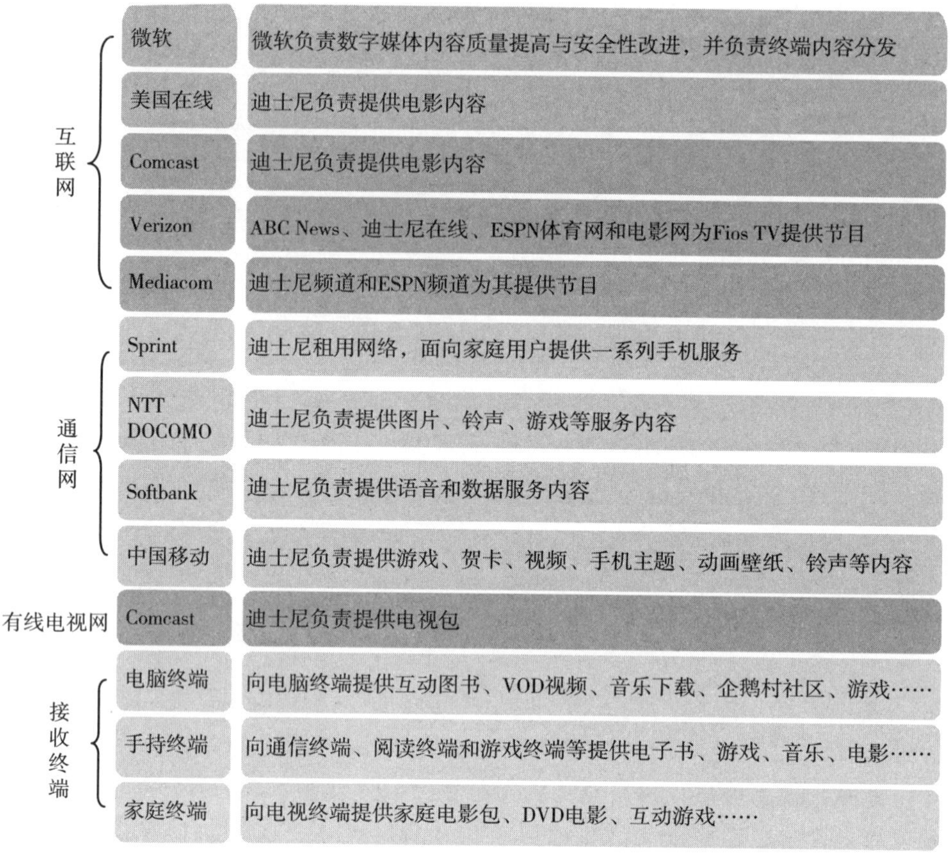

图 3—11 迪士尼内容的全媒体分发方式

案例:新闻集团的内容多渠道分发

新闻集团在传输渠道方面总是不遗余力地进行着拓展,以报纸起家的新闻集团,最开始就是在澳大利亚发展报业。涉足了电视之后,同样也只有一个目标,就是单纯地通过同一类型的渠道的增量,来实现更广泛的覆盖,将同样的内容传递给更多的受众,并且最终形成了现在的 15 家有线、卫星电视网络,167 份报纸,1 家出版公司,6 家互联网公司,1 家户外媒体的渠道体系。

表 3—2 新闻集团的渠道架构

新闻集团的渠道架构	
有线电视节目网	福克斯新闻频道、福克斯商业网、福克斯有线网、Big Ten (49%)、STATS(55%)、福克斯美国体育(33%)、国家地理频道(71%)、国家地理野生频道(71%)、福克斯国际频道和国家地理国际频道(52%)
卫星直播电视	Sky Italia 、BSkyB(39%)、Sky Deutschland(45%)、TATA Sky (20%)、Foxtel (20%)和天空网络电视(44%)
报纸、杂志、书籍	美国《华尔街日报》、英国《泰晤士报》、澳大利亚《每日电讯》等 167 份报纸和 1 家哈伯柯林斯出版公司
互联网	IGN、福克斯受众网络 Ask Men、福克斯移动媒体集团、Hulu(32%)和 Milkround. com
其他	户外媒体 News Outdoor(79%)

案例:国内几家电视台内容的多渠道跨终端分发

中央电视台在几年之前就成立了央视国际网络有限公司,开始全力开拓央视的新媒体战略,目前已经形成了网络电视、IP电视、手机电视和移动电视四大新媒体渠道。

上海文广也先后建立起四家新媒体公司——文广互动、百视通、东方龙和东方宽频,分别掌控付费电视、IPTV、手机电视和网络电视四大渠道。

凤凰卫视的新媒体渠道也由最初单一的凤凰网逐步扩展到凤凰手机报、凤凰移动台。

通过多方位的开拓内容分发渠道,这些广电集团为自己生产的内容提供了新的出口和增值机会,以前只是通过电视发布的内容,如今通过互联网、IPTV、移动电视、手机等全方位传递给受众,使多媒体内容资源共享成为可能。

案例:新媒体时代报业内容多渠道跨终端分发

美国最大的报业集团甘奈特集团旗下所有报纸都取消了新闻编辑室,取而代之的是一个"信息中心"。该中心不仅为报纸,而且也为网站、手持移动设备以及其他多种平台搜集新闻和信息,每周7天、每天24小时不间断地跨平台更新和发布这些新闻信息。

《悉尼晨锋报》为了挽救纸媒发行量下跌的颓势,推出"Newspaper + Online"策略,构建了"多媒体新闻室"。一个记者采写的内容要展现在不同平台上,报纸、网络、电台、电视台等平台联合起来工作,形成一个统一团队,每周7天、每天24小时实行多媒体互动,在最短的时间内优化配置资源,从而实现高效率高产出。

第五节 新媒体的内容管理

一、用"媒介思维"来管理新媒体

在内容的获取、集成和分发过程中,贯穿新媒体内容平台的还有一个重要的方面就是内容管理,它是整个内容平台运作的支撑点所在,管理不仅能够保障内容的安全,同时也提升了内容的运营水平。

新媒体的管理要强调其"媒介思维"。

在内容上,新媒体一方面要严格筛选内容保障所传播内容的安全和健康,抵制恶俗内容,还要保护版权,促使原创内容的发展。

在传输上,进一步提高传输速度,给用户更快捷、方便、互动的体验;同时,也要加强安全意识,保护自身内容不受不法信号的攻击。

在业务上,多开发带有各种服务性质的信息类业务,从满足用户需求出发,切实解决用户生活中的实际问题,从偏重娱乐功能向信息提供和商务交易沟通等应用侧重,使新媒体真正成为国家信息化和人们日常生活中必不可少的工具。

二、新媒体内容管理引入媒体资产管理系统

媒体资产管理系统是对各种类型的媒体资料数据,如音视频资料、文本、图表等进行

全面管理的综合解决方案。其目的是将现有内容进行数字化,并采用适当方式编码,达到内容长期保持和重复利用的目的,满足内容制作、播出、交换、交易的需求。

媒体资产管理系统绝不是简单地对媒体数据进行存储和管理,而是对媒体资产进行分类管理,检索处理后再存储、再利用,充分发挥媒体的“资产”价值。该系统通过采用数字采编、压缩、资料检索、储存管理、数据库及网络传输等技术,提供一套完整的媒体资产存储与管理的解决方案。内容的获取、集成、监管、分发的每个部分都离不开媒体资产管理系统的参与和协作,帮助媒体真正建立一个有序、高效的内容平台。

实施媒体资产管理,绝不仅仅只是技术的提升,更重要的是媒体资产管理的实施必将要求媒体用新的体制取代旧的体制,新的工作流程取代旧的工作流程,新的工作方式取代旧的工作方式,新的思维方式取代旧的思维方式,从而实现革命性的转变。

就如同一个媒介的全天候全方位管家,媒体资产管理系统将各种媒体资料,包括视音频资料、文字、图片等纳入统一的管理之下,使得存储、利用、再利用更加方便可行,实现媒体资料的资产化和价值化,为媒体资产提供了收集、保存、查找、编辑和发布的平台。通过这一平台,不仅使新的业务获益,还可以简化和提高以往素材的再利用过程,同时对于传统的业务,例如新闻制作、节目制作都能产生新的提升。

资料链接

媒体资产管理系统几种类型

1. 媒体资料馆

资料馆模式是媒体资产管理系统最初的功能。针对单纯的多媒体资料进行统一管理,建设成一个多媒体资料馆,即资料性媒体资产管理系统。在这样的媒体资产管理系统中,重点解决了多媒体资料的输入、加工和输出的问题。该系统可管理的资料对象包括平面资料、图集相片和音视频资料等。利用系统提供的编目和检索功能,能够很好地满足标准的资料编目及标准流程,同时,方便地满足用户对馆藏资料的检索和下载要求。其特点是上载量大,流水线编目,节目种类齐全,具有传统磁带库管理功能。

2. 节目生产服务型

媒体资产管理系统与节目生产业务紧密结合起来,建成以媒体资产管理系统为平台的新型节目生产系统,即节目生产服务型媒体资产管理系统。这样的媒体资产管理系统,使得新型节目生产系统具备了媒体资产管理技术所带来的诸多特色功能,例如:快速检索素材、嵌入式检索、检索结果可立即调用,在很大程度上提高了节目生产的工作效率,改进和丰富了节目生产的工作流程。

3. 中心媒体资产管理库

在中心媒体资产管理库模式下,媒体资产管理系统作为完整的支撑平台,既可以支持节目生产业务系统的运行,又可以支持播出及其他业务平台的运行,例如:办公网/网站、节目交换平台等。其特点是:节约资源,提高系统运行价值和各业务系统统一的接口模式,统一用户认证,提供高效的数据通路,使用自动化的流程管理。

4. 交易型媒体资产

越来越多的媒体内容进入到媒体资产管理系统之后,媒体资产管理系统将不仅仅有节目的存储、生产功能,它还将支持内容的交换、交易,从而真正实现内容从产品到资产的转变，提升内容价值。目前，我国已经有部分电视台在开始尝试这种功能，如中央电视台音像资料馆就可以对所有内容进行内部结算，上海广播电视台媒体资产管理系统也开始进行内容交易服务，这也将是媒体资产管理系统发展的必然趋势。

三、对内容的监管是新媒体的责任与义务

在新媒体的内容运营中，内容监管也是非常重要的组成部分。媒体作为重要的舆论宣传和信息传播阵地，对内容的监管是其必须承担的责任和义务。特别是新媒体时代将允许更多个人、机构和组织的内容进入传播领域，需要运用更多手段对内容进行严格的监管和把控，包括内容的安全性以及版权保护等，防止有害信息的非法侵入和传播。

新媒体开放的内容平台环境，将承载更多的内容，允许更多的媒体机构将自制内容之外的内容资源纳入这个平台，尤其是互联网媒体具有很高的内容开放性和互动性的特点。因此对内容安全性的监管将成为新媒体内容运营中相当重要的一环，如果不对内容实行严格的安全检控，不安全的、非法的内容将会进入新媒体传输网络，侵害人民群众的利益，造成极为恶劣的影响。为了保证内容安全合法，新媒体内容运营除了要加强管理机构的内容监播系统，对内容的合法性进行检测与警告，对重要的媒体业务的内容牌照进行管理，对业务和内容的准入进行审核外，还要采用数字水印等技术手段对在音频、视频、图像和文本中出现的不安全内容及时进行过滤、追踪和取缔，从而保证内容的合法性和安全性。

广播电视媒体是通达千家万户、也是最普及的信息工具和最经济便捷的信息载体，是对社会精神、文化、经济发展最有影响力的大众媒体。广播电视新媒体的发展将打造更加开放的内容平台环境，允许更多的来自个人、群体和组织的内容资源进入，而且在传播手段上也更加具有互动性和个性化。如果不对内容加以有效的监管，一些非法、不健康的内容将会侵害人们对正常内容的获取（见表3—3）。

表3—3　欧美地区新媒体管制的部分相关法令和主要内容

年份	法令	国家和地区	主要内容
2007年	《无国界视听媒体服务指令》	欧盟	将网站和其他在线流媒体视听业务纳入适用范围；按内容划分，视听媒体业务分为“线性”和“非线性”两种；新指令包括的管辖范围将覆盖所有的媒体内容领域，包括广播电视、互联网、VOD等，但不受传播方式的限制
2007年	《关于视听传媒服务的指令》（Audiovisual Media Services Directive，简称《AVMS指令》）	欧盟	强调视听服务统一监管，将保障信息安全纳入有关信息网络的法规中，把视听传媒服务纳入大文化产业范畴
2009年	《互联网知识产权保护法》	法国	核心内容致力于互联网内容知识产权的保护，被认为是“世界上最严厉的互联网法案”
1996年	《1996年电信法》	美国	专门就电信设施和互联网中对未成年人造成的侵害，如色情、性骚扰等制定了法则

续表

年份	法令	国家和地区	主要内容
1998年	《千禧年数字版权法案》	美国	对数字版权侵犯行为进行了明晰的界定，旨在加强应对已经出现的数字版权侵权行为
1998年	《儿童在线保护法》	美国	规定对通过网络传播不良内容者施以惩罚，因其试图对网上不良内容进行直接管制而遭最高法院判定违宪
2000年	《未成年人互联网保护法》	美国	规定学校、图书馆的计算机系统应安装过滤设置以避免未成年人接触有害信息
2010年	《打击互联网侵权及假冒伪劣行为法案》	美国	法案受到美国娱乐行业的普遍欢迎，获得报纸、作家和出版商的支持
2010年	《广告推荐与见证使用指南》	美国	首次将博客和Facebook等社交媒体纳入监管范围

资料链接

维亚康姆起诉YouTube侵犯版权

2010年12月4日，维亚康姆向法庭提起上诉，要求阻止YouTube继续侵犯其版权。该公司认为YouTube对侵权内容视而不见，要求获得超过10亿美元的赔偿。这些内容来自维亚康姆旗下的多个频道，包括MTV、Comedy Central和Nickelodeon。法官认为，YouTube在收到有关侵权内容的通知后很快将其移除，因此不应承担责任。在上诉中，维亚康姆认为法庭曲解了《千禧年数字版权法案》(Digital Millennium Copyright Act)，因为YouTube十分了解其网站被用于发布盗版内容，却未采取任何措施去阻止盗版行为的发生，因为它意识到，专业内容比业余内容更能吸引用户。

内容监管同样也是互联网媒体和手机移动媒体的责任和义务，这些新媒体的社会影响力日益巨大，但是其发展过程中出现了为争夺眼球而炒作热点内容的思维，引发了越来越多的恶俗信息的传播事件。比如一些黄色信息在手机上泛滥，侵害了青少年的身心；再比如互联网上扭曲了价值观和审美观的芙蓉姐姐、凤姐、“小月月事件”；还有一些后来被查证为子虚乌有或带有明显诽谤性质但却经互联网广泛传播而引发的社会事件。

某些新媒体为了获得广告或其他营销收益，更是将其互动性的特征当作“舆情、口碑、公关”工具来误导消费者和市场，“网络水军”、“僵尸粉”的诞生更是将这种潜规则“发扬光大”。

基于此，政府对新媒体的监管其实是一种必然的发展方向。自由总是相对的，没有规矩不成方圆。新媒体必须通过一定的监管，才能更为健康地发展。

表 3—4　海外互联网监管的主要内容和重要措施①

国家	互联网监管主要内容	重要措施
美国	要求联邦政府资助的中小学和图书馆对连通互联网的电脑采取技术保护措施； 美国安全部门有权查看互联网通信内容，监管并打击互联网恐怖信息； 成立"反击网络黑客指挥部"，明确国防部和国家安全局的网络监管职责； 美国成立国土安全部下设立的"国家网络安全与通信整合中心"，对计算机、通讯和国家网络安全进行协调负责。	2000 年通过《儿童互联网保护法》； "9·11"后颁布《爱国者法案》； 2010 年白宫拟推动修改《电信法》，确认联邦通信委员会对互联网服务的监管权。
德国	限制互联网传播包含猥亵、色情、恶意言论、谣言、种族主义的言论； 禁止利用互联网传播有关纳粹的言论、思想和图片； 要求互联网服务供应商"封锁"和"删除"针对儿童的黄色内容； 联邦内政部和联邦警察局成立了"网上巡警"的调查机构，德国在州政府的青少年媒介保护委员会下设立了青少年保护网络有限公司，专门对互联网内容进行监督。	1997 德国政府颁发实施《信息与通讯服务法》。 2009 年出台反儿童色情法案《阻碍网页登录法》。
日本	网络运营商、终端厂家向青少年提供的网页服务必须提供过滤有害网站软件的相关服务。	《青少年网络环境整备法》。
韩国	对网络进行监察、为网络纠纷进行仲裁、关闭国内非法或不健康网站、屏蔽国外不良网站等内容； 在法律框架上确定了信息内容过滤的合法性； 实施网络实名制，规定主要门户网站和公共机关网站在网民进行留言、发布照片、发布视频等操作前，必须首先对留言者的真实姓名、身份证号码等信息进行记录和验证。	1995 年，韩国国会修改通过了新的《电气通信事业法》；2001 年，韩国颁布《不当互联网站点鉴定标准》和《互联网内容过滤法令》。 2006 年年底，韩国国会通过了《促进信息通信网络使用及保护信息法》修正案，实行网络实名制。 2008 年，韩国政府新成立了"广播通信审议委员会"。

资料链接

奈飞网

奈飞网(Netflix)成立于 1997 年，是一个提供在线租赁观看或者实物租赁 DVD 快递上门服务的视频网站。网站的内容提供商以独立的影视制作者为主，同时网站还有一家分支制作机构 Red Envelope Entertainment。网站现存有 8.5 万部 DVD 的电影租赁服务内容，4000 多部影视剧在线观看服务内容。用户订阅费是网站主要的赢利来源。用户只要支付 7.99 美元就可以没有任何限制地在线即时下载观看奈飞网所有的影视内容。用户每月再多支付 2 美元，就可以享受 DVD 在 24 小时内的快递上门服务，一次一碟，随时更换，不限次数。

日本 Nicovideo 视频网站约有 4%的用户为付费用户。截至 2009 年 10 月 30 日，Nicovideo 共有注册用户 1460 万户，其中 55 万用户是每月支付 525 日元的高级会员，其主要会员群体为 20 多岁的日本年轻人。网站所有收入中有 69.6%为收费会员的会费，有 18.7%为广告收入。

---

① 周艳：《监管：互联网要有"媒体思维"》，《广告大观：媒介版》，2011 年第 3 期。

手机电视 Sprint－Nextel 的直播的电视频道数量达 72 个，用户每月需支付 9.95 美元的包月费，可收看 13 个直播频道，包括迪士尼频道、FOX 移动、国家气象频道、音乐频道和国家橄榄球联盟网等。另外，Sprint－Nextel 还有 4 种付费频道包，分别为 Sprint TV Xtra（“更多频道包”），包含有 25 个频道；TV Premier（“优质频道包”），包含有 6 个频道；Sprint TV en Vivo（“西班牙语频道包”），有 25 个频道和 Sprint TV 4 Biz（“财经频道包”），含有 4 个频道。这 4 个付费频道包的频道与免费基本包的频道不重复。付费频道包的频道内容比免费基本频道包的频道内容更丰富，也更具针对性。比如在“更多频道包”中就包含了 ESPN 频道、历史频道、发现频道等；“西班牙语频道包”针对的是西班牙语人群；“财经频道包”则重点针对的是关注金融、财经和新闻的商务人士，包括福克斯财经频道和华尔街频道等。

本章重要概念和思考题

1. 内容与内容产业 。
2. 新媒体的内容集成分析。
3. 新媒体如何利用数据库技术构建内容。
4. UGC 及 UGC 的特点。
5. 新媒体内容运营的流程。
6. 新媒体内容获取的开放性。
7. 如何构建内容分发的全媒体模式。
8. 新媒体内容监管的必然性。

第四章　新媒体的业务运营

本章要点：

传统媒体的运营似乎更强调内容而忽略了业务。在传统媒体时代，内容的单一性和需求的统一性弱化了业务这种外在形式。然而，随着新媒体的发展，用户需求的碎片化，海量的内容素材也需要分类归纳和分解传递，于是媒体内容和用户需求之间的联系需要由不同业务形式来构建，业务产品的设计和营销对于新媒体的运营意义更为重要。

对于新媒体而言，业务是内容重要的外在表现形式，是个人用户或机构用户使用信息和消费内容的重要手段。在新媒体运营中，业务是联系技术和市场的重要环节，在新媒体机构中，业务产品的设计部门往往扮演着重要的角色。

新媒体的业务从基本业务到由基本业务衍生出来的交叉关联业务，再到突破网络内部限制，最终实现网与网的互联互通的跨网业务。新媒体的三层业务结构是层层递进、逐步深入的关系，而且在海量和分解重构后的内容的基础上，构成了为政府、行业、家庭和个人等不同类型的用户提供种类多样的全业务形态的闭环结构。

第一节　新媒体业务的内涵、特征和分类

一、业务与新媒体

（一）业务的界定

业务的中文字面意思就是专业的事务，是指个人的工作职业或者机构的专业服务项目。业务的英文为 business、service 或者是 professional work，也就是指个人或者机构从事的主要服务项目和专业的工作项目等。

由此可见，业务的解释有两个核心点，第一就是专业性，能称之为业务的一般都是指在某个领域的专业性工作，比如银行业务、电信业务、媒体业务和会计业务等；第二就是事务性的具体项目，即指这些专业性的工作所包含的有着特殊知识技能和要求的具体项目，比如电信业务又分为固话业务、移动通话业务和彩信业务等。

（二）媒体业务的界定

媒体业务是指媒体基于现实的内容，考虑内容与用户或广告主需求之间的关系所规划出来的方便使用的各种外在的信息服务产品的表现形式。所以业务对于媒体而言是

附着在内容和需求之上的。在现实运作中,媒体的运营方往往是以业务形态的规划作为内容和商业模式设计基础的,而用户也往往是通过新媒体提供的业务产品来实际使用和消费媒体的。

(三)新媒体业务的界定

在新媒体领域亦是如此,新媒体更强调对业务要素的运营。因为在传统媒体时代,内容的单一性和需求的统一性弱化了业务的这种外在形式。然而随着新媒体的发展,用户的需求碎片化,海量的内容素材也需要分类归纳和分解传递,于是媒体内容和用户需求之间的联系需要由不同业务形式来构建,业务产品的设计和营销对新媒体的运营意义更为重要。

我们可以这样理解,某一部电影或某一期的电视栏目都是基础的内容,我们可以将其归类为影视内容、综艺内容或者纪录片内容等。但媒体运营机构需要考虑内容的特征以及人们消费和使用内容的需求来作一些规划,即用什么业务产品形式能把这些内容编排设计好,让使用者更愿意使用,更能体现内容的价值。比如,媒体运营方把某部电影放在电影频道里播出,或者放在某频道固定的电影板块中每日播出,这是一种直接的一对多的方式,使用者只能按照播出设定的时间来收视。再如,媒体运营方把这部电影放在需要付费的电影频道里播出,这样,只有付费的用户可以看到这部电影。媒体运营方还可以把这部电影放在点播库里,这样使用者就可以根据自己的时间或者爱好,选择性地点播这部电影。

二、新媒体业务的特点

(一)新媒体的业务体现了内容的全媒体性特征

与传统媒体相比,新媒体突破了传统媒体单向、固定、限量刊播的限制,以海量内容、高清晰度、全交互等优势,采用一种全业务的平台化的运营模式,赋予其内容全媒体的特性,综合展现视频、音频、图片和文字等多种内容形式。

新媒体使得家庭形成以电视机终端为中心的信息平台,使得个人形成以手机和电脑终端为中心的信息平台,将媒体终端的功能充分延展,使得媒体不再是单纯看电视、听广播、读资讯的终端,而升级为结合娱乐、信息、商务和多媒体影音的全媒体信息中心,满足数字化时代用户的多样化需求。

(二)新媒体的业务体现了网络和终端的融合性特征

在传统媒体的运作体系下,接收终端和传输网络是绑定的,人们通过 PC 机只能访问互联网,通过电视机只能得到广播电视服务,通过电话机和手机也只能得到通信服务。

然而在新媒体的环境下,多样性的业务形态可以在任何网络上出现,可以在广播电视网络、通信网络和互联网络中以同样的业务形态或者不同的业务形态出现,也可在电视、电脑、手机车载和手持等不同终端间无缝迁移。

这种以业务为支持的网络和终端的融合,其核心是为用户提供多终端的服务,通过不同网络、不同终端随时随地向用户提供丰富的内容资源,多方位填补用户的空余时间;同时在不同的网络和终端间形成业务的互补,打通各个网络和多种终端形态之间的关联性和连续性，将用户割裂的时间和空间贯穿起来，使用户在家中、上班途中以及办公室都能享受到连贯统一的视频业务等。

（三）新媒体的业务体现了业务层次之间的互动性特征

双向互动性是新媒体非常重要的一个传播特征，而这种互动性在新媒体的业务上得到了充分的表现。

首先体现在业务类型的互动方面。新媒体的业务体系，将由过去单向定时（on time）的特征，转变为互动式的按需（on demand）服务。用户可以自主点播、时移、回看，也可以根据自己的需求选择其他的互动业务，诸如在线游戏、在线支付、远程教育等。

其次是体现在用户的互动方面。这种互动性表现为用户之间通过新媒体的网络和终端的支持，可以在业务层面互相沟通，比如传递信息、赠送业务给对方等。不仅同一终端的用户能够实现互动，不同终端间的用户也能畅通无阻地进行互动，创造出新的业务模式。

由于网络的互动性，新媒体将打破网络间和网络内的限制：一方面使业务在不同的网络之间实现互动通联，广电网可以和通信网以及互联网之间实现业务互通；另一方面，也使得不同区域的网络在业务层面能够实现互动，这个城市的业务可以在同一网络内和另一个城市的业务实现互通。

三、新媒体业务的分类

从基本业务到由基本业务衍生出来的交叉关联业务，再到突破网内部限制，实现网与网的互联互通的跨网业务，新媒体的三层业务结构是层层递进、逐步深入的关系，而且在海量和分解重构后的内容基础上，构成了针对政府、行业、家庭和个人等不同类型的用户提供种类多样的全业务形态的闭环结构。

（一）基本业务

基本业务是数字新媒体第一层次的业务，主要是由一对多的广播式业务、一对一的交互式业务和能够支持业务展开的接入类业务组成。基本业务中大部分的业务形态是基于媒体多年来的业务实践而产生的，比如开展成熟的频道业务，一对多点播和一对一点播业务等。这些业务有着较为广泛的应用基础，能充分发挥数字新媒体的内容资源优势，同时具有大规模的用户基础，也为更高层次的业务构建打下了坚实的基础。

（二）交叉关联业务

第二层是在类型多样的基本业务上衍生出来的交叉关联业务，其主要特点是通过交叉和关联两种方式，在相对独立的业务之间建立起联系与互动，使得内容资源通过交叉和关联产生新的使用形态，也使得用户对业务的使用更加方便和人性化；更主要的是通过这种形式的业务维系和迁移用户到更多的业务上，从而盘活基本业务，进一步挖掘业务的整体价值。

（三）跨网业务

第三层的跨网业务则是构建在网络融合和用户需求融合基础上所发展出来的更高层次的业务形态，主要是把广电网的广播式业务与电信网、互联网的交互式业务打通，开展跨网业务。网络的互联互通一方面使业务的传播渠道更加多样，另一方面使得不同网络中的内容可以共享。业务在不同终端间能够迁移、互动，从而推动新媒体的业务迈向全方位的开放与融合的全业务时代。

第二节 新媒体的基本业务

基本业务是新媒体业务架构中最基本的业务体系，而且是最能体现其媒体特性的业务，是整个业务架构中的基础，以基本业务为基石才能衍生出更高层级的业务体系。

一、广播式业务

在新媒体的基本业务架构中，广播式业务是最基本的一大业务类别，也是在传统媒体一对多信息传播服务优势的基础上进行的延伸和拓展，向用户提供海量的音频、视频和图文内容。

广播式业务既包括新媒体运营的向用户单向传播内容的直播业务，又包括用户从新媒体平台建构的内容库中自行点播的点播业务。虽然从传播模式看来，前者是单向传播，后者是双向传播，但不论是直播还是点播，其内容库都是由新媒体运营机构所构建的，而且都是“一网播发，全网接收”，面向的也都是广泛的用户群体，所以我们在此将直播和点播统一归为广播式业务。

（一）直播业务

直播业务是一种线性的广播式业务，即新媒体按照一定的顺序把内容进行直接的传输应用，体现传播者的编排，通俗而言就是“我播你看”，用户只能被动地接收内容。

1.数字媒体的直播业务

（1）传统广播、电视频道

传统的广播、电视频道仍然是新媒体直播业务中重要的组成部分，主要是延续了用户的视听习惯。频道构成包括中央级频道、省级上星频道、省级地面频道、市县级频道和其他频道。数字电视、综合性的视频网站和传统媒体开发的视频门户等都继续为用户提供传统的广播、电视频道的直播业务。

这些传统的广播、电视频道是一种完整的频道业务，业务内容体现了频道的定位和编排思想，具有一定的品牌特性。

（2）付费广播、电视频道

在新媒体加、解密技术的支持下，付费广播、电视频道可以支持数字电视运营商推出对用户有偿的付费使用业务方式，所以数字电视中又有以数字方式播出、传输专业化的广播和电视的付费频道业务。

目前在我国的数字电视业务体系中，原国家广电总局已经批准开播的专业付费频道有 183 个，其中付费电视频道有 155 个，付费广播频道有 28 个，其内容类别遍及用户生活的各个方面，频道专业化程度较高。用户数量从 30 多万户发展到 900 多万户，收入也从零增长到目前的 30 多亿元。根据相关机构的调研报告，截止到 2011 年 12 月底，全国有

98.46%的有线网络运营商开办了付费广播、电视频道这一业务。

表 4—1　我国已开通的部分付费频道①

类别	频道
生活服务类	家庭健康、卫生健康、中国气象、时代家居、时代美食、家庭理财、养生频道、职业指南、法律服务、职场风云、宠物汇、美食天府、中华美食、置业、家庭消费、家庭教育、消费指南、房产天地
儿童类	风云卡通、少儿英语、亲亲宝贝、动漫秀场、幼儿教育、新动漫、金色儿童、玩具益智、欢乐童年
体育类	风云足球、高尔夫网球、四海钓鱼、全球体育资讯、劲爆体育、运动健身、天元围棋、高尔夫、欧洲足球
娱乐休闲类	央视精品、风云音乐、新娱乐、魅力音乐、快乐频道、真人秀、立体娱乐、动感音乐
影视类	第一剧场、怀旧经典、偶像剧场、武侠剧场、风云剧场、高清影视、CHC 家庭影院、CHC 高清电影、CHC 动作电影、七彩戏剧、都市剧场、欢笑剧场、碟市、京视剧场、齐鲁剧场
科教类	世界地理、国防军事、看世界、环球奇观、发现之旅、早期教育、书画频道、孕育指南、育婴宝典、说文解字
购物类	家家购物、居家购物、开心购物、每日电视购物、吉祥购物、爱家购物
财经类	风云理财、证券资讯、东方财经、财富天下
时尚类	女性时尚、生活时尚、时代风尚、靓妆、魅力时装
纪实类	风云纪录、老故事、全纪实、法治天地
学习/考试类	青年学苑、考试在线、留学世界、英语学习、英语辅导、读书频道、龙江考试、教育在线
旅游类	环球旅游、时代出行、邮轮旅游、旅行者
游戏类	游戏风云、游戏竞技、电子体育、网络棋牌、智趣
彩票类	体彩频道、幸福彩、彩民在线、公众彩票
其他类	电视指南、动感高清、东方物流、车迷、极速汽车、金色频道、新视觉、老年福、冰雪、视觉生活、汽摩、收藏天下、梨园、弈坛春秋、吴越戏苑、数码时代

(3)高清频道

高清频道是指播放高清晰度节目的电视频道，能让观众看到清晰鲜艳、生动逼真的画面和听到优美动听的环绕立体声音响，增强电视的真实感。

目前，国内的高清电视频道主要包括两类：免费频道和高清付费频道。其中一些卫视的开路高清频道，用户只要接入了高清电视信号并装有高清电视接收设备，就能免费观看。这十个高清频道分别是中央电视台高清综合频道、中央电视台一套、北京卫视、东方卫视、江苏卫视、湖南卫视、黑龙江卫视、浙江卫视、广东卫视和深圳卫视。同时，各地的有线网还会自办各种付费的高清频道，比如新视觉、搏击高清等等。

2. 互联网流媒体直播业务

我们知道，在互联网上传输视频等多媒体信息主要有下载和流媒体两种方案。流媒体不同于下载业务，它是连续的、实时的，用户不必等到整个文件传输完毕才能观看。流媒体实现的关键技术在于流式传输，而流式传输就是一种直播。

① 中国传媒大学广告学院媒介研究所根据相关资料整理。

现在,互联网的流媒体视频直播业务主要通过三类互联网站来实现:第一类是由广电媒体开办的网络电视台,比如CNTV、芒果TV;第二类是PPTV、迅雷看看等P2P网络电视;第三类是传统的视频网站,比如优酷土豆、搜狐视频、爱奇艺等,这些视频网站也在开办一些对特定内容、活动的直播业务。

(1)网络电视台的直播业务

伴随着中国网络电视台(CNTV)的开播以及各大省级网络电视台的上线,“网络电视台”这一概念已经走进了广大受众的视线。目前对网络电视台并没有一个权威的定义。在原国家广电总局发布的《关于开办网络广播电视台有关问题的通知(草案)》中,对于网络电台、电视台的定义是指“以宽带互联网、移动通信网等新兴信息网络为节目传播载体的电台、电视台,是新形态的广播电视播出机构。依据《广播电视管理条例》、《互联网视听节目服务管理规定》和《互联网等信息网络传播视听节目管理办法》的有关规定,网络广播电视台由广播电视播出机构申请设立,逐级上报国家广电总局审批”。网络电视台最核心的业务就是电视频道的节目在互联网上的直播,同时用户可以根据个人喜好进行评论和分享等等。

(2)P2P网络电视的直播业务

P2P网络电视主要基于P2P(peer-to-peer,即对等网络)技术来实现视频信息的传输,通过在电脑上安装相应的网络电视软件来收看节目,在运行时通常以一个弹出播放的视频小窗口的形式展现,用户可以自由更换频道。

P2P网络电视运营商,如PPLive、迅雷看看、QQLive,一方面通过自制节目播出内容,另一方面通过和传统广电频道进行合作,获取频道直播许可,得到网络电视直播的内容。

(3)视频网站的直播业务

现在,传统的以UGC视频分享内容为主的传统视频网站也加入视频直播的行列,通过自行开展活动、生产自制剧、自制节目或者和电视台合作进行台网联播,开展大量的直播业务。

图4—1 PPTV在湖南卫视《快乐女声》活动期间推出自制节目《快女真人秀》以及对卫视《快乐女声》节目的网络同步直播

3.移动媒体的直播业务

随着手机、平板电脑的普及，以及CMMB(中国移动多媒体广播)网络的建成、3G传输网络带宽的提升、Wifi热点的覆盖，采用手机、平板电脑等移动媒体收看直播视频成为了常态。虽然同样都是直播类业务，都能采用移动终端，但是根据网络传输和运营商的角色不同，我们可以将移动媒体的视频直播业务分为三类：

(1)中国移动多媒体广播

CMMB是中国移动多媒体广播(China Mobile Multimedia Broadcasting)的简称，CMMB业务是指利用中广传播的广播网络提供音视频多媒体内容的下行传输，用户通过支持该业务的手机终端实现业务订购和广播电视节目收看的业务。业务目前包括CCTV－新闻、CCTV－1、CCTV－5、“精彩电影”四套全国节目和两套地方节目。

截至2012年4月，我国CMMB运营体系已经建设完成。全国336个地市、855个县做到了CMMB基本覆盖，用户数量达到4000万户，缴费用户约1600万户，免费用户约2400万户，搭载有CMMB功能的手机已经超过1000款。

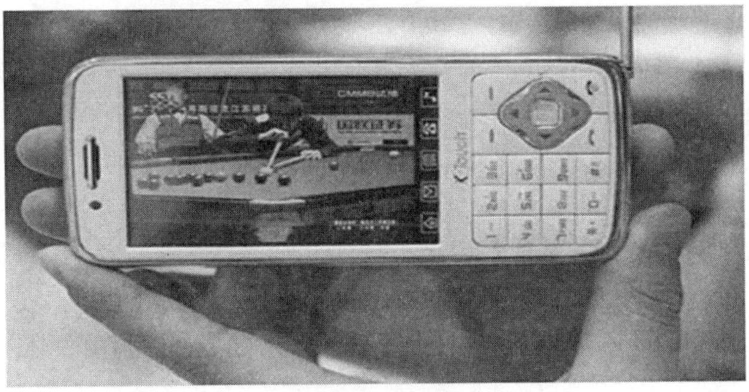

图4－2　中国移动多媒体广播(CMMB)

(2)手机视频直播业务

通信运营商通过移动3G通讯网进行传输，开展了手机视频的相关业务。直播业务就是其中的一种，它通过直播编码服务器将实时信号编码压缩成相应格式，并经由服务器分发到用户的手机终端播放器来实现，用户既能够通过WAP的方式，也可以通过客户端的方式实时同步观看视频内容。

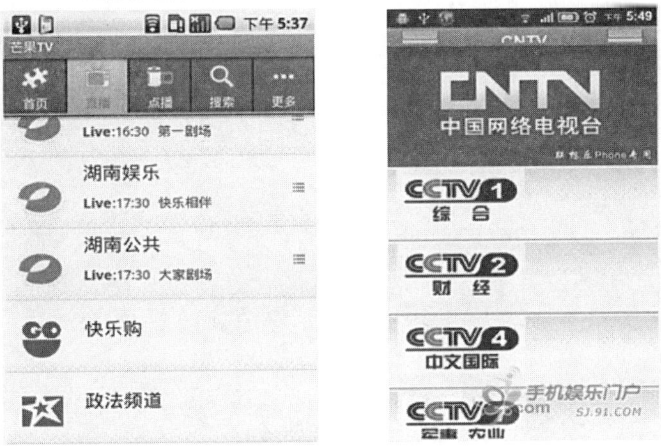

图4－3　中国网络电视台和湖南广电的手机视频

比如中国电信的天翼视讯业务，用户就可以通过天翼视讯收看到 CCTV、SMG 等内容的直播，日本 NTT DoCoMo 也向移动客户端推出了手机频道 BeeTV 等。

随着智能终端的崛起，国内几乎所有的拿到手机电视牌照的广电机构、互联网机构都推出了自己的 App 产品，比如 CCTV 手机电视、凤凰卫视 HD、UU See TV、CNC 中文台等。这些 App 在 iOS、Android 和 Windows 8 平台的应用商店均可以下载。通过 App，用户只需要通过 Wifi 就能实现直播观看。

4. 广播式的资讯业务

资讯业务是指为用户提供专业化信息服务的一种业务形态，以图文并茂的界面表现形式将信息推送到用户的接收终端上，内容上以本地信息为主，贴近百姓生活。新媒体将把这种单向的资讯服务作为一种便民性质的信息服务业务提供给用户。

目前这种广播式的单向资讯业务在数字电视、IPTV、互联网门户和手机门户等各种新媒体形态上非常普遍，这样的资讯业务让用户在收听音视频内容的同时，可以浏览更多的图、文、视频信息资料，包括政务信息、城市信息、生活服务信息和教育医疗信息等，包罗万象，极大地满足了用户对各类资讯的需求。

(1)数字电视和 IPTV 的资讯服务

现在，数字电视和 IPTV 的资讯服务主要涵盖了生活信息、行业信息、教育信息和政务信息几大类。家庭用户只要用遥控器就能实现浏览。

表 4—2 杭州华数数字电视中的各种资讯服务

96345 生活信息平台	“96345 生活信息”涵盖了交通、旅游、房产、美食、汽车、招聘、健康、购物、票务、气象和分类信息等市民生活方方面面的资讯	
“政务阳光行”政务信息	主要用于发布杭州市最新的各种文件法规、公告、各项议案提案及办事指南，并提供杭州市人民政府组织机构图与相关部门的联系方式	
行业视窗	根据企业的个性化需求，华数为企业开辟的家庭数字电视门户窗口，全面展示品牌内容与服务资讯	

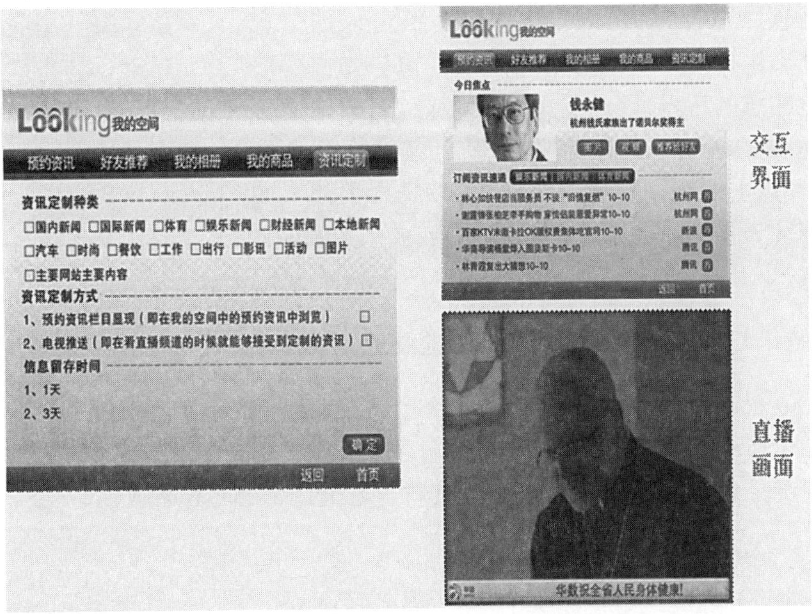

图 4—4 杭州华数数字电视用户可以自主定制自己的资讯业务

图 4—5 用户可以随时浏览手机门户网站上的最新信息

(2)手机媒体的资讯服务

手机媒体的资讯服务主要以手机门户网站、手机报的形式呈现。我们将这两类手机媒体业务归类为直播，主要是因为这两类业务可以由运营商直接将相同的信息同时推送给一定规模的手机用户。

手机门户网站比如腾讯的 3g. qq. com、新浪 3g. sina. com，空中网、3G 门户、移动梦网、沃门户和互联星空等，都可以提供大量的资讯服务。手机报则是将传统报纸信息经过整合编辑后变成适合在手机上观看的新闻，再发送到用户的手机终端，给用户提供资讯服务。

(3)互联网资讯服务

按照承载信息的模块差异来划分，互联网平台的资讯服务主要有页面窗口短讯直播、迷你首页直播和弹出窗口直播等形式。

页面窗口短讯直播是在一个完整的互联网主页上，有一个为用户开辟的专门的消息窗口，这个窗口里会实时滚动出现一条条短信息。由于这些信息是被网站服务器推送到页面上的，因此无需用户刷新页面，信息也会实时自动更新。

迷你首页直播相当于服务器为客户端推送的一个小型网站。通常情况下，迷你首页直播软件是具有一定的开启机制的，比如有的软件只在用户当日首次开启时，才进行迷你首页推送，不会反复推送，浪费网络资源。由于空间狭小，迷你首页推送的内容多为文字链。这些文字链是一个个热点，用于链接到互联网上的网页页面。用户如果不点击链接的话，就只能从迷你首页上阅读到标题信息。

在应用软件开启的状态下，软件服务器可以把信息随时通过弹出窗口的方式推送给用户端。窗口弹出的形式具有强迫注意的特点，因此受关注度很高，它非常适合传达较为重要的短信息。用户收到弹出窗口的信息之后，可以选择点击超链接继续浏览，也可以选择关闭。如果用户没有主动关闭，弹出的窗口通常会在一段时间之后自动隐藏。

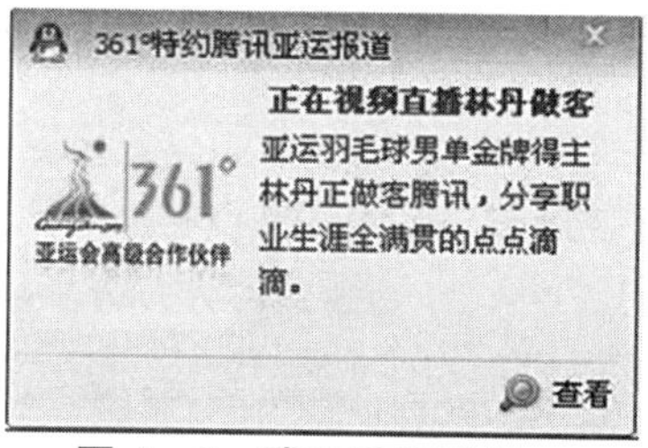

图 4—6　腾讯弹窗新闻

案例：腾讯 QQ 的个性化迷你首页推送业务

腾讯 QQ 软件的用户在登录 QQ 软件时，服务器会自动推送腾讯网迷你首页，这个首页默认显示为综合版面，也可以提供定制功能。用户只要通过点击页面上方的向下按钮，选择“我要定制”即可进行内容选择，定制自己个性化的迷你首页。

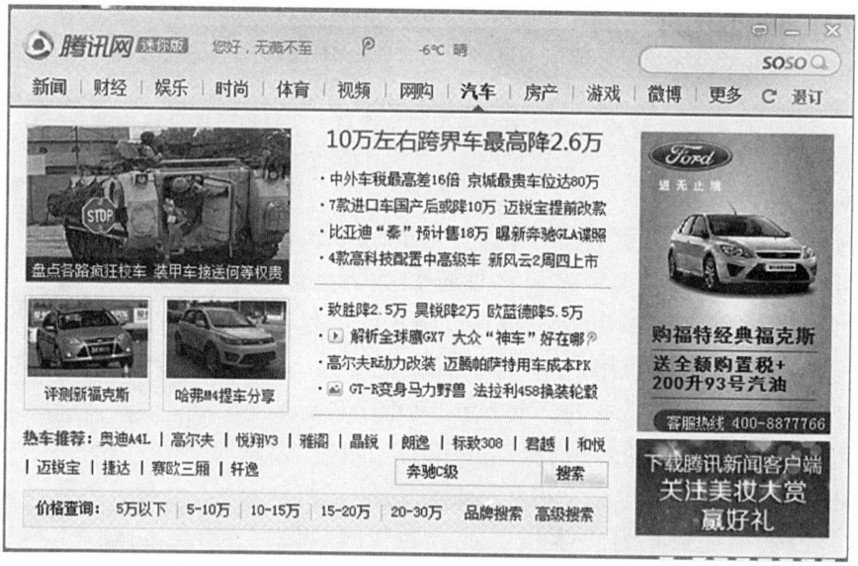

图 4—7　腾讯 QQ 软件的迷你首页业务界面图

（二）点播业务

相对于直播这种线性的广播式业务而言，点播是非线性的。能够打破传统直播的时间序列性，提供自由的时间安排和选择。

1. 数字电视媒体的点播业务

数字电视、IPTV、互联网电视等新媒体不仅能够进行大规模、广覆盖的单向直播类业务，而且能够承载双向、互动的点播类业务。这些点播类业务可以分为准视频点播、视频点播、回看和时移四种。

（1）准视频点播

数字电视中的准视频点播(near video on demand，NVOD)是采用轮播的形式播放电影、电视剧或其他栏目的内容形态。其服务形式与电影院分场次播放同一部电影的模式类似，通过组播技术，前端以固定时差间隔（如半小时）分批输送音视频信号。用户可以事先通过宣传资料了解内容的播放场次及目前的播放进度，并依个人情况选择收视时段。这种服务虽然不是真正意义上的互动点播，但是技术实现方式十分简单，而且让用户有了自由选择的可能。

（2）视频点播

数字电视中的视频点播业务（video on demand，VOD），是一种基于双向网络的互动性延展出来的业务形态。与准视频点播所不同的是，视频点播业务可以由用户根据自身需求随时进行点播，摆脱了传统电视受时空限制的束缚，任何点播的内容都可以即点即看。用户可以通过终端设备，比如遥控器进行快进、快退、暂停和选时播放等操作，自行控制节目的播放进程。而且数字媒体时代运营商点播库中的内容丰富、专业性强，涵盖电影、电视剧、新闻节目、体育节目和综艺节目等，通过分类梳理和互动技术的支持，这些内容能够被用户按照自己的需求和喜好进行自主点播。

现在，VOD 已然成为数字电视增值业务的主要形态，并且普及速度快。截止到 2011 年 12 月，全国有 70％的有线网络运营商开通了此项增值业务，而这一数据在 2006 年仅为 16％。

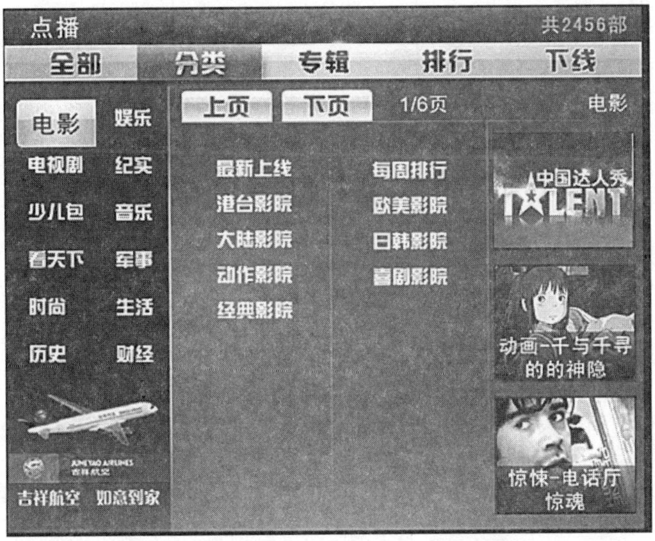

图 4—8　百视通 IPTV 的 VOD 点播页面

（3）回看业务

电视回看业务的英文名称为 TV on demand，简称 TVOD，是数字电视系统实时对直播电视节目进行录制、存储，以供用户在近日随时选择回看的一种服务方式。该业务既延续了普通受众对传统电视内容的依赖，又帮助受众在一定程度上摆脱了传统电视收看时间上的束缚，实现了由受众部分掌控收视时间和收视进度的主动性，带给用户不同于传统电视被动收视的新体验。例如晚上 11 点可以收看当晚 8 点播放的黄金档电视剧，周三可点播周二的《新闻联播》。回看彻底颠覆了原有看电视的方式，用户摆脱了传统电视在收看时间上的约束，可以自由选择看电视的时间。

例如，2012 年 5 月广东广播电视网络股份有限公司正式推出了“U 互动”的高清互动电视品牌，市民可随时回看数十个频道七天内的任何节目，而且在观看直播节目的时候也可随时快退和暂停，让观众真正实现自由选择、主动收看。

图 4—9 百视通 IPTV 集成了丰富的内容

以百视通 IPTV 的回看业务为例,该业务支持 88 个中央、卫视和地面频道 96 个小时之内的节目回看。用户只要用遥控器就能点击进入要回看的频道和具体节目。

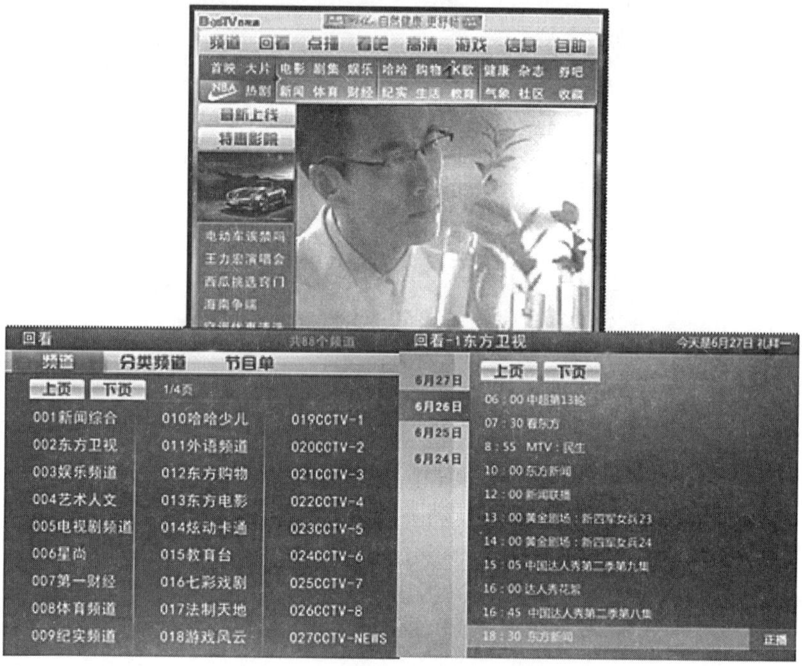

图 4—10 百视通 IPTV 的回看业务

(4)时移业务

时移电视业务采用了数字电视实时采、编、播的技术,突破了原来电视节目即播即看的局限,在电视频道正常播放节目时,用户可以用遥控器随意掌控时间、调节进度,进行暂停、播放、快退和快进等操作,例如球赛直播时用遥控器快退到之前的进球时间,用慢动作收看进球镜头等,使得看电视像看 DVD 一样能够自由掌控时间。

2. 互联网点播业务

互联网的媒体点播类业务的主要形式是在线音乐点播和视频点播。互联网上也有大量的视频点播网站和音频点播网站提供此类服务。

(1)互联网在线视频点播业务

互联网在线视频点播业务是指通过互联网，借助浏览器、客户端播放软件等工具，在线观看视频节目的互联网应用，它能够支持用户快进、快退、回看和暂停等浏览服务。用户在线收看的同时，还可以选择下载到硬盘，分享到社交网站。

图 4—11　优酷视频的首页页面

(2)互联网在线音频点播业务

互联网在线音频点播业务是指通过互联网，借助浏览器和客户端音乐软件等工具，在线收听音频节目，即点即播。它能够支持用户快进、快退、随机播放、循环播放和暂停等个性化收听服务，同时用户可以设置自己的喜好和建立收藏夹。

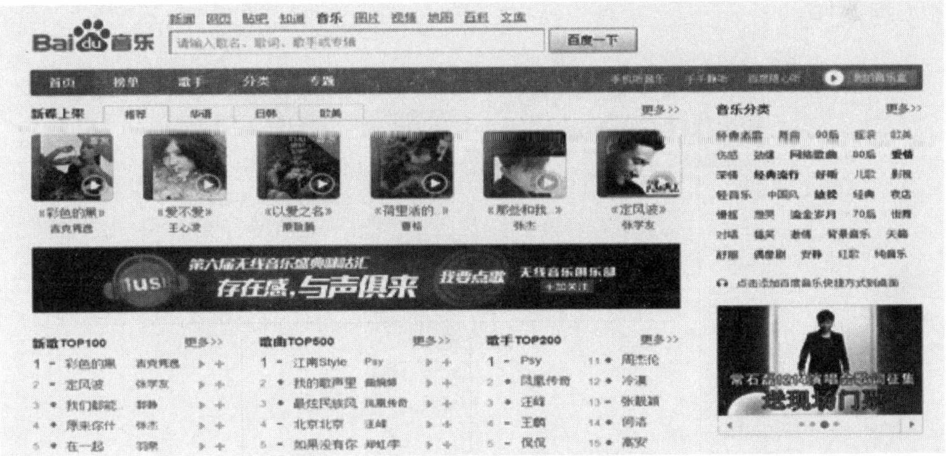

图 4—12　百度音乐的首页页面

3. 手机媒体的点播业务

手机音乐和手机视频现在已经是手机媒体业务中非常成熟的业务类型了。

(1)手机音乐点播

手机音乐点播服务指用户通过手机终端获取的音乐服务，包括手机铃声下载、整曲音乐下载以及无线视听等音乐服务。

手机用户可以通过从操作系统自带的音乐库(比如苹果 iOS 系统的 iTunes)点播，通过手机自带音乐应用软件点播，下载音乐软件点播和登录手机浏览器用 WAP 搜索、收听、下载这几种途径获取手机音乐的点播服务。

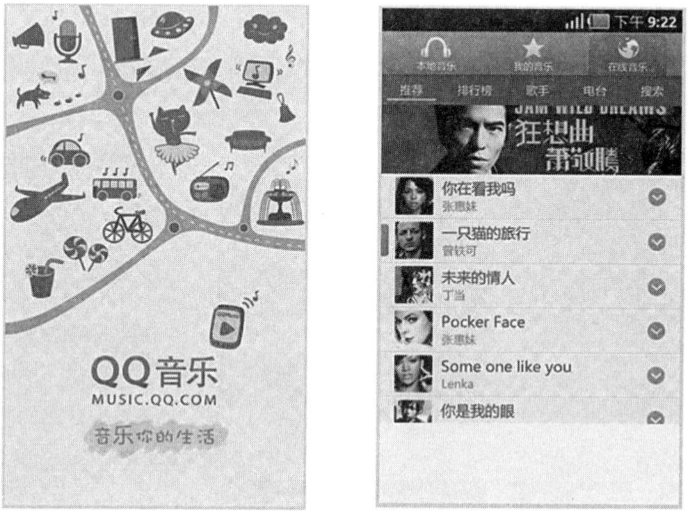

图 4—13 手机 QQ 音乐点播业务

(2)手机视频点播

手机视频点播服务指用户通过手机终端获取的视频服务，包括视频下载和视频在线点播收看两项服务。

手机用户可以通过下载视频 App 点播、使用手机 WAP 上网页面点播等途径获取手机视频点播服务。

图 4—14 手机上的视频点播业务

二、交互式业务

新媒体不仅能提供高质量的广播式业务，提供从点到面、一对多的内容分发，而且还可以借助其强大的双向互动技术功能，通过其网络、传输和智能终端提供多种交互式业务。

交互式业务一般有两种：第一是一方用户与新媒体机构的互动，实现搜索服务业务、商务交易类业务、游戏娱乐类业务和教育医疗类专项业务等；第二是用户与用户之间的互动交流，这样的互动使得电视机、手机、电脑和其他便携终端在用户的工作、生活和社会交往过程中扮演着重要的角色。

(一)用户与媒体机构的交互

用户与新媒体之间的交互是交互式业务的主要构成部分，数字电视、移动媒体和互联网媒体都根据用户需求设置业务类型、调整业务实现方式，并提供给用户使用，而用户通过互动网络和多种智能终端与新媒体运营机构进行互动。

这种交互式业务的最终实现是由用户与运营商共同完成的，没有用户的反馈，运营商设计的业务就无法开展。这类业务具体而言分为五类：一是搜索类业务，二是网站类业务，三是商务交易类业务，四是游戏娱乐类业务，五是远程教育、远程医疗和安防监控等专项业务。

1.搜索类业务

新媒体搜索类业务是借助搜索引擎(search engines)技术为用户提供信息“检索”服务，它使用某些程序把新媒体上海量的信息进行归类以帮助人们搜寻到所需要的信息，它包括信息搜集、信息整理和用户查询三部分。

(1)互联网的搜索业务

互联网搜索引擎的类型和功能越来越丰富，目前常用的网络搜索引擎有百度、Google、搜狐、有道、中搜、搜搜和搜客等。现在百度的搜索服务包括网页搜索、新闻搜索、视频搜索、图片搜索、音乐搜索、词典搜索、地图搜索和常用搜索八大类。而谷歌的搜索引擎更支持用户上传任何一张互联网图片，无需键入关键词，就能实现对这张图片在互联网上来源的搜索。

图 4—15　两大主流搜索引擎页面

(2)手机媒体的搜索业务

手机等移动终端也开展了搜索类业务，一方面是来自于页面的搜索引擎可通过手机WAP连接搜索使用；另一方面是页面的搜索引擎运营商也推出了独立的搜索App，尤其是地图搜索App，特别适用于手机媒体的移动性。手机系统的平台运营商还推出了语音搜索、地图搜索类产品，比如苹果的Siri和苹果地图。

图4－16 谷歌推出了专门的“谷歌地图”App，用户可以随时使用无线、3G网络查询到地图信息和交通信息

(3)数字电视的搜索业务

双向网的数字电视也能提供搜索服务。用户通过遥控器在数字电视搜索引擎界面中输入所需信息的关键词就能获得与之相关的全部视频和图文信息。

图4－17 杭州华数数字电视中的Looking搜索业务

以华数 Looking 全媒体图文搜索业务为例：被检索的信息来源有三个，第一个是来自华数专门为全媒体业务编辑的信息；第二个是来自华数其他的信息库中的视频和拆条信息；第三个是来自华数同新华网、杭州网的合作，直接全文转载来自新华网、杭州网上的信息内容。

全媒体信息检索与互联网相比，不仅体现了互联网信息和数字电视上的信息融合的特征，更重要的是全媒体检索出的信息是具有过滤、筛选机制的，可将冗余的、重复的、可靠性不高的信息排除在外。另外，信息类型全面丰富，同一个关键词，全媒体能够搜索出既有文字也有图片，还有视频的内容。这些特点让用户的信息检索更为准确、全面、便捷。

2. 商务交易类业务

在线商务交易和支付是新媒体交互业务中的一个主要发展方向，用户可以在电视机、手机、电脑或其他多样性的智能终端上直接进行各种商务活动，如进行炒股、购物、银行交易和缴费等，而且操作更加简便，只要用智能终端就可以实现交易和支付，甚至可以直接在终端上划卡消费，真正做到便利和互动。

(1)数字电视的商务交易类业务

从目前的市场发展来看，中国银联、中国邮政储蓄银行、中国农业银行和中国工商银行等金融机构，淘宝等电子商务机构，东方购物等电视购物机构都已经成功加盟到数字电视的交易类业务中。以华数为例，用户事先进行对华数账户充值或者绑定网银之后，就可以在华数数字电视平台上使用在线秒杀、电视淘宝、电视商城和日常缴费等业务。值得一提的是，华数基于后台对用户数据的分析以及对实时内容播放的监测，能够向用户进行实时的商品关联和推荐。

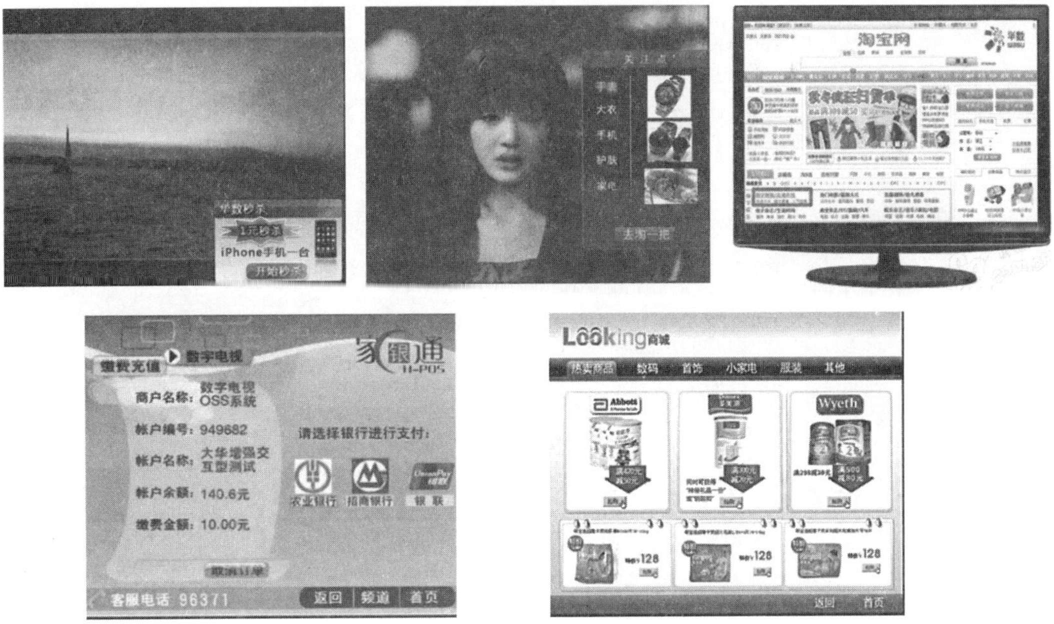

图 4—18　杭州华数数字电视中的商务交易类(秒杀、淘宝、商城、付费)业务

图 4—19 中国移动在手机终端开通的商务交易业务

(2)移动媒体的商务交易类业务

手机支付也称为移动支付(mobile payment),是指允许移动用户使用其移动终端对所消费的商品或服务进行账务支付的一种服务方式。

比如,中国移动和上海银行等机构合作在北京、上海等城市开展了手机支付业务的试点工作。在 2010 年 1 月 25 日在上海正式开通了"世博通"手机钱包业务。以上海的"手机钱包"业务为例,用户将网银或银行卡与通信账户实现绑定之后,就能在全市 1400 多家餐饮店及连锁超市进行手机支付,并可以刷手机乘坐地铁、公交。同时该业务还具有实时充值的功能,当用户的手机支付账户余额不足时,银行自动向该账户充值。现在,中国移动的手机钱包业务已经在全国铺开,它可以装载在具有 NFC① 功能的手机中,可以实现手机支付、行业应用、积分兑换、电子票务、身份识别、防伪、广告等多种功能。用户可持 NFC 手机,以非接触的方式在受理终端上使用。

(3)互联网的商务交易类业务

互联网天然的双向互动性和电脑终端的媒体优势,决定了它是开展电商交易类业务的优质平台。现在综合类电商、垂直类电商、团购类电商以及 SNS 社交类电商层出不穷,还出现了比价类网站、点评类网站,以互联网运营商为主导的商务交易类业务也主要在这些平台上进行。

表 4—3 我国互联网电子商务交易类业务分析②

电商网站类型	具体分类	网站举例
综合类电商网站	平台类	淘宝网、拍拍、V+、乐酷天等
	渠道类	亚马逊、京东商城、当当网、1 号店、麦考林、银泰网等
垂直类电商	服装	凡客诚品、梦芭莎等
	鞋/包	卖包包等
	家电/电子	易迅网、苏宁易购、国美等
	家居百货	趣玩、悠品、杂良集
	化妆品	乐蜂网、漂网、丝芙兰等
	珠宝	钻石小鸟、珂兰钻石等
	母婴	红孩子等
	奢侈品	唯品会、第五大道奢侈品网

---

① NFC(near field communication)即"近场通信",是时下非常热门的一个新趋势。市场营销人员可将营销内容放进一块嵌入式的芯片,之后这块芯片再被嵌入直销材料(比如海报、银行卡、公交卡等)中。这样一来,用户只需要将拥有 NFC 功能的手机靠近这些带有 NFC 芯片的直销材料,便能和品牌进行无线通信,比如获取商品信息、即时支付等。

② 本资料是作者根据相关公开资料进行整理的。

续表

电商网站类型	具体分类	网站举例
团购类电商	综合团购	拉手网、美团网、58 团购、高朋、窝窝团等
	垂直团购	聚美优品等
社会化电商		美丽说、蘑菇街等
比价类、点评类电商		大众点评网、返利网、易购、迅购网

其中，综合类电商业务的运营商主要有两类：一类为自身不直接参与商品销售，只是构建了交易平台的平台类电商，比如淘宝网；还有一类是渠道类电商，这类运营商需要自行构建一套“进货—定价—营销—交易—物流—客服”体系，比如亚马逊、京东商城等。垂直类电商则根据商品品类和服务的专属性有更多的细分，比如服装类、家居类、食品类等等。团购类电商则是利用互联网对个人用户的聚集和互动效应，将庞大的人气和用户资源(customer)集合起来，联系企业(business)降低销售价格，是一种 C2B 的模式。社会化电商则借助互联网社交网站为传播途径，用社交互动和用户 UGC 等手段来辅助商品购买和销售的互动业务。同时我们还看到，依附于互联网电商交易类互动业务的发展，也出现了一些比价、点评类的网站。

不同种类的电商网站也为互联网用户提供了不一样的交易类互动体验。在平台类的综合电商网站上，用户可以直接和店主在线交流，也可以看到历史销售情况和其他购买者的评价。而渠道类的综合电商网站不仅能提供基于实时互动的交易服务，还能根据用户的浏览行为和交易记录，向用户进行实时的商品推荐和电子邮件定投。垂直类电商还能根据产品特点提供个性化的互动服务，比如眼镜类的垂直电商，就能支持用户上传脸部照片，提供在线试戴的互动服务，因此互联网电商业务的互动性不仅体现在交易的互动方面，而且更多的是辅助交易的互动体验和服务。

3. 游戏娱乐业务

游戏娱乐业务主要是为了满足用户休闲娱乐需求而开发的交互式业务：

(1)数字电视的游戏娱乐业务

数字电视上的游戏娱乐服务突出家庭娱乐的特点，业务形式多样，包括游戏、卡拉 OK、投票等。其中，家庭卡拉 OK、在线投票都是适合全家参与的互动业务：用户通过遥控器就能在线点歌，享受家庭 KTV 的乐趣；在线投票结合系统网关，可实现与电视台短信平台的互通，用户在观看电视过程中就能直接使用遥控器参与投票竞猜。而对于互动的游戏类业务而言，数字电视既能提供人机交互的在线棋、牌、娱乐类游戏，也能提供个人和个人之间的在线游戏。玩家通过遥控器，在家里的沙发上就能实现和他人的游戏娱乐。

表 4—4 杭州华数数字电视有奖竞猜类在线游戏主要内容

游戏名称	游戏方式
有奖看广告	用户支付 1 元即可获得一次看广告答题的机会,题目简单,中奖机会丰富,每月开奖两次
智力闯关	有奖的知识竞猜栏目,用户支付 0.2 元获得一次答题的机会,获得知识的同时更有丰富奖品,每月开奖两次
幸运夺宝	要用户输入自己选定的幸运数字即可获得中奖机会,每月开奖一次

图 4—20 杭州华数数字电视有奖竞猜类在线游戏主要内容

(2)互联网的游戏娱乐业务

互联网平台上的游戏娱乐可以分为页面游戏和客户端游戏两种。其中,页面游戏是在互联网浏览器页面上进行的互动游戏,用户通过网页登录,无需进行客户端下载,用户获取率更高。而客户端游戏市场则比网页游戏市场出现得更早,至今已经经过了十多年的发展,盛大、网易、腾讯等公司都是客户端游戏市场的主要运营商,网易就曾推出了《大话西游》这一经典的客户端游戏。

(3)移动媒体的游戏娱乐业务

根据中国互联网络信息中心报告调查结果显示,移动游戏用户从 2008 年的 1729 万户增长到 2011 年的 1.07 亿户,Android、iOS、Windows 7 平台上均出现了大量的游戏 App。

手机和其他移动智能终端上的游戏娱乐服务主要有两种形态:一种是不需要网络支撑,用户就可以单机进行互动的游戏,这类游戏可以是手机和智能终端内置的游戏应用,也可以是用户自行下载的 App;第二种则是在线互动的 App 游戏应用。现在很多的 App 都同时推出了在线互动版和单机版,比如《水果忍者》、《愤怒的小鸟》、《神庙逃亡》等等。

4.专项互动业务

数字电视、互联网和手机媒体平台还能根据自身的媒体特点、用户使用需求和习惯,开展多样的专项互动业务,比如远程教育、远程医疗、安防监控等。

(1)远程教育

远程教育是指新媒体运营商利用数字新媒体向用户提供教育类的信息、资料或课程,由用户进行订购并付费从而获得教育类信息和知识的业务。远程教育把教育从学校、培训班搬到了家里,为用户提供了便利。新媒体的互联互通性又使得不同地区的教育资源可以共享,用户可以获取来自全国的教育资源,并能自主选择,十分便利。现在许多数字电视平台和互联网平台都推出了这一业务。

案例:杭州华数数字电视推出的"点点乐园电视学堂"业务

杭州华数数字电视推出的"点点乐园电视学堂"业务采用最贴近孩子的语言、富有情节的内容和动漫的模式给孩子上课;同步辅导小学语文、数学和英语。孩子在暑假期间,通过看动漫就可以轻松预习新学期的课程。

图4—21　"点点乐园电视学堂"首页

案例:可汗学院网站

可汗学院(Khan Academy),是一个非营利教育组织开办的网站,通过在线图书馆收藏了3500多部可汗老师的教学视频,向世界各地的人们提供免费的高品质教育。该项目从萨尔曼·可汗给亲戚的孩子讲授的在线视频课程开始,迅速向周围蔓延,并从家庭走进了学校。这个项目甚至正在"翻转课堂",被认为是正在打开"未来教育"的曙光。

案例:Open Study 网站

Open Study 网站是一个致力于教育领域的网站,给学生提供了一个多人在线互动的学习小组,利用Facebook Connect和自己专业相关的人进行讨论和学习。在这里,用户可以体验到非常好的互动性,通过个人提问或者小组讨论都能够充分地进行合作性学习,通过给用户提供"游戏化"元素,使得学习变得有趣轻松。

(2)远程医疗

远程医疗是网络科技与医疗技术结合的产物,其优点在于,专家如同有了"千里眼",通过远程会诊系统能听、能看,能对疑难病症进行诊断和评估并对医疗水平不够发达的边远地区给予医疗支持。新媒体的传输快捷、互动方便等特点能够保证对医学资料和远程视频、音频信息的传输、存储、查询、显示并将其共享在一个更加安全、稳定的环境中,与其他数字医疗系统有机地整合在一起,协同工作,使远程医疗业务有效开展。

(3)智能家居

智能家居是利用新媒体的高效能网络和智能终端,将与用户家庭或个人生活有关的各种子系统有机地结合在一起。通过统筹管理,提供全方位的信息交换功能,帮助用户与外部保持信息交流畅通,以优化用户的生活方式。

比如用户能够在室内用电视遥控器或者在户外用手机或电脑上的键盘遥控其家用或办公室电器的开关状态，甚至调温、调频；通过安装在室内的摄像头可以在其他地方监控家中的情况；当盗贼非法进入用户家庭或办公室时，安防系统还能自动报警给用户；安防系统还能探测家庭空气烟雾、燃气等含量，消除安全隐患。

当然，新媒体还可以为政府提供安防监控的服务。例如通过网络视频监控系统，实现远程实时视频监控、存储与回放、报警联动、图像控制显示处理、分发、设置等功能，从而方便政府部门进行车辆管理、街面管理、公交安全监控、抢先救灾等工作。

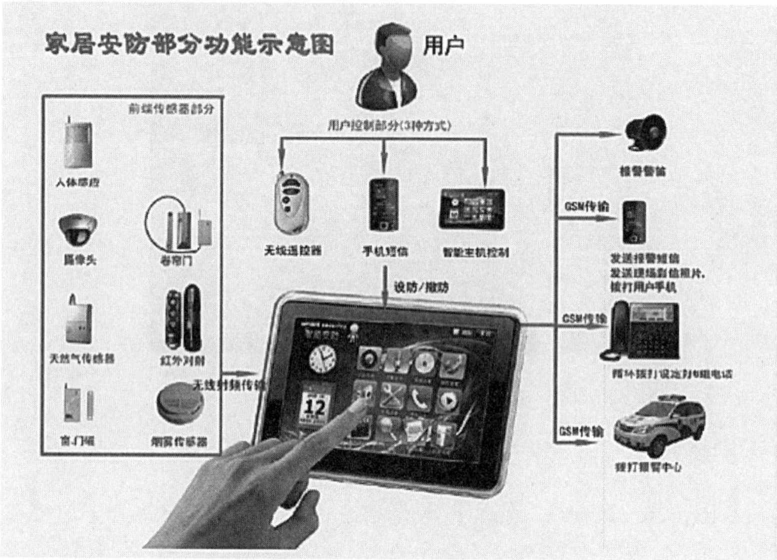

图 4—22　家居安防部分功能示意图

(二)用户与用户之间的交互

用户与用户之间的交互是新媒体交互式业务的另一种表现形式，是从中心服务模式到混合服务模式的转变，代表了交互业务的跨越式发展，也将引领未来交互业务的发展方向。

通过新媒体可以实现用户与用户之间的信息交流：用户与用户可以进行包括文字、图片、视频等在内的信息共享和信息交换，进一步增强用户的主动性，提高用户的参与度。

在交互方式上，则分为直接交互和间接交互两种。

1. 用户与用户之间的直接交互

数字电视、互联网、手机媒体将一个一个的家庭用户、个人用户通过互联互通的网络连接起来，也赋予了用户与用户之间实现直接交互的条件。

随着技术和需求的增长，信息平台上也将会实现用户与用户之间的直接信息交流，即 A 用户与 B 用户直接交换信息，其中平台只是作为一个技术支持中介而存在，不会对信息本身进行直接控制，除非是不良信息。比如现在在数字电视、计算机和手机等载体上出现的一些即时通讯、视频共享、网络社区、BBS 等，均可能在信息平台上得到实现。

(1)互联网上用户与用户之间的直接交互业务

互联网的用户与用户之间的互动最直接的体现是 SNS 社会化媒体的出现和运用。

比如早期的传统 BBS 论坛，现在的微博、SNS 网站、互动百科、问答类网站都是提供在互联网平台上的用户与用户的交互服务。

表 4－5　互联网的各类社会化媒体实现了用户与用户之间的交互①

互联网社会化媒体类型	主要特点	举例
传统 BBS 论坛类	电子公告板 BBS(bulletin board system)与一般街头和校园内的公告板性质相同，只不过是通过电脑来传播或获得消息而已；用户可以通过 BBS 系统来和他人讨论各种有趣的话题，更可以利用 BBS 系统来刊登一些“征友”、“廉价转让”及“公司产品”等启事	综合类：天涯 垂直类：爱卡汽车、55BBS 等
微博类	微博，即微博客(micro blog)，是一个基于用户关系的信息分享、传播以及获取平台，用户可以通过 Web、WAP 以及各种客户端组建个人社区，以 140 字左右的文字更新信息，并实现即时分享	新浪微博、Twitter
SNS 网站类	SNS 是指个人之间的关系网络，这种基于社会网络关系系统思想的网站就是社会性网络网站	综合类：人人网、Facebook 游戏类：开心网 应用类：白社会
互动百科类	这是互联网自由、免费、内容开放的百科全书协作计划，参与者来自世界各地，任何人都可以编辑互动百科中的任何文章及条目	维基百科、百度百科
问答类	是用户自己有针对性地提出问题，通过积分奖励机制发动其他用户，来解决该问题的网络社区产品	百度知道、知乎

随着社交媒体移动化和手机媒体社会化这两个方向的互推，手机媒体已经步入了用户与用户实现直接互动的时代。

比如日本最大的移动电话运营商 NTT 移动通信网公司(NTT Docomo)和最大的手机游戏社交平台 DeNA 公司旗下的社交网站联合推出的大型手机平台社交网站Mobage-Town 在线版，该应用已经在 Docomo 的移动门户网站(针对多功能手机)和应用商店(针对智能手机)上线。手机用户可以通过应用获得用户与用户之间的直接互动服务。

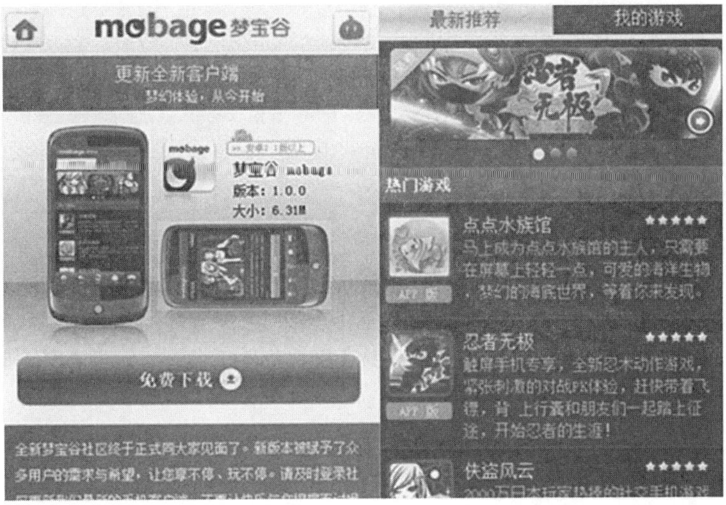

图 4－23　在中国版的 Mobage App 中，用户还能下载许多本土原创型的 App 游戏；在中国，Mobage 针对智能机平台采取了与日本市场不同的策略，推出的大多是社交类游戏

① 本资料是作者根据公开资料进行整理的。

而另一股力量来自互联网社交媒体的移动化。尤其是从 2012 年开始，这一趋势越来越明显。Facebook 收购 Instagram，推出基于图片的手机媒体社交服务；腾讯的微信产品用户数达到 2.7 亿户，几乎被安装在了中国境内的每一部智能手机上，成为能在移动平台上替代 QQ 的另一个战略入口；还有一些私人化的社交互动手机应用，能更好地满足用户与用户私密性的社交需求。比如 Path，用户最多只能设置 150 个朋友，主要基于电子邮件地址和电话号码（而不是用户的公共数据库）分享照片，具有较强的私密性，可以减轻用户对与陌生人分享照片的担心。

（2）数字电视上用户与用户之间的直接交互业务

目前数字电视已经实现了用户与用户之间的直接交互，例如杭州就开通了用户间视频推荐和赠送的业务。未来基于数字新媒体的交互业务也必将朝着这个方向发展，实现用户与用户之间的直接信息交流，即 A 用户与 B 用户直接交换信息，而运营平台只是作为一个技术支持中介存在，不会对信息本身进行直接控制，除非是不良信息。用户通过终端就能在彼此间进行视频共享、视频赠送和社区讨论等。

案例：数字电视中用户互动的实现

用户与用户的交互不是互联网媒体的专属。数字电视高带宽的属性，容易实现视频、图片等大容量信息的共享，使用户与用户的互动业务的实现具备了基础。比如用户可以把自己制作的视频节目、图片通过数字电视传递给其他家庭，或者建立自己家的视频博客、电视相册并与其他用户分享自己的生活等。用户还可以把自己喜爱的电影、电视剧等视频节目或是以图文、动画形式呈现的电子贺卡，通过电视推荐或赠送给自己的朋友。通过用户之间的直接交互，每个家庭都可以按照自己的喜好建立个性化的家庭信息平台，而不再局限于在运营商所提供的业务类型中进行选择。

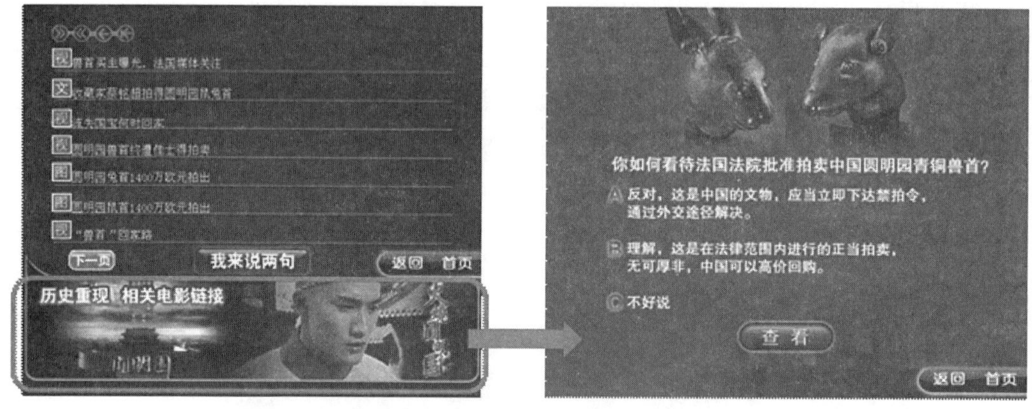

图 4—24　数字电视中用户互动的实现

2. 用户与用户之间的间接交互

间接的交互业务需要通过运营商作为中介才能实现用户间的交流，也就是说，A 用户把信息先传递给新媒体运营商，再由平台运营商传递给 B 用户，A 和 B 用户之间不能直接进行交流。这属于比较初级的用户间的交互方式，如目前已经出现在数字电视业务中的电视邮箱、电视 BBS、电视短信或彩信等业务、手机媒体的短信业务和互联网媒体的电子邮箱业务等。

这种方式在技术上比较容易实现，但功能比较简单，交流程度有限，新媒体运营商通过信息把关控制信息的交流。

三、接入类业务

接入类业务是新媒体的一种基本业务，双向互动的广播电视网和通信网的网络布局、高性能的网络特点都为接入类业务提供了综合全面的网络条件，在此基础上可以开展多项接入类业务，包括媒体接入业务、宽带接入业务以及语音接入业务。

（一）媒体接入业务

下一代网络打通了有线、无线和卫星三种基础的网络传输渠道，以这三大物理网络的交叉融合为基础，为家庭、个人、行业或政府用户、企业用户提供多种类型的媒体接入业务。比如能够针对不同地区、不同情况的用户提供有线、卫星或地面的数字电视的接入，接入后可以为用户提供基本频道直播、数字广播和基本资讯服务等数字电视基础业务，并且频道数量更多，音视频效果更好。

（二）宽带接入业务

随着宽带业务的高速发展，要求接入的网络具有高的网络带宽，能同时承载语音、视频、数据、互联网等业务，并能根据客户需求提供差异化服务的能力。

未来的数字化网络具有高达每秒千兆比特的核心传输带宽和超过每秒数十兆比特的接入带宽，其丰富的带宽和双向传输的能力使得运营商可以开展高效能的宽带接入业务，在接入的基础上为用户提供互联网高速接入、数据信号接收、多媒体检索和高质量的交互式视频业务等。

宽带接入有两种方式：一种是有线缆的宽带接入，比如电信的 DSL 方式或者广电的 Cable Modem 方式，除了为个人用户提供宽带接入，运营商还可以针对酒店、银行、烟草等集团用户开展企业的宽带接入，提供虚拟专网、银行专线、数据托管等企业专网业务，以及企业宽带接入、互联网商务专线等应用业务。

还有一种就是没有线缆的无线宽带接入，服务于个人、家庭或者政府、企业等。比如无线接入在个人方面的应用可以为其提供随时随地的服务，如上网、收发邮件、视频点播、无线查询交通、天气等多样化的信息；在政府应用方面可以利用城市的无线布网进行车辆管理、街面管理、公交安全监控、电子警务、抢先救灾等；在企业应用方面可以开展企业信息网、车辆调度、商业信息发布、视频会议等；而在公众应用方面可以进行宽带业务。

（三）语音接入业务

我们知道，语音业务是电信运营商的传统强项。但新媒体也是一个全媒体的平台，在提供媒体接入业务、宽带接入业务的基础上，也可以提供语音接入服务，利用相关的网络接入技术，对业务节点接口和用户网络接口之间实现一系列的传输功能，以达到通话功能，包括基本语音通话和视频通话等。所以现在有线电视运营商和互联网运营商也都开展了语音接入业务。

第三节　交叉关联和跨网业务

一、交叉关联业务的概述

新媒体的基本业务提供了形式多样、内容丰富的业务类型，满足了用户对于娱乐、信息、通讯、交易、教育等多领域的需求。但就基本业务而言，不论是业务之间，还是业务所承载的内容之间都是相对独立的，用户对于各业务的使用习惯也是独立的。

此外，新媒体还能以种类多样的基本业务为基础，建立起业务之间的联系与互动，使得业务的使用更加人性化，在为用户带来便利的同时，将用户迁移到更多业务上，从而盘活基本业务，进一步挖掘业务的整体价值。

以基本业务为基础，建立业务的联系与互动是新媒体更高层次的业务构架，从实现方式出发，主要包括交叉和关联两种实现方式。

一是通过业务之间的交叉应用使得用户在同一时间可以使用多种业务，并且不同业务之间能产生互动，我们将其称为交叉业务。

二是从内容或是用户使用习惯上找到关联性，通过预测用户的需求，将可能满足用户兴趣的业务、内容进行主动推荐或推送，我们将这种实现方式称为关联业务。

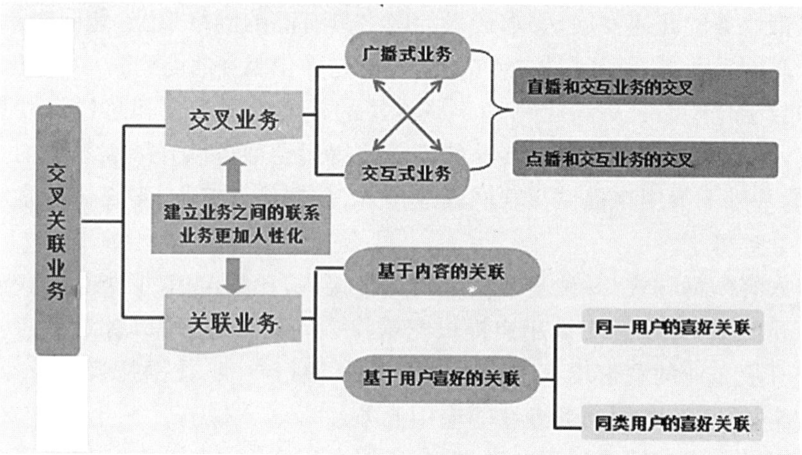

图 4—25　新媒体交叉关联业务架构图

（一）交叉业务

随着技术的不断进步，在新媒体的业务体系中出现了业务与业务之间的交叉应用，即将广播式、交互式这些基本业务进行互相渗透和交融，从而催生出新的交叉业务，让用户在同一时间可以应用多种业务。交叉业务通过对基本业务的重新开发与结合，使得业务之间的互动和融合更为普遍和多样化，也带来了新的商业契机，为数字新媒体的业务注入了新的成长动力。

1. 直播和交互业务的交叉

当直播业务和交互式业务进行交叉后，就能产生新的应用。

一方面，用户在收看或收听直播节目的同时还可以使用运营商提供的各种交互业务。通过这种方式，终端的屏幕被分为视频层和图形层两层，视频层展示视频内容，图形层实现交互控制和业务展现。用户可以边使用视频层，边通过图形层查看和使用互动业务，比如在直播的过程当中玩在线游戏，查询直播视频节目的背景资料、演员资料等，或者和节目中的商品进行一些“互动”。如用户如果看中了电视剧中女主角的某款服装，通过互动资讯就可以搜索到该款服装的商品信息，通过在线支付还能马上进行购买。

运用这种交叉业务，用户可以在同一时间享受多种服务，看电视与查资料、玩游戏、在线购物不相冲突，可以同时进行，彼此还能形成互动。而运营商则可以和一些商家进行合作，形成一种新的广告模式，在用户收看节目的时候进行消息推送、广告推送、业务推荐等。

另一方面，当用户使用直播业务时，在同一时间可以借助各种交互通道与其他用户进行信息交流，实现用户与用户之间的交互。比如用户收看某个传统电视频道或付费频道的精彩节目，当收视行为尚在进行的时候，用户就可以使用遥控器编辑一条消息直接发送给另一用户，向其推荐收看这个正在播出的节目，接收方收到消息后可以转换至该频道进行收看。除了推荐节目，用户还可以传递收看到的资讯、赠送贺卡和祝福语等，而用户间的这种信息交流过程不会影响到直播业务的使用。

图 4—26　数字电视中直播业务和投票、商务购物或用户分享业务的交叉

图 4—27　直播和购物业务的交叉

图 4—28　直播过程中用户之间的信息交流

2. 点播和交互业务的交叉

当点播业务和交互式业务进行交叉后，也能产生新的应用业务。

一方面，用户可以在点播内容的时候和运营商进行交互，比如用户在收看点播节目的同时也可以进行在线游戏、信息查询、商务交易等互动业务。但不同的是，在这种交叉模式下，用户收看节目时还可以任意暂停、快进、快退，自主性和灵活性更强。

3. 点播业务和用户点播业务的交叉

这两种业务融合后形成的交叉业务同第二种交叉模式在大体上是一致的，在用户收看点播业务的同时可以通过电视终端与其他用户进行信息交流，节目还能任意暂停、快进、快退。而且除了编辑消息、传递资讯等功能外，在这种交叉模式下，用户还可以把自己点播的节目推荐给其他用户，或者自己付钱赠送给其他用户，接收方收到消息后就能直接进行点播收看。

用户甲在观看点播节目的同时，可以随时暂停调出通讯录，按照好友昵称，寻找要推荐的好友。

系统弹出发送框，显示片名、赠送的人、费用、留言等信息，确认付费点击赠送。

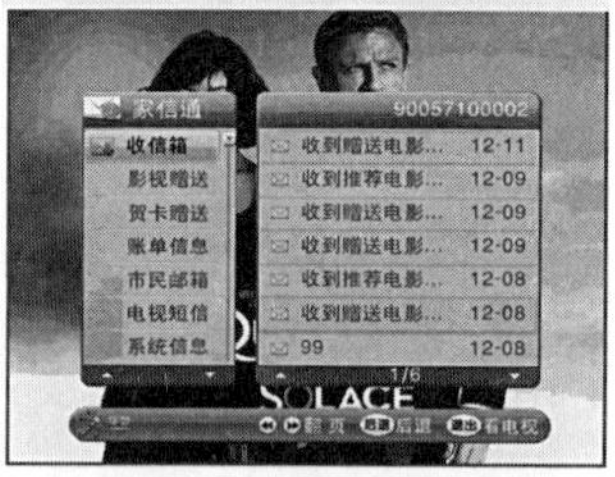

用户乙家里的电视机终端会实时收到来自用户甲的赠送邮件，无需付费，在48小时之内可以任意观看。

不仅是视频内容，资讯内容也可以以推荐的形式，推荐给好友。

图4—29　华数数字电视的用户推荐、赠送业务

（二）关联业务

关联业务是以基础业务为根本，挖掘内容之间或用户喜好之间内在的关联性，通过业务策划者的设计或是数据库的分析来预测用户的需求，将可能满足用户兴趣的业务、内容主动推送至终端和界面，吸引用户产生进一步的使用行为。

对于用户而言，这种关联业务为其带来了便利，用户不需要花心思去想自己到底要看什么内容，只要是满足他们喜好的业务或内容就能由运营商主动推送到他们的终端和界面上，节省了时间和精力；对于运营商而言，关联业务通过建立起业务或内容之间的关联性并不断迁移用户，使用户一直留在平台上，挖掘更多的用户价值。

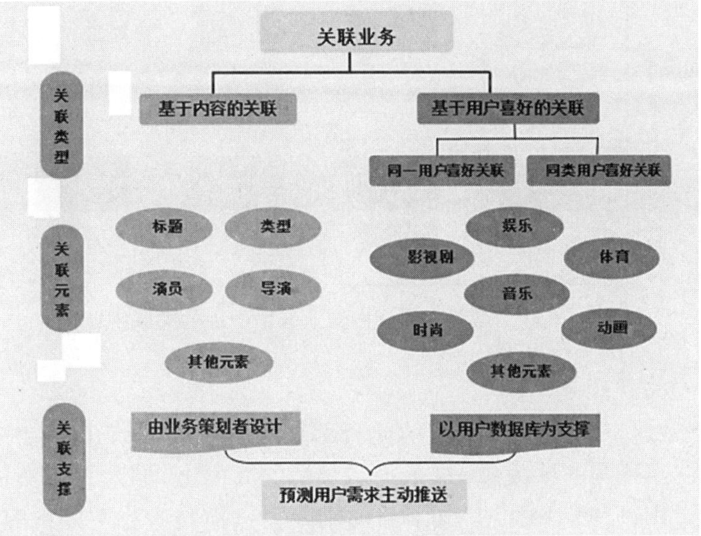

图 4—30　新媒体关联业务结构图

1. 基于内容的关联

基于内容的关联是由业务的策划者在业务或内容的制作阶段，对彼此存在关联的业务、内容通过组合的方式一起推荐给用户，或是把相关联的各个业务、内容打上同一类的标签，当用户点击其中任一个业务、内容时，具有相同标签的其他业务、内容也将由系统自动推荐给用户。这种关联方式需要有一个强大的业务策划团队进行业务、内容的关联设计。在诸如节目名称、节目性质、新闻标题、演员、导演等各种不同的元素中找到关联，经过设计组合再呈现给用户。

(1)互联网中的关联业务

以视频网站优酷为例，用户在首页搜索框中输入“阿黛尔”后，会被引导进入专门的艺人页面，页面中包含了阿黛尔近期在各个场合进行表演的视频和其他热门视频，以及其他较为热门的翻唱阿黛尔歌曲的视频内容。这些内容都是被优酷利用“阿黛尔”这一个关键词整合在一起的，以确保阿黛尔的歌迷能够在优酷这个视频播放平台上看到更多的内容，延长停留时间。

图 4—31 互联网视频搜索业务中出现的关联视频

(2)数字电视中的关联业务

目前杭州华数旗下华夏视联的互动业务部在这种关联模式上已经作出了一些探索和应用。例如在《秦俑第三次发掘》这个纪实节目的界面上，加入了与秦俑相关联的其他节目以及电影、电视剧，吸引看此纪实节目的用户去点播与此相关的内容；在用户点播流行歌手的 MTV 视频的时候，也会同时关联到青年人喜欢观看的热门偶像剧的点播；而在热门电影的策划上，则是为导演和主要演员分别开辟了专门的介绍界面，在界面中提供导演、演员历来的主要影视作品供用户点播。

图 4—32 数字电视业务中出现的根据内容关联的推荐业务

2. 基于用户喜好的关联

基于用户的喜好关联跟基于内容的关联有很大的不同，那就是内容的关联是由业务设计者一手设计的，所有的关联都是由他们策划搭建出来的。而基于用户喜好的关联是由用户自身的使用行为促发的，这种关联需要有一个强大的用户数据库作为支撑，能够记录用户的一系列使用行为，从而分析出用户的喜好，再依据他们的喜好进行内容或业务的关联推荐，进一步迁移用户到其他内容或业务上，挖掘更多的赢利点。

（1）同一用户的喜好关联

同一用户的喜好关联是基于对同一个用户或共同使用同一终端的家庭用户的使用行为进行分析，用户的所有使用行为将反映在数据库中，系统可以通过这个数据库推断用户的喜好，从而向用户推荐与其喜好相关联的内容或业务。

例如某一用户或用户家庭长期喜欢收看娱乐类节目，这种使用习惯将通过机顶盒记录在运营商的数据库中，系统就此可以判断该用户对于娱乐节目有特殊的喜好，因此会把与娱乐节目相关联的内容主动向其推荐。此后，用户不需要自己去寻找，这些关联节目就会自动呈现在用户的终端上。

（2）同类用户的喜好关联

同类用户的喜好关联同样是基于数据库的支撑，它建立在对于相似人群的使用行为的推断上，通过用户间某一种相同的使用行为推断他们可能属于拥有同类或类似喜好的用户群，进而把这些用户其他的喜好内容推荐到用户群里。

这种关联模式有点类似于在当当网或淘宝网上买东西，系统会提示购买者"购买过此类商品的买家还购买或浏览了哪些商品"，从而触发该购买者进一步的购买欲望和行为。

数字电视的业务体系中也构建出了这种基于同类用户喜好的关联业务，例如当某一用户在点播某一视频节目时，系统会在电视屏幕上自动弹出一个对话框，将近期点播过该视频节目的用户同时还点播的其他视频节目一同推荐给该用户，吸引用户的再次点播。除了视频业务，其他的业务诸如电视购物、电视游戏等都可以进行这样的关联推荐。

案例：亚马逊基于同类用户的喜好关联服务

当用户进入亚马逊某本图书的购买页面时，亚马逊会根据你想要购买的图书的关键词、作者姓名、所属类别、出版社等信息，告知用户"购买此商品的顾客也同时购买了哪些图书"。除此之外，还会告知用户"看过此商品后顾客买的其他商品"，这样的服务无非是基于用户已有的购买需求，进一步激发了用户潜在的购买欲望。

例如，在亚马逊的《大数据时代：生活、工作与思维的大变革》一书的购买页面中，用户就能明显地感受到基于同类用户的喜好关联这一服务。

图 4—33　亚马逊基于同类用户的喜好关联服务

案例:百视通 BI 系统

BI 即 Business Intelligent(商业智能),百视通在进行内容生产、管理、分发时,都需要运用 BI 系统对用户收视习惯的分析来提供数据,作为决策支撑。在百视通的 BI 系统架构中,一方面 BI 系统负责分析用户收视行为,为业务关联推荐提供支持,解决对内容的关联和策划推广关于如何将已有内容与用户需求进行匹配的问题,包括对用户的收视行为进行检测和分析,如观看时长、观看节目类型、有效收看节目时间等,以此分析用户的收视习惯;另一方面,也是基于 BI 系统通过对用户收视行为的分析为其进行喜爱节目的推荐,除此以外还可以进行好友间的推荐,根据热点的推广以及用户实际收视的排名情况进行推荐。目前,BI 系统可同时适用于百视通 IPTV、互联网电视、手机电视等平台。

二、跨网业务

(一)跨网业务概述

1.跨网业务的界定

所谓跨网业务,从字面解释来看,是指业务在不同网络之间自由迁移,用户可以通过不同的网络使用同一种业务。从媒体传播的角度来讲,是指由于网络的基础技术特征不同,其传播特征不同,对人们信息使用的满足状态也不同。有的网络移动性很强,有的网络移动性不强,互动性却很好,而人们可能在移动或非移动的状态下都对某种业务有需求,所以就出现了对于同一业务在不同网络和不同状态下的显在需求,即业务的跨网传播,指在跨网技术的支持下,业务能够在不同网络之间得到同样的延展。跨网业务满足了用户在不同状态下对于某个特定业务的持续性需求。

2.跨网业务的特征

(1)业务在不同网络之间实现互通

跨网业务的一个重要特征就是业务在不同网络之间的互联互通。

由于物理技术的原因,有线网、卫星网和无线网是三种现实的基础物理网络,其不能进行物理层面的融合,但是传播技术早就支持三个网络相互合作来传输广播电视业务、互联网业务等,比如卫星广播电视业务可以是仅通过卫星网络直接到户的卫星直播业务,也可以是通过卫星网络和有线网络结合的上行卫星,以落地有线的模式进入千家万户的业务。比如移动的互联网业务可以通过移动的通信网络和无线网络的补充支持来实现。再比如卫星可以实现互联网的接入服务,但是这样的业务也可以通过卫星通信和线缆通信网络共同实现。

由于政策和市场原因,在某些国家,广电网、互联网和通信网的管理导致其分立,但是推进这三个网络之间的融合却是趋势潮流。管理可以分立,但是在业务应用层面的融合是完全有可能的。通过打通这三个网络之间的隔阂,形成融合的业务传播渠道,使得不同网络中的内容可以共享,业务可以互动,繁衍出更多的融合业务形态,从而推动新媒体业务迈向全方位的开放与融合。

(2)业务在不同终端之间实现互动

网络的互通也使得这三个网对应的三种终端——电视、电脑和手机(固定电话)彼此间的隔阂被打破,从而实现融会贯通。视频、图像、语音和数据等业务不会简单地集中在一个终端中,而是会在不同终端间进行迁移,同时三个终端间可以进行内容的交换、业务的互动。网络和终端的互联互通将开启 NGB 跨网跨终端的全业务时代,满足用户在不同地点、不同状态下的需求,全面提升用户的使用体验。

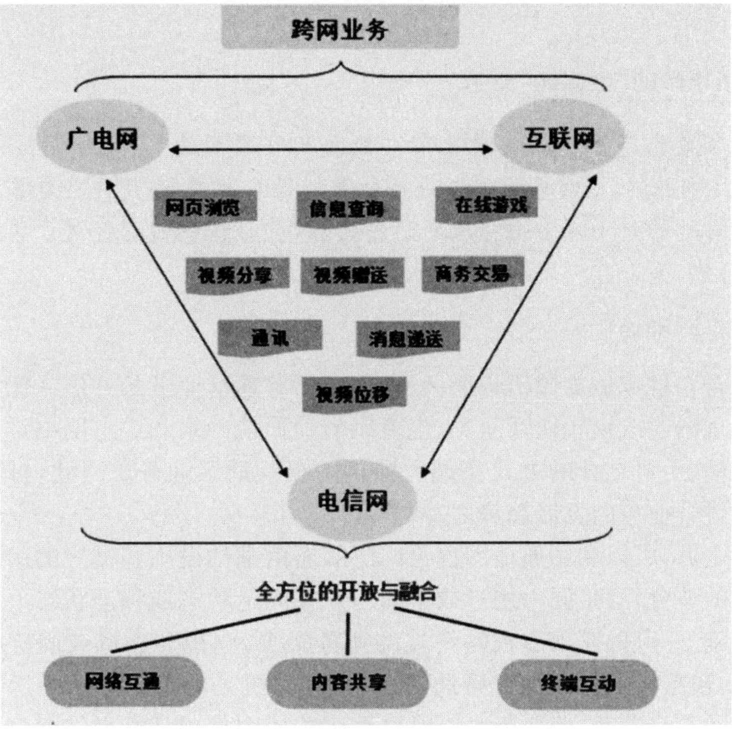

图 4－34　新媒体跨网业务架构图

三、跨网业务的类型

(一)跨广电网和互联网

在技术、经验及应用都已达到条件的基础上,广电网与互联网的融合将是大势所趋,同时打通电视机与电脑两种终端的间隔,通过终端的互动实现业务和服务的无缝迁移。现在不仅在互联网上能同步直播,或者以点播形式收看大量电视上优质的内容、品牌化的频道或栏目,而且数字电视也积极利用互联网上丰富的信息充实广电网的内容,使得内容更加个性化、定制化、社区化。

在广电网和互联网融合的业务体系中,用户不仅能够通过电视机看到、用到广电网的业务,同时还能使用到因特网的业务和内容。电视机可以作为某种意义上的互联网终端,将人们从电脑上解放出来,让互联网走进客厅。通过对互联网上的内容进行抓取、聚合和适配,产生新的内容资源呈现在电视终端上,实现内容的互通有无,并可以针对电视观看和操控的特点来优化设计用户体验,提供个性、定向的服务。电视用户在电视机上可以看到多个网站实时的新闻资讯；在看电视节目的时候，如果对于有兴趣的内容想进一步了解情况，还可以点击进入互联网选项，用遥控器输入关键词就能搜索到互联网上提供的海量信息。

基于网络的互通性，终端也能实现互通互动，即电视机与电脑的互动。不管是同一家庭中的电视机与电脑，还是在不同家庭中的电视机与电脑，两个终端彼此间不仅可以实现图文、视频等内容的相互推送和共享，还可以互相发送消息或者一同参与在线游戏、进行商务交易等。

案例：杭州华数的"全媒体"业务

目前杭州华数已经开发了打通数字电视网和互联网的"全媒体"业务，信息来源于100多个主流互联网站，通过搜索引擎进行信息的检索和抓取，用户在电视界面上就可以搜索到自己感兴趣的这100多个主流网站的内容，并且这些内容经过了人工的审查和过滤，更加安全可靠，适合在广电网络上进行传播。

(二)跨广电网和通信网

跨网的融合条件也能支撑语音通话、视频通话等通信业务的开展。比如人们可以借助通信网络实现语音或视频通话业务，也可以借助通信网络和广电网络结合例如通过电视机与固定电话、手机结合的方式实现大屏幕的视频通话业务。因此，打通广电网和通信网也是多网融合业务的发展趋势之一。

两网打通之后，可以利用通信网覆盖广泛的通信基础设施和良好的用户基础更好地开展融合互通的业务，满足同一用户或不同用户在固定状态或移动状态下对于业务的需求。在这个基础上，可以实现多种跨终端的业务融合，电视和手机或固定电话之间可以进行实时通讯，包括语音通话和视频通话；电视和手机之间可以互相发送短信、彩信，开展双人或多人的在线游戏；用户还可以通过手机拍摄图片、视频，发送到电视上实现家人朋友间的影像分享；通过手机可以订购、推荐或赠送电影、电视剧到电视机上，用户回到家打开电视就可以收看；此外，两网融合还能实现节目内容在电视与手机之间的实时切换，两个终端间可以无缝地衔接观看的节目内容。

案例：深圳天威视讯推出的跨网业务

2011年3月28日，天威视讯与"同洲电子"及"深圳移动"签署"甩信"项目合作协议，三方将合作在深圳搭建"甩信"运营平台，打造、推广创新的三网融合"甩信"业务。作为三网融合下催生出的新营业模式，"甩信"业务是指在有线数字电视网络与移动通讯网络对接的业务平台上，通过甩动手机的方式，将手机中的音视频、游戏、电子书、图片等内容转移到电视屏幕上进行观看，实现了手机屏和电视屏的跨屏无缝对接，信息的传递与共享。"甩信"业务的开展，需要用户在目前机顶盒上加载Wifi或蓝牙模块，手机也必须为智能手机。而"甩信"发生的增值收入将由深圳移动统一向客户收取，同洲电子、天威视讯和深圳移动按商定的比例分成。

(三)跨广电网、互联网和通信网

当广电网与互联网、通信网分别打通后，这将预示着跨越三网、三终端的全业务体系正式形成，新媒体的业务也将借助融合的三网向着更加便捷、更加自由的方向发展，通过广电网、互联网和通信网的网络间互动，向用户提供全网、全终端的全业务。

未来不论是视频业务，还是游戏、通信、商务、信息等业务，都能实现跨网、跨终端的互补与互动，最终让用户可以随时随地通过电视、电脑、手机三种终端，自由、平滑、灵活地切换和共享全功能的数字体验，享受信息化所带来的各种便利，满足用户在家中、移动状态、办公状态时的不同需求，打造真正的融合业务体系。

三网的联通使得业务和内容的互补互动不再局限于电视与电脑、电视与手机两两之间，而是扩展到三者之间的互联互通。电视、电脑和手机之间可以相互发短信、通话，可以共同进行在线游戏，可以分享视频图像，可以建立用户社区彼此推荐、赠送电影电视剧。比如用户在电视上看到一部好的电影，可以通过遥控器输入好友的手机号或 QQ 号，将电影推荐给好友。接收用户在手机上或电脑上将会收到一条即时消息，点开就可以欣赏影片片花，感兴趣的话可以订购、收藏这部电影，回到家还能在电视上收看，非常方便地实现了好友间的互动和内容分享。

此外，三个终端间还能实现视音频位移业务，即音视频节目内容在空间轴上的平移。如用户在家中通过电视欣赏一部"大片"，在离开家前往单位的路上可以通过手机继续欣赏该片，到了单位打开电脑又可以接着观看，每次观看都将自动切换到上次观看的断点。位移业务使得用户可以在不同的地点通过不同的终端，无缝地衔接观看的节目内容，将割裂的空间和时间统一起来，真正给用户带来了三网、三终端协同一体化的业务体验。

案例：跨广电、通信和互联网三网多屏业务分析

目前，国内外都已经有运营商开展了此类跨网跨终端的业务，美国 AT&T 公司早在 2007 年就向用户提供了通过手机遥控电视和数字录像机的新功能，通过移动网络，用户无论身在何处都可随意对机顶盒进行操作，发出录制或删除节目的指令。

在国内，上海电信和上海文广百视通携手 NBA、华谊兄弟联手启动了三屏融合业务，将 IPTV 的内容延伸到电脑、手机终端，实现"三屏互动"，让用户能在电视、手机、电脑上享受融合互动业务服务，从而也创造了 IPTV 新的商业模式，推进产业的发展。

图 4—35　百视通高清 3D 智能云互联网电视用户主页面，如大众点评网、赶集网、去哪儿网等应用能在电视、手机、互联网三个平台上融合运行

华数互动电视平台新增的增值业务也充分体现了“三网融合”的特征：首先是用户端的“多屏融合”：用户回家只要打开电视，即可实现互联网、报纸、广播、电视等媒体的基本功能，无需转换屏幕。并且，用户还可以在多屏之间自由转换，比如通过电视机可以给手机发短信、照片，实现跨屏互传等功能。这些功能随着华数全网运营的展开，面向全杭州用户免费开放使用。

本章重要概念和思考题

1. 业务。
2. 业务与媒体运营的关系。
3. 新媒体业务运营的特点。
4. 新媒体基本业务分类和分析。
5. 交叉和关联业务。
6. 跨网业务。
7. 广播电视新媒体的业务分析。
8. 移动新媒体的业务分析。
9. 互联网新媒体的业务分析。

第五章　终端与新媒体

本章要点：

终端是什么？

终端的界定可能有各种说法，在媒体环境下，终端是传播流程的重要一环。在过去，我们提到终端就想到收音机、电视机、电脑这些具体的接收信息的设备。现在，终端功能更智能，形态更新颖，范围更扩大，比如智能电视机、车载电子系统、手持平板电脑和智能手机等。

在本章中，笔者从新媒体角度出发，认为在新媒体领域，终端是新媒体各种内容、业务和广告集成分发信息的承载工具，更是其背后的使用者——用户和新媒体机构、企业或品牌之间分享信息的工具，是用户和用户沟通分享信息的工具，是用户参与内容制作(UGC)，选择新媒体多种 App 应用的重要手段。

工具没有思想，但是“智能”的工具加上背后“有思想”的人，成就了终端在新媒体时代的崛起。

第一节　终端的内涵

一、终端是什么？

(一)终端的概念

1. 不同领域对于终端的不同理解

(1)电子科技领域的终端

《现代汉语词典》中对“终端设备”的解释：“计算机中通过通信线路或数据传输线路与计算机相连的输入输出设备，由显示器、监视器和键盘配置组成；也泛指连接在网络上的、供用户直接使用的设备，如电信网中的电话机、传真机等是电信终端设备，简称终端。”①

终端，是一台电子计算机或者计算机系统用来让用户输入数据及显示其计算结果的机器。终端有些是全电子的，也有些是机电的。其又名终端机，它与一部独立的电脑是

① 《现代汉语词典》(第5版)，商务印书馆，2008年版。

有分别的①。

由此可见,电子科技领域的终端是终端设备的简称,指的是各种类型的电子输入、输出设备,是用来发送指令和接收信息的装置。

(2)市场营销领域的终端

在市场营销领域,也同样有“终端”的说法,即我们经常说的终端营销、终端销售等。

黄升民教授认为市场营销领域的终端“是指与消费者直接接触的最后一环,是产品或者服务的最终对象,也是产业或服务转成消费品的最终实现的地方。现下的终端,实现了设备与营销的融合,不仅可以让用户利用这些终端产品收发指令,也可以让用户通过终端掌控需求。如此终端,是为终极也”②。

李传江则认为终端是指产品销售渠道的末端,是产品到达消费者完成交易的最终端口,是商品与消费者面对面展示和交易的场所③。赵龙认为,商品与消费者直接接触的地方就是终端,如商场、人员推销、促销活动等等④。而张海良给终端所下的定义为,终端是购买者实现购物的场所,是直接接触消费者的最后一环,是销售渠道中最关键的神经末梢⑤。

虽然不同的终端营销专著对其定义不尽相同,但是却有相同的认识。即“终端”是产品到达消费者的关口,是产品到达消费者的必经之路。终端是企业或机构的产品或服务与消费者达成销售的最终环节,终端是产品或服务在市场完成销售链条中的最后一环,是企业或机构营销渠道的最后一环,是产品之间彼此竞争的最激烈的“最后 10 米”。可以说,企业或机构通过终端这一端口和场所,将产品或服务卖给消费者,完成最终的交易;消费者通过终端,购买自己喜欢的产品,完成实质性的消费。

因此通俗地讲,终端是产品或服务与消费者见面的实体卖场或虚拟卖场,是具体的售点,当然也包括实体售点的服务人员和虚拟售点的虚拟客服人员。售点展示加人员的服务最终促成了消费者对产品或服务的消费。

(3)传播学领域的终端

传播学上的终端,更多是从“介质”的视角来理解的。从传播的环节和流程来看,传者、受者、渠道、终端和信息反馈是五个基本要素。“终端是作为媒体向受众传播信息的介质或者承载物来存在。”⑥举例来说,报纸、杂志、电视机、收音机正是分别对应报刊纸媒、电视与广播几大传统媒体行业的终端。在过去,终端往往被传媒行业忽略,因为它们通常处于整个传播流程以及传媒产业链的最底端,被内容与信息生产方牢牢控制,扮演着配角和附属的角色。

---

① 终端的分类,维基百科:http://zh. wikipedia. orgwiki 终端。

② 黄升民:《终端者,终极也》,《广告大观:媒介版》,2012 年第 6 期。

③ 李传江:《终端营销》,中国经济出版社,2006 年版。

④ 赵龙、周杨、杨珊珊:《情境终端》,中国发展出版社,2005 年版。

⑤ 张海良:《终端不竞争》,北京工业大学出版社,2008 年版。

⑥ 黄升民:《灵魂深处爆发革命》,《广告大观:媒介版》,2010 年第 11 期。

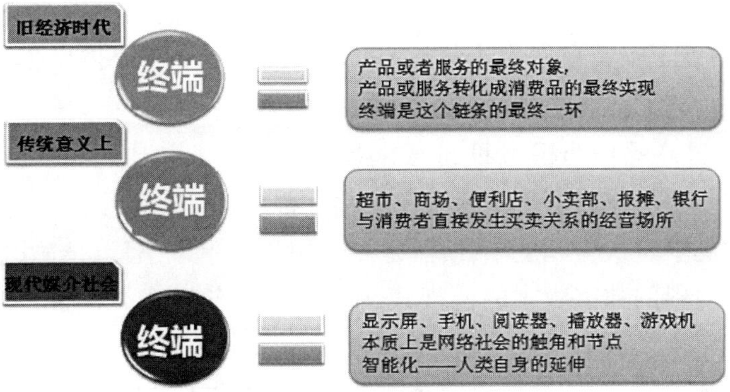

图5—1　对终端的不同理解

2.新媒体领域的终端如何理解

终端是什么？对于终端的界定有很多。在媒体环境下，终端已经成为重要的一环。在过去，我们提到终端就想到收音机、电视机、电脑这些具体的接收信息的设备。现在，终端的范围扩大了，形态更新颖，如智能电视机、车载电子系统、手持平板电脑、智能手机等。

在本章中，笔者从新媒体角度出发，认为在新媒体领域，终端是新媒体各种内容、业务、广告集成分发信息的承载工具，更是其背后的使用者——用户和新媒体机构、企业或品牌之间分享信息的工具，是用户和用户沟通分享信息的工具，是用户参与内容制作(UGC)、选择新媒体多种App应用的重要手段。

工具没有思想，但是"智能"的工具加上背后有"思想的人"，成就了终端在新媒体时代的崛起。

终端的界定，已经实现了跨界的融合。现在的终端已经跨越了电子信息产业、市场营销和传播学的界限，实现了融合发展。这不仅使得原本电子信息产品更加智能化，让用户利用这些电子信息产品接收和发送各种信息指令，还可以让终端背后传播和营销产业链中的其他角色力量通过终端掌控终端使用者的需求，实现精准的信息传播和品牌或服务的营销。

从使用终端的用户来说，通过终端，能够"享受自如转换现实与网络之间多重身份的快感，享受不同终端的硬件体验和软件体验，享受物质美学和人工智能，享受必然会到来的'随时、随地、随意'永远在线的个人通信新时代"。[①] 终端已经成为能够承载多种功能的在线媒体，正是这种新型终端将所有用户连接在一个巨大的网络中，并且让其在任何时间、任何状态都能够保持在线状态。

(二)新媒体领域代表性的四种终端

媒体终端的发展伴随着技术的不断演进和市场的不断成熟，有着浓厚的时代特色。一个人使用过的终端产品有哪些？收音机、电视机、游戏机、相机、MP3、MP4、MP5、PSP、GPS、平板电脑、上网本、笔记本、3G手机和智能电视机等等。一串串名字见证了终端的

---

① 胡尧熙:《今天的战争叫W. A. G美丽的终端》,《新周刊》,2010年第13期。

演变发展。新媒体时代有四种代表性的终端产品，正是它们的发展演变，改变了媒体内容的产品形态，改变了消费者使用媒体信息的方式，也推动了媒体广告营销服务功能的发展。

1. 电子阅读器终端——图书报刊媒体领域

电子阅读器是指能够显示文本的电子终端设备。

百度百科中的界定认为，电子阅读器是专门用于显示以书籍、杂志、报纸和其他印刷品为来源的书面材料的数字版本的便携式、低能耗、高分辨率的设备。大多数的电子阅读器允许用户在单个设备上存储书库、做批注或在文本上划重点和设置书签等①。互动百科中的界定认为，电子阅读器是一种采用LCD、电子纸为显示屏幕的新式数字阅读器，以阅读网上绝大部分格式的电子书，比如PDF、CHM、TXT等②。

电子阅读器终端主要萌发于图书出版领域，其目前的广泛应用也是在这个领域。由于其他终端比如上网本和手机也被当作电子阅读器使用，所以这几年电子阅读器市场似乎处于一个休眠期，其终端性能和应用本身并无重大创新。但是凭借着庞大的书籍资源、绝佳的阅读体验和方便快捷的购书体验，电子阅读器依然被看作是新媒体时代重要的终端产品。

电子阅读器重新定义了传统纸媒传播产业链的角色和规则，对于读者和出版商而言都预示阅读的全新未来。尤其是随着亚马逊的Kindle系列产品的不断升级，电子阅读器的终端也随着互联网巨头亚马逊在电子商务的优势资源，发展从图书跨界到其他信息产品如视频、音乐等产品的商务交易。

2. 平板电脑终端——互联网媒体领域

平板电脑的英文被称为Tablet Personal Computer，tablet一词原意为便笺簿、小块，在此指薄而小巧的PC机。它借助触摸屏（也称为数位板技术），向使用者提供上网和处理一些应用的功能。虽然平板电脑功能不如完整的PC机，但却以轻便、可移动性、无线化以及能提供广泛的App应用服务的优势，而迅速成为终端市场的佼佼者。

百度百科的词条界定平板电脑是一种小型的、方便携带的个人电脑，以触摸屏作为基本的输入设备③。互动百科认为，平板电脑是下一代移动商务PC的代表。平板电脑就是一款无需翻盖、没有键盘、小到足以放入女士手袋，但功能却完整的PC。比起笔记本电脑，它除了拥有其所有功能外，还支持手写输入或者语音输入，移动性和便携性都更胜一筹④。

虽然让我们了解平板电脑的是乔布斯，现在市场上最流行的平板电脑也是由苹果推出的iPad系列产品，但其实“平板电脑”这一概念最早是由微软的比尔·盖茨提出的。早在2000年，微软就在市场上推出了全球第一款平板电脑Tablet的原型机。2001年，康柏也展示了一款带Windows系统的Table PC原型。而直至十年之后，在移动互联网、用

---

① http://baike.baidu.comview2196128.htm.

② http://www.baike.com/wiki & prd=button_doc_jinru.

③ http://baike.baidu.comview74538.htm.

④ http://www.baike.comwiki%E5%B9%B3%E6%9D%BF%E7%94%B5%E8%84%91&prd=button_doc_jinru.

户、技术都已经铺垫成熟的良好时机——2010 年 1 月 27 日，苹果发布的平板电脑 iPad 才真正改变了这个终端的市场地位。平板电脑被认为是下一代移动商务 PC 的代表而被寄予厚望。

目前市场上三星、索尼、摩托罗拉、亚马逊、联想、华硕、宏碁等都纷纷推出其平板电脑终端的产品。而其中的代表产品是苹果的 iPad、三星的 Galaxy Tab、联想的乐 Pad、亚马逊的 Kindle Fire。

3. 智能手机终端——通信新媒体领域

智能手机也被称为 Smart Phone，单从字面解释就是指聪明的手机产品。智能手机是从掌上电脑(Pocket PC)演变而来的，是指能够为消费者提供包括通话、上网等服务，使得消费者能够自主浏览各种信息和使用各种应用服务的手机终端。

百度百科的词条界定认为，智能手机是指像个人电脑一样，具有独立的操作系统，可以由用户自行安装软件、游戏等第三方服务商提供的程序，通过此类程序来不断对手机的功能进行扩充，并可以通过移动通讯网络来实现无线网络接入的这样一类手机的总称①。

智能手机目前通常使用的操作系统有苹果的 iOS、谷歌的 Android、微软的 Windows Mobile、诺基亚的 Symbian 系统，也有 Linux、Palm、BlackBerry OS 等系统。由于这些控制操作系统的机构控制了技术和相关专利，智能手机的开发都要基于这些系统提供的一些技术模块之上，所以智能手机的市场被原来的手机终端厂商如诺基亚、原来的 PC 制造厂商如苹果以及软件服务厂商如微软和互联网机构如谷歌所瓜分。虽然这些机构在原来各自的领域都已是巨无霸和领头羊，但也纷纷杀入智能手机领域，可见终端对于互联网和移动互联网产业的引领作用。

4. 智能电视机终端——广播电视新媒体领域

智能电视机在英文中被称作 Smart TV，指的是智能化的新型的电视机终端。这种智能电视机不仅在原来频道化的电视节目显示上具有更好的音画品质，而且能够提供上网浏览、搜索、社交应用和电子商务等服务，并能提供电视机终端和其他手机、平板电脑等终端的跨终端应用，使家庭的固定电视机能够成为家庭的智能信息平台，帮助消费者处理基于家庭成员的各种信息、娱乐和服务应用等消费。

百度百科的词条解释认为智能电视机是硬件可扩展、软件可扩展、人机交互以及可自由扩展的一类电视机，将实现网络搜索、IP 电视、视频点播(VOD)、数字音乐、网络新闻和网络视频电话等应用服务②。

其实早在 1998 年，美国微软公司就启动声势浩大的“维纳斯”计划，这个智能的小盒子加用户原有的家庭电视机可以智能化地搜索电视频道、录制电视节目、播放卫星和有线电视节目，但是最后由于产品本身不成熟更由于市场相关支撑服务也不成熟而无疾而终。

2004 年我国的盛大集团也推出“盛大盒子”战略，试图从其集团已经进入家庭的游戏机盒子过渡到掌控家庭电视收视和使用的把门者。2006 年，英特尔的“欢悦”计划，都是对“电视机上网”的尝试。直到 2010 年 4 月，谷歌、英特尔、索尼和罗技等联合推出了

① http://baike.baidu.comview535.htm.
② http://baike.baidu.comview5470846.htm.

"Google TV"平台。除了被内置进电视机外,Google TV 也以机顶盒的形式出现。无论是其采用的 Android 系统,还是其内容的来源,都基于开放的平台。苹果延续其在手机、平板电脑领域的市场优势进军智能电视机领域,其 Apple TV 也以新颖的外形、智能的人机交互手段、丰富的应用功能迅速崛起。未来互联网电视最有可能进驻客厅抢占传统电视机的地位。

表 5—1　终端厂商的终端帝国①

终端厂商	智能手机	平板电脑	智能电视	笔记本
苹果	iPhone 系列	iPad 系列	Apple TV	Macbook
三星	Galaxy 系列	Galaxy Tab	Smart TV/LED 液晶电视/等离子电视/商用电视	Samsung 系列
索尼	Xperia 系列	Tablet S/P	3D 液晶电视	Z23/CA4/F24 系列
联想	乐 Phone 系列	乐 Pad	智能电视 K 系列	ThinkPad IdeaPad

苹果 2012 年第二季度的营收达到 390 亿美元,只比微软、亚马逊、谷歌以及脸谱四大巨头营收额的总和少 10 亿美元。苹果营收的增长速度是谷歌和亚马逊的两倍,而利润(116 亿美元)比微软、亚马逊、谷歌和脸谱四大巨头之和(83 亿美元)还多,成了名副其实的吸金王国。

表 5—2　2008～2013 年全球高速无线网络设备产值②　　单位:亿美元

产品类型	细分类别	2008 年	2009 年	2010 年	2011 年	2012 年	2013 年
便携式无线设备	3G 智能手机	0.92	1.31	2.05	3.16	4.91	6.56
	无线多媒体播放器	0.66	0.72	0.71	0.76	0.77	0.75
	3G 手机	2.27	2.55	3.43	3.92	3.52	3.34
便携式网络设备	手提电脑	1.27	1.31	1.52	1.83	2.18	2.47
	上网本	0.16	0.34	0.4	0.49	0.58	0.63
	互联网平板电脑	0.01	0.02	0.08	0.24	0.36	0.49
	植入设备	0.02	0.04	0.07	0.1	0.13	0.17
无线固定网络终端	游戏机	0.56	0.51	0.58	0.54	0.48	0.42
	家庭设备	0.05	0.06	0.09	0.12	0.16	0.20
	总计	5.92	6.86	8.93	11.14	13.09	15.03

(数据来源:摩根士丹利)

资料链接

终端作为传播载体的进化发展

公元前 600 年,中东帕加马人就发明了羊皮书卷。

1833 年,美国和世界上第一张成功的廉价报纸《太阳报》问世。

---

① 资料来源:中国传媒大学广告学院媒介研究所根据相关资料整理。

② http://news.iresearch.cn/charts/112472.shtml.

1907 年，俄国科学家鲍里斯·罗津发明了世界上第一台电子显像的电视接收机。

1924 年，美国的顶点公司制成了便携的收音机。

1929 年，美国人埃维斯研制彩色电视画面的实验成功。

1946 年，世界上第一台计算机 Eniac 在美国宾州大学诞生。

1956 年，美国安培公司研制成世界上第一台磁带录像机。

1969 年，Arpanet 网络诞生于美国。

1971 年，世界上第一颗微处理器——Intel4004 诞生。

1981 年，IBM 推出它的首台 PC 机。

1983 年，上海开通国内第一家寻呼台，BP 机进入中国。

1994 年，Yahoo! 搜索引擎诞生。

1995 年，第一代数字手机问世，但只能进行语音通话。

1996 年，加拿大 ATIC 公司提出上网本(Netbook)概念。

2000 年，爱立信公司推出了世界上第一款使用塞班系统的智能手机 R380sc。

2002 年，全球首款支持 Wma 的 MP3 诞生。

2003 年，日立公司全面开启了笔记本存储的高容量与高速时代。

2007 年，亚马逊公司推出第一代电子书阅读器 Kindle。

2010 年，苹果公司发布平板电脑 iPad。

2010 年，谷歌公司正式对外发布 Google TV。

二、终端的分类

(一)按照服务领域来分

这些年来，终端在信息消费领域、移动通信领域和娱乐服务领域一直不断创新。每一个终端产品针对不同的应用，在功能上既有延续也有创新。

1. 信息消费领域的发展

从信息传播的角度，终端从收音机、电视机，一直能够罗列到计算机、笔记本电脑、电子阅读器、平板电脑、互联网电视等。这些终端在信息消费领域扮演着重要的角色，成为人们接触信息、消费信息的重要产品。

2. 移动通信领域的发展

通信终端的发展历史从 1876 年贝尔发明的电话机开始，到后来风靡全球的大哥大、BP 机、1G 手机、2G 手机、3G 手机，再到智能手机。可以说，是终端使得通信变得更大众化，而通信的移动化革命更是为终端的势力崛起提供了支持。

3. 娱乐服务领域的发展

从娱乐服务的角度，终端是游戏、音乐、视频等娱乐产品很好的承载物，娱乐终端的发展从掌上游戏机到 PDA、电子词典、相机、MP3、MP4、MP5、PSP、GPS、智能相机、智能眼镜再到智能手表等。

（二）按照服务对象来分

终端根据服务对象的不同，可以分为个人终端、家庭终端、行业终端和公共服务终端四类。

个人终端是以独立用户为服务对象的终端设备，如智能手机、平板电脑、电子阅读器等。无论是PC设备还是手机，个人终端的本质都是在移动互联的发展趋势下，解决人们移动状态下的信息消费需求。

家庭终端是以家庭用户为服务对象的终端设备，如电视机终端、机顶盒终端等。智能化让以电视机为代表的家庭终端有了独立的芯片和操作系统，成为直接提供各种业务应用的家庭娱乐中心，也是资讯中心。

行业终端是为特定企业或者行业所服务的终端设备，该终端内置了为行业服务的定制软件或系统。如银行业的ATM机、零售业的自主售货机和工业终端等。

公共服务终端是政府向社会公众提供公共服务的终端设备，如社区便民服务终端、能够实时在线的汽车导航仪等。

（三）按照是否可以移动来划分

根据终端是否能够移动可以将其分为移动终端和非移动终端（固定终端）。移动终端指方便使用者随身携带的、可以随时随地移动的终端设备，如智能手机、平板电脑、电子阅读器和智能相机等；非移动终端则是相对固定的、不可轻易移动的终端设备，典型的如智能电视和计算机等。

三、终端的发展趋势

终端一直在不断发展演变的过程中，比如从电池的优化来看，终端都有了更持久的续航能力；从人机互动来看，终端正在呈现出更优越的体验，更全面的交互，更丰富的内容，更加智能化的发展趋势；从新媒体传播的角度来看，我们认为终端的发展呈现出智能化，业务内容丰富化，时时在线等趋势。

（一）智能化，随时在线

手机、Pad等终端的发展呈现出不断智能化的特征，这些终端不仅具备高速数据网络接入能力，而且还有着开放或者成熟的操作系统平台，支持应用程序的灵活开发、安装及运行。从用户的使用来看，也更强调以人为本的智能方向，具备丰富的人机交互界面，更先进的显示技术和语音识别、图像识别等交互功能。终端不仅成为人们实现随时上线的工具，而且刺激了用户永远在线的体验需求。例如当驾车出游时，用手机连入网络，就可以直接看到卫星地图和实时的交通状况，可以请网络上的好友推荐附近最好的景区和餐馆，可以快速预订宾馆等。

表 5—3　智能终端三大操作系统①

操作系统	iOS	ANDROID	Windows Phone
市场占有情况（2012年第四季度数据）	智能手机 iOS 占 21%的市场份额；iPad 仅在第四季度的全球平板电脑销量就达到 2290 万台，同比增长了 48.1%，全年销量占据 53.8%的市场份额；苹果在 2012 年下半年推出基于 iOS 的智能电视。	Android 智能手机以 70.1%市场份额占主导；Android 平板电脑销量为 5465 万台，市场份额为 42.7%；目前市场绝大多数智能电视机型都使用 Android 系统。	Windows Phone 份额为 2.6%，其中来自诺基亚的销量占到了 66%；Windows 平板电脑销量则为 371 万台，市场份额仅为 2.9%；极少数厂商（如 TCL）推出了基于微软 Windows 7 操作系统的智能电视。
优势	iTunes Store、App Store，有 58 万款 App，下载量超过 250 亿次；人性化体验界面；硬件设备一致的相容性；独一无二的品牌。	Android Market 有 45 万款应用，下载量超过 100 亿次；坚持开源特性；捆绑谷歌服务（搜索、日历、地图、邮件等）。	Windows Phone Marketplace，有8 万款应用，下载量超过 2 亿次；Zune 服务（音乐、影视等下载、订阅等）。
问题	在广告领域还是新手；通过 iTV 机顶盒产品打开电视终端市场的策略未见成功。	缺乏苹果那样高超的用户体验；设备和操作系统版本碎片化。	缺乏使用该系统设备的广大的用户群；没有支持它的多元化应用。

（二）硬件性能不断提升

随着摩尔定律的发展，终端的体积越来越小，但硬件性能却在不断提升。最显著的变化就是手机和电视变得越来越像一台智能的电脑，而电脑则呈现出轻薄的移动化发展趋势。现在的智能手机性能已经远远超过十年前计算机的性能，CPU 从一开始的 100MHz 升级到现在四核的 2GHz，内存也从 64MB 扩大到现在的 4GB。电视机也逐渐从被动的终端变为主动的终端，有了一个强劲的“芯”，可以实现许多智能化的操作，比如上网、支付、体感游戏等。

资料链接

摩尔定律：又称“摩尔法则”、“穆尔定律”、“穆尔法则”。1965 年美国人摩尔（Moore Gordon）提出的有关集成电路发展速度的定律，即芯片的性能每隔 18 个月提高一倍，其成本则降低一半。摩尔于 1968 年创建著名的英特尔公司，一度担任首席执行官。摩尔定律成为英特尔公司在激烈的市场竞争中超前研制与开发集成电路的重要指导思想，并成为当代高科技发展的一条重要规律。它表明，随着高科技的发展，产品性能不断提高，其成本和售价却有不断下降的趋势②。

（三）海量信息内容，无限服务

智能终端能够提供海量的信息内容和无限的应用服务。这些信息内容既包括电视、电影、书报这样的信息消费层的业务，也包括音乐和游戏等娱乐消费层的业务，还包括购

① 资料来源：中国传媒大学广告学院媒介研究所根据相关资料整理。

② 刘树成：《现代经济辞典》，凤凰出版社、江苏人民出版社，2005 年版。

物、支付和社交等更多个性化的业务。另外，智能终端的服务范围和对象，也在从个人向家庭、行业、公共服务领域推进。企业拥有了这些海量的信息内容，再根据需求开发出不同的业务类型，并在各种类型的终端上进行体现，打破了围绕在不同业务之间的围墙，在界限变得模糊的同时也带来了无限的可能。

(四)应用的平台化

终端所搭载的操作系统让一个个终端拥有了开放式的平台，通过这个平台，用户可以加载第三方开发的应用软件。这个开放的平台本身不仅面向广大软件开发者提供应用开发的接口，而且面向用户，是一个集成展示和分发信息内容的应用平台。例如基于Android系统平台，智能电视可以变身为网页浏览器，可以全键盘输入、自动更新软件、下载安装各类应用以及自动同步信息等等。用户根据自身需求定制下载各种应用内容，可以随意删除或者添加，从某种意义上讲，每个家庭的电视都是“独一无二”的。

第二节　终端与新媒体运营

智能化引发了终端的基因突变，从根本上改变了终端作为传播产业链末梢的传统定位。终端转变为用户使用各种类型的新媒体业务的关键入口，也变成了用户参与新媒体内容和广告营销服务的主要创新平台。

智能终端的发展，极大地改变了用户接触信息、选择媒体、使用媒体以及消费媒体的行为；同时也通过对用户的控制来影响和改变着媒体产业的内容生产、内容集成和内容销售模式；构建起新型的媒体业务形态，并使这些业务朝着多元化、细分化、融合化的方向发展。至此，终端对于新媒体的影响力从用户这个层面开始，向内容生产、业务及营销领域拓展。

一、终端改变了内容运营

随着终端功能的不断增强，终端改变了用户的媒体接触行为，也使用户成为媒体内容的生产者和媒体业务设计开发的影响者，促使媒体的内容运营模式发生改变。

(一)终端对内容形态提出要求

媒体上内容的呈现方式从来都跟媒体终端的硬件属性和功能密不可分。由纸张所承载的报纸、杂志、书籍和由电波所承载的广播、电影、电视，其承载的内容格式、内容形式和板块都不同。内容在组织生产时的编辑思路、采编方式等也必须适应终端的特性，符合人们使用这种终端时的属性。数字媒体时代，终端数量和种类快速膨胀，一方面终端更加智能化，另一方面终端之间的界限日趋模糊化，这些变化都左右着媒体内容的生产方式、设计和编辑等组织模式。

从使用体验来看，终端有两极化的趋势。一个方向是更为好用，另一个方向是更为好看。前者强调实用功能，以电脑、手机等小屏幕终端为代表；后者强调视听享受，以大屏幕高清的电视机为代表。这就促使内容也向着两大不同的方向发展，一种就是强调实用性、信息性，突出个性化、互动性的特点，这种内容的生产门槛相对也比较低，可以全民制造;另一种则强调高品质的视听享受,内容制作精良,只有专业机构以较高投入才能完成。

资料链接

不同媒体形态终端上内容生产的特殊性

电视的收看方式是后仰式的,大屏幕、高清晰度成为电视机发展的一大方向,看电视时人的心情是轻松的。这种终端适合发展高清电视,以娱乐为主要内容,高清化、娱乐化也就成为电视内容的重要发展特征。

电脑的收看方式是前倾式的,电脑有强大的数据处理能力,人与机器之间必须互动才能完成操作。使用电脑时人的精神是集中的,这种天然属性带到互联网媒体上,就形成了以互动、个性化的信息服务为主要特征的互联网内容。

手机则是便携式的媒体,它小巧灵活,可以随时随地使用,便于打发无聊时光。但是屏幕比较小,电池待机时间有限,这也就决定了手机上适合的内容应该是短小精悍的,满足碎片化时间段里的需求。

报纸、杂志、书籍受纸张的局限,一直只能在一个平面的范围内编排内容,承载内容有限,而电子阅读器的出现,摆脱了纸张对文字的限制,使之可以无限拓展,从而彻底改变人们读书看报的习惯。

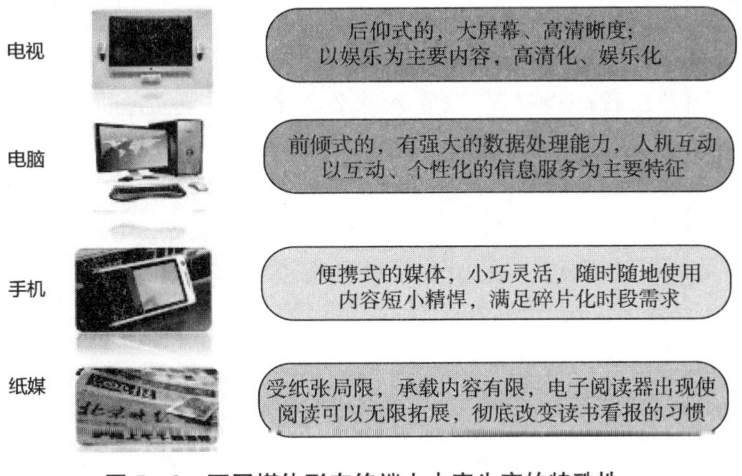

图 5—2 不同媒体形态终端上内容生产的特殊性

(二)终端促使内容从线性的结构变为平台化的库结构

当终端只是内容的被动呈现工具时,媒体内容机构是单向度的,以线性的方式组织起来呈现给受众;而智能终端则使得用户不再完全按照媒体设定的线性模式使用内容。而是更加自主地使用内容,用户可以自由地点击、浏览、选择,这也促使内容的集成方式由线性的结构向着平台化的内容库结构变化,发生了根本性改变①。

以视频内容为例,在平台化的内容库结构中,内容将重新编辑、集成,用点播、录制、

① 周艳:《新媒体市场大变局》,中国市场出版社,2012 年版。

时移、回看、关联、推荐、评论、赠送等方式来代替传统直播频道中的线性编播方式,让用户自由选择。目前,这种内容库的结构模式,已经在数字电视、IPTV、网络视频、手机视频等业务应用中得到了广泛使用。对于图文内容来说,电子阅读器、手机阅读、电子期刊的出现,使图文的呈现不再局限于纸张,内容量具有了无限延展的可能,其采编制作也从线性的方式向着平台化的方向发展,向用户提供点击收看、按需订阅等服务。

(三)终端改变内容的传播和赢利模式

多功能的终端也在促使内容之间的融合和转移,无论是视频、音频还是图文的内容,现在都可以同时在手机、电脑、电视等多种终端上使用,终端功能的融合反过来会影响内容的提供向多渠道、多终端方向发展。

比如,在内容生产阶段,电视台就可以在演播室中引入手机和互联网上由用户提供的内容,直接在制播环节中实现跨屏整合。内容可以在多种终端之间转移,用户可以利用智能终端的分享功能,打破围绕在不同终端上的内容围墙。

智能终端也为内容赢利带来了新的模式。由于终端不直接生产内容,而是开放自己的平台让各种内容资源进入其运营中。苹果可谓是内容集成最典型的例子,在为苹果系列产品提供内容的名单里,不乏时代华纳、新闻集团、贝塔斯曼这样的老牌“传媒大鳄”;在中国市场上,就连一向以严谨的官方媒体形象出现的《人民日报》也提供了苹果版的《人民日报》。[①]

为了能够吸纳内容进入,终端就和内容提供商、App 开发商之间创建了合作分成的模式。对于内容供给者而言,终端让出大部分的分成比例(苹果收取销售收入的 30%作为手续费,70%归开发者;微软只收取收入的 20%作为手续费),而且还赋予内容提供者自主定价的权利。另外,终端还能通过对内容的使用期限加以约束,实现同一用户的多次购买、分成。这种分成模式对内容开发者形成了巨大的激励。现在,苹果 App Store 的 App 数量已经超过77.5 万个,下载量已经超过 400 亿次,仅 2012 年的下载量就已经近 200 亿次;谷歌 Android Market 的 App 数量也超过了 50 万个,平均每月的下载量为 10 亿次,每天有 85 万台 Android 装置开通。

二、终端改变了业务运营

终端作为各种业务的最终承载者,作为直接面向用户的介质,它已经不再是以往人们所熟悉的模样。电视机上看到的不再只是电视节目,手机也不再只是为了打电话、发短信之用,电脑更不只是台计算机,数字化彻底打破了各种终端和业务的边界。除了常见的视频点播、视频通话、在线游戏等业务广泛应用之外,终端结合一些最新的技术,催生出多种新媒体的业务。语音识别、语音搜索、体感遥控、在线支付、远程手机遥控和 3D 捕捉等最新的技术形态都很快被应用到智能终端上,为智能终端带来了更多的业务开发空间。新媒体时代无穷无尽的业务和应用在各种类型的终端上延伸发展。

(一)跨屏整合类业务

跨屏整合类业务是智能终端快速普及后兴起的新业务之一,这种业务是指通过多个

---

① 周艳:《新媒体市场大变局》,中国市场出版社,2012 年版。

终端之间的多屏互动来实现业务在不同终端设备间的互联互通。在多屏互动业务的实现中，电视屏幕作为“大屏”，以播放媒体内容为主，“大屏”保障了内容的观影效果；而智能手机、平板电脑则作为“小屏”存在。小屏幕不是去代替大屏幕的功能，而是去延伸和交互。例如同时浏览社交网站，随时查找和当前电视界面有关的信息，包括感兴趣的产品信息等。

云技术、云服务允许业务在不同终端之间相互转移，人们可以把一部终端里的业务传送到云端，然后在另外的时间、地点，用另外的终端来使用这些服务。这就极大拓展了终端业务范围，也进一步弱化了业务和终端之间的边界。以苹果公司的 iCloud 为例，它允许用户可以把所有苹果产品上的服务，同步到同一个帐户上，并进行远程备份、导入和导出，从而加强了产品与用户之间的黏着程度，降低用户流失率，进一步强化了对用户的控制。

资料链接

2017 年公有云服务市场将达 1310 亿美元

研究公司高德纳发布了最新的公有云研究报告。报告预计未来几年的公有云市场将从 2012 年的 1110 亿美元上升至 2017 年的 1310 亿美元，复合年增长率为 18.5%。

被纳入公有云服务范畴的包括如亚马逊这样的基础设施即服务(IaaS)，基于 OpenStack 的公有云以及基于云的共享服务等。

公有云 IaaS 以及文件和存储是公有云服务中成长最快的部分，仅 2012 年就有 61 亿美元的规模，增长率达 42.4%。预计 2013 年增长率将达到 47.3%，市场规模将达 90 亿美元。高德纳的研究总监 Ed. Anderson 表示，这是由于越来越多的公司将部署实用化所致。

“基于云的广告服务”是占比最大的公有云服务的子类。2013～2016 年在这方面的支出之和将达 6770 亿美元，占公有云总支出的 48%。相关的供应商包括 AOL、Apple、AppNexus、百度、Facebook、Google、Microsoft、OpenX 以及 Yahoo！等。

虽然公有云服务的增长迅速，但是各地区的发展情况却存在差异。北美地区是公有云服务最热情的支持者，该地区 2013～2016 年间在公有云方面的总支出将占总量的 59%；排名第二的是西欧，份额占据 24%。不过增长率最高的是新兴市场，是亚洲(尤其是印尼、印度和中国)以及拉丁美洲。美国仍然是公有云部署规模最大的国家。①

可见，终端与业务之间“一对一”的关系已经不复存在，终端及其所承载的业务都在无限延展。无论何时何地，都可以在任意一个终端上，使用任意的业务。终端与业务之间传统的“一对一”模式将被彻底终结，全业务支持正在成为终端的一大特点，视频、音乐、办公、支付、购物、游戏、通话和社交等各种功能，均有可能在同一终端上呈现出来。

① 《Gartner：2017 年公有云服务市场将达 1310 亿美元》，http://www.199it.com/archives/97601.html 。

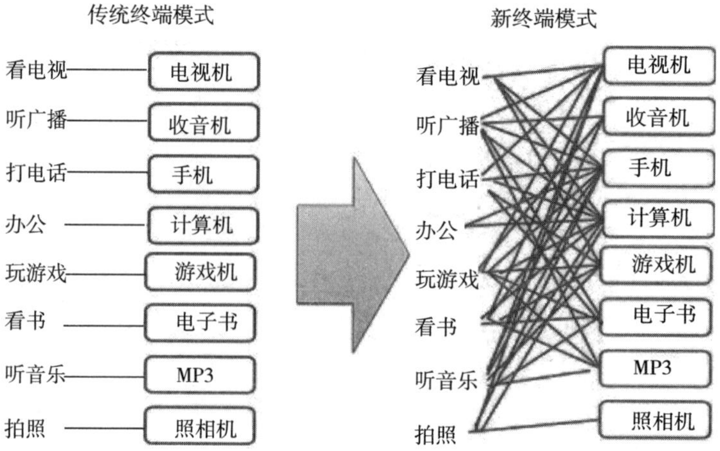

图5—3 终端业务无限拓展示意图①

资料链接

微软 Xbox 电视功能和 Windows Phone 7 手机功能的互动

在微软 Xbox 上，Windows Phone 7 手机用户可以通过 Xbox Companion App 的"寻找内容"(finding content)功能，用自己的手机控制 Xbox360 主机搜索并查看 Xbox live 卖场中的电视、游戏内容；而通过"控制和播放"(control and play)功能，用户可远程控制 Xbox 主机进行播放、暂停、前进或后退等操作。此时，手机和游戏机、电视机整合在了一起。

@author：亚马逊为 Kindle 添加微博功能②

除了人们所熟知的手机、平板电脑上成熟的社交互动功能，即使在一些看起来更加单向度的终端，也在强化社交互动功能。亚马逊在 2011 年 9 月就曾宣布，在其 Kindle 阅读平台上推出一个新的功能"@author"，让读者在阅读书籍的时候，可以向该书作者提问，问题长度不超过 100 个字符。如果作者回答了该问题，读者会收到一封电邮通知。即使作者不回答，其他读者也都可以参与讨论，谈谈自己对该问题的看法。阅读不再是个人的事，在亚马逊，阅读也是社交。

（二）诞生全新业务的运作模式——App

App 是英文 Application 的简称，在智能终端领域的 App 是指来自于第三方的应用程序。目前比较著名的 App 商店有苹果的 App Store，安卓的 Google Play Store，还有黑莓的 Blackberry App World。

根据来自苹果官方数据显示，目前全球已有 24.8 万名开发员为苹果售出的 3.15 亿部 iPhone、iPod Touch 和 iPad 创建了 77.5 万款 App，类别涉及商业、图书、教育、游戏、娱乐和医疗等各个领域。截至 2012 年年底，App Store 总下载量目前已经突破了 400 亿

① 王薇：《新终端，业务无极限》，《广告大观：媒介版》，2012 年第 6 期。
② 《Kindle 新功能：读者阅读时可向该书作者提问》，http://tech.hexun.com/2011—09—03/133074201.html 。

次；而另一个可以与之抗衡的谷歌 Android Market 应用商店，据应用商店分析机构 Distimo 统计的数据，应用总数在 2012 年 3 月已突破了 45 万个，活跃开发人员总数超过 10 万人。另外，诺基亚、三星和联想等终端厂商，以及中国移动和中国联通等电信运营商，都纷纷仿效苹果公司的商业模式推出了自己的 App 应用商店。

表 5—4　不同操作系统平台上的 App 应用规模①

终端操作系统	App 市场	上线时间	App 拥有量	下载量
苹果 iOs	iTunes Store App Store	2008 年 7 月 10 日	77.5 万款应用	超过 400 亿次
谷歌 Android	Google Play	2008 年 10 月 22 日	50 万款应用	超过 100 亿次
微软 Windows Phone	Market Place	2010 年 10 月 21 日	12.5 万款应用	超过 2 亿次

1. App 平台是智能终端的内核和引爆器

终端智能化之后，改变的不仅仅是终端和业务形态，而且是对业务模式的一次重大调整。尤其是 App(第三方应用程序)平台出现之后，其强大的开放性、广泛的适用性，更是极大地拓展了终端所能提供的业务功能。App 已经广泛存在于智能手机、平板电脑、智能电视机等多个终端领域。App 平台以开放的姿态，引入全社会的力量来研发各种应用，这也是智能终端能够提供海量业务的基础保障。苹果的终端产品之所以无所不能，离不开其背后数十万的 App 开发者。正在兴起和发展的智能电视上的应用也将达到上百种，这也不可能都是由电视运营商自建的，一样离不开开放的平台和引入的 App。

2. 开放的业务集成运作模式

智能终端开放的业务集成模式，让市场上各种变革性的应用传播模式都在 App 应用中得到了最大程度的体现。不同于一向封闭且单向度的传媒媒体内容生产模式，终端上的 App 平台是一个开放的平台，让更广泛的人参与，贡献知识、分享内容，从而汇集更多的业务产品，再通过用户对所需业务产品的选择和使用来创造价值。

3. 基于 App 用户大数据的采集和挖掘支撑新媒体业务和营销的开展

要做到对用户行为的深刻分析，实现用户之间的交互，用户数据采集和挖掘必不可缺。苹果通过对 App 平台上的用户使用行为进行分析，定向为 iPhone、iPad 用户推送 App Store 里的应用程序和广告。谷歌通过分析用户检索关键词来预判用户喜好，从而定向给 Google TV 用户推送节目。这些都离不开强大的用户数据采集和挖掘能力。与此同时，对用户使用行为的及时挖掘，也可以帮助平台运营商和程序开发者及时把握业务动向，看到哪些业务更受欢迎，从而及时有效地调整业务类型和内容。

（三）人工智能类业务

人工智能类业务如声控、手势识别、语音识别、体感遥控、触摸控制、3D 捕捉等技术在终端设计和应用中不断成熟，使得终端更加智能化，不仅形成更自由、方便和舒适的用户体验，而且使得用户与媒体之间、用户与用户之间、用户与市场之间、用户与社会之间

① 数据来源：苹果官网、移动市场分析公司 Flurry、应用商店分析机构 Distimo，数据截止日期为 2012 年 5 月。

形成良好的互动。

终端使得业务交互的深度和广度得到了创新，表现在信息高度集中下的智能推荐以及提供多项选择的信息预判。如智能电视领域的“智能导视引擎”，通过智能推荐、社交推荐、智能搜索、热门排行、微博关注与精彩专辑相结合，让用户可以从一个接口获得需要的所有信息，不用再费力寻找。信息预判的典型如苹果 Siri，手机会提供多种选项，列出一些系统预先判断的信息为用户提供更多的选择。而 Android 4.0 会为用户自动筛选出用户可能会喜欢的信息，从而为用户提供更多参考。最后，用户更加主动地使用各种业务，用户与用户之间相互交流、分享使用心得体验，这就迫使终端不断提供能够与用户之间产生更多交流的业务。社交功能正在成为终端的基本功能。

资料链接

人工智能技术在新媒体游戏业务中的应用

三星的一款高端智能电视内置的摄像头，不仅有响应手势，还有面部识别功能、语音识别功能，可以通过手势和语音来控制电视节目播出①。任天堂的 Wii 和微软的 Kinect 都已经开发了大量成熟的体感游戏。

在我国数字电视运营商中，华数、天威等运营商开发了跳舞、打乒乓球等体感游戏并投入市场，获得了市场认可。现在，这种体感遥控技术也应用在了智能电视机中，用户在看电视的同时，摇动遥控器就可以“捕捉”到画面中出现的场景。

语音识别与遥控技术改变了传统的文字输入方式，让终端可以跟消费者对话。体感遥控技术比较成熟的应用是体感游戏。苹果的 iPhone4S，微软的 Xbox 360、体感设备 Kinect 都把语音操作作为创新的重要突破点。以 Kinect 为例，用户可以通过语音操作游戏界面上的内容。比如想观看《X 战警》，只要说出“Xbox Bing《X 战警》”，Bing 就为您搜索并显示出 Xbox 内所有与《X 战警》有关的游戏和视频，然后如果说出“Xbox 播放《X 战警》”，电影就会开始播放②。

(四)在线支付类业务

NFC(近场通信)技术也在终端中得到迅速应用，这种技术主要应用于支持终端的支付功能，于是带有 NFC 功能的智能终端成为了“电子钱包”。

当前，无论是电视、手机还是互联网，都把在线交易看成是重点业务来发展。相对于已经比较成熟的网络支付和手机支付功能来说，电视支付和交易功能才刚刚起步。进入 2011 年之后，电视支付有加速发展的态势。2011 年 8 月，湖南全省试点电视银行；2011 年 9 月，浦发银行“登录”上海东方有线；2012 年 2 月，中国邮政储蓄银行正式在湖北有线网上线运营……

(五)物联网类业务

一些智能终端还结合了物联网技术，使得一些物品的信息控制等功能与终端结合起

---

① 《三星发布 2012 年全新产品及融合互通战略》，《消费电子》，2012 年第 4 期。

② 《微软体感设备 Kinect 语音识别首批支持四个国家》，南方网，http://it.southcn.com/9/2010－09/03/content_15526056.htm。

来，帮助人们实现远程控制家里的各种电器、跨终端了解物品信息和完成消费。终端将与人们的日常生活的联系将更加紧密，成为生活中必不可少的组成部分。

资料链接

物联网技术的实际应用

1. 实时医疗监护

以物联网技术为基础的无线传感器网络在检测人体生理数据、老年人健康状况、医院药品管理以及远程医疗等方面可以发挥出色的作用。在病人身上安置体温采集、呼吸、血压等测量传感器，医生可以远程了解病人的情况。利用传感器网络长时间地收集人体的生理数据，这些数据在研制新药品的过程中非常有用。这个系统稍加产品化，便可成为一些老人及行动不便的病人的安全助手。同时，该系统也可以应用到一些残障人士的康复中心里，对病人的各类肢体恢复进展进行精确测量，从而为设计复健方案带来宝贵的参考依据。

2. 物联网冰箱

当你工作一天回到家，想做一份水果沙拉，走到冰箱前查询冰箱外立面上的显示屏时却发现，冰箱内缺少某种食材。此时，用户就能利用这台冰箱通过物联网技术与网路连接，马上访问各种电商，购买需要的食材。

物联网冰箱不仅可以储存食物，还可实现冰箱与冰箱里的食品“对话”。冰箱可以获取其储存食物的数量、保质期、食物特征、产地等信息，并及时将信息反馈给消费者。它还能与超市相连，让你足不出户就知道超市货架上的商品信息；能够根据主人取放冰箱内食物的习惯，制订合理的膳食方案。此外，它还是一个独立的娱乐中心，具有网络可视电话功能，能浏览资讯和播放视频。

三、终端创新了营销方式

智能终端对营销来说到底意味着什么？

有人将智能终端评价为“最强大的媒体消费微型设备”。终端让用户和企业更贴近，让品牌以新方式与消费者实现互动。在上面做广告不仅仅是为了抓住消费者，也是为了制造话题。

（一）终端创新了新媒体广告的形态

由于终端通过分成共赢的方式与多种内容提供商合作，使得终端也成为传媒产业中迅速崛起的一个内容发布平台，于是依赖对优势内容资源的整合，终端的营销功能日益凸显。在很多品牌主和广告公司看来，尽早进驻平板电脑、智能手机和智能电视机这些智能终端平台已经成为十分重要的营销方向。

这使得终端热门内容的留白处，包括终端平台中屏幕上下方留白处的文字链和图片、Banner等页面广告形式，以及其他更多形态的页面富媒体展示广告迅速发展起来。而终端内置的游戏广告、情景化广告也因为具备相对较高的用户黏性及应用层次而受到品牌主的青睐。

借助定位技术和其他互动营销手段的结合，由于终端能够把特定位置的产品或服务信息展示、推送或者聚集起来，因此基于位置的定向推送广告、基于位置和社交媒体相结合的营销手段也迅速在市场中得到应用。

最有创新性和最突出的就是App应用广告。目前App广告最成熟的发展是在智能手机平台和平板电脑领域，但是这样的一个有效的广告模式也随着智能电视机市场的发展而迅速占领电视机这个大屏幕市场。由于有先驱性的品牌App的优秀成功案例作为榜样，又有竞争对手的相互刺激，使得各大品牌意识到App广告为其提供了推广品牌、接触消费者，甚至销售产品的渠道。

App应用广告主要有以下两种形式：

品牌App：品牌自己设计的应用程序，然后将其推广到各种智能终端的应用中，供用户免费下载；而用户通过使用这些应用程序，可以更好地了解产品的功能和品牌的主张。

In－Apps广告：品牌不开发自己的App，而是将广告或营销信息附着在多种智能终端中那些受欢迎的、下载量大的，并与自己产品或服务的消费者有关系的一些App应用中。

资料链接

广告主App营销的尝试

早在2008年8月，奥迪就推出Audi A4 Driving Challenge游戏的App，这是最早的品牌App之一。2011年，仅Interbrand评选的Best Global Brands 2010 Top 100品牌就拥有品牌App 2343个。[①]

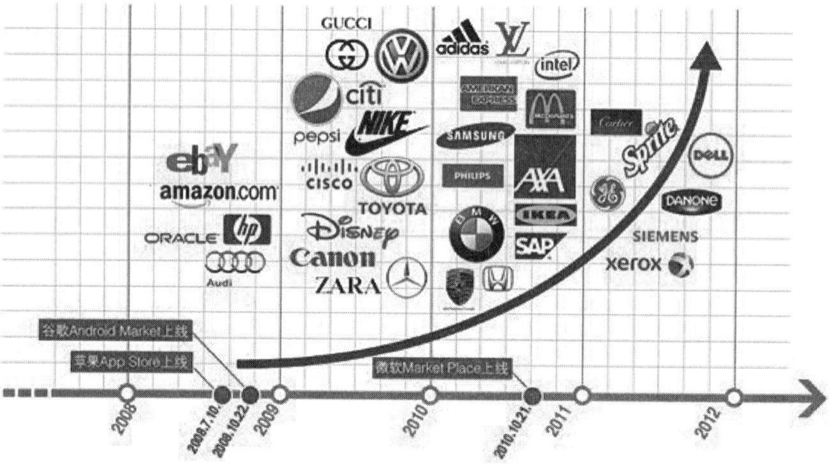

图5—4 品牌App的发展走势图[②]

在平板电脑的应用广告的开发中，凯迪拉克(Cadillac)已试探性地迈出了第一步，与潮流网站猎酷(Cool Hunting)BBH Labs合作，开发程序宣传CTS和CTS－V Coupe系列产品。宝洁旗下的帮宝适(Pampers)也设计了一款名为“你好，宝贝”(Hello Baby)的应

① 易传媒移动广告平台：《品牌App营销攻略》，《媒介》，2012年第1期。

② 资料来源：《品牌App营销攻略白皮书》，《易传媒》，2012年3月。

用，拥有3D形象和仿真声音，让产前的母亲可以真实体验到宝宝每周的变化。

（二）终端对于用户数据挖掘后的创新营销模式

1. 终端实现实时准确采集，挖掘用户数据

终端本身的智能性以及用户在使用过程中的互动行为使得终端能够实时、准确地进行用户数据的监测和挖掘。终端通过其所聚集丰富和海量的应用程序以及一些联盟站点，有效地把用户的碎片时间进行了聚合，形成巨大的用户流，并以时间、区域、终端设备和应用类型等多重维度，对用户的需求进行精准的细分和归类，实现了广告与用户之间的精准匹配，从而提高广告的投放价值。在具体广告投放中，按照广告主的需求指定广告投放方案，可以实现基于终端类型、操作系统、用户特征、用户位置、用户喜好等因素的市场细分；提供广告的智能投放、智能计费、线上竞价、结算、实时监测和数据反馈等功能。

资料链接

有米传媒是国内一家Admob模式的移动广告平台，已经积累了5000多万个移动终端数据。有米搜集用户群体的广告点击行为，构建“潜在消费者数据库”。数据库的信息包括终端操作系统、品牌、机型、地理位置、所属运营商和广告点击量，更进一步，还可完成年龄、收入、性别、兴趣爱好和职业等更加细致的数据信息。

2. 基于数据的精准投放

营销人员能够实时监测或者追踪消费者在各种终端设备上产生的海量行为数据，一些创新型的互动广告公司对挖掘到的数据进行分析和灵活应用，利用共同的属性去组建用户群组，进行目标人群定向，从而实现精准营销及优化。例如根据终端不同的操作系统来定向，再比如根据用户地理位置进行定向等等。此外，对于一项广告活动，终端能够近乎实时地对各种传播效果反馈数据，信息详尽，并具有跟踪性，这对于营销传播的优化决策提供了巨大价值。

案例：软件开发商Rovio的广告生意

位于芬兰的手机游戏开发商Rovio，因为2010年发布了全球最受欢迎的App作品《愤怒的小鸟》(*Angry Birds*)而名声大震。2011年12月7日，Rovio的一条新闻让它再一次成为全球的焦点：Rovio的CEO皮特·维斯特巴卡(Peter Vesterbacka)在IGNITION大会上，接受美国科技博客*Business Insider*采访时称，公司现在不是游戏开发商，而是全球最大的移动广告发布商，《愤怒的小鸟》的众多版本在全球累计下载量已经超过5亿次，其移动广告业务价值高达100亿美元。比如Rovio公司推出的《愤怒的小鸟：里约大冒险》，其实就是为推广20世纪福克斯公司的电影《里约大冒险》而开发的。当这款App把电影里的情节、角色、道具都融入了游戏中时，广告就不仅仅是广告，而是一种体验。

图 5—5 《愤怒的小鸟:里约大冒险》App 界面

案例:果合移动广告与星巴克“全星点亮圣诞树”

图 5—6 果合移动广告与星巴克“全星点亮圣诞树”活动界面

2011 年圣诞节期间,星巴克首次试水移动互联网,推出了“全星点亮圣诞树”活动。

醒目的广告位锁定用户眼球。果合为活动定制了专门的广告位,如 Weico 频道焦点图、星巴克专属频道、图标及“商业价值”特别推荐位等,提供了绝佳的移动端展示平台。同时,制作了由星巴克元素组成的圣诞皮肤,用户使用后可进行微博推荐,上线首日就获得了数万次下载以及数千次的分享。

专属频道与社交分享增进用户互动

果合为星巴克在 Weico 客户端内定制了专属频道,同时,特别选择了 Weico 等社交属性极强的应用,用户点击广告就可以进入充满了星巴克圣诞元素的活动页面查看活动规则,并通过 LBS 网站搜索附近的星巴克实体店进行消费,或者连接微博帐号与朋友们即时分享圣诞心愿和祝福。

果合移动广告与星巴克的此次投放主要是针对 iOS 用户群,活动页面完全使用 html5 制作,无需跳出应用即可实现所有互动操作,同时利用了社交网络的 API 接入,充分激励用户。

第三节 智能电视机终端

自从 1924 年英国人贝尔德发明了机电扫描黑白电视机以来,在近百年的时间里,电视历经变革，从黑白到彩色、从模拟到数字、从标清到高清、从 2D 到 3D，一直都在不断演变。随着电视终端的不断创新，用户从过去的“看电视”到现在互动地“用电视”①。

智能的电视机终端把电视机转变成为一个信息平台，一个由使用者主动操纵的平台，而不再是被动地接收电视节目。智能电视已经成为生活中可选的一部分。

以互联网电视为代表的智能电视机新终端，开始重新定义“电视”的含义：电视未来将是一个重要的家庭信息和娱乐中心，通过电视这个终端，用户可以获取海量、随需所取的信息和应用②。

表 5—5　智能电视的十大“智能”功能介绍③

	功能	说明	点评
1	体感游戏	各品牌智能电视里大多内置网球运动之类的体感游戏，不用外接设备，用户直接用身体操控电视完成游戏	提高了娱乐性，但体感游戏类型不丰富
2	语音操控	包括语音输入、语音遥控、语音交互等，语音可完成换台、电视节目查询、网络浏览搜索、文字输入等系统默认的指令操作等	反应时间较慢，可识别的指令有限；受环境噪音影响
3	在线视频点播	内置在线视频点播平台，彩电厂商与内容牌照方的合作如百视通，可提供电影、电视剧、NBA 球赛等内容；除点播外，联想的智能电视产品还支持 3 秒快速播放和断点续播等功能，部分内容需要付费	终端厂商需要与内容运营商进行合作，获得内容资源
4	云功能	利用云计算、云存储技术，向电视机推送应用、内容和软件更新等；电视机厂商可以在远程完成这些动作，而无需用户亲自来操作，可以实现上传相片、同步通讯录、文件存储、杀毒等	相对于互联网云功能，当前电视上的云功能实际上被狭窄化
5	视频通话	LG 公司和松下公司与 Skype 合作，推出拥有网络视频通话功能的智能电视产品，未来还可实现智能电视机产品之间的视频通话	与 PC 相比，电视视频通话的优势是影像更大更清晰
6	电视支付	厂商与金融机构合作，如康佳与银联合作，在智能电视上实现“视频付费点播”、“手机充值”、“水电煤费缴付”、“电视商场”、“信用卡还款”、“余额查询”等功能，集消费、缴费、银行卡绑定、银行卡解绑和消费查询五大功能于一体	需要与金融机构进行深度合作，从技术到应用，支付功能还有很长的路要走
7	多屏互动	电视机与手机、电脑、Pad 等各类智能终端之间可以实现互联互通，以电视为中心，各种终端之间可以实现互相遥控、资源共享、节目推送等应用，让不同终端形成一个智能整体	主流发展趋势，但是商业模式还不是很清晰
8	电视微博	边看电视边发微博，电视内置的微博功能，在电影画面旁边就是微博界面	仅仅发微博，互动性不强
9	手势识别	通过内置摄像头识别，用户可以对智能电视进行从简单到复杂的功能控制，实现换选频道，调节音量，快进快退或者屏幕旋转等功能	遥控器的时代很快就要终结了
10	左右时间	通过内部缓存和内置硬盘，可实现直播暂停、精彩回放、即时录制、预约录制、录播同放和外部录制等功能；在收看过程中，可以暂停、倒放、前进，不会因暂时的离开和分神而错过任何精彩瞬间	实用性很强的功能，特别适合收看球赛和晚会等内容

① 来自原国家广电总局科技司司长王晓杰在中国传媒大学的博士讲座稿。

② 黄升民：《新电视的霸道和王道》，《媒介》，2012 年第 7 期。

③ 马涛：《新智能终端：创造及其可能》，《媒介》，2012 第 6 期。

一、互联网电视和 OTT TV 的概念

"互联网电视"、"OTT TV"是全球电视行业在迅速发展中最热的词之一。有数据显示，截至 2012 年年底，全球电视产业市场已经高达 5000 亿美元，其中电视收视费市场 2180 亿美元，电视广告市场为 1900 亿美元，各类电视机市场(包括传统电视机、智能电视机和电视机顶盒等)为 750 亿美元。5000 亿美元巨大市场的背后是一个成熟的家庭收视市场，在全球由六七十亿人组成的家庭里，电视当然是种种物件之中的"王者"①。

(一)"互联网电视"可以简单地对应"OTT TV"这个词汇

国际上，互联网电视的概念最早出现在 1998 年。当年 3 月，微软公司高层批准"维纳斯"计划正式启动，其方式为在机顶盒或 VCD 机中内置嵌入式 Windows CE 操作系统简化版本(即"维纳斯")，通过其与互联网和电视机的连接使电视拥有互联网功能。其价格便宜，只有普通个人电脑价格的五分之一。微软雄心勃勃，于 1999 年 3 月在全球范围内开展此业务，并计划重点拓展中国这一拥有庞大电视机用户的市场。但经过一段时间的尝试，该计划以失败告终。究其主要原因是当时全球的宽带网建设发展速度还不足以支撑微软所构想的互联网电视业务。之后，互联网电视的概念一度沉寂下来。

随着互联网带宽的不断提升和流媒体技术的出现，传输高质量的视频成为可能。以电脑为终端的 OTT TV 业务开始瞄上电视机屏幕。大概从 2005 年之后，OTT TV 名词开始转化为向电视机终端传输视频业务的专用词汇。典型的 OTT TV 服务提供商就是从 DVD 租赁店开始进而开展视频流媒体服务的 Netflix。

OTT TV 可以简单地对应 "互联网电视"这个词汇，无论是视频网站、有线电视网络运营商还是电信运营商，只要是通过公共互联网将视频传输到电视机屏幕的业务都可以被称为"OTT TV"。

(二)互联网电视的概念

电视自诞生以来，就一直处于不断的变革和创新中；而当前所面临的智能化变革，无疑是最根本的一次，智能化让电视拥有了独立的芯片和操作系统，如此一来它就不再只是一个电视信号的接收机，而是能够提供各种信息应用服务的家庭娱乐中心。由此，参与到电视产业的各方力量角色的地位也随之发生变化②。

笔者认为，互联网电视是一种互动思维运营的新电视模式。这样的模式可以附着在广电的宽带网络上，也可以附着在通信的宽带网络上，借助宽带网络技术和智能的电视机终端，用多媒体、多应用和多种互动手段来提供电视服务的一种新模式。互联网电视是互联网思维在电视上的延展，借助平台化的运营思维，吸引更多的机构或个人在这个平台上交换信息。由此，互联网电视成为一个以构建家庭用户和电视机为核心的信息平台。

这样的表述有两个重点：

---

① 黄升民：《新电视的霸道和王道》，《媒介》，2012 年第 7 期 。

② 周艳：《新电视王国版图重构》，《媒介》，2012 年第 7 期。

其一，互联网电视不是完全抛弃现有的广播电视服务的，而仅仅是指互联网提供的电视的服务，互联网电视可以在现在广电宽带服务的基础上延伸出来，利用现有广电的宽带网络，结合互联网技术，把电视服务用互联网的呈现方式提供给用户。

国内被引用最多的关于互联网电视的概念就是百度百科中所说的“一种利用宽带有线电视网，集互联网、多媒体和通讯等多种技术于一体，向互联网电视家庭用户提供包括数字电视在内的多种交互式服务的崭新技术”①，即侧重于广电这个方面。

科讯网专栏作家尤文奎则侧重于从通信宽带接入服务这个方面理解互联网电视，他将互联网电视与传统电视对比，认为传统的电视是通过无线、有线和卫星等广播的方式将电视节目传输到用户的电视机上，用户用室内或室外天线、有线电视网络接口、卫星天线等方式接收电视节目。互联网电视则是通过公共互联网将电视节目传输到用户的电视等终端设备上，用户首先需要购买电信运营商（或其他互联网服务提供商）的互联网宽带接入服务，通过具备互联网接入功能的电视机、机顶盒等设备接收电视节目。

其二，互联网电视的终端是智能的电视机终端，这是必要条件之一。只有电视机终端更智能化，才能让用户通过电视机这个终端自由、自主地使用电视服务，用电视机点播电视节目，用电视机上网，用电视机完成支付操作等。易观国际认为，互联网电视是基于电视机的网络模块，以宽带网络为承载网，以交互式音视频服务为主体，集互联网和多媒体通讯多种技术为一体的服务集合体，向用户提供视频、游戏、资讯等多种服务②。

（三）OTT TV 的概念

“OTT TV”对应的英文是 over the Top TV。从 2009 年 11 月 BCI 与 Endurance Technology 发布的报告和 2010 年 9 月 Connected TV 网站发布的报告看，都将 OTT TV 的定义为：通过互联网将音视频直接发布到用户连接的设备，其允许用户在任何时间、任何地点在任何设备上进行访问服务③。典型的 OTT TV 服务提供商包括 Netflix、Hulu Plus、Amazon Prime 等。

笔者认为 OTT TV 指的是通过互联网向用户提供视音频服务的一种新型电视，泛指一切通过互联网流媒体方式传输视音频服务的模式，终端可以是智能电视机也可以是电视机加机顶盒。OTT TV 指可以脱离网络运营商控制的直接连接内容的终端，是地面电视、有线电视、卫星电视、IPTV 之后出现的新型电视服务模式。从概念的外延来看，OTT TV 是视频网站、传统电视运营商、互联网电视服务提供商等通过公共互联网向电视机传输视频的业务。

百度百科认为，在国际上，OTT TV 指通过公共互联网面向电视传输的 IP 视频和互联网应用融合的服务，其接收终端为互联网电视一体机或机顶盒加电视机。在我国，

---

① 互联网电视，百度百科，http://baike. baidu. comview2566515. htm。

② 易观国际，《中国互联网电视市场专题研究报告 2011》，2012 年 10 月。

③ Andrew Moyler, Mark Hooper, “ Over The Top TV (OTT TV) Platform Technologies. BCi, ”*Endurance Technology*, Date 20th November 2009. 该报告中认为：OTT TV is simply the delivery of video and audio, via the internet, directly to user(s) connected devices. It allows access to services anywhere, anytime and on any devicev. 本书将其翻译为：通过互联网将音视频直接发布到用户连接的设备，其允许用户在任何时间、任何地点在任何设备上访问服务。

OTT TV是指通过公共互联网面向电视机传输的由国有广播电视机构提供视频内容的可控可管服务。接收终端一般为国产互联网电视一体机[1]。

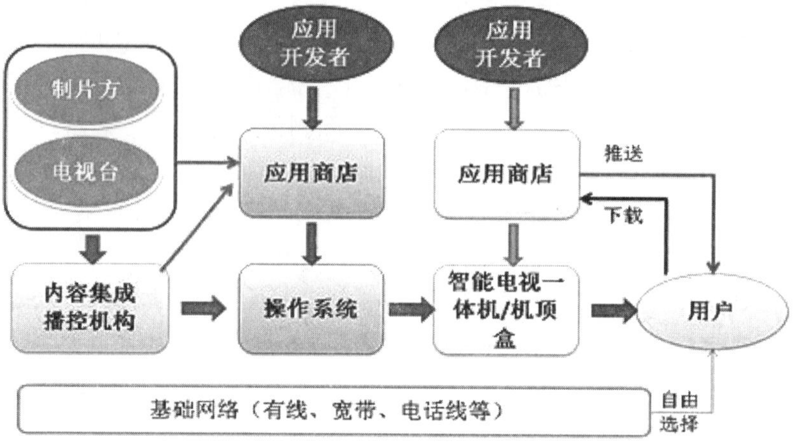

图5—7 新电视产业链示意图[2]

(四)国内的特定所指

从二者概念就可以看出，OTT TV是指基于开放互联网的视频服务，意指在网络之上提供服务，强调服务与物理网络的无关性。相对于国内学者对于互联网电视的概念界定，国际上OTT TV的概念则更宽泛，特别是其"允许用户在任何时间、任何地点在任何设备上访问服务"的提法，更说明了这一点。国外的OTT TV实际上涵盖了智能电视及社交电视等概念。

在我国，互联网电视特指通过公共互联网面向电视机传输的由国有广播电视机构提供视频内容的可控可管服务，接收终端一般为国产互联网电视一体机或者机顶盒。2009年中国各大电视机生产厂商几乎全面转型开始生产互联网电视机，"互联网电视"这个概念进入大众视野即发端于此。因为政策的限制，2010年电视机厂商开始推出"智能电视"产品，"互联网电视"更多地被用来指称通过互联网收看电视(视频)节目的电视新形态。

从互联网电视最终提供的服务来看，与数字电视、IPTV是基本类似的[3]，都是提供互动式的视频服务和多种增值应用。它的价值在于为电视机的更新换代和产业升级提供了可能，同时让内容集成商有了直接控制用户的机会，成为与网络运营商一样的服务提供者，由此家庭娱乐和信息服务市场又增加了一个新的竞争者，面向家庭大屏幕市场的争夺已经悄然升级。

---

① http://baike.baidu.comview4621743.htm.
② 周艳：《新电视王国版图重构》，《媒介》，2012年第7期。
③ 资料来源：中国传媒大学广告学院媒介研究所根据相关资料整理。

表 5—6 我国特殊的新电视管制现状

	数字电视	IPTV	中国互联网电视	国外互联网电视
内容提供	广电	广电	广电	互联网
内容监管	可控可管	可控可管	可控可管	开放
运营商	有线网络运营商	电信运营商+广电牌照运营商	广电集成运营商	开放架构,产业链各环节都有可能成为运营者
传输网络	有线专网	电信专网	互联网	互联网
终端方式	机顶盒+电视一体机	机顶盒+电视	互联网电视一体机	互联网电视一体机,机顶盒+电视
现主要收费方式	前向收月费	捆绑收费	免费	免费

资料链接

从互联网电视到智能电视

国内的电视机终端厂商推出互联网电视机不久,遭遇原国家广电总局的政策限制,具备连接互联网功能的电视机不得直接接入公共互联网。电视机厂家一面和政策批准的互联网电视牌照方合作,在互联网电视机中植入指定的“互联网电视客户端”;一面推出了新的产品“智能电视”,可以说是智能手机在电视机上的翻版,用户可以自己下载各种 App 应用,以避开政策限制。

“智能电视”对应的英文为 Smart TV,在 Wikipedia 及 Answer. com 上的解释为:Connected TV 或 Hybrid TV(但不要与 IPTV、Internet TV 及 Web TV 等混淆)。Smart TV 是一个用于将互联网与 Web2.0 整合到现代的电视机及机顶盒的新名词,也指计算机与电视机/机顶盒的技术融合。其目前尚处于初级阶段,技术层面主要涉及操作系统、界面设计及社交网络。

二、国外互联网电视的发展

互联网电视的表现形态,最为人熟知的当属在北美地区先后推出的基于 Netflix、Hulu、Vudu 等视听网站模式的互联网电视服务。之后,Apple、Google、Yahoo! 等公司相继进军互联网电视服务业。

根据 Display Search 的研究报告,2011 年全球互联网电视的出货量达 6300 万台,未来几年还将保持较高的增长率,预计到 2013 年的总出货量将突破 1 亿台,而中国则是出货量最高的地区①。Display Search 还预测,2015 年智能电视在北美地区的普及率将达到 35%。根据科技资讯网(CNET)的一项调查,CNET 收集了 1.7 万多位 CNET 用户的数据,发现美国消费者对互联网电视机的需求比 3D 电视机高 51%。

---

① 《联网电视出货量激增,预计 2014 年出货量将高达 1.19 亿台》,Display Search,2010 年 7 月 22 日。http://www.displaysearch.com.cn/press_releases/20100722.php。

从用户对互联网电视终端的拥有量来说，根据2012年4月莱彻曼研究机构(Leichtman Research Group，LRG)发布的报告显示，2012年38%的美国家庭用户将拥有联网电视设备，比2011年增长30%。根据LRG的数据，联网电视设备是指那些带互联网功能的视频游戏机和蓝光播放器、苹果或Roku的机顶盒，以及所谓的智能电视，LRG认为智能电视的增长将会比较稳定。

而另一家研究机构ITMedia Consulting于2012年4月发布的《电视的互联网时代》(*The Internet Era of TV*)报告称，在新的TV生态系统中，互联网电视代表了对增长的内容消费和选择需求的答案，用户想把正在观看的东西与在线应用进行整合，或想与朋友们分享经历，经常会同时使用第二个屏幕设备。ITMedia Consulting的报告还指出，现在的市场还处于新兴阶段，尽管存在不确定的经济框架，但互联网电视的收入到2015年有望达到19亿欧元，增长率为53%①。

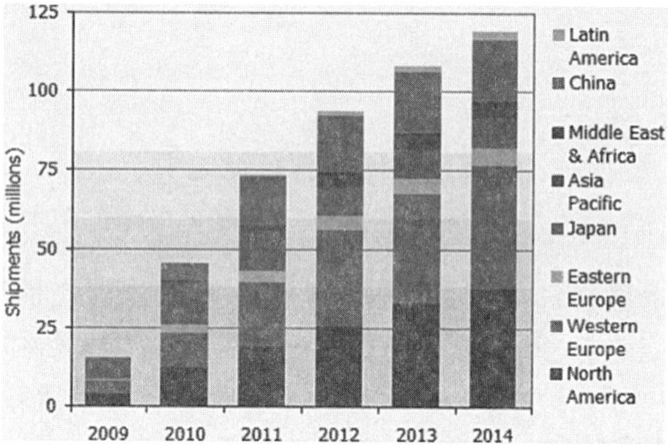

图5—8　2009～2014年联网电视在不同区域的预估②

根据2011年10月23日ABI的一份最新研究报告表明，美国20%的网民正考虑以OTT TV代替传统付费电视作为收看视频的渠道。Informa公司之前的一项研究认为，到2013年，全球的OTT TV观众数量将超过IPTV观众数量。预计到2015年，全球3.8亿人将成为OTT电视/视频用户。预测2015年，OTT TV用户将是IPTV用户数量的两倍。市场调研称OTT TV的收入在2014年将会上升到近30亿美元。

美国最大的在线影片提供商Netflix的用户量已经超过2400万，Apple TV销量超过了420万部，而取得这些数据只花了很短的时间。其中Netflix在2010年6月才开始考虑从DVD租赁转型为在线影片提供商，Apple TV在2010年9月才发布二代产品。短短一年多时间，美国互联网电视用户数量已经超越2000万户③。

德国近年新售的电视机中，大约有20%的电视机具有网络接口。Gold Media公司预计，到2015年，德国将有60%的家庭通过电视进行网上冲浪。

韩国有线电视运营商CJ Hello Vision公司推出了名为“Tying”的网络电视服务，使

---

① Report：*The Internet Era of TV—Expanding Entertainment*，http://www.tvover.net04/25/Report+The+Internet+Era+Of+TV+Expanding+Entertainment.aspx.

② 数据来源：“Display Search”，*Quarterly TV Design and Features Report*《Display Search》。

③ 《中美互联网电视用户数量对比》，转载自中国电子商务研究中心：http://www.100ec.cn/detail——6026219，html。

观众可以在任何地方收看53个直播频道，并可进行视频点播。

欧洲也于近期宣布制定通过互联网传播高清电视内容的标准，标准将考虑消费电子、互联网、广播电视、电信等各领域的利益。这将是一个相对完美的互联网电视标准。

三、中国互联网电视发展

中国互联网电视的产业链主线由内容提供商、牌照集成商、终端厂商与用户四个环节组成，这四个环节是构建中国互联网电视产业链密不可分的要素。在这一主线之外，还有运营支撑商、业务合作商、ISP服务商以及技术支持方为互联网电视运营提供服务保障。在中国，电牌照方、电信运营商和终端厂商各个角色都在纷纷发力，都想在未来的产业链上能占有更大的话语权。

根据中广研究的调研，2011年中国平板电视销量在4100万台左右(占彩电总销售量的95%以上)，其中互联网电视一体机的销量为1100万台左右，所占比例大约为1/4。其中在2011年第四季度，互联网电视在平板电视的销售渗透率已经达到40% 以上，显示出互联网功能越来越成为电视机的标配①。

资料链接

中国互联网电视的发展

互联网电视的概念在中国2009年开始走热，通过互联网电视上网看视频成为吸引很多消费者的亮点功能。各大家电终端厂商纷纷推出互联网电视产品，通过与迅雷、PPS以及新浪、搜狐等门户网站合作，获得内容资源。但是这种市场状态很快就因为国家广电总局的监管，而被终止。

2009年9月21日，国家广电总局颁布《关于加强以电视机为接收终端的互联网视听节目服务管理有关问题的通知》，对于以家电厂家为首的互联网电视业务进行了封杀。2010年4月28日，国家广电总局在中国网络电视台有关互联网电视的座谈会上，整理出来两份文字稿件，分别是《互联网电视内容服务管理规范》和《互联网电视集成业务管理规范》，低调宣布将对互联网电视采取“集成服务＋内容服务”的牌照管理制度，对产业进行规范化管理。

2011年7月14日，广电总局发布《关于严禁擅自设立互联网电视集成平台和非法生产销售互联网电视机顶盒的通知》。通知明确指出，通过互联网经机顶盒(DVD机等)向电视机终端提供视听节目服务的，均须按照国务院关于推进三网融合的有关要求，在经批准的试点城市，由广电部门另行组织。2011年10月28日，由原国家广电总局办公厅制定下发《持有互联网电视牌照机构运营管理要求的通知》(181号文件)，对互联网电视内容、运营及机顶盒终端等多个方面的管理都进行了细化。

至此，国内互联网电视“牌照准入制”的运营模式已经得到发展，即通过公共互联网向电视机传输的由国有广播电视机构提供视频内容的可控可管的服务。互联网电视牌照分为内容牌照和集成牌照，内容牌照方负责内容提供，集成牌照方负责具体业务运营，

① 中广互联：《2012中国互联网电视市场专题研究报告》，2012年5月，第53～54页。

目前获得原国家广电总局批准的互联网电视运营牌照的有中国网络电视台、上海文广、杭州华数、南方传媒、湖南电视台、中国国际广播电台和中央人民广播电台七家。

(一)广电牌照方发展动态

2011年年底,央视国际携手腾讯、易视腾等公司,在天津成立了专注于运营互联网电视的公司,借助合资公司的方式,追求与市场更灵活的接轨。机顶盒形态是其未来发展的主要模式。

2011年12月13日,百视通联合迈乐数码、杰科电子、SVA上广电、创维、海尔、海信、三星、联想、索尼、瑞昱Realtech、晶晨半导体Amlogic、苏宁电器和淘宝等20多家知名企业,在"互联网电视机顶盒产业合作发展论坛"上发出联合倡议,加强互联网电视机顶盒的内容版权管理,共同创建新模式,构筑开放、共赢的互联网电视产业链。

2011年12月20日,华数召集来自全国的互联网电视生产厂家、互联网电视芯片厂商等近200人召开了互联网电视机顶盒产业发展合作会。华数向产业链所有的合作伙伴发出呼吁:一个巨大的产业市场已经启动,我们所要做的就是"聚合聚合再聚合、规模规模再规模"。

2011年12月21日,南方传媒和优朋普乐的互联网电视机顶盒合作会在广州召开。

湖南电视台以"和丰互联网电视"为集成平台播出名称,以"芒果TV"为内容平台播出呼号,全权委托旗下全资子公司快乐阳光互动娱乐传媒有限公司开展互联网电视的相关业务。

2011年11月10日,由中央人民广播电台央广新媒体公司(网络中心)承建的中央银河互联网电视集成运营平台正式通过国家广电总局的专家组验收。另外,获得国内互联网电视集成运营牌照的中央人民广播电台旗下的央广新媒体公司,已携手江苏电视台和爱奇艺成立互联网电视的运营合资公司——银河互联网电视有限公司。

2012年11月1日,百视通发布公告称,上海广播电视台于11月1日收到原国家广电总局《关于同意上海广播电视台增加互联网电视客户端编号的批复》。国家广电总局向上海广播电视台增加发放335万个互联网电视机客户端编号,同时批准百视通的200万个互联网电视机顶盒的客户端编号。这是国内第一个宣布已获得百万级OTT客户端牌照的广电播出机构和新媒体运营商,这也标志着我国互联网电视产业全面步入了规范运行、产业化大发展的新阶段[①]。

(二)电信运营商发展动态

随着智能终端的普及,电信运营商也开始积极关注互联网电视产品新形态。中国电信的几大研究院也纷纷展开了对于电信运营商切入互联网电视市场的研究。不少地方电信更是展开了智能电视实际业务的探索。

2011年11月22日,中国电信云南公司和TCL集团正式签署战略合作协议,在全球首发超级智能云电视新品——智慧iTV高清互动电视。同期,四川电信也联合国内六大家电厂家,推出了融合IPTV客户端的互联网智能电视一体机。

2012年中国电信有计划有步骤地开始进行互联网电视业务的试点工作。首批四

---

① http://www.bestv.com.cnnews2012/11/18531.shtml.

个试点省市分别为山西、山东、贵州和辽宁，终端均为机顶盒；吸引了包括央广传媒、华数传媒、百视通和南方传媒在内的多家牌照方参与中国电信互联网电视业务对接测试①。

中国联通正在进行互联网电视相关标准制定和产品推进，与华数合作走机顶盒模式，目前在山东等地已经开始发展用户。另外，天津联通与中央人民广播电台、爱奇艺、华为已经达成合作意向，采用"IPTV+OTT"的双模架构试点 OTT 业务。

中国移动成立了互联网电视项目研究小组，对互联网电视业务进行研究。在一些已规模建设有有线宽带的省，中国移动正在与牌照商合作探索互联网电视业务的试点，如江苏、浙江、福建和江西等省份。

(三)终端厂家发展动态

在我国，主流家电企业都已经加入了智能电视的行列，如长虹的多屏互动高清智能 3D 电视、TCL 的超级智能互联网云电视、康佳的网锐智能健康 3D 电视、创维的酷开智能 3D 电视……

在家电厂家中，由 TCL、海信和长虹三家企业联合发起成立的中国智能多媒体终端技术联盟，主要针对互联网智能电视产业发展。其主要目的就是期望站在产业的高度上建立起中国企业自己的技术标准，给消费者和开发者带来品牌和技术的保障。截至 2011 年年底，中智盟已经推出了相关应用程序商店的统一标准和 SDK 开发包等，统一标有中智盟标记的电视机产品也已占据市场较大份额。而联发科技、晨星半导体、中国电信上海研究院、东软集团、TOM 在线、百度、新浪和巨鲸音乐等，都成为中智盟的战略合作伙伴。

广电 181 号文件的颁布，使得互联网电视机顶盒市场正逐步从地下走到阳光里。相比电视机一体机的用户增量市场，互联网电视机顶盒所面对的存/增量市场的空间更为庞大，因此也成了行业关注的重点。

四、互联网电视发展模式

互联网电视发展到现在，不论是业界还是学界对其发展模式都有不同的看法。从世界范围来看，全球 OTT 有三种发展模式：第一种是欧洲的兼顾传统广播电视与 OTT 服务的 HBBTV 模式；第二种是完全以互联网架构为基础的美国开放式 OTT 模式；第三种则是中国所形成的强调内容监管的可管可控模式。

(一)欧洲 HBBTV 模式

HBBTV 模式是 Hybrid Broadcast/Broadband TV 的简称。作为一种混合广播技术，它是一种与 DVB 兼容的内容发布平台，除最基本的广播功能之外，HBBTV 在联网服务方面还有 VOD、时移电视、互动广告、在线购物等应用。

但是欧洲的数字电视运营商认为数字电视应该以电视服务为核心，再在此基础上开展数字电视增值业务，对互联网应用需要进行有限度的兼容并采取围墙式的管理。

---

① 中广互联：《中国电信启动互联网电视试点》，http://www.sarft.net/a/43295.aspx。

(二)美国开放式 OTT 模式

美国开放式 OTT 模式,是以 Google TV、Hulu 、Netflix 和 iTV 为代表,以开放互联网服务为核心的观点,其核心目标是将家庭设备互联起来,视频服务不再成为广电运营商的专利,电信运营商、互联网企业、硬件设备商以及内容生产商等都将自身定位于视频产业的参与者并获取相应价值。

由于美国互联网电视的发展主要是由终端和软件厂家主导,而内容提供方又是互联网电视内容的“咽喉”,随着产业规模逐步扩大,终端和内容双方的博弈和摩擦也正在升级、加剧。

资料链接

2010 年 10 月,针对 Google 推出的互联网电视服务,美国几大电视网如 ABC、CBS 和 NBC 均予以封杀,用户无法用 Google 的电视服务来观看视频。NBC 的电视剧《办公室》、CBS 的《犯罪现场调查》和 ABC 的《摩登家庭》都无法在 Google TV 上观看。三大电视网的发言人均证实封杀 Google TV 的消息。此举意味着双方的摩擦加剧,在内容供应上,媒体公司和科技巨头战火再起。谷歌公司新闻发言人在声明中说:“对于已从手机或者 PC 上获得的内容,Google TV 允许用户从网络上接入,不过最终选择权还是归内容所有者,它可以限制自己的用户在这个平台上接入内容。”

Google TV 用户可以使用 Netflix 或亚马逊的视频服务观看电视节目或电影,也可以观看普通电视频道。尽管如此,Google TV 还是不支持很多主流电视频道,NBC、CBS、ABC 和 Hulu 等著名电视网络也禁止用户使用 Google TV 观看其电视节目或视频。若双方的争端持续无法解决,内容上的缺憾无疑将成为互联网电视未来发展的瓶颈。

(三)中国可管可控模式

对中国互联网电视行业而言,内容的可管可控是必须正视的问题,相对于国外的技术驱动模式,中国的行业政策对一个产业的发展有着深刻的影响。在经过一两年的产业实践探索之后,我国的互联网电视形成了独特的运行模式,那就是广电内容提供商与家电厂商合作的模式,由广电播出机构提供内容和服务,由家电厂商提供终端产品。

原国家广电总局采取了牌照制方式来实现对 OTT 的可管可控,由原国家广电总局认可的集成牌照方负责提供内容播控,且互联网电视与牌照方客户端完全绑定,通过牌照方的集成播控平台对客户端实行控制和管理。以上海百视通为例,它所建立的互联网电视技术系统就包括内容服务和集成播控两大平台。其中,内容服务平台完成内容的生产、审核、发布等内容运营功能;集成播控平台具备内容集成管理、集成播控平台、运营支撑平台、服务平台和电视机终端中间件等五大系统。由此百视通就可以进行面向全国的业务运营、网络维护、用户管理,建立一个与家电厂商、广电内容提供商、电信运营商等产业链各方合作发展的业务平台。

资料链接

目前我国对厂商提供的 OTT TV 服务有如下要求:

1. 其播出平台,必须由获得牌照之集成服务商(央视、文广、华数)提供,而一般家电厂家不得涉足播控平台。

2.其内容来源，必须由获得互联网内容服务牌照的广电播出机构提供，非广电机构无法获得。

3.电视设备中对播出平台及内容来源的集成要求：一台电视机只能植入一家集成商的客户端，但同一品牌的不同型号可以植入不同客户端。

五、国内智能电视机终端案例

(一)联想

2012年5月8日，联想推出了K系列四款智能电视，成为国内IT厂商中推出智能电视的代表企业。从产品定价上看，最高配置的55寸智能电视K91售价为14999元，最低配置的42寸智能电视K71售价为6499元，显然是瞄准了高端市场。

图5—9　联想智能电视K系列

联想智能电视提供了语音输入和控制、体感游戏、人脸识别等多种交互方式，同时其旗下品牌产品乐Phone手机系列、乐Pad平板电脑系列都能变身为智能电视机的遥控器，实现跨屏操控和多屏互动[①]。为了满足用户的使用需求，联想智能电视还提供了智能化的人机交互、高品质的视频点播以及高性能的开放应用平台。

目前，联想集团已经储备了30万个小时的正版高清视频，从应用方面来看，联想的乐商店聚集了百度、腾讯和新浪等互联网企业，召集了近2万名开发者，推出了专为智能电视开发的1000余款应用，联想与这些开发者采取三七分成的合作方式。

(二)TCL

早在2009年3月，TCL就曾发布MITV互联网电视系列。通过路由器联网，配备PCLINK功能，能够让电视与电脑组成一个内部家庭局域网，也能够从后台系统实现网络自动升级。用户可以在线玩网络游戏、在线欣赏音乐、查询天气、查询股票和新闻快报等。之后TCL相继推出“数字互联网电视”、“蓝光互联网电视”和“双核互联网电视”三大互联网电视产品群，分别主打不同的功能。

TCL的全云产品阵营由云博、云峰、云悦和云卓等六大系列的智能云电视领头，产品线覆盖上中下游，价格区间从4000元到1万元不等。换言之，消费者有更加丰富而可行的选择空间[②]。

2010年6月，TCL推出基于Android操作系统的智能电视，其最大的特点是系统平台对外的统一开放性，它可以把第三方软件提供给用户选择，正如手机系统和电脑系统一样，根据需要进行个性化安装。这些智能电视同样具有互联网功能，用户除了观看传统的电视频道外，可以连接互联网进行视频点播、视频聊天、互动体感游戏和网

---

① 孙铭欣：《联想的第四屏》，《广告大观：媒介版》，2012年第7期。

② 朱海舟：《TCL力促云生活落地》，《广告大观：媒介版》，2012年第7期。

络购物等。

2012 年 3 月 23 日，TCL 推出“Android＋系统”的超级智能互联网电视新品。内容方面，TCL 已与互联网电视牌照方 CNTV、华数签署合作协议，在互联网电视内容集成端方面进行合作。2012 年 8 月 9 日，TCL 多媒体发布截至 2012 年 6 月 30 日的半年报，显示在这一段时期内，智能电视机、互联网电视机以及 3D 电视机销售量占整体 LCD 电视机销售量的比重分别上升至 20.1%及 9.1%①。

(三)康佳

2011 年 8 月，康佳发布了智能 3D 电视云电视 8000 系列、7000 系列和 1000 系列。从名称中可以看出，康佳智能电视同时包括了三大当前热门概念：3D 电视、智能电视和云电视。不过从体验来看，康佳电视内的应用数量非常少，操作体验一般，所谓的云概念也只是可以联网玩应用。

值得一提的是，康佳智能电视推出了自有操作系统 OMI，康佳专为智能电视开发的、基于 Linux 平台的开源电视操作系统。基于开放式平台，OMI 操作系统能进行个性化加载和运行 SDK 软件开发的应用程序。康佳还推出了应用程序商店平台——锐族馆。

康佳的智能电视产品还有一个亮点，即带有支付功能。2011 年 11 月 22 日，康佳与中国银联、东方传媒集团在上海联合举行了“智能电视支付合作产品发布会”，推出了基于智能电视终端的在线支付系统和应用服务，用户可通过智能电视终端遥控器进行付费点播、电视购物等在线支付的操作。

六、国外智能电视机案例

(一)谷歌

2010 年 5 月 20 日，谷歌公司正式宣布推出网络智能电视 Google TV，同年 11 月 6 日在美国上市，但是由于软件、硬件、内容、体验各个方面都很不完善，乏人问津，反应冷清。2011 年 10 月 28 日，Google TV 卷土重来，推出升级版的系统，同时在内容架构、应用体验方面进行了较大提升。并且随着新的硬件合作者的加入以及谷歌公司对摩托罗拉移动公司的收购，Google TV 进入了 2.0 时代。现在，全新的 Google TV 形态渐渐清晰，形成了以系统为支持、内容为载体、硬件作配合的完整架构，并且将 Google 原有互联网产品融入，主导了全球的电视革新。

谷歌的有线电视节目提供商包括康卡斯特和时代华纳有线，卫星电视节目提供商则来自 Dish Network。迪士尼公司已经将数百部电影增加到谷歌旗下 YouTube 的电影租赁服务库中。同时，Google TV 还整合了互联网内容提供商 Netflix、HBO Go 和自有的 YouTube 平台上的互联网视频内容②。新的 Google TV 将具有这三个在线视频网站的视频点播功能，Google TV 的用户既可以在 Google TV 上在线租赁 Netflix 的影片，又可

---

① 《TCL 多媒体上半年营收 164 亿港元同比增 25%》，新浪科技，http://tech.sina.com.cn/e/2012－08－09/16537486573.shtml。

② 龙思薇：《五个问题考验谷歌 TV2.0 时代》、《广告大观：媒介版》，2012 年第 7 期。

以免费收看 YouTube 上的海量 UGC 内容。

（二）苹果

乔布斯对于苹果互联网电视的设想是“我希望开发一款易用的电视，它将能够与所有 iOS 产品和 iCloud 同步。用户将不再需要摆弄 DVD 影碟机的遥控器和有线电视”、“这个电视可以通过苹果的云服务同苹果的各种设备无缝同步，无需在各种遥控器间转换，并拥有最简单的用户界面”①。

目前，尽管呼声渐高的苹果公司的 iTV 仍然迟迟未有产品上市，关于这款产品的描述更多停留在概念阶段，但是功能近似机顶盒的 Apple TV 却已经历了三代，分别上市于 2006 年、2010 年和 2012 年。虽然 Apple TV 售价仅为 99 美元，相比于 iPhone 和 iPad 的超高利润来说，价格并不算高，但苹果卖出的 Apple TV（400 万台）比 iMacs 和 Mac Pros 还要多。而苹果对内容商、频道商、付费电视运营商等的艰难整合，则显示出苹果公司在 Apple TV 之外更大的野心。

根据百思买的一份内部营销资料显示，苹果的 iTV 为 42 英寸 1080p LED 平板电视，内建苹果特别版的 iOS，配合苹果目前的机顶盒，可以让用户购买并且播放互联网上的电影和其他娱乐视频。除此之外，与苹果既有优势的整合也是 iTV 的亮点：可以让用户从苹果 App Store 商店当中下载和使用应用程序；支持苹果的 iCloud 云服务，可以让用户存储从 iTunes 当中购买的电影、电视节目、音乐，并且在苹果 iTV 上播放；支持 iPad、iPhone 遥控，即二者可以变身为苹果 iTV 的遥控器等等。

（三）三星

三星这些年的飞速发展是有目共睹的。三星连续六年都是电视行业的领跑者，其电视产品六年蝉联全球市场占有率第一。在 2011 年 11 月份，三星平均每秒就卖出两台电视，不过在销售出的这些电视中仅有一小部分是所谓的智能电视。然而到 2012 年，三星推出的所有新款智能电视已经全部升级为无盒互动式的智能电视。

三星从 2007 年年初开发出智能电视的雏形，到 2010 年 Samsung Apps（三星应用商店）的率先问世再到 2011 年三星率先推出 Smart TV，智能开始成为电视产业的关键词。2012 年的语音、手势控制电视，可以很清晰地看到三星在电视终端人性化、智能化领域所作的持续探索②。

2012 年，三星电视将对 Smart 战略继续深化完善，通过对智能内容（smart content）、智能互动（smart interaction）以及智能升级（smart evolution）三大平台的打造，充分展示未来电视发展趋势③。2012 年的 CES 美国消费电子展上，期待已久的三星全新智能电视——75 寸的 ES8000 电视正式发布。这款新品被定义为第五代智能电视，将人们对于智能电视的想象被演绎成现实。

---

① 〔美〕沃尔特·艾萨克森著，魏群、余倩、赵萌萌、汤崧等译，《史蒂夫·乔布斯传》，中信出版社，2011 年版。

② 马涛：《三星的电视“智”造计划》，《市场观察·媒介》，2012 年第 7 期。

③ 宋佳楠：《三星的智能家电生态圈——2012 年中国三星论坛精彩纪实》，《家用电器》，2012 年第 4 期。

表 5—7 国外互联网电视主要厂商及产品情况①

电视机厂商	产品形态	推出时间	功能应用
苹果	苹果机顶盒(Apple TV)	2007 年	以机顶盒的形式出售,用户可以用无线网连接家用电脑、iPod、iPhone 等存储设备,利用 Apple TV 的机顶盒作"中介",将存储设备中的视频、音乐、图像等"传给"电视机播放,可以播放 Netflix 流媒体、观看 YouTube 视频、Flickr 及 MobileMe 等内容
三星	内置雅虎 Connected TV 互联网电视(Internet@TV)	2009 年	该产品内置了雅虎软件小工具,可以让用户登录自己喜欢的网站
谷歌	Google TV 平台	2010 年	在电视中加入互联网的搜索,并能够根据电视的特性来优化搜索结果;可以使用画中画模式一边上网一边看电视;Android 手机可以当作 Google TV 的遥控器使用;最为重要的是联网电视可以运行 Android 应用程序,电视可以有更多的扩展
LG	Netcast 互联网电视机	2010 年	具备互联网功能和无线局域网两种上网方式,其中互联网功能可以用电视机浏览新闻、股票、天气等各种信息;而 Wifi 无线也能连接互联网和 DLNA 家庭娱乐网络;体感控制功能是这款电视的一大亮点,具备的"动感应"遥控具有指向定位和动作感应两大作用
东芝	内置雅虎 Connected TV 平台的互联网电视机	2011 年	可以为用户提供互联网流媒体内容,接受 HBBTV(混合广播宽频电视)标准

第四节 智能手机终端

智能手机②已经有十多年的发展历史。作为新型智能终端的重要代表,智能手机在近几年大放异彩。在这个混媒的时代,智能手机以自己的独特方式发展着,并且影响、改变了传媒行业的未来发展。2007 年,凭借行业影响和竞争优势,苹果公司推出的 iPhone 智能手机在全球取得了空前成功。在 iPhone 的推动下,个人终端向着更加智能、便携的方向发展。

智能手机是移动互联网发展的重要终端入口,在一定程度上说,移动互联网的发展在很大程度上也得益于智能手机销量的快速增长。但反过来说,移动互联网规模的扩大也为智能手机进一步打开市场创造了优先条件。

一、智能手机的发展演变

作为人类通讯史上的重大发明,手机的发展已经经历了十几个年头。而智能手机的出现,可以说是手机发展历程中的一个非常重要的里程碑。与传统的功能手机相比,智能手机不仅可以实现短信、通话的功能,而且可以实现用户随时随地上网的需求,实现更

---

① 资料来源:中国传媒大学广告学院媒介研究所根据相关资料整理。

② 本书中所指的智能手机是一种具有独立的操作系统,用户可以自行安装软件等程序,并通过移动通讯实现无线网络接入的一种手机,与之对应的是功能手机。

多智能化的应用。

1999 年年末，手机巨头摩托罗拉推出天拓 A6188 手机，这也是迄今为止最早的智能手机。一年之后，爱立信推出了世界上第一款使用塞班系统的智能手机 R380sc。2001 年 1 月，诺基亚第一款 PDA 手机 9110 上市。诺基亚 9110 采用了正在高速发展的 AMD 公司所出品的内嵌式 CPU，操作系统代号 GEOS，内置 8M 存储空间。

2004 年后，多款智能手机的上市，在加速竞争的同时，智能手机这一终端市场也开始走向成熟。随着塞班、安卓、黑莓以及 iPhone 的出现，智能手机以崭新的融合性媒体终端的形象进入传媒行业，颠覆了传统手机媒体的定义，影响着传媒行业的发展。

2004 年，多款智能手机上市，宣布了智能手机市场的崛起。2004 年，RIM 推出了黑莓 6210，被称为是第一款更像手机的智能手机。2006 年，诺基亚推出 N73，迎来 Symbian S60的巅峰时代。这一时期，市场有多款智能手机存在，但还未广泛发展，仍处于市场的推广期。

2007 年，苹果推出了第一代 iPhone，从此改变了智能手机的市场格局。虽然第一代 iPhone 缺少对 3G 的支持，只能通过 Web 发布应用程序，但是简洁美丽的外观、流畅的操作系统受到广大用户的极度欢迎，iPhone 引领智能手机进入市场的爆发期。2008 年，搭载 Android 系统的手机诞生；2010 年，苹果推出 iPhone 4，成为世界上最热卖的智能手机；随后，Android 阵营不断扩大，成为全球第一大智能手机操作系统。

发展到现在，智能手机市场的竞争格局更加激烈，苹果、谷歌和三星三足鼎立的局面形成，而原来手机终端领域的摩托罗拉和诺基亚则出现颓势。《彭博商业周刊》在 2011 年推出了两期以《诺基亚失败》和《保持完整的苹果》为题的专刊。因为思维方式的不同，两个伟大的企业也拥有了截然不同的命运。

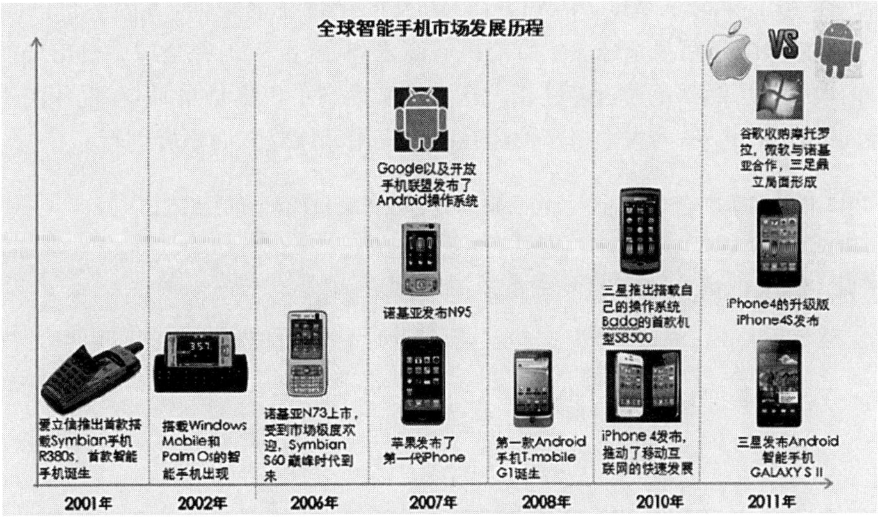

图 5—9　全球智能手机的发展历程①

---

① 资料来源：艾瑞咨询：《2011～2012 年中国智能手机市场研究报告》，2012 年 3 月。

二、智能手机产业的发展现状

(一)全球移动终端市场正以爆炸性的态势迅猛发展

2011 年,全球移动终端销量约 16 亿部,而移动智能手机销量更是达到了 4.72亿部;近五年来全球智能手机的出货量约为 10 亿部,但与 50 亿户的手机用户相比,智能终端普及率仍较低,高速发展仍将继续①。

根据国际数据公司 IDC 最新数据显示,2012 年第三季度,全球手机销量为 4.445 亿部,比 2011 年同期增长 2.4%。其中,智能手机的销量为 1.797 亿部,比上年同期增长 45%。

智能手机品牌方面,2011 年全年全球智能手机出货量前五大手机厂商分别为三星、苹果、诺基亚、RIM 和 HTC。而在 2012 年第四季度,智能手机出货量厂商排名情况有了新变化。IDC 报告显示,2012 年第三季度全球智能手机销量为 1.797 亿部,而三星和苹果这两家公司的出货量分别达到了 5630 万部和 2690 万部,毫无悬念地占据了榜单的前两名。全球手机行业的两极分化现象越来越严重,三星、苹果在智能手机领域的霸主地位在短时间内不会被撼动。第三季度智能机市场最大的一个变化就是诺基亚的彻底没落,这家老牌手机公司已经跌出全球前五大智能机厂商的排行。这也是 IDC 自 2004 年开始发布手机市场报告以来,诺基亚首次跌出前五名②。

全球智能手机出货量前五名中出现了中兴的身影。近几年,中兴手机在冲击销量上作出了巨大的努力。2010 年,IDC 的数据显示,中兴手机全年出货量达到 5180 万部,增长 94%;2011 年,中兴手机出货量为 6610 万部,市场份额为 4.3%;2012 年智能手机整体出货量减少,2012 年第二季度中兴以 800 万部的出货量位居第五,这是中兴首度进入智能机销售前五名。在 2012 年第三季度,中兴以 750 万部的销量排名第四,巩固了自己的位置③。同样,华为也在 2012 年跻身全球五大智能机厂商之列,这也标志着全球手机市场的一个重大转移。两大手机厂商都是通过专注于大众市场来提高手机出货量,但在近几个季度也开始向高端设备转移,此外,两大手机厂商还在手机应用和体验方面积极创新。

表 5—8　2012 年第四季度全球智能手机出货量前五名及市场份额(单位:百万部)④

品牌	2012 年第四季度出货量	2012 年第四季度市场份额	2011 年第四季度出货量	2011 年第四季度市场份额	出货量同期增长
三星	63.7	29.00%	36.2	22.50%	76.00%
苹果	47.8	21.80%	37	23.00%	29.20%
华为	10.8	4.90%	5.7	3.50%	89.50%
索尼	9.8	4.50%	6.3	3.90%	55.60%
中兴	9.5	4.30%	6.4	4.00%	48.40%

---

① 工业和信息化部研究院:《移动终端白皮书》,2012 年 4 月。

② 《Q3 三星智能手机销量远超苹果 诺基亚跌出前五》,CNET 科技资讯网,http://tech.netnew.com/2012—10—29/2127952.shtml。

③ 《智能手机市场窘境:两极分化 形成双寡头竞争》,腾讯科技,http://tech.qq.com/a/20121029/000038.htm。

④ 数据来源:IDC 研究公司,2013 年 1 月。

续表

品牌	2012 年第四季度出货量	2012 年第四季度市场份额	2011 年第四季度出货量	2011 年第四季度市场份额	出货量同期增长
其他	77.8	35.50%	69.2	43.10%	12.40%
总计	219.4	100.00%	160.8	100.00%	36.40%

(二)智能手机操作系统领域竞争激烈

在智能手机操作系统市场上，根据全球技术研究和咨询公司 Gartner 发布的最新统计，2012 年第三季度 Android 以 72.4%的市场占有率占比位居榜首；苹果 iOS 以 13.9%的占比位列第二；诺基亚塞班市场份额则下滑至 2.6%，跌至第五名；此外，黑莓的 RIM、三星的 Bada 以及与微软、诺基亚紧密捆绑的微软系统也是市场发展中的重要力量，其份额达到2.4%①。随着微软 2012 年 10 月 29 日正式发布 Windows Phone 8 操作系统，目前智能手机终端操作系统市场中苹果 iOS、谷歌 Android 和微软 Windows Phone"三足鼎立"之势渐成。

表 5—9　2012 年第三季度全球智能手机操作系统终端销量(单位:千部)②

操作系统	3Q12 销售量	3Q12 市场份额(%)	3Q11 销售量	3Q11 市场份额(%)
Android	122480.0	72.4	60490.4	43.4
iOS	23550.3	13.9	17295.3	18.2
Research In Motion	8946.8	5.3	12701.1	22.1
Bada	5054.7	3.0	2478.5	11.7
Symbian	4404.9	2.6	19500.1	1.9
Microsoft	4058.2	2.4	1701.9	1.6
其他	683.7	0.4	1018.1	1.0
总计	169178.6	100.0	115185.4	100.0

(三)我国移动智能终端市场快速升温

2011 年我国市场智能终端出货量达到 1.1774 亿部，超过 2011 年之前我国历年移动智能终端出货量的总和。国内厂家占据本土制造优势，在新一轮的终端备战中迎来发展新机遇。华为、中兴、天语和酷派等在新增市场中的占比稳步提升。此外，国内腾讯、小米、360、百度、网易等互联网公司纷纷进军终端领域跑马圈地。

① Gartner：《2012 年 Q2 全球手机销量下滑 2.3%，智能手机销量增长 42.7%》，C114 中国通信网，http://www.c114.netnews51/a709920.html。

② 数据来源：Gartner 于 2012 年 8 月对外公布的数据。

与此同时，国内厂家在自有操作系统和智能终端领域不断深化探索，但在核心技术自有知识产权的掌握上依然有限。截至 2012 年，我国终端操作系统被海外阵营大比例占据，Android、Symbian、iOS 占据了 2012 年上半年移动智能终端新增市场超过 90%的份额，国内企业虽积极布局，但影响力不足，在新增市场的占比约为 2%[①]。

二、智能手机终端对媒体的影响

智能手机终端通过对用户的强力黏着，通过利益对分成规则的重新定义，通过对内容生产方的巨大挑战，由原本传媒业的末端地位，转型成为引领力量，同时也掌握了更多的发展空间与更大的话语权。

（一）成为新的服务商和集成商

从苹果 App Store 开始，手机制造商都开始逐渐将在线软件商店作为手机服务的一种新产品向最终用户提供，从而产生赢利。Google Android 手机平台发布没多久就推出了 Android Market（后升级为 Google Play），越来越多的智能手机终端方加入到这个在线商店集成服务提供者的大潮。苹果 iPhone 软件商店第一个月的销售收入就已经达到 3000 万美元，这也成为智能手机终端厂商纷纷转型、拓展的最佳理由。

（二）在和媒体、通信运营商的合作中取得优势

以苹果为代表的智能手机厂商，牢牢控制与用户的关系，重新设计服务的接口，使其在和传统媒体、通信运营商的合作过程中渐渐取得优势。

在与这些智能手机终端厂商的合作过程中，媒体开始改变了往常的高傲态度，转而小心翼翼起来，争相向这些终端提供自我应用软件及程序。几乎大部分世界知名报纸和期刊，如《泰晤士报》、《金融时报》、《卫报》、《每日邮报》、《名利场》和《人物》等报纸杂志都已开发了 App 付费应用程序。据统计，仅截至 2010 年，我国就已有《广州日报》、《人民日报》等 40 多家报纸实现了 iPad 的中文报刊应用；基于安卓平台的报刊阅读应用也层出不穷。与纸媒同步，当广电媒体在面临收视率与收听率逐渐下降的困境时，也纷纷推出了自己的 App，CNN 与 BBC 皆于 2010 年推出了自身频道的 App 供观众免费下载；台湾地区的壹电视、三立电视、东森新闻、TVBS、华视和公视新闻等也都先后选择了这条道路。

随着移动终端的不断发展，智能手机对消费者而言已经完全不仅仅局限于“手机”功能，而这对于通讯网络运营商而言，意味着原本的核心业务——语音和短信被应用软件严重冲击。事实上，谷歌和苹果公司正在试图成为用户实质上的语音和短信服务提供商。智能手机终端的厂商及主导力量一直在作最大的努力摆脱渠道商的管控，寻求自身的发展突破口。在硬件厂商、操作系统的逼迫之下，电信业和电信运营商已经沦为了单纯的渠道提供商。收益仅仅是租赁费用，原先的运营商的用户现在已经变成安卓用户、苹果用户和塞班用户，这种价值的转移和利益蚕食显而易见。

---

① 工业和信息化部研究院：《移动终端白皮书》，2012 年 4 月。

三、智能手机创新的商业模式

(一)终端销售获得收益

终端销售收入是最原始、独享的赢利来源。根据年报反映:苹果公司在2011年的总收入达到1082.5亿美元,其中Mac、iPod、iPad、iPhone硬件的销售就占到了总收入的89%。在2012年,iPhone手机的销售额高达1707万美元,比上年同期增长了21%。三星电子在2011年的销售额为1486亿美元,蝉联全球IT销售额榜首。此外,三星在智能手机市场也高居销量榜首,并且在2012年的第一季度,三星首次超过诺基亚,成为全球最大的手机厂商。其手机出货量为9350万部,约占全球市场份额的25%。

(二)与运营商服务费分成获得收益

智能手机厂商不仅要求运营商提供高额的终端补贴,还对用户的套餐收入进行分成。事实上,服务费分成的模式让运营商既爱又恨:一方面,运营商乐于见到用户因大量使用应用程序而飙升的流量;而另一方面,终端公司却要求分得运营商网络服务费的一杯羹①。

在美国,苹果iPhone选定AT&T作为其独家运营商,对此所开出的条件是:每增加一位使用iPhone的新入网用户,AT&T就要付给苹果公司3美元;而每增加一位使用iPhone的转网用户,AT&T则要付给苹果公司11美元。另外AT&T必须与苹果公司分享iPhone用户的增值服务收入,独家代理商必须将其所售iPhone手机的10%的增值服务收入返还给苹果公司。此项协议使苹果公司从AT&T处获利颇丰。

(三)通过付费的内容集成平台获益

智能手机的出现已经改变了人们使用互联网的方式和状态,付费消费网络内容正在稳步成为西方主流媒体的一种新兴商业模式。虽然在中国,“付费”常常让运营者栽跟头,但是这是大的发展趋势所在。事实上,现在谷歌和苹果的在线商店正是利用这种方式获得了可观的收入。行业收入分成的通常比例为3∶7,终端厂商作为内容、软件的集成平台可以从用户付费的赢利中抽取30%的利润。这种分成模式对内容开发者形成了巨大的激励。现在,苹果App Store的App数量达到了77.5万个,下载量已经超过400亿次;谷歌Google Play的App数量也超过了50万个,平均每月的下载量为10亿次,每天有85万台安卓装置开通。

(四)通过创新的广告模式获益

智能手机终端凭借应用程序吸引了大量的用户,在提高产品知名度和销售量的同时,也吸引了广告营销人员加入到App营销中。广告模式的加入,也让智能手机的赢利模式更为灵活,原来只能通过用户下载,赚取售卖费用的单一模式,也演变为“免费下载+广告分成”的新模式。广告收益分成的诱惑力让越来越多的CP和开发者愿意投向终端的开放平台,并且免费提供给消费者。因为免费,下载量和点击量大增,获利空间也随

---

① 龙思薇:《乱局者:终端的成功与商业模式创新》,《市场观察·媒介》,2012年第6期。

之增大。

此外，谷歌和苹果公司可以利用从智能手机终端获取的有关消费者所处地点和习惯的数据，更好地向消费者发布有针对性的广告。而对于传统定义上的媒体来说，这个冲击可能是非常巨大的。首先，这些传媒集团将会和数以万计的应用程序“开发商”进行竞争。其次，谷歌和苹果公司开始将传媒集团在产业链中的地位排挤到最下层。

iPhone 顶级应用软件每天的广告收入为 400 美元至 5000 美元，平均有效千人成本不到 2 美元。例如，芬兰手机游戏开发商 Rovio 开发的《愤怒的小鸟》在全球累计下载量已经超过 5 亿次，该公司每月移动广告业务价值高达 100 亿美元。国内最大的苹果 App 开发社区——触控科技开发的《捕鱼达人》应用上线 3 个月，就获得了 52.5 万美元的纯收入。

四、智能手机终端重点厂商

(一)海外智能手机厂商

1. 苹果

苹果公司从 2007 年 6 月 29 日正式上市智能手机 iPhone 到 2012 年 9 月推出的 iPhone 5，iPhone 可以说引领了智能手机时代的浪潮。

苹果在智能手机产业链中扮演着多重角色，不仅是终端制造商，同时又是操作系统和服务供应商。苹果依靠自身封闭的 iOS 操作系统，在智能手机操作系统市场中占有很大的市场份额。另外，根据研究机构 Flurry 的数据显示，苹果 App Store 应用商店 2008 年上线时仅有 500 个应用程序，截至 2012 年年底，App Store 有 77.5 万个应用程序，目前累计下载量已超过 400 亿次。根据苹果公司财报，2012 年苹果智能手机出货量为1.36 亿部，同比 2010 年的增长率超过 100%。

苹果的成功与背后那套完整的、自有的生态系统密不可分——通过制造出完美的硬件，很好地利用软件与之整合，并提供网络服务(iTunes Store、Newsstand 和 iCloud 等)，然后通过 Apple Store 来控制销售，这种高度整合软硬件的模式引领了整个智能终端产业。

2. 三星

三星是韩国电子巨头的家族式企业和全球第二大手机生产商，同时，还是全球最大的内存芯片、液晶显示器和平板电视机生产商。在智能手机领域，三星凭借手机市场的品牌影响力、先进的技术、开放的操作系统以及全产业链的参与、多方面的因素和优势促使三星成为全球最大的智能手机生产商。三星在智能手机市场的成功不同于诺基亚，也不同于苹果，具有鲜明的“三星特色”。

在操作系统方面，三星秉承完全开发的战略。三星智能手机几乎支持除 iOS 外的所有操作系统，从支持早期的 Symbian 阵营，到支持目前的 Android 阵营，以及支持微软的 Windows Phone，加上自主研发的 Bada 操作系统，几乎所有的操作系统都会看到三星智能手机的产品。也正是由于三星智能手机支持众多的操作系统，在市场中受到用户更多的青睐，同时在出货量方面成为全球最大的智能手机生产商。

在产品方面，几乎每个操作系统都有一款三星的明星产品，特别是 Galaxy 系列，更是创下了辉煌成绩，成为与苹果 iPhone 相抗衡的明星产品。在硬件方面，三星除了是智能手机生产商，还处于产业链的最上游，是智能手机的配件供应商。三星为众多手机厂商提供芯片、触摸屏等配件。由于三星在硬件方面的相对优势，使得三星智能手机的价格也成为其获得成功的重要因素之一。

(二)国内智能手机厂商

随着智能手机不断普及和巨大的市场需求，国内本土手机生产商、家电生产商等纷纷布局智能手机市场。智能手机终端作为移动互联网入口的重要终端，其重要性已经越来越凸显。原本竞争激烈的智能手机市场出现了互联网公司的身影，不管是处于霸主地位的百度、阿里巴巴，还是新兴的小米，都纷纷涉足智能手机市场，开始了争夺用户、抢占市场的战争。

1. 中兴

中兴通讯是全球领先的综合通信解决方案提供商，也是全球第五大手机生产厂商。2010 年，中兴智能手机出货量达到 300 万部；2011 年中兴以 400%的增长速度，达到 1500 万部；2012 年，中兴智能手机出货量达到 3500 万部。

中兴智能手机依靠与运营商合作推出的千元定制机，在国内迅速打开了市场，成为千元定制机市场的老大。中兴智能手机销售渠道主要依托运营商定制市场，运营商定制占整个智能手机出货量的 90%以上。

在 2012 年 CES 展会上，中兴展出了 LTE 智能手机 Arthur，代表了未来发展的方向。进一步加强与运营商合作的力度，大力推行 LTE 终端，是中兴未来发展的目标。

2. 华为

华为是全球最大的电信网络解决方案提供商，是全球第二大电信基站设备供应商。但是华为在终端消费品方面还没有被广大用户所熟知，因为华为手机中 60%以上是通过运营商渠道进行定制或捆绑销售的。但是随着智能手机的广泛使用，华为智能手机凭借其高品质、低价格逐渐成为中国智能手机市场的热销产品。

据华为发布的官方数据显示，2012 年华为终端销售额为 75 亿美元，同比增长 10%。全年整体发货量为 1.27 亿部，其中智能手机发货量为 3200 万部，同比增长 60%；而 2010 年这一数字仅为 330 万部。据 IDC 数据显示，华为智能手机的份额在 2012 年第四季度已位列全球第三名[①]。在 2012 年的 CES 展会上，华为展出首款高端四核处理器智能手机 Ascend P1 S。未来华为将逐渐向高端市场发力，走智能手机的精品路线。

3. 小米

小米公司成立于 2010 年 4 月，是一家专注于高端智能手机自主研发的移动互联网公司。截至 2011 年 12 月，小米公司已经获得两次融资，分别为 4100 万美元和 2.5 亿美元，投资者对小米公司估值已经高达 10 亿美元。目前小米公司的业务线包括电商、硬件、MIUI 和米聊四大部分，其中，小米手机、米聊和 MIUI 是小米公司三大核心产品。

小米作为一家互联网公司做智能手机，同传统的手机厂商和互联网公司都有很大的

---

① 资料来源：《华为终端推出全球最快 4G 手机，发布全新品牌理念》，http://www.c114.netnews126/a751892.html。

不同。小米是将传统的手机厂商和互联网公司结合起来,在做智能手机硬件的同时,注重软件和服务的推进。硬件、软件和服务是小米的“铁三角”,是支持小米发展的关键因素。

小米的创立不到几年,但已成为中国智能手机市场一颗冉冉升起的新星。据小米官方透露的数据显示,小米手机 2012 财年总出货量达 719 万部,营收达 126 亿元[①]。对于一家 2011 年 8 月才推出第一款智能手机的公司来说,这已经是一个很不错的成绩了。

本章重要概念和思考题

1. 终端。
2. 智能终端。
3. 不同领域对终端的理解。
4. 终端与媒体运营。
5. 四大类型的智能终端。
6. 智能终端对新媒体的内容运营的影响分析。
7. 智能终端对新媒体的业务运营的影响分析。
8. 智能终端对新媒体广告营销的影响分析。
9. App 与媒体运营。
10. OTT TV。

---

① 资料来源:《小米黎万强称 2012 年出货量达 719 万台》,http://tech. 163. com/13ĉ10/8KP7EFIC000915BF. html。

第六章　新媒体广告经营

■ **本章要点：**

新媒体广告有着展现性丰富、互动性强等特征。双向传播、一对一传播、画中画的多视角信息展现、延时传播、推送传播和多媒体信息形态同时展现等这些丰富的传播手段和技巧，为新媒体的广告注入了多样的元素。随着新媒体形态的不断丰富和发展，其广告传播的价值逐渐被认同。

新媒体有着丰富多样的广告形态，还有着创新性的广告服务。在新媒体广告市场的发展中，构建在大数据挖掘基础上的精准广告成为发展趋势，为应对复杂多样的新媒体广告形态而推出的能够即时、准确完成交易的线上广告管理平台也在不断成熟和发展。

第一节　新媒体广告

一、新媒体广告的特点

(一)创新速度快，形式多样

在广播电视、报纸杂志等传统媒体上，广告形态非常稳定，很少变化。而受技术创新的推动，新媒体的形态、业务产品和服务模式也在不断创新，由此也带来了广告形式的不断创新。互联网的广告形式就从旗帜广告发展到了搜索广告，再扩展到各种社交媒体的广告；手机广告从短信、文字链接到图片，发展到了广告 App；数字电视中也出现了页面图片、VOD 视频插播等广告；户外广告也因为数字化产生了数码刷屏、触摸屏、在线投票等广告形式。

可以预见，随着新媒体自身的快速发展，新媒体广告的创新也将不断继续。

(二)重视互动参与

与传统媒体“你播我看”的单向传播模式不同，新媒体是多对多的传播，每个人都既是信息的传播者，又是信息的使用者或消费者。消费者与媒体、消费者与广告主之间的互动成为新媒体的常态，由此也给新媒体广告带来了互动的可能。各种新媒体都非常重视广告传播过程中消费者的互动参与。

甚至有些广告形式，就是在消费者的主动参与下才能够完成的。如病毒视频的传播、微博上的转发评论、用户原创的广告等等。

消费者的互动参与，拉近了其与广告主品牌之间的距离，消减了其与广告主之间的信息屏障，有利于提升广告信息的传播广度与深度。

(三)大数据成为新媒体广告营销的重要基础

新媒体在技术的帮助下，通过实时追踪记录Cookie、IP地址等方式，实现了便捷的数据采集、数据分析与数据挖掘。从每时每刻都在产生的海量数据中，可以对受众的媒体接触行为、消费习惯等进行实时监测，从而更加精准地找到目标消费者，由此也使得大数据成为广告营销的重要基础。关于大数据在新媒体广告营销中的发展和应用，本章第三节中有详细介绍。

(四)用广告管理系统进行广告经营管理

新媒体上的广告资源与传统媒体有了很大不同，广告的经营管理需要借助计算机系统来完成。变化主要表现在以下几个方面：

第一，广告资源量急剧增加。2012年我国网站数据达到250万个，一家大型门户网站的页面数量高达上千个，仅页面展示广告一项，每个页面上就可能有几十条，且每一条的规格、价格等都不尽相同，更不用说大量的其他类型的广告。

第二，广告资源的销售也变为即时性的，广告投放的时间可以缩短到以"小时"计，甚至出现了实时竞价(RTB)这种投放方式，广告的销售更加灵活。

第三，广告投放的方式与数据的关联更加密切，要想实现精准的投放、自助式的投放，就离不开计算机软件系统的帮助。

第四，广告投放效果分析也变为即时性的，广告主需要根据即时的效果分析来调整其广告计划。

以上种种变化，都要求有非常大规模的、快速的计算量与科学有效的管理方式，如此一来，广告管理系统就显得至关重要了。相关统计数据也显示，在国际互联网广告领域，利用广告管理系统进行的投放已经占到展示类广告总投放额的70%以上，而在我国，这一行业才刚刚起步，广告管理系统的应用还有很大的提升空间。

资料链接

广告营销从AIDMA到AISAS

在营销业界，AIDMA由美国广告学家E.S.刘易斯在1898年提出。该理论认为，消费者从接触信息到最后达成购买，会经历"引起注意"、"引起兴趣"、"唤起欲望"、"留下记忆"直到"产生购买行为"这五个阶段。该理论可以很好地解释在实体经济里的购买行为，但在网络时代，随着媒体形式的变化、消费者需求与行为的改变，在企业的品牌传播中，这一理论渐渐失去效用。2005年，日本电通集团在AIDMA的理论基础之上提出了更加适应网络时代消费者行为历程的AISAS理论。AISAS的前两个阶段和AIDMA模型相同，但在第三个阶段中S为Search，即主动进行信息的搜索；第四个阶段为A，即达成购买行为；最后一个阶段S为Share，即分享，将购买心得和其他人进行分享。

AIDMA时代，广告的力量巨大，媒体扮演广泛、快速告知的角色，传达广告主的主张、引发注意和兴趣、刺激欲望、促成消费行为。AISAS时代，广告主则不仅要用硬广形式广泛快速告知信息，还要用多种传播方式促成受众对信息的检索、评估和分享。

二、新媒体广告分类

广告业界和学界对于新媒体广告作用、广告形式的命名和分类以及广告效果的评估等还没有形成统一的认识。形成这种局面的原因一方面是新媒体广告属于全新的广告领域,对于其认知尚处在认知和摸索阶段;另一方面在新媒体广告交易中,为了广告销售的便利和广告产品制定的灵活性,交易双方简单地将自身现有或规划中的广告业务作为广告形式分类,因而形成了各种不同的广告形式,但实质上很多叫法不同的广告形式在本质上是一样的,并且很多广告形式分类有重叠的部分。

新媒体广告的分类是以其最终呈现出的广告表现形态为依据的。而由于新媒体本身形态的多样性和丰富性,其附着其上的广告在播放时间、投放位置、展现方式等方面也呈现出多样的形态。笔者还试图将新媒体自身的一些特性统合起来,并以“技术实现方式”、“推送手段”和“传播范围”为依据来进行种类划分。

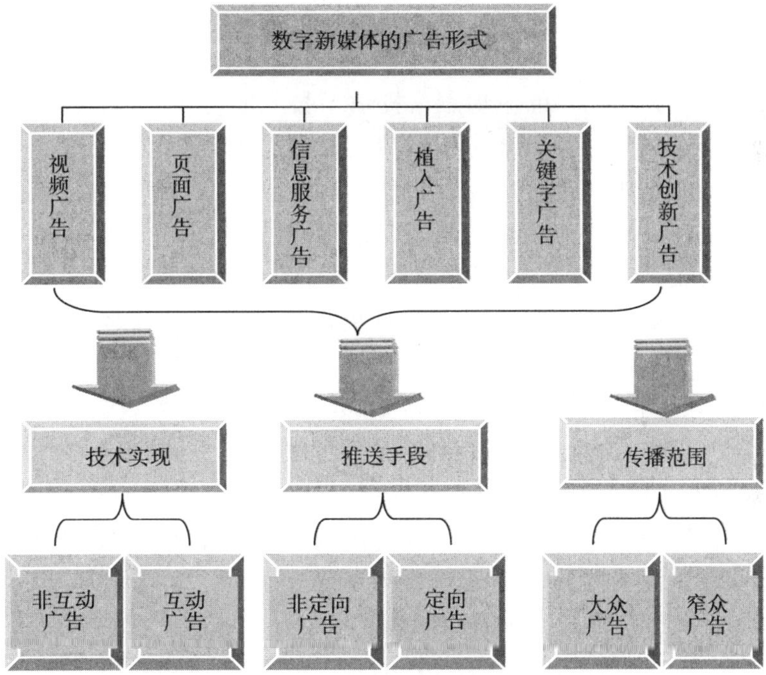

图 6—1　新媒体广告的分类依据和广告形态

(一)依据技术实现方式分类

新媒体的传输网络有单向网络和双向网络之分,这两个不同的网络,决定了信息传输在表现上呈现出能否互动的形态。基于网络和传输手段的不同,可以从技术实现方式上把新媒体的广告分为非互动广告和互动广告。

1. 非互动广告

非互动广告与传统媒体上的广告比较相似,该广告仅以展示品牌、产品或传达某种生活和消费观念为目的。

但是,与传统的广播电视等媒体占用用户收视时间、具有强制收看的特点不同,新媒体上的多数非互动广告只是占用媒介终端屏幕或页面的部分空间，并不影响正常的信息接收，不会强制用户接收或浏览。因此，对广告投放来说，也就不能达到强制收视的效果。

非互动的广告在新媒体上也很重要，其所达到的效果可以用曝光率等指标来进行衡量，也能达到所需要的广告效果。

在新媒体中，非互动广告主要是基于单向网络上的广告形式。因为单向网络只支持信息由新媒体运营机构下行到用户的终端，而不能支持用户的信息回传，故用户只能被动接受信息，而不能发送信息，所以没有形成互动。在互联网、数字电视等新媒体中，非互动广告只是占用网页上的部分空间，不会强制用户浏览，遥控器或鼠标点击不会形成任何响应。

2. *互动广告*

互动广告即用户可以通过点击、转发、评论、参与活动、完成交易等主动行为进行交互的广告传播形态，强调用户对广告的参与程度和控制程度。

互动广告之所以能够作为区别于非互动传统广告形式最主要的因素是它很好地利用了新媒体的互动性特征，采用视觉形象、有声语言、互动的形式实现广告信息的传递。互动广告发生的前提是为用户的主动点击提供了技术的可能性，通过用户的自主点击，广告内容会通过下载、超链接、弹出或 App 应用等形式呈现在用户面前。

互动广告十分强调用户对广告的参与程度和控制程度。同时，由于互动广告的传播模式改变了传统的“推”模式，变成用户的主动寻求信息的“拉”模式，其广告的传播能更加精确地到达目标消费者，传播效果较好，而且便于准确地测量。另外，互动广告因其可选择性的交互特点，使得这种广告形式拥有更加丰富的传达手段和更加广泛的应用范围。

互动广告中，用户产生的互动行为深浅不同，可以分为多种层次：

第一，点击。通过点击行为，收看更多的广告信息。这是最简单的一种互动形式，存在点击率偏低、误点击等现象。

第二，对信息进行扩散，如转发、评论、回帖、顶、赞、踩、挖等。这种方式体现了用户对广告信息的主动关注与传播，在社交类媒体中普遍存在。

第三，参与广告活动，如下载使用促销优惠券、为广告活动投票、UGA（用户自制广告）等。此时，用户不仅仅是对信息的扩散，而且还会产生实际的行为。

第四，直接购买。通过广告引导到产品的电子商务网站，并实现了在线购买或线下购买，直接拉动销售。

图 6—2 新浪首页英孚教育的“点击型”互动广告，用户点击后可以了解到更多培训优惠信息

图 6—3　新浪首页上引导用户进入淘宝页面的互动广告

(二)依据推送手段分类

新媒体作为广告发布的平台，具有自己独特的传播特性，不仅和传统媒体一样能够随着内容或业务的直播把广告信息广而告之所有的用户，也能够利用自身的技术支持把信息按照一定的层次和需求推送给特定用户。

1. 非定向广告

非定向广告，是指没有指定人群类型的广告，即所有人群看到的广告内容相同，无法准确判断受众信息。非定向广告是一种大众传播的广告信息活动，到达的人群特征和大众传播的受众特征一样，具有人口多、成分杂、分布散、隐匿性的特点。

2. 定向广告

定向广告则是建立在新媒体一对一、多对多传播特征基础上的广告形式。广告信息的发布者能够通过新的媒体传播手段把信息发送给特定的群体。可实现的定向功能有以下几种：通过地理区域定向、通过接触频次定向、通过广告顺序定向、通过竞争分割定向等。定向广告以精准的方式，为广告主降低了广告成本，降低了干扰，增强了广告效果，发掘了数字新媒体的特征。

内容定向
根据受众浏览内容定向
例如：汽车子网络、金融子网络

行为定向
基于时间、频次、互动类别等维度建模，给每个人打上标签

手机型号定向
精准定向不同的手机品牌、操作系统和手机型号，全面覆盖不同层次手机用户
例如：智能机、品牌机、价值5000元以上的手机

回头客定向
抓取点击过、浏览过品牌网站的人群进行定向投放

地域定向
精准定向城市以及特定的上网地点
例如：校园、网吧、家庭、办公楼

时段定向
根据受众上网时间定向
例如：周一至周五，早8点至晚6点

关键字定向
用户曾经搜索过的关键字及浏览页面的关键字组合
例如：基金、睫毛膏等

Look-alike定向
分析一群人在网络轨迹上的共通点，找到相似的受众定向投放广告

人群构成定向
收集海量的人群样本，根据用户的注册信息定向
例如：定向男性、18~35岁

系统定向
根据受众使用的操作系统或浏览器定向
例如：Windows 7、IE 8.0等

图 6—4　易传媒对受众进行精准定向的指标体系

一些新媒体机构或者互动广告服务商利用网络追踪技术整理用户信息，并对用户按年龄、性别、职业、爱好、收入和地域等不同标准进行分类，记录储存用户对应的地址、电话等联系信息，而后利用定向的信息推送技术，根据广告主的要求、商品及服务性质，向不同类别的用户发送。

需要注意的是，在对消费者进行精准定向的同时，也需要同时关注“规模”，如果一次广告活动所能覆盖的人数非常少，即使精准程度提高，也很难达到提升品牌影响力的效果。

（三）依据传播范围分类

新媒体作为广告发布的平台，具有自己独特的传播特性，不仅和传统媒体一样能够广而告之所有的大众用户，也能够利用自身的技术，更精确地传播给特定的细分的用户。

1. 大众广告

新媒体也是传媒的一种，因而它跟大众传媒一样，可以以一对多的传播方式将广告传送给媒体所接触到的所有用户，起到广而告之的目的。但是这种大众形态的广告目标消费者的针对性较弱。

2. 窄众广告

窄众广告的主要表现形式是基于支持即时消息自动接受、播发并显示的消息系统而出现的一种广告形式。窄众广告的实现是基于庞大的人群数据库资料，并且利用各种数字传送手段对用户的媒体接触行为进行实时监测，进而获得用户的接触习惯和相对应的消费行为模式。在此基础上，能够将用户按照不同的指标进行人群划分，在推送广告时，根据目标消费群的不同推送不同的广告内容，真正做到将广告信息准确地传达给目标用户。

第二节　新媒体广告形态

当前，各种类型的媒体非常多样，更新的媒体层出不穷，在此基础上每种媒体也在提供各式各样的广告产品。这些形态各异的广告产品虽然在不同的媒体、不同的环境下叫法不一，但是从其内在属性来看，很多不同名称、不同媒体上的广告产品，还是有共通之处的。根据其内在特点，笔者把各种媒体上千差万别的广告大致归结为以下几种类型：页面展示广告、关键字广告、视频广告、信息服务广告、植入式广告、直投广告和技术性广告等。

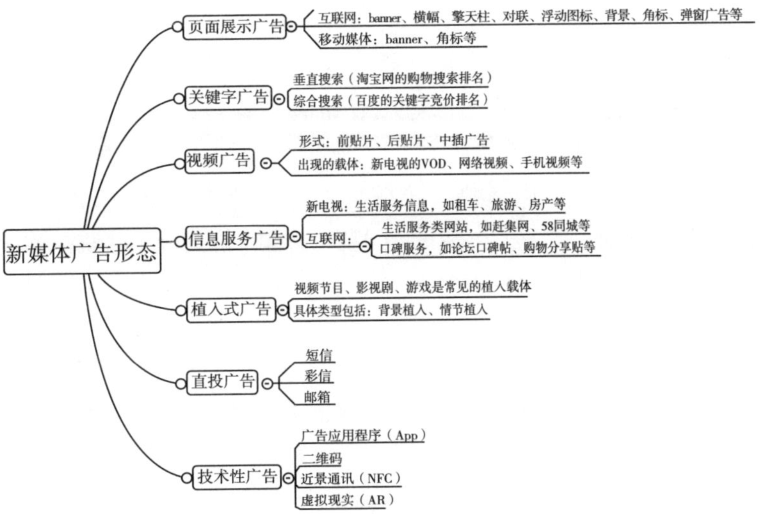

图 6—5　新媒体广告形态分析

一、页面展示广告

页面展示广告指的是附着在新媒体页面上、以展示为主要目的的广告形态。页面展示广告是最常见的一种新媒体广告形态。从组成元素来看，有静态图片、文字、动态图片和视频等多种方式。常见的形式有旗帜广告、弹窗广告、按钮广告、通栏广告、对联广告、擎天柱广告、浮动图标广告、背投、文字链和富媒体广告等。

资料链接

互联网新媒体页面展示广告的 12 种形式

1. 旗帜广告

旗帜广告也叫网幅广告，是最常见的网络广告形式，也是最为传统的互联网广告表现形式。旗帜广告的表现形式如旗帜广告名字本身，是网页页面上的矩形公告牌，有静态和动态两种形式。旗帜广告的广告尺寸和大小也有相应的要求。

在互联网广告发展初期，旗帜广告是最为吸引用户积极点击的广告形式，但随着更多更新颖的互联网广告形式的出现、页面上的旗帜广告数目的增多，用户对旗帜广告的关注度和点击率逐渐降低。除非有特殊情况，用户都尽量不去点击旗帜广告。因此，在整合传播营销的今天，旗帜广告多被用于品牌的标志识别，以此来提高品牌知名度和强化品牌印象。另外，受广告位置、点击次数、广告互动性和广告协调性的影响，不同的旗帜广告的广告效果也有所不同。

2. 按钮广告

按钮广告是从旗帜广告演变过来的一种形式。按钮广告是表现为图标的广告，是一种与旗帜广告类似，但是尺寸偏小、表现手法较简单的广告形式。按钮广告能提供简单明确的资讯，多用于提示性广告，而且其面积大小与版面位置的安排都较具有弹性。按钮广告发布在网络中，位置一般设在网络门户界面，可以放在相关的产品内容旁边，是广告主建立知名度的一种相当经济的选择。

3. 对联广告

对联广告位于页面的两侧空白的条状空间中，其特色是左右两边内容协调一致或相互呼应，像对联一样，并且能够跟随光标的位置而上下移动。对联广告形式新颖独特，容易吸引浏览者的注意，上下移动的特性使广告页面得以充分的伸展，同时不干涉使用者的浏览。现在有的对联广告更是突破了传统对联广告无声的特点，加入了音乐，使对联内容和音乐结合起来，由此使广告内容更加丰富。通常情况下，对联广告都配有关闭按钮，系统默认为对联跟随光标移动，但只要用户点击关闭按钮，对联便会隐藏。

4. 擎天柱广告

在户外广泛运用的擎天柱广告形式，在互联网广告中也有应用。互联网的擎天柱广告是页面展示广告的一种，其尺寸较大，广告图形的上下两端分别接触到页面的顶端和底部，呈擎天柱状。擎天柱广告的特点是视觉冲击力强，容易吸引用户的注意，创意空间大。但由于擎天柱广告所占页面空间大，因而单价较旗帜广告和按钮广告而言要高很多。

5. 文字链接广告

超链接技术使得互联网信息海量性特征得以充分显现。文字链接广告是超链接技术最直接的应用形式，也是最简单直接的互联网广告，只需要将超链接加入相关文字便可。被链接的文字内容长度通常较短，既节省了空间又节省了广告成本。但是由于文字链接广告表现单一、内容单调、拥挤杂乱、干扰度较强等因素，文字链接广告的效果也不尽如人意。

6. 浮动图标广告

浮动图标广告是一个在页面沿一定轨迹浮动的广告形式。当用户拖动浏览器的滚动条时，浮动图标广告也能做直线上下浮动，跟随屏幕一起移动。尽管浮动图标广告这一形式对广告的展示具有相当的实用价值，但是对于网络使用者而言，这个形式既非常妨碍阅读，又影响阅读兴趣，因而容易对其产生厌恶情绪。所以浮动图标广告不能滥用，需要严格控制出现的时间。

7. 页面弹出类广告

页面弹出类广告是在互联网使用者登录网页时，强制弹出的广告窗口。虽然页面弹出类广告可以获得较高的关注度，但是由于其广告信息在传递之前没有预兆，因此容易让使用者感觉到唐突和意外，影响使用者对广告的态度和浏览的心情。另外，这种广告容易被互联网终端的浏览器主动拦截和排斥，导致其不能在页面上显示，因此，它的广告到达率偏低。在互联网广告信息传递越来越照顾用户使用感受的今天，页面弹出类广告的前景是不太乐观的。

8. 背投广告

背投广告是当用户打开某网页时，会随着用户浏览的页面自动弹出的页面广告形式，但是与自动弹出类广告不同的是，背投广告永远不会覆盖用户浏览的页面内容之上，而是位于该网页的后面；当用户把所有的网页都关闭时，背投广告仍然会在桌面上存放着，不会随着原来页面一起关闭。同样，背投广告的广告效果持续，但是由于其不能给受众的浏览带来愉悦感，因此背投广告的广告效果也会减弱。另外，背投广告也会被浏览器自动默认为非用户行为的弹出窗口，因此会被其自动拦截。

9. 通栏广告

通栏广告是横贯页面的横幅广告。通栏广告通常位于页面顶端，形式尺寸较大，视觉冲击力强，在所有的横幅广告当中，通栏广告最容易被用户注意，最能给用户留下深刻印象。

10. 全屏广告

全屏广告利用全屏浏览技术代码来制定广告发布模式，能使广告充分利用整个页面空间，最大限度地表现广告的创意和主题。虽然全屏广告具有视觉冲击力强、品牌效应突出、信息量丰富、便于目标用户理解广告内涵的优势，但强制下拉的页面，不太有利于用户的使用感受，具有一定强制性。

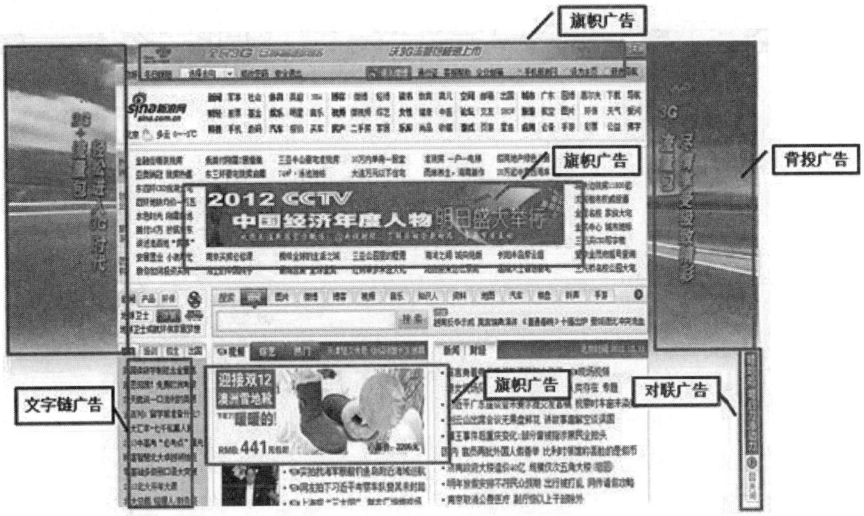

图 6—6　新浪首页部分展示类广告

二、关键字广告

关键字广告出现在互联网、移动媒体和数字广播电视等新媒体的搜索引擎营销中，它指的是搜索引擎服务提供商在所提供的搜索服务中，把关键字作为广告服务的一种广告形态。

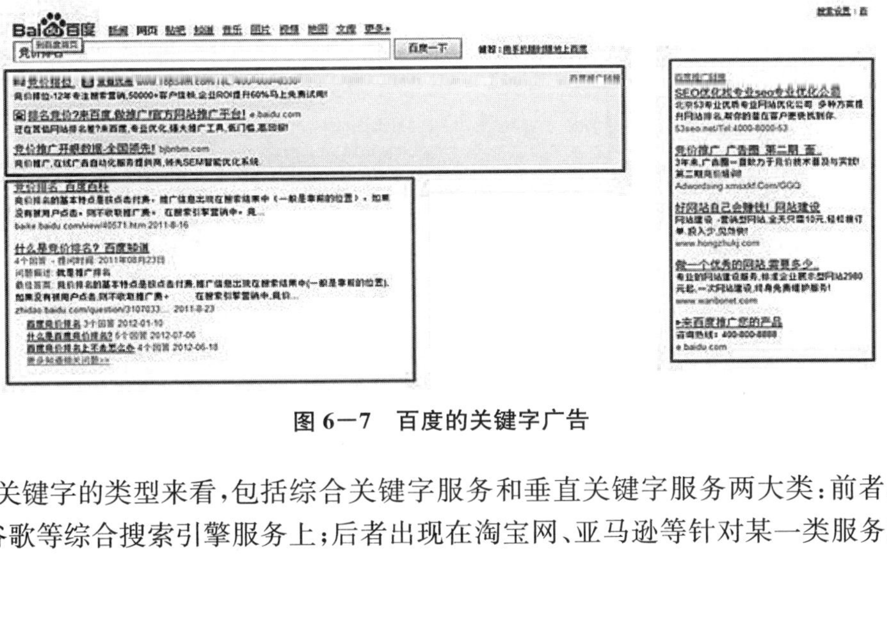

图 6—7　百度的关键字广告

从关键字的类型来看，包括综合关键字服务和垂直关键字服务两大类：前者出现在百度、谷歌等综合搜索引擎服务上；后者出现在淘宝网、亚马逊等针对某一类服务的专门搜索服务上。关键字广告的常见形态是竞价排名，出价高者会出现在搜索排名的前列，一般采取按点击收费的方式，关键字每被点击一次就收取一次费用。

三、视频广告

新媒体视频广告集合了电视广告和新媒体广告的双重优势，既有充足的表现力，又可以精准投放，效果可测量。新媒体的视频业务有很多形态，常见的形态为数字电视、IPTV 等视频业务，互联网的网络视频点播业务、互联网电视中的视频业务，智能手机和平板电脑中的 App 视频应用程序等。随着新媒体视频业务的兴起，新媒体中的视频广告也呈现快速发展的态势。

新媒体的视频广告主要有两种形式：

第一，单向硬板广告。主要形式为贴片广告、冠名广告、角标广告和背景板广告等，与传统电视广告形态基本相似。

第二，互动性视频营销。它依托新媒体的传播特性而产生，具有互动、精准的特点，强调深度的情感植入。具体形式包括：拍摄具有病毒传播性质的原创视频短片，引发用户自主传播；为企业建立品牌专区，集中展示与品牌相关的视频；面向全民进行符合企业要求的主题视频征集；为企业量身定制大型的互动视频活动。

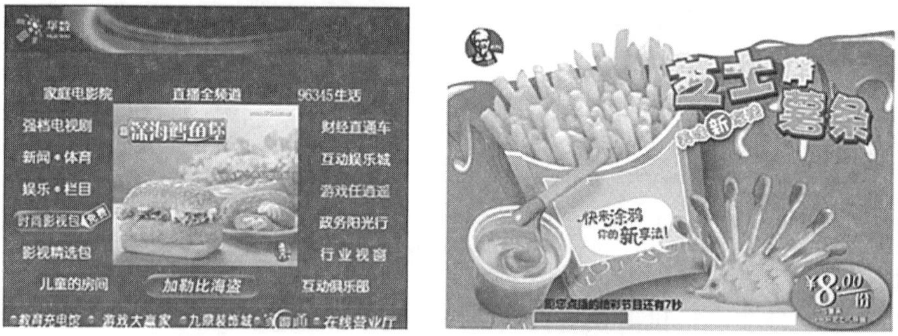

强制主页广告　　VOD贴片广告

图 6—8　数字电视视频业务中的展示型和贴片型广告

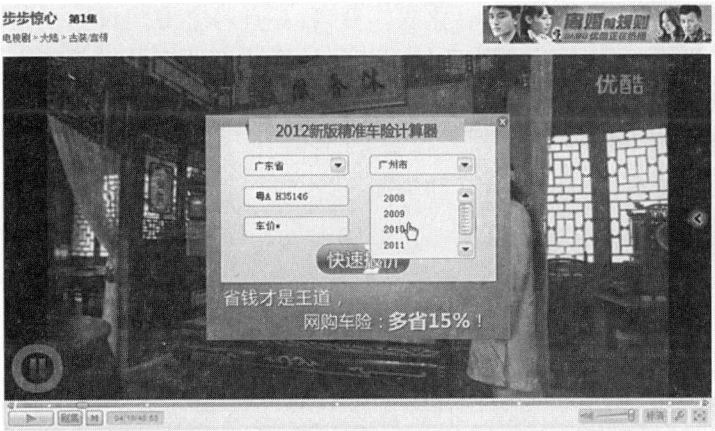

图 6—9　网络视频业务中的前贴片广告和暂停广告

四、信息服务广告

信息服务类广告指的是为用户提供实用性信息服务的广告形态。信息服务类广告既可以向用户收取信息使用费，也可以向投放信息的企业收取信息发布费。

信息服务广告包括两大类：

第一种是由新媒体机构直接提供的生活服务信息，如数字电视中的百姓生活服务信息页面；互联网中的生活服务类网站，如赶集网、58 同城等；手机运营商所提供的 12580、114、110 等信息查询服务等。

第二种是借助各种类型的社交媒体进行社会化营销，是指借助论坛、博客，微博和微信等 SNS 平台，通过用户直接的相互沟通所产生的信息服务，如推荐、分享、点评、口碑帖等。这些点评会对后来者的购买行为产生重要影响。当利用社交媒体进行营销时，如何提高新颖有趣的参与方式、调动用户的积极主动性、寻找与产品的契合点和带动线下销售，都是需要重点考虑的问题。

图 6—10　信息服务类广告

戴尔在2006年就开始进行社会化媒体营销，并且为之专门设立了“社会化媒体指挥中心”这个独立机构，利用社交网络监控工具和社会化商业记分卡等工具，对社交媒体上关于戴尔的信息进行过滤和分析①，然后应用在互动营销中。该机构通过11种语言收集全球用户在互联网上对于戴尔产品及其服务的各种信息表达，对这些信息进行监测和分析，以实现与消费者有针对性的对话和沟通。

资料链接

SNS营销案例分析

1. 优衣库，网上排队②

2010年12月，优衣库为了推广自身品牌，把它在实体店上火爆的排队行为搬到了人人网上。注册人人网帐户之后，用户就可以选一个喜欢的角色排队，还可以一边排一边跟“前后”的人聊天。排队过程中商家不时送出各种奖品，吸引用户参与。这种方式比直接现场排队的参与人数更多，互动性也更强。最终该活动吸引了133万人，大大超出了预期。

图6—11 优衣库人人网排队活动页面

图6—12 康师傅“冰茶魅力泼拉拉”人人页面小游戏

2. 康师傅，“冰茶魅力泼拉拉”

康师傅在2010年夏天为了推广新的冰茶产品，选择了在人人网上投放页面小游戏。网友可以选择多种有趣的方式，把冰茶“泼”向好友，好友之间再相互泼，在人际扩散的过程中，康师傅冰茶的形象也随之扩散。

3. 卡夫趣多多，抓捕曲奇人③

卡夫趣多多在2009年把品牌重新定位为“FUN”、有趣，也为此推出了新的卡通形象。在2010年，卡夫趣多多就与腾讯合作，投放了一个“抓捕曲奇人”的小游戏，通过积累曲奇豆来完成抓捕曲奇人。在游戏过程中，腾讯整合了聊天工具、空间、QQ秀、迷你新闻页面等多种工具，推动好友之间相互争抢曲奇豆，共同

图6—13 卡夫趣多多在腾讯上建立的“抓捕曲奇人”游戏页面

① 陈刚、沈虹、马澈、孙美玲著：《创意传播管理：数字时代的营销革命》，机械工业出版社，2012年版。

② 王薇、龙思薇：《互动营销案例100》，中国市场出版社，2012年版。

③ 同上。

完成游戏，并广泛传播。在这个过程中，用户还可以通过购买实物产品，获得产品包装上的 PIN 码，以便在游戏中获得特权。这种模式直接带动了企业的销售，事后的数据统计显示，仅此一项就拉动了直接销售 1300万元。

4. 雷朋眼镜，“2010 最 IN 中国印”征集

雷朋眼镜“2010 最 IN 中国印”的活动是利用豆瓣平台来进行的。活动方式是为雷朋眼镜的空白框架征集设计图案。这个活动的亮点在于雷朋眼镜这一小众产品与豆瓣的受众之间在内在气质上的契合度。虽然参与人数不像门户网站那么大的量，但与产品之间的关联度高，效果显著。

五、植入式广告

植入式广告指的是把产品及服务的具有代表性的品牌符号或其他诉求信息融入数字广播电视、互联网和移动新媒体的影视、游戏等内容中的一种广告方式，可以达到软性宣传、润物细无声的效果。

根据植入信息的不同，可以分为情景植入和情节植入两大类。情景植入是浅层次的植入，它将产品放置于画面中较显著的位置，产品包装和品牌商标可识别，但产品或品牌标识孤立呈现，曝光时间短暂。情节植入则是深层次的植入，产品与剧情及剧中主要角色特征巧妙结合，为产品或品牌设计的剧情桥段成为故事发展的重要环节；或者此产品是内容发展中的重要道具或线索，让用户更深刻地感知产品的使用特点以及品牌的精神内涵。

随着网络视频、手机视频等形式的兴起，微电影也成为一种广告载体。广告主从源头开始，贯穿选题、剧本、制作、播出等环节，全程参与微电影的制作，为广告主量身打造微电影，达到软性、深度宣传品牌理念的目的。

此外，游戏植入一直也是新媒体广告的重要形式。游戏植入广告是以手机游戏、互联网游戏和数字电视中的一些互动游戏为主要形式的。

从植入内容来看，游戏植入包括：场景植入，如在《跑跑卡丁车》游戏中的起点处、赛道两旁等地植入的企业广告；道具、关卡植入，如在《街头篮球》游戏中，耐克的鞋子、衣服作为道具的植入；情景植入，如在《中粮生产队》游戏中，中粮产品成为贯穿游戏的灵魂。从植入方式来看，包括客户端植入、游戏内植入和网页植入等。

案例：安利纽崔莱的游戏植入广告

为了让消费者了解更多有关纽崔莱 77 年来对于植物研究的历史，并降低对“尖端科学”的理解门槛，安利推出了名为《科学探险家》的网页互动游戏，剧情围绕其营养与健康研究中心总裁失踪事件展开。玩家在游戏过程中，可以通过完成任务来了解整个品牌的历史。

图 6—14　安利纽崔莱的《科学探险家》游戏页面

案例：三星《四夜奇谭》微电影营销

为了提升三星在年轻人心目中的好感度，

2010年4月至6月，三星联合优酷、土豆、爱奇艺、酷6等视频网站，针对三星的四款产品，推出了网络定制剧《四夜奇谭》。在创造过程中，品牌的创意团队融入到剧组的主创中去，将产品特性与导演、演员沟通，形成了品牌与视频内容的融合。

图6－15 三星网络定制剧《四夜奇谭》

六、直投广告

直投广告指的是通过明确的联系方式直接投递给目标消费者的广告。常见的新媒体中的直投广告形式有短信广告、彩信广告、电子邮箱直投广告、微博中@广告贴等。直投广告具有目标明确和精准度高的特点。

图6－16 电子邮箱直投广告

七、技术性广告

技术性广告指的是直接由技术推动的广告类型，带有强烈的技术色彩。常见的技术性广告形式有广告应用程序（App）、二维码、近景通讯、虚拟现实（AR）等。

广告应用程序指的是品牌、产品或服务为自身宣传推广所推出的应用程序，主要载体为智能手机、平板电脑和互联网电视等智能移动终端。

二维码采用某种特定的几何图形按一定规律在平面（二维方向）上分布的黑白相间的图形中记录数据符号信息，通过图像输入设备或光电扫描设备自动识读以实现信息自动处理。在广告营销上的常见应用有电子优惠券、积分兑换、团购和电子VIP会员凭证等。

案例:1号店"虚拟货架"扫描二维码即时购物

2011年,1号店在上海地铁站和北京公交车站等地的灯箱、户外广告墙等平面载体上展示超市商品货架和橱窗,并用1∶1的比例呈现了大多数商品,再结合智能手机的二维码扫描技术,通过"虚拟货架"吸引顾客,并引导他们在等待地铁或公交车的空隙时间里用手机轻松访问1号店里的商品进行购买①。

图6—17 1号店地铁灯箱广告

近景通讯(Near Field Communication,NFC)是一种非接触式识别的互联技术,可以在移动设备、消费类电子产品、PC和智能控件工具间进行近距离无线通信。用户只需用带有NFC的智能终端在NFC广告上轻轻触碰就可以立即获得产品或服务的信息,简单便捷。在广告营销上的常见应用与二维码类似,有电子优惠券、积分兑换、团购和电子VIP会员凭证等。

虚拟现实(Augmented Reality,AR)是一种全新的人机交互技术,利用这样一种技术,可以模拟真实的现场景观,它是以交互性和构想为基本特征的计算机高级人机界面,使用者能够通过虚拟现实系统感受到在客观物理世界中所经历的"身临其境"的逼真性。

案例:日本电通Ibutterfly"捕捉"虚拟蝴蝶换优惠券

2010年,日本电通推出了Ibutterfly程序。用户安装该程序后,可以挥动手机,"捕捉"出现在屏幕上的虚拟的蝴蝶,之后即可获取商家的优惠券。

图6—18 从右往左为玩家从发现蝴蝶到捕捉蝴蝶最后到收集勋章的过程

---

① 《无限1号店,享无限购物》:http://case.iresearchad.comhtml201109/1501510213.shtml。

第三节　新媒体广告的运营模式

综合来看，新媒体广告的运营模式可以分为两大类：基于内容的和基于大数据的。前者延续了传统媒体的经营模式，并加以改进。而基于大数据的经营模式，则是对传统广告经营模式的彻底颠覆，利用海量数据、精准分析，实现了从购买媒体到购买人群的转变。

一、依附内容的广告运营模式

新媒体的广告运营模式，依附内容仍然是一种重要的模式，毕竟内容才是用户需要的信息。广告传播的信息依附于内容，不论是展示在内容上的（我们在下面称之为内容支撑型的广告运营模式），还是植入于内容中的（我们称之为广告即内容的运营模式），都能够借助内容传播来实现广告信息的传播。

（一）内容支撑型广告运营模式

内容支撑型广告运营模式是指新媒体机构把各类型业务中具有一定吸引力和关注度的内容上所负载的广告资源（时间和空间）售卖给广告主，这样的模式类似传统媒体，媒体向用户提供内容产品，实现第一次销售，并在此过程中收获用户注意力，同时把注意力作为吸引广告主的重要因素，售卖广告，实现第二次销售。典型的应用出现在页面展示广告、视频广告等广告形态的经营中。

内容支撑型广告运营模式需要新媒体机构以自身的内容为中心，进行广告空间、广告时间和广告价格的合理配置和规划。其广告的运营通常也要以到达率、收视率和页面浏览量等考量指标来评估。

内容支撑型运营模式下的用户接触广告行为是被动的，而且媒体内容的品质直接影响广告价值，广告与内容的关联度影响广告效果。

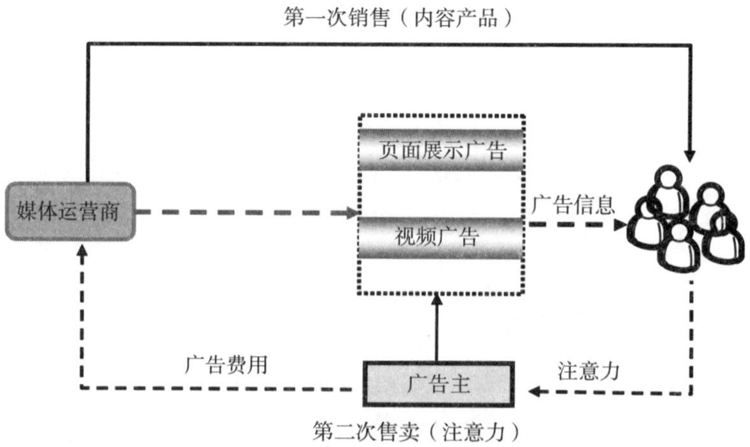

图 6—19　广告依附内容的运营模式

(二)广告即内容的运营模式

广告即内容的运营模式是指新媒体运营机构洞悉到用户服务信息的需求，把广告主提供的广告信息当成媒体平台上的业务产品之一向用户提供，由此产生的直接的广告实现模式。

在该模式下，广告与内容在界限上的模糊合二为一，广告主把广告服务化和信息化，能够贴近用户信息消费的需求，如关键字搜索、生活服务信息等，其目标不是用户的注意力资源，而是用户对内容本身的需求。

此外，该模式还存在用户使用主动性的优势，由于内容跟用户紧密联系，用户只要有一定的需求就会在数字新媒体的业务平台上主动查询、点击。用户在使用行为上的主动因素和积极因素都要高得多。

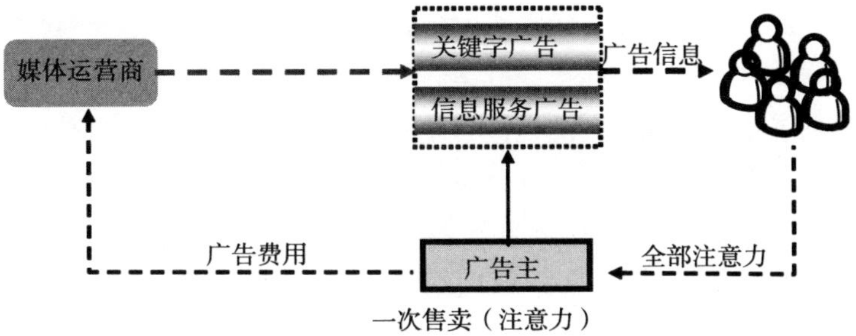

图 6—20　广告直接销售的实现模式

二、基于大数据的广告运营模式

(一)大数据时代的到来

在人们的信息接触和消费过程中，在人与信息的互动过程中，由于各种信息在应用中的分发用于不同的业务和满足不同的需求，又逐渐形成新的数据组合，都生成了几何级增长的海量数据。这些数据包括：

人口统计特征(性别、年龄、职业、教育程度和婚姻状况)信息数据；

收发信息的设备、区域(智能设备种类、系统、所在城市、网络接入情况等)信息数据；

信息内容接触痕迹(浏览和点击的内容、时长等)信息数据；

搜索/需求(经常搜索的词、搜索行为的转换、需求什么类型的信息等)的信息数据；

信息偏好(喜欢的信息、反感的信息等)数据；

信息消费行为(消费时间、消费类别、消费次数、消费金额等)数据；

话题参与和表达(参与什么类型的话题讨论、表达了什么样的观点等)的信息数据。①

随着网络融合、各种数字新媒体业务与服务的普及，营销界则更关心“大数据”。因为新媒体产生了海量的数据，基于大数据可以建立起完善的数据库，利用成熟的技术条件，可以按照广告主的要求筛选具体的用户类型，通过对传播空间、传播时间、传播信息的设定，传播有针对性的信息，提高广告投放的精准程度和效率。

---

① 周艳、龙思薇：《大数据，新天地——大数据时代的到来与思考》，《广告大观：媒介版》，2012 年 9 月刊。

于是媒体运营者或者广告营销机构必须能够有效解读这些庞大的数据，才能把握市场强化运营与营销能力，比如分析日以亿万计的微博言论，比如通过分析网购的各种数据了解消费者的喜好，比如分析消费者的搜索关键词的轨迹、分析其身份特征及情趣①。

资料链接

“Nike+”从数字化营销上获得“大数据”

“2013年2月13日；持续时间：1小时；路程：5公里；消耗热量：623卡路里；平均速度：8公里/小时。”这是一名忠实的跑步爱好者Jacky最近一次的跑步记录。

对于Jacky而言，跑步不再局限于锻炼身体这个概念，上传自己的跑步数据和体验，与朋友分享成为这项运动新的延伸。而对于耐克来说，也不仅是想推销一个数字化的产品这么简单，它想告诉人们的是，今天的耐克已经不再是一家传统的卖运动服和运动鞋的公司，它正在将运动与互联网结合，开发出传统业务的新蓝海。

耐克的数字运动平台“Nike+”始于2006年。那个时候，耐克公司一直在寻求如何让跑步这项枯燥而又孤独的运动变得有趣起来。经过多项探索，耐克发现，音乐恰好能够满足这一需求。于是，第一款基于“Nike+”的产品“Nike+iPod”诞生了，它的初衷是要把运动与音乐相结合。

但是，这并非多大的创新，其他品牌的产品同样能够完成一边跑步一边听音乐这件事。如何将耐克的跑鞋与苹果的产品紧紧绑在一起，耐克将目光置于“数据”这条纽带上。“Nike+iPod”组件通过在鞋里加上传感器并给当时风靡全美的iPod装上接收器，使用户能够实时看到自己的步速和距离等一系列跑步数据。此后，“Nike+Sportband”跑步腕带也横空出世。再然后，“Nike+”与苹果iOS系统合作推出了App。

2011年，耐克推出和Tom Tom合作的“Nike+Sportwatch GPS”，跑步结束后，可以通过USB将跑步数据上传至Nikeplus的网站，还可以从网站上获取大量跑步路线的信息。这些路线由耐克和其他跑步爱好者上传，囊括了世界各地的大街小巷。

2012年，“Nike+”多款重量级产品相继问世，耐克公司将“Nike+”从跑步品类扩展到篮球等全系产品，并且将iOS上的热门应用“Nike+GPS”移植到安卓平台。“Nike+”线上社区的注册用户数量也从年初的500万户迅速增加到1000万户以上。

而“Nike+”也让耐克在互联网时代找到了自己的位置。比如，当你的跑步状态更新到“Nike+”的帐户时，朋友可以评论并点击一个“鼓掌”按钮，这样，你在跑步的时候便能够在音乐中听到朋友们的鼓掌声以及在最后冲刺时会有特别的声音为你助阵。随着跑步者不断上传自己的跑步路线，耐克也掌握了主要城市里最佳跑步路线的数据库。

“Nike+”还可以利用“数据+圈子”的方式为整个社区营造出一种竞赛气氛，鼓励大家投入到运动中去。此外，“Nike+”还开发一些趣味小游戏，鼓励用户每天完成一定的运动量。不少“Nike+”的用户还会在地图上跑出一些有趣的图案，以此增加跑步的趣味。

在今后，如果“Nike+”将收集到的这些用户数据加以利用，在热门跑步路线的沿途进行广告投放，或者借机售卖运动性功能饮料等周边产品，这将会给耐克公司带来更大

---

① 周艳、龙思薇：《大数据，新天地——大数据时代的到来与思考》，《广告大观：媒介版》，2012年9月刊。

的商业价值，进一步增大影响力①。

（二）基本思维模式的变换：从购买媒体到购买人群

基于大数据进行的数字广告经营模式与以往的广告经营模式完全不同。

传统的广告投放中重要的工作是媒体购买，其目标是采购最佳性价比的媒体资源，主要涉及的工作是有关广告位资源及价格的谈判，这其中涉及预算、媒体类别、质量、时间和空间跨度等参数，通常是使用媒介计划工具来完成。

人群购买建立在数据管理平台的基础上，可以绕过媒体，直达目标人群，实现对人群的直接购买②。

（三）基于大数据的广告运营模式

基于大数据进行的广告投放，数据处于重要位置，是决定广告投放行为的核心要素。通过海量数据整合，形成对消费者的深度洞察和精准分析，提高投放的精准程度和有效性，实现灵活高效的媒体购买。

搜索引擎广告较早实现了基于数据的精准营销，社交和电商平台也在数据积累的基础上，开始提供数据化的广告投放方式。就连表现形式直接简单的展示类广告，也正在建立全新的基于大数据的广告运营模式。

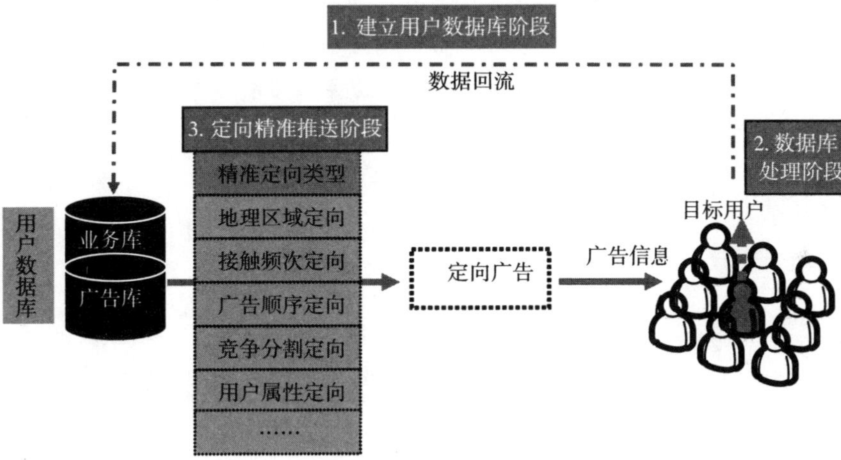

图 6—21　基于大数据的营销模式

案例 1：搜索引擎中的大数据精准营销

百度通过对用户搜索行为的分析，可以判断出用户的基本特征，并进行有针对性的广告投放。

假如用户 A 搜索了“高尔夫”、“奥迪”，在“奔驰”贴吧发帖，在百度“知道”中提问“高档汽车性能”的问题，那么百度通过数据分析就可以判断出，该用户可能为中年男性，对高档汽车有兴趣，有较强的经济实力。同时，用户 B 搜索了“香奈儿”、“香水”，在“时尚”

① 《耐克从数字化营销上获大数据，摆脱苹果依赖症》：http://news.iresearchad.comhtml201303/01090900.shtml。

② 周艳、马涛：《解构与重构——大数据时代的营销变革》，《广告大观：媒介版》，2012 年 9 月刊。

吧发帖，在“知道”中提问关于减肥的问题，那么就可以判断出，该用户可能为年轻女性，对时尚、奢侈品感兴趣。

于是，百度就可以针对他们提供不同的广告，即使两人搜索的是同一个关键字，但是看到的展示广告却不相同。用户 A 看到的可能就是奥迪车的广告，而用户 B 看到的可能就是香奈儿的广告，由此实现了更精准的广告投放。

案例 2：Facebook 基于数据的自助广告投放系统①

Facebook 的广告下单系统以自助式为主。投放广告的广告主都由自定义受众开始，Facebook 会一步一步带领客户设定一系列的参数，主要有 3 种方式：第一，根据人口统计特征进行筛选，即受众的基本属性，一共有 11 个维度，包括所在地、年龄、性别、性情对象、感情状态、语言、受教育程度、学校和工作场所等。第二，根据粉丝页面进行筛选，即具体到哪类关系的人。第三，根据兴趣进行筛选。每个用户在开设 Facebook 时都可以设定自己的兴趣，包括宗教、喜欢的事情（旅游、电影、阅读等）和喜欢的品牌等。

接下来广告主需要提交广告活动的总预算和每天的预算额。系统会根据广告主设定的受众条件，运算出目标受众群的人数，然后根据广告主选择的广告方式（CPM/CPC）给出建议费用的范围。以 Lady GaGa 为例：在美国加州喜欢 Lady GaGa 的女性约有 15 万人；而在英国，喜欢 Lady GaGa 的女性人数有近 200 万人。如此一来，当广告商想针对喜欢 Lady GaGa 这类表演或歌手的受众打广告时，对于受众群的人数就有了大概的了解。假设产品是能量饮品（类似红牛）的话，还可以进一步针对喜欢运动和冒险的 Facebook 用户，将红牛等能量饮品的粉丝页设定为受众条件。

由于和后台的数据实时相连，广告主可以在广告下单系统上了解每天新增/减少的粉丝数目、粉丝的基本信息以外，还可以看到每次广告投放所能接触到的人数、点击率和转化率，以便随时更改策略。

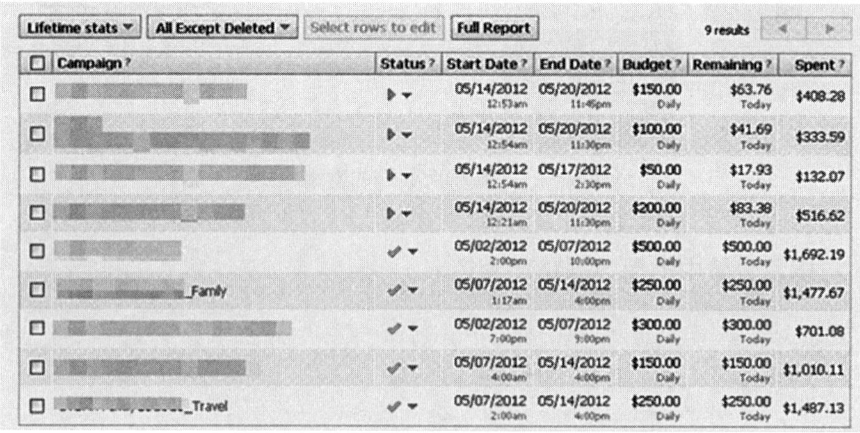
Lifetime stats ▾ | All Except Deleted ▾ | Select rows to edit | Full Report | 9 results

Campaign	Status	Start Date	End Date	Budget	Remaining	Spent
[illegible]	▶	05/14/2012 12:53am	05/20/2012 11:45pm	$150.00 Daily	$63.76 Today	$408.28
[illegible]	▶	05/14/2012 12:54am	05/20/2012 11:30pm	$100.00 Daily	$41.69 Today	$333.59
[illegible]	▶	05/14/2012 12:54am	05/17/2012 2:30pm	$50.00 Daily	$17.93 Today	$132.07
[illegible]	▶	05/14/2012 12:21am	05/20/2012 11:30pm	$200.00 Daily	$83.38 Today	$516.62
[illegible]	✔	05/02/2012 2:00pm	05/07/2012 10:00pm	$500.00 Daily	$500.00 Today	$1,692.19
[illegible]_Family	✔	05/07/2012 1:17am	05/14/2012 4:00pm	$250.00 Daily	$250.00 Today	$1,477.67
[illegible]	✔	05/02/2012 7:00pm	05/07/2012 9:00pm	$300.00 Daily	$300.00 Today	$701.08
[illegible]	✔	05/07/2012 4:00am	05/14/2012 4:00pm	$150.00 Daily	$150.00 Today	$1,010.11
[illegible]_Travel	✔	05/07/2012 2:00am	05/14/2012 4:00pm	$250.00 Daily	$250.00 Today	$1,487.13

图 6—22　Facebook 的自助式广告下单系统界面

---

① 龙思薇：《Facebook 的大数据战略》，《市场观察：媒介版》，2012 年 9 月刊。

资料链接

专业数据服务公司的兴起

媒体、营销、市场对大数据的需求一方面催生了一批垂直领域的数据服务公司，比如专注于SNS的数据服务公司、地理位置的数据服务公司、交通信息数据公司，它们通过对专门领域的数据收集服务于媒体和营销。同时，传统的数据服务公司也迅速转型和升级服务能力，成为互联网、数字电视领域的综合数据服务商。它们迅速掌握实时、海量数据的监测技术，借助以往数据分析模型构建的能力提升构建海量数据挖掘模型的能力，强化自身对海量数据的分析能力，生产和分发多种数据产品以服务业界。更有基于新的社交电视媒体的出现而专门从事社交电视评论信息采集、分析的数据服务公司。

表6—1 正在崛起的大数据服务机构①

数据服务公司	领域	数据服务的内容和范围
DCCI	互联网监测数据平台	以Panel软件、代码嵌入、海量数据挖掘、语义信息处理等多种领先技术手段为基础，进行网站、用户、广告、品牌的实时监测、动态测量。在测量数据基础之上，以统一体系方法、统一指标定义、统一数据结构，结合多种线下线上调研手段，为企业互联网和互动营销相关决策提供全面深入的数据测量、分析研究、决策优化和效能提升服务
GNIP	社会化数据公司	提供社交网络API聚合，通过多个API(最新超过40种)将数据聚合成统一格式(Activity Streams)，由一种API提供给客户如Twitter首先授权的数据代理商，同样从WordPress、Facebook、YouTube、新浪微博等网站挖掘数据，再将数据打包销售给其他需要的公司
Space Curve	地理位置数据分析服务	提供基于地理多边模型的索引，提供精准的时间地理分析结果，帮助客户发现多维地理数据的基本模式
Intrix	交通信息数据公司	从超过1000万个来源聚集或外包实时交通信息，包括小汽车、出租车、卡车和其他消息渠道等。Inrix的数据软件从这些公开的或私有的消息来源聚合相关的交通数据，然后出售给移动开发者和网站
Nielsen-Ccpata	数字电视	依靠全球最新的RPD技术、HPT技术与Watch Box测量仪相结合，可以对数字电视平台上传统业务和广告、新形态业务和广告，甚至用户心理与态度进行全方位的测量，并且对百万户级普查式数字电视新形态业务与广告监测以及万户级的海量样本收视行为进行测量，使数据的准确度更高
Bluefin Labs	社交电视分析应用	旗舰产品为Bluefin Signals，他们可以提供关于超过1.1万个电视节目的评论信息，统计的评论信息超过50亿条。无论是电视台、营销人员还是节目制作方，Bluefin Labs的产品对他们来说都很有帮助。即使是广告商，他们也能从这些数据中找出对他们来说最有利用价值的时段

三、技术驱动型的广告运营模式

(一)技术驱动型广告管理平台的构成要素

随着大数据的不断深入，开始出现基于广告管理系统和平台等技术手段完成投放的方式，这些技术驱动型的广告管理方式，可以最大限度地提升广告投放效率。其中，以下

---

① 由中国传媒大学广告学院媒介研究所根据相关资料整理。

几个关键要素必不可少：

1. 需求方平台(Demand－Side Platform,DSP)

需求方平台是为广告主和代理公司提供的一个综合性管理平台，通过同一个界面管理多个数字广告和数据交换的帐户。利用 DSP，广告主可以在广告交易平台(Ad Exchange)对在线广告进行实时竞价，高效管理广告定价。

2. 供应方平台(Sell－Side Platform,SSP)

供应方平台整合了媒体的广告资源，帮助媒体管理、销售广告位。通过这一平台，媒体的广告位可以获得最高的有效展示费用，而不必以低价销售出去。

3. 实时竞价(Real－Time Bidding,RTB)

实时竞价指的是允许购买者对单一广告进行实时竞价购买的广告交易协议。对于每一次广告，实时竞价系统都会扫描整个市场，将买方的定位要求与卖方的广告资源进行匹配，广告资源将自动销售给出价最高的广告来源。RTB 需要非常强大的运算速度和能力，一次竞价的过程仅需几十、几百毫秒。举例来说，2012 年，在淘宝新推出的广告交易平台“TAXN”上，1 秒钟就会发出 1.5 万次竞价请求。

竞价结束后，通过审核的广告创意就会及时发布到相应的广告位，极大加速了广告资源的流动性，为整个行业带来更高效率、更大收益。

4. 广告交易平台(AD Exchange)

与股票交易平台类似，广告交易平台联系的是广告交易的买方和卖方，也就是广告主方和广告位拥有方(媒体)，它可以促成广告主和媒体之间的直接交易，实现交易的自动化。

传统的广告代理公司的收费模式是收取媒体代理费，而广告交易平台的收费模式则类似于股票交易所，靠收取每次交易的代理费赢利。

5. 数据管理平台(Data Management Platform, DMP)

数据管理平台的主要功能是管理和分析数据，它可以把广告活动中分散的各种相关数据整合起来，纳入统一的技术平台进行集中式控制，并对这些数据进行标准化和细分，从而优化营销活动。

数据管理平台是基于大数据进行广告经营的基础，它的作用贯穿始终，需求方平台、供应方平台、广告交易平台等都需要数据管理平台的支持。

数据管理平台的数据来源非常多样，包括第一手监测数据、第三方受众数据、历史竞价记录等。

(二)技术驱动型的广告运营流程

当一个用户访问广告位页面时，供应方平台向 Ad Exchange 发出访问讯号，告知有一个访问请求，供应方平台把广告位的具体信息，例如所属站点、最低出价以及通过数据管理平台分析匹配后的用户属性信息打包发送给各个需求方平台，需求方平台端开始对这个广告展现进行实时竞价，竞价获胜者就能够让自己的广告展现在这个广告位上，进而让用户看到。

通过这种方式，可以实现广告的自助投放、效果优化等功能。对于广告主来说，可以收集处理的属于广告目标客户的数据、自定义定向、出价和预算,在恰当的时机买入符合需求的广告资源。对于媒体来说,可以对广告位进行管理,优化广告效果,提升广告收益。

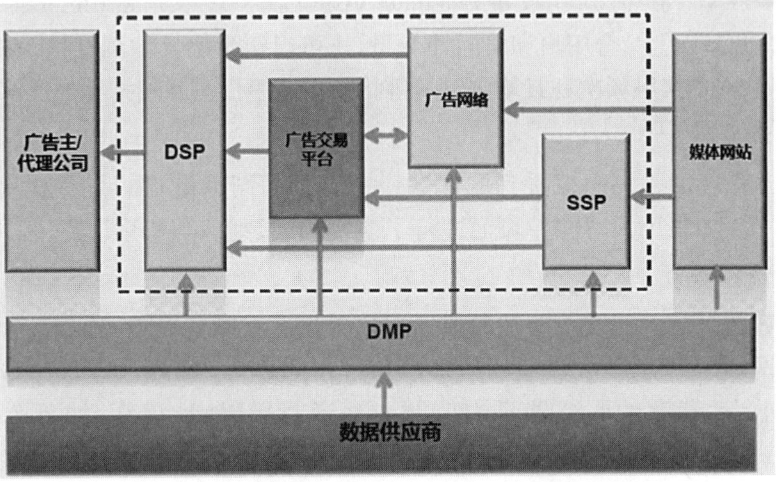

图 6—23　新媒体基于技术平台的广告运营流程

第四节　新媒体广告价值评估

一、新媒体广告价值的多层次性

科学的、客观的、公正的广告价值评估体系是新媒体广告有效营销的基石。新媒体的广告价值具有多层次性,根据对消费者产生影响程度的不同,可以分为展示价值、互动价值和交易价值三大类。

展示价值是指将广告信息传递和曝光给用户、且产生影响用户知晓和认知效果的价值,如数字电视不同层级页面上的展示广告,互联网网站上的页面展示广告、手机网站上的页面广告和网络视频上的视频贴片广告等。

互动价值是指基于新媒体上的互动行为所产生的价值,如点击、查询、评论、转发、参与活动等。

交易价值是指直接促进交易的实现的价值,如引导到品牌的电商网站直接完成交易,通过其他方式达成交易和促进销售等。

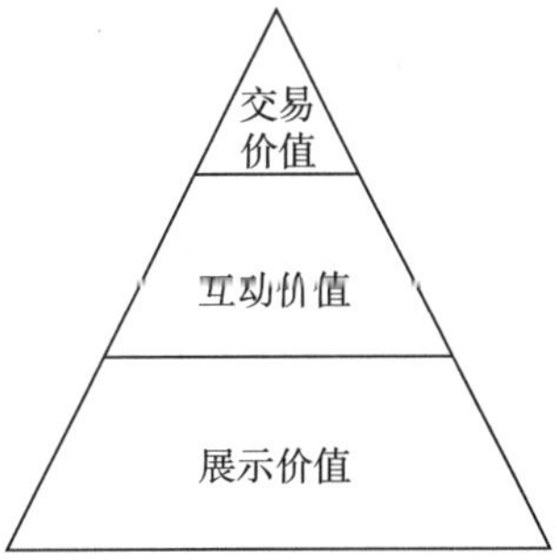

图 6—24　新媒体广告价值层次图

二、新媒体广告的量化评估指标体系

量化评估指标是对媒体最常用的评价方式,它通过数据采集、分析与应用,对各种媒体给予可度量的评价。在新媒体中,量化的评估体系主要包括展示类指标、互动类指标和投资效率类指标三大类。

(一)展示类的指标

展示类的指标主要衡量的是广告被用户看到的广度和深度。基础指标包括页面浏览量(Page View,PV)、独立访客数量(Unique Visitor,UV)、曝光量(Impression)、到达率(Reach)等,在此基础上结合用户和时间等变量,还可以衍生出人均浏览量、人均浏览时间、人均停留时间、人均接触频次和月均浏览量等指标。这里仅对基础指标加以解释说明。

1.页面浏览量

页面浏览量指的是页面被看到的次数。一个页面浏览量指的是一次从网站下载一个页面的请求。如果用户对同一页面进行了多次访问,则访问量累计。

2.独立访客数量

独立访客数量指的是进入网站的独立用户数量。在同一天内,独立访客数量只记录第一次进入网站的具有独立 IP 地址的访问者,在同一天内再次访问该网站则不计数。在监测方法上,运营商的服务器日志监测方法通过 IP 地址识别;加码监测方法通过 Cookie 识别。

3.曝光量

曝光量指的是广告被显示的次数,每展示一次计一次曝光。它所衡量的是广告传播的规模。

4.到达率

到达率是指接触过数字新媒体所刊播的广告一次或一次以上的用户(人数)比例,也称为一次和一次以上到达率。在这里,到达率的主体是某个广告,反映的对象是用户接触某一个广告的不重复规模。

(二)互动类的指标

互动类的指标是对用户看到广告信息之后的行为进行评价的指标,常用指标包括点击率和转化率等。

1.点击率

点击率是指在某一时间段内广告被点击的次数与暴露次数的比例。计算公式是:点击率=(看到广告并点击的数量/暴露次数)× 100%。为了更加精确地计算点击率和防止恶意点击,媒体运营商和广告主可以协商规定在多长的时间内不计算同一地址的重复点击行为。

2.转化率

转化率指的是在所有访问用户中,采取了相应动作的比例,计算方式为用户进行了相应的动作的访问量/总访问量,它衡量的是网站内容对访问者的吸引程度。

转化指潜在客户完成一次推广商户期望的行动。转化可以指潜在用户:(1) 在网站上停留了一定的时间;(2) 浏览了网站上的特定页面,如注册页面、联系我们页面等;(3) 在网站上注册或提交订单;(4)通过网站留言或网站在线即时通讯工具进行咨询;(5)通过电话进行咨询;(6)上门访问、咨询、洽谈;(7)实际付款和成交(特别是对于电子商务类网站而言)等。因此,在一次具体的广告活动中,需要根据广告目标来制订转化行动的具体方案是什么。

随着社交媒体、电商媒体的兴起，也出现了一系列新的衡量指标，如粉丝数、转发评论量、下载量、到店率、下单率等，这些指标也可以看作是“转化”的具体指标。

资料链接

新浪微博的影响力指标

新浪微博推出了影响力指标，由活跃度、传播力和覆盖度三个方面组成。

活跃度由原创微博的数量、转发次数、评论次数和私信数等组成，发布高质量的博文吸引粉丝、积极转发评论、私信好友聊天等可以促进活跃度的提升。

传播力由原创被转发次数、被评论次数等构成，博文被转发、被评论的次数和人数越多，说明传播力越强。

覆盖度由新粉丝数量和新关注数量组成，每天登录的粉丝数和互动粉丝数越多，覆盖度越高。

(三)投资效率类的指标

采用什么样的工具来评估数字新媒体的广告投放的经济效益是广告主非常关心的核心点，也是数字新媒体运营商为其广告制定价格的重要指向。广告价值是广告定价的基础，对广告价值的分析与测定能够为广告的定价提供标尺，媒介的投资效率就是用来评估广告成本的有效工具。

在集纳了可互动、可交易的特征后，数字新媒体广告的投资效率评估指标也开始突破原先传统媒体广告以千人成本为主的简单指标，朝着更加多样化和丰富化的方向发展。

需要注意的是，每个评价指标均有其存在的合理性，具体使用哪种衡量指标，需要根据广告活动目的而确定，不能孤立地看评估指标。如果一次广告活动的目的就是增加曝光，那就不能用点击成本、行动成本等来考量；如果广告活动的目的是通过点击引导用户到官网，那就需要重点考量点击成本；如果广告活动的目的是促进直接到店消费，那就需要重点考察行动成本。

表 6—2　新媒体广告价格确定的三种方法及其比较[①]

定价方法	主要定价指标	主要优点	主要缺点
按照显示价值定价	每天成本(CPD)	简单直接，易操作，突显品牌影响力	精准性很差
	千人成本(CPM)	可通过目标对象的定向推送，提高广告主投资效益	曝光数据的可得性和精确性较差
按照互动价值定价	点击成本(CPC)	可精确记录用户点击，广告主接受度较高	忽略广告本身所具备的品牌显示和曝光价值
按照交易价值定价	行动成本(CPA)	精确反应用户接触广告后所产生的行为	忽略广告本身所具备的品牌显示和曝光价值
	交易成本(CPS)	可精确记录用户交易，广告主接受度较高	忽略广告本身所具备的品牌显示和曝光价值

① 中国传媒大学广告学院媒介研究所根据相关资料整理。

1.每天成本

每天成本(Cost Per Day,CPD)是按广告投放天数来进行收费的方式。

在中国,按天收费方式普遍存在于门户网站等媒体上。优势在于操作便捷,广告投放过程简单易行,便于巩固和提升品牌影响力;缺点在于精准度差,投放效果难以准确评估。

与按天收费的方式类似,还有按小时、按周、按月、按年等其他方式。

2.千人成本

千人成本(Cost Per Million,CPM)是按广告接触的人数衡量,指每一千个人接触广告所需要投入的资金。

千人成本衡量的是广告的展现价值和显示价值,看中的是广告活动的展示成本。多与展示类的量化指标相结合,用于展示类广告、网络视频广告等的经营。

3.点击成本

点击成本(Cost Per Click,CPC),按用户实际的点击行为衡量广告价值,就是指每产生一次点击行为所需要广告主投入的资金成本。

点击成本源于互联网的效果评估和计费方式,引入点击成本也是基于数字新媒体广告互动性特征的考虑。相比较千人成本,点击成本能够描述用户看到新媒体上的广告后所产生的反应。

在搜索引擎广告的经营中,普遍采用点击成本这一计价方式。广告主/代理公司需要实现在搜索服务商所提供的广告账户里预存一定费用,所购买的关键字每有一次点击就会扣除一定费用。

4.行动成本

行动成本(Cost Per Action,CPA)指的是按用户在接触广告信息后所产生的行为进行计费的方式。

行动成本是对广告主投放数字新媒体广告后续效果的一个描述,衡量的是数字新媒体广告改变用户行为的价值。只有当用户产生了某种行为时,广告主才需要为之付费。通常,这种行为最便于衡量的方式就是“购买”;此外,还可以根据广告活动的目的具体设定“行动”的指标,如进入官网浏览信息、收藏产品或网站、电话咨询、进入活动页面、参与活动等。

5.交易成本

交易成本(Cost Per Sale,CPS),指的是按用户和广告主的销售发生交易的实际情况计算,广告主为用户每产生一次购买行为所需要投入的资金成本。

对于广告主来说,按CPS计费,能够最直接地保证投资回报。但是对于媒体来说,选择CPS计费,需要承担比较大的风险,因为销售会受到诸多方面的影响,非广告投放所能完全达到,如产品本身的问题、铺货渠道的问题和广告影响力滞后的问题等。

本章重要概念和思考题

1. 新媒体广告的特点。
2. 新媒体的广告分类及解析。
3. 新媒体的广告形态分析。
4. 新媒体依附内容的广告运营模式分析。
5. 技术驱动型的新媒体广告运营模式分析。
6. 大数据与新媒体广告的运营。
7. 新媒体实时竞价购买平台及其特点分析。
8. 新媒体广告价值评估的指标体系。

第七章　广播电视新媒体

■ **本章要点：**

广播电视新媒体是以数字广播电视技术为基础的、具有新媒体传播特征的、由广播电视传媒机构主导运作的媒体。随着媒体技术的不断进步与数字化潮流的不断演进，广播电视媒体的发展也进入了一个崭新的阶段，数字传播技术的逐渐成熟催生了一些与传统广播影视媒体表现形式不同的新型媒体，它们利用广播电视媒体的基础网络加以改造和升级，同时采用与传统广播电视不同的内容运营流程、业务形态、播出技术和接收终端为人们提供崭新的广播电视服务。

第一节　广播电视与新媒体

一、广播电视新媒体的变革环境

互联网和移动媒体的不断发展在壮大了整个媒体产业的同时，也给以广播电视媒体所代表的传统媒体带来了一定的挑战，这种挑战主要表现在三个大的层面。

第一是整个大众传播环境的变化。传统媒体的传播方式是单向的，从传者流向受者；而在新媒体环境下，传播更加强调双向、互动的特征，这是对传统广播电视媒体带来的传播方式的挑战。

第二是市场竞争的变化。新媒体的成长与成熟也带来了传媒市场的进一步分割，在受众关注、广告投放等各个方面，新媒体中的各种视听媒体类型正在切割传统广播电视媒体的市场空间，对其形成一定的竞争压力。

第三是内容生产流程与方式的变化。过去的媒体是“稀缺”的，其内容生产者数量非常有限，而新媒体的发展使得以个人为代表的大量非传统内容生产机构进入这一领域，同时其内容生产方式和生产技术也产生了极大的变革，这些变化都对传统广播影视媒体的适应性提出了挑战。

这些挑战在给传统广播电视媒体带来压力的同时，也推动了广播电视媒体的数字化转型与变革以应对全新的媒体、受众环境，适应新的市场竞争状态。可以说，新媒体的发展所带来的压力间接地催生了广播电视新媒体。

二、网络技术升级是广播电视新媒体诞生的基石

在广播电视新媒体的发展过程当中，广播电视网络的改造与升级是最为重要的推动

因素之一。1992 年"一个关于高清晰度的电视国际研讨会议,其主题是取得一致意见的读秒时刻到了,然而到了 1993 年,世界电视技术的唯一真正的一致意见是未来是属于数字化的"①。

广播电视新媒体依托的网络包括:有线网络、卫星网络和地面无线网络三大部分。根据这三大网络的不同技术条件和标准体系,不同形态的广电新媒体形式与业务也随之诞生。

(一)有线网络的数字化发展

当有线电视出现后,最初是为了远距离传输地面电视信号,因此只是按月收取一定的节目信号传输费用。但是 1953 年派拉蒙影片公司开始建立有线电视"付费收看"的系统,额外付费电视开始出现。付费频道的收入主要是来自用户对该频道的订购费。用户可以选择自己喜欢的频道,但是除了支付信号传输费用之外,还需要为观看这些节目支付一定的费用。而构成这一模式的基础就在于有线电视可以通过有线网络这一物理载体与用户加强联系,进行一定程度的管理。

有线电视网络的数字化,是指从前端、传输到分配的整个处理过程的数字化。有线电视网络的数字化的首要目标是提高网络传输质量,使得数字信号的抗干扰性和保真度要优于模拟信号。其二是增强网络传输功能,数字信号的传输功能要优于模拟系统。其三就是加大网络传输容量,数字信号可以"压缩",使得网络的传输容量要远大于模拟系统。这三个目标最终将带来网络带宽资源的优化分配和最佳利用,使资源的利用率提高、成本下降。因此,有线电视网络的数字化为电视媒体的业务开展带来了更大的可能性。

世界上发达的国家和地区,全面实现数字广播电视、终止模拟电视体制的时间表已基本确定在 2010 年前后。美国在 2006 年,加拿大在 2007 年,澳大利亚在 2008 年,英国、法国、德国、日本、西班牙、新加坡和韩国等在 2010 年终止了模拟信号。据统计,1996～2009 年,全美有线网络共投入 1612 亿美元,以平均每用户约 2600 美元的力度改造了网络。②

20 世纪 90 年代,有线电视网开始在我国快速发展起来,为了鼓励建网,有线电视网一开始采取的是谁建网谁受益的政策。再加上"四级办"的广电体制,最终形成了网络建设投资主体多元、各级广电分散割据的局面。最多时,我国大大小小的有线网运营机构达 2000 多家。

1999 年,国务院发布《关于加强广播电视有线电视网络建设管理的意见》,广电推进网台分营,有线网络公司独立运营,在更大的生存压力之下,各地有线网纷纷加大了在网络建设和业务开发上的投入,网络也基本上收归广电,形成了以市为单位、一地一网的局面。

进入 21 世纪,我国有线网络迅速开始了数字化转型,尤其是在原国家广电总局的推动和引导下,2003 年开始的整体转换更是带动了全国有线网络的数字化发展。由于整体

---

① 王声聘:《1992:数字 TV 技术的里程碑》,《视听界》,1993 年第 3 期。

② 金雪涛、廖锦瑾、邓磊:《"三网融合"背景下美国有线电视网络业务发展与启示》,《电视研究》,2010 年第 12 期。

转换推动了用户终端，实现了电视机＋机顶盒的数字化、智能化，因此也催生了大量的数字化业务，有效地推动了有线数字电视这一新媒体业务的发展①。

2009年，国家广电总局正式提出了NGB的概念，“全程全网、互联互通、可管可控”成为下一代广播电视网的发展目标。同年7月，国家广电总局正式颁布《关于加快广播电视有线网络发展的若干意见》，明确指出，在下一代广播电视网建设的第一阶段，将会以省为单位，先进行全省整合，到2010年年底实现一省一网。在此基础上，推进“全国一张网”的建设。至此，“广电全国一张网”的提法在经过十年的反复之后，终于得到了政策层面的明确答复。

此后，2010年国务院层面三网融合总体方案正式出台，随即国家有线网络公司的筹备组建浮出水面，原国家广电总局关于国家大网的规划也逐渐清晰起来，跨区域、跨行业、跨网络成为新时期的发展趋势。基于有线数字电视网络的新媒体业务也得到了更大的发展空间和更好的发展机遇。

（二）卫星网络的数字化发展

采用数字技术后，通过卫星广播的电视节目比模拟技术能够广播的节目要多得多。一颗卫星上一般有20个转发器，每个转发器只能转播一个模拟频道，但是却能转播6～8个数字频道。采用数字技术后，每个频道的广播成本大大降低。数字卫星革命是1994年从美国的直播电视公司开始的，它在全北美播出175个频道，用46厘米的碟形天线接收信号。1995年，欧洲和非洲也开始了卫星数字电视革命。

我国中央电视台1995年开播了卫星数字加密电视节目，国内十几个省市从1997年起相继采用欧洲DVB标准，通过卫星传送自己的节目，其他省市自治区将继续通过卫星传送节目，但是这个时候中国的卫星广播电视还是采用卫星（传输）＋有线网络（入户）的卫星转播的运营方式。

一直到2008年“中星九号”正式投入运营，我国才实现了从卫星转播到卫星直播的转变。卫星数字电视的引入，在很大程度上解决了我国目前电视覆盖率不高，特别是山区、人口稀少地区的电视覆盖问题②。在我国近4亿电视用户当中，通过卫星电视接收器来收看电视节目的数量占据近20％的份额。

（三）地面无线传播网络的数字化

地面无线传播网络是广播电视领域发展最早的基础网络，通过在地面建立电波塔以无线电波的方式播出电视节目。通过数年来各国对于地面无线传播网络的数字化推进的努力，截止到2010年，国际上共有四套成熟的数字电视地面传输标准，即美国1996年高级电视系统委员会（ATSC）研发的“格形编码八电平残留边带”（8－VSB），欧洲1997年提出的数字视频地面广播（DVB－T）采用编码正交频分复用（COFDM），日本1999年提出的地面综合业务数字广播（ISDB－T）以及我国于2010年提出的地面数字电视多媒体广播（DT－MB）。

20世纪80年代，西方主要的发达国家都从国家战略的高度推进地面数字电视的发

① 周艳：《我国数字电视产业政策的形成研究》，中国传媒大学出版社，2007年版。

② 黄升民、周艳等：《中国卫星电视产业经营20年》，中国传媒大学出版社，2006年版。

展。现在，欧洲（主要是西欧）的地面数字电视已取得明显成绩，并成为欧洲向数字化过渡的重要推动力。

原国家广电总局于 2004 年 6 下发《关于加强地面数字电视试验管理的通知》，将地面数字电视的推广与网络建设工作提上日程。2006 年 8 月正式颁发我国的《地面数字电视标准》，2007 年 8 月 1 日起正式实施。2008 年年初央视地面免费高清节目的开播，标志着地面数字电视市场已全面启动。

此外，我国地面数字电视还广泛应用于车载移动广播电视和个人多媒体终端广播电视的发展。

三、广播电视新媒体的五大类别

随着数字技术在传媒领域中的不断发展，传统的广播电视媒体也出现了一些新的变化，诞生了许多在数字化之后利用广播电视技术构建的新兴广播电视媒体类型。根据国内外广播电视新媒体的发展现状，可以大致将广播电视新媒体分为以下五类：

（一）数字电视

数字电视是指从电视节目的采集、录制、播出、发射到接收全部采用数字编码与数字传输技术的新一代电视，是在数字技术基础上把电视节目转换为数字信息（0、1），以码流形式进行传播的电视形态，综合了数字压缩、多路复用、纠错掩错、调制解调等多种先进技术①。

我国广电技术专家杜百川曾对数字电视作过这样的界定："数字电视是指基于数字技术平台，在电视信号的采集、记录、处理、存储、播出、传输和接收过程中使用数字技术的全程数字化系统，同时可以基于数字技术平台实现视频点播、金融、购物等双向互动增值服务。"②

百度百科认为，数字电视（Digital TV）又被称为数位电视或数码电视，是指从演播室到发射、传输、接收的所有环节都是使用数字电视信号或对该系统所有的信号传播都通过由"0、1"数字串所构成的二进制数字流来传播的电视类型，与模拟电视相对③。

根据维基百科的定义，数字电视又被称为数位电视或数码电视，是播出、传输、接收等环节中全面采用数字信号的电视系统，与模拟电视相对。数字电视系统可以传送多种业务，如高清晰度电视（简写为"HDTV"或"高清"）、标准清晰度电视（简写为"SDTV"或"标清"）和互动电视及数据业务等④。

数字电视强调全数字过程，涵盖电视从节目制作、播出、传输、存储和接收等各个环节；数字电视由于技术的先进性差别有不同的发展层次。美国有关机构将数字电视按照清晰度分为三个等级：包括 PDTV（普通清晰度电视）、SDTV（标准清晰度电视）和 HDTV（高清晰度电视）。数字电视具有图像质量高、节目容量大（是模拟电视传输通道节目容量的 10 倍以上）和伴音效果好的特点。可以在同一通道内实现不同业务以满足各种业务需求，使电视媒体从单一节目传输通道变成综合信息服务网络 。根据不同的传

---

① 黄升民、周艳、宋红梅：《数字电视产业经营与商业模式》，中国物价出版社，2002 年版。
② 杜百川：《美国高清晰度电视的发展与现状》，《广播与电视技术》，1994 年第 11 期。
③ http://baike. baidu. comview3084. htm.
④ http://zh. wikipedia. orgwiki%E6%95%B0%E5%AD%97%E7%94%B5%E8%A7%86.

输途径,数字电视可以分为卫星数字电视、有线数字电视、移动多媒体广播和地面数字电视。在目前多种传输手段并存且市场成熟度较高的情况下,对于用户端的收视而言,卫星、有线、地面微波等传输手段从本质上实现的都是通过某种渠道,将数字广播电视信号传输到用户电视机终端设备的这一功能。各个国家与地区根据自身的技术条件、地理条件、发展目标等选择了不同的数字电视类型进行推广与发展。在本章的后续章节中,笔者将对不同类型的数字电视发展现状作详细介绍。

表 7—1 卫星、有线和地面数字电视传输方式的特点

	卫星数字电视	有线数字电视	地面数字电视
覆盖范围	最广阔	区域性强	比较广泛
画面质量	信号容易受干扰	信号最稳定	信号容易受干扰
频道数量	最多,可达 500 个	比较多	比较多
铺设费用	起始费用高,单位成本低	单位成本较高	比较低
传输安全	容易受到攻击	最为安全	比较安全
移动性	比较强	无法移动	最适合移动
互动性	难以互动	最容易实现互动	难以互动

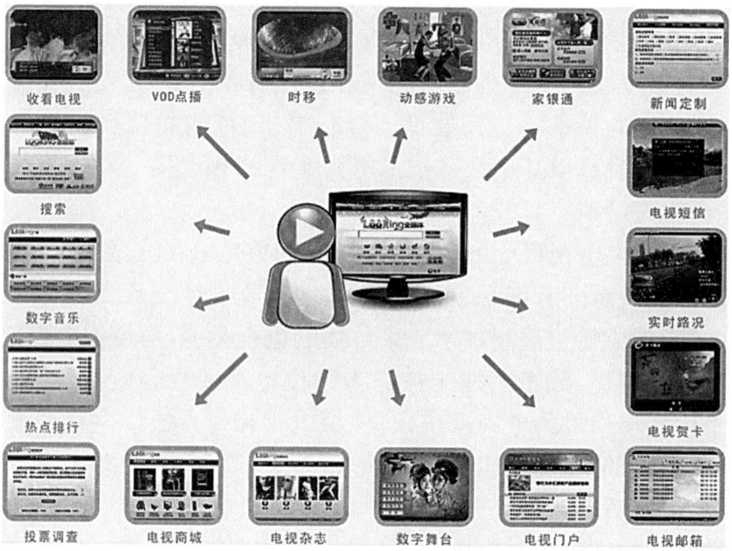

图 7—1 数字电视全媒体服务示意图①

（二）IPTV

从全球范围来看,虽然各国对于 IPTV 具体业务的定义并不相同,但是其技术相通性所带来的主要特点是类似的,即交互性和实时性。通过 IPTV 业务,用户可以得到高质量的数字媒体服务,可以自由地选择宽带 IP 网的视频节目,实现媒体提供者和媒体消费者的实质性互动。从这个特征来看,IPTV 跨越了电信产业和广播产业的边界,包含

① 原国家广电总局科技司司长王效杰在全国广电科技会议上的讲话稿。

“广播电视”和“电信”两类业务的特征，融合了传统电视和互联网的相关特性，因此IPTV可以被视为传统电视业务和电信新兴业务的结合体。

全球IP通信联盟认为IPTV（Internet Protocol Television），也叫网络电视，是指基于IP协议的电视广播服务[①]。该业务将电视机或个人计算机作为显示终端，通过宽带网络向用户提供数字广播电视、视频、信息服务、互动社区、互动休闲娱乐和电子商务等宽带业务。

国际电联IPTV焦点组（ITU－TFG IPTV）于2006年7月10日至14日在日内瓦召开了第一次会议，对IPTV作了初步定义：“IPTV是在IP网络上传送的能够提供QOS（服务质量）/QOE（用户体验质量）、安全、交互性和可靠性要求的多媒体业务，例如电视、视频、文本、图形和数据等。”[②]

同年年底，在韩国釜山举行的国际电联IPTV焦点组（ITU－TFGIPTV）第二次会议上明确了IPTV的定义，这也是目前国际上流行的关于IPTV的统一定义：“IPTV是在IP网络上传送包含电视、视频、文本、图形和数据等，提供QOS（服务质量）/QOE（用户体验质量）、安全、交互性和可靠性可管理的多媒体业务。”[③]

国家信息产业部通信科技委原副主任陈如明教授认为IPTV属Triple Play（语音、数据和视频三重播放业务）的范畴：“IPTV是一种宽带网络业务，涉及多媒体、视频业务范畴，它可利用各种宽带网络基础设施，其主要网络终端可为网络机顶盒加电视机或计算机，亦可为手机及其他各类相应电子设备；它集互联网、多媒体、通信、广播电视及下一代网络等基本技术于一体，通过有利于多业务增值的IP协议，提供包括视频节目在内的各种数字媒体交互型业务，实现宽带IP多媒体信息服务。”

（三）数字广播

数字广播是指将数字化了的音频信号、视频信号以及各种数据信号，在数字状态下进行各种编码、调制、传递等处理[④]。同时，数字广播也是一项有别于传统所熟知的AM和FM的广播技术，它通过地面发射站，以发射数字信号来达到广播以及数据资讯传输的目的。数字广播起源于德国。数字广播技术的基础是Eureka－147标准，即数字广播系统标准。1988年1月1日，欧洲正式实施Eureka－147标准。1994年，Eureka－147标准被国际电信联盟（ITU）确认为国际标准。到目前为止，世界上有近30个国家和地区开播或试验播出数字广播节目。目前在英国、德国、比利时和丹麦等欧洲国家，数字广播的覆盖率已经达到了相当高的水平。

随着技术的发展，数字广播除了传统意义上仅传输音频信号外，还可以传送包括视频、数据、文字、图形等在内的多媒体信号。就世界范围看，数字广播已经进入了数字多媒体广播的时代，受众通过手机、电脑、便携式接收终端及车载接收终端等多种接收装置，都可以收看到丰富多彩的数字多媒体节目。

而利用数字广播技术，提供非实时的推送式广播服务，则是近两年出现的新的趋势。

---

① http://www.microvoip.com/.

② 陈如明：《NGN与IPTV的突破发展》，《中国数字电视》，2005年第8期。

③ 《国际电联专题会议明确IPTV定义中国提交文稿数居首位》，《信息技术与标准化》，2006年第12期。

④ 李秀磊、王洪波：《数字广播发展研究》，华夏出版社，2012年版。

因为大多数国家的政策法规不允许数字广播从事视频节目播出，而传统的FM广播又已经得到用户的充分认可，因此，利用数字广播技术，提供非实时的推送式广播，给广大广播用户带来了全新的收听体验，为数字广播技术的推广拓展了一片全新的天地。

(四)移动多媒体广播

移动多媒体广播(俗称“手持电视”)是指通过卫星和地面无线广播的方式，在手机、PDA、MP3、MP4、数码相机和笔记本电脑等七寸以下的小屏幕及移动便携手持式终端上，实现随时随地接收广播电视节目的收视与信息服务。

中国移动多媒体广播(China Mobile Multimedia Broadcasting，简称CMMB)，是国内自主研发的第一套面向多种移动终端的系统，利用S波段信号实现“天地”一体覆盖、全国漫游，支持25套电视节目和30套广播节目。2006年10月24日，原国家广电总局正式颁布了中国移动多媒体广播(俗称手机电视)的行业标准，确定采用我国自主研发的移动多媒体广播行业标准。

中国移动多媒体广播规定了在广播业务频率范围内，移动多媒体广播系统广播信道传输信号的帧结构、信道编码和调制，该标准适用于30MHz到3000MHz频率范围内的广播业务频率，通过卫星或地面无线发射电视、广播和数据信息等多媒体信号，可以实现全国漫游。

(五)网络电视

网络电视或称在线电视、联机电视，利用互联网进行电视直播，通常节目以WMV、ASF等流媒体格式播出，客户端须安装相应的播放软件。[①] 网络电视的出现给人们带来了一种全新的电视观看模式，它改变了以往被动的电视观看模式，实现了电视以网络为基础按需观看、随看随停的便捷方式。

网络电视台是指获得运营资质，利用网络电视技术向人们提供网络电视服务的机构。网络电视台的出现打破了传统电视关于“节目单”、“黄金时段”以及一次性消费的概念，更加适应当下受众碎片化时间的收视行为特征。

可以说，网络电视台是网络融合发展的典型案例，它将电信通讯网、国际互联网、有线电视网进行融合运作，实现网络资源的共享，避免低水平的重复建设，形成适应性广、容易维护、费用低的高速宽带的多媒体基础平台。

网络电视台除了继承了传统电视台的视频特性外，最大的特点就是它具备了网络基因，把电视从只具备单向传播的功能改造成一个交互的平台，这个平台是一个“社会”，它采用的是一种鼓励用户参与和贡献的架构，改变了传统媒体“只读、只听、只看”的属性，让用户参与到媒体的架构之中。

四、广播电视新媒体的发展趋势

(一)多屏互动的发展趋势

近年来，广电新媒体的发展呈现出的一个较为明显的特征就是多屏终端的融合发

---

① http://zh.wikipedia.orgwiki%E7%BD%91%E7%BB%9C%E7%94%B5%E8%A7%86.

展。传统广电媒体的终端为收音机与电视机，目前，仅电视机就已经发展出了支持高清业务的高清电视机、支持互联网访问业务的互联网电视机、支持3D电视业务的3D电视机等。在移动终端方面，各种手机、车载视频设备有效地支撑了移动多媒体广播的发展。正是在多样化终端的推动之下，数字电视、IPTV、移动多媒体广播等广电新媒体正在蓬勃发展。与此同时，通过网络技术，各种屏幕终端之间正在逐渐实现互联互通和融合发展。

所谓跨屏跨网联动业务，指的是用户可以在客厅通过电视机、在办公室通过电脑、在汽车中通过手机连续收看同一节目，还可以通过手机和电脑实现用户之间的相互推荐、用户原创视频内容的上传等功能。在这个业务中，通过广电和通信运营商的合作，实现了广播电视节目在多终端、多渠道上的无缝覆盖。

早在2009年5月，上海百视通就在IPTV平台上推出了三屏融合业务，实现了NBA内容在电脑、电视、手机三屏之间的转移。此后，这项业务被有线运营商借鉴，开始在有线网上开展此类业务。

（二）全业务的发展趋势

在传统电视数字化启动初期，主要目的是模拟传输的数字化改造，以提高图像清晰度、释放更多带宽资源，这也就导致了该业务类型比较简单，主要是频道频率的数字化传输、付费频道、准视频点播（NVOD）以及一些简单的本地信息浏览。

随着国内外广电新媒体的不断发展与探索，在基础单向业务之上也逐步出现了一些较为简单、基础的互动业务，如视频点播、信息搜索、互动游戏和在线支付等。在我国，以上海百视通、杭州华数和深圳天威视讯为代表的一些网络运营商把业务重点转移到了互动业务上，推出了影视剧视频点播（VOD）等典型业务。信息浏览也从单纯的浏览过渡为查询、搜索，还开发了在线小游戏、股票信息查询、卡拉OK等大量互动业务，广电网的视角从单纯的信号传输向业务运营的角度转变。

随着对互动业务探索的深入，广电新媒体的增值互动业务也越来越多样化，开始为用户提供基于不同终端的各类互动服务。在这一时期，高清的、个性化的、社区化的、实用化的、可在各类终端之间转换的业务需求成为广电新媒体业务发展的主流方向。例如，目前广电新的视频电话服务不仅可以像传统通信运营商那样，提供点对点的用户之间的视频通话，还能将通话双方的动态视频画面连接到电视屏幕上，打电话的时候，用户可以在电视屏幕上非常清晰地看到对方，实现双向音画无损的清晰沟通。目前，江苏有线的"可视通讯"、青岛有线的"视频家聊"、上海东方有线的"视频电话"和武汉有线的"可视电话"等均是类似的服务。

资料链接

广电网络的全业务

广电网从网络传输类型上可以分为基本广播类、双向互动类、跨域互通类和横向互动类。落实到具体业务类型上，主要包括音视频类、信息类、娱乐类、应用类和消息类等几大类。

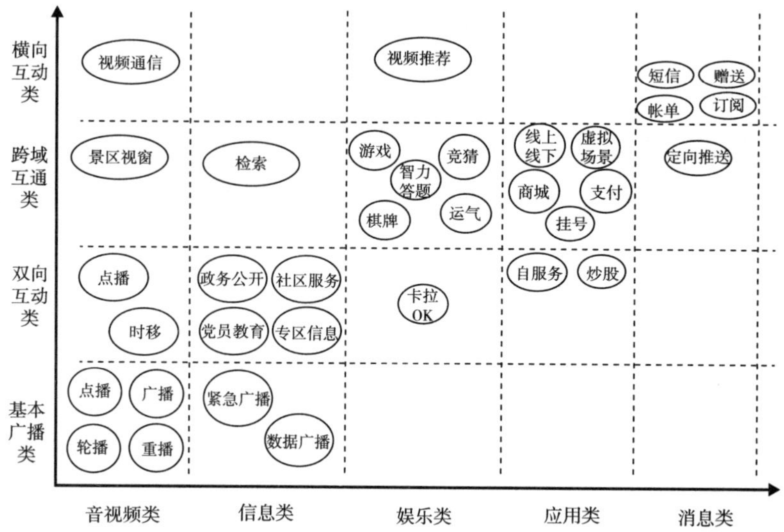

图 7—2 三网融合下的广电网业务分类①

我国有线数字电视为用户提供了丰富多彩的业务类型，一些有代表性的业务有：

1. 基于视频云的三屏互动

随着网络、渠道、终端的融合，人们开始在多个屏幕上观看视频。为了满足人们在多种屏幕上无缝收看内容并进行互动的需求，三屏互动类的视频应用出现。它并非是有线网独立的业务，而是可以实现节目内容在电视机、电脑和手机上的随意流转和互动。为了满足这一功能，运营商提出了"视频云"的概念，为所有终端同时提供内容。记者从上海了解到，SMG 正在建设中国最大的广电"视频云"，使全国广电在一个云平台上实现共同参与、共同赢利的合作。这将为有线网提供更丰富的内容和业务。

2. 电视银行

商务功能是数字电视的一大突破，电视引入商务交易功能之后，电视开始与网上银行、电话银行、手机银行一样，成为跟每个人生活息息相关的信息载体和服务渠道。通过电视银行，用户可以通过用遥控器在家里完成购物、汇款、交水电费和炒股等行为。

近年来，随着电视银行功能的完善，越来越多的有线运营商和银行加入了这一行列。2011 年 8 月，湖南全省试点电视银行；2011 年 9 月，浦发银行登录上海东方有线；2012 年 2 月，中国邮政储蓄银行正式在湖北有线网上线运营……电视银行逐渐走进了千家万户。

目前，电视购物的形式也日益多样化，包括团购、秒杀、购物券派发等。产品则包括食品、服装、家具日用、数码电器、快速消费品和耐用消费品等。在运作方式上，主要形式是通过专业购物频道或开设的购物专区。例如淘宝与华数合作推出的"华数电视淘宝商城"等。

3. 智能家居物联网

从目前角度来看，智能家居物联网现在还在技术试验阶段，以往多是硬件厂商和软件系统开发商所提出的概念，而有线网作为家庭中覆盖最为广泛的网络之一，在提供智能家居物联网服务方面，具有天然的优势。通过智能家居物联网，实现智能环境下的家

① 原国家广电总局也开始对广电网业务进行分类，图片出自原国家广电总局科技司司长王效杰在全国广电科技会议上的讲话稿。

居生活。因此，一些地方的有线网已经开始了这方面的试验，相信不久的将来，我们就可以在家里方便快捷地使用物联网。

(三)逐渐走向信息平台的发展趋势

网络与媒体的融合化发展趋势也让广电新媒体逐渐向信息平台的方向发展。

在家庭信息服务方面，最新的探索包括：以在线支付为支撑的各种金融类和购物类服务，用户可以在线购物、缴费、查询账户余额、转账和买彩票等；家庭医疗可以让用户在家里跟医生沟通，实现远程医疗；远程教育可以实现优秀的教育资源的共享；通过与物联网和远程监控等技术的结合，推出“家庭安防”服务，用户用机顶盒就可以控制家里所有的家电，还可以通过手机指令远程控制家电和进行家庭安防。

除了服务家庭之外，广电新媒体也加大了在社区、城市和国家信息化方面的业务，强化了广电网在国家信息化基础网络方面的能力。如北京歌华有线组建了“远郊政务环网”、“市政府应急指挥视频会议系统”、“朝阳监控网”、“农村党员远程教育网”和“文化信息共享工程”等，已经成为首都信息化建设的重要网络平台。武汉有线与当地交管部门合作，在城市道路“电子眼”系统的基础上，全面推出互动电视“江城眼”服务，用户可以足不出户就实时观看全市的实景路况，对出行路线作优化选择。同时，武汉有线还与武汉市劳动和社会保障信息中心合作，开通了数字电视社保/医保查询服务，可以查询社保个人账户信息、定点医疗机构信息和医疗保险近期个人账户消费明细等信息。哈尔滨元申广电网络已经规划了城市智能收费、供热智能管理收费、工商管理与处罚缴费和智能城市安全监控等多个子系统，这些已经被当地市委市政府列为重点建设项目。

第二节　数字电视

一、有线数字电视

有线电视(Cable Television，CATV)是相对于地面电视和卫星电视而言的一种电视系统，是使用同轴电缆作为介质直接传送电视和调频广播节目到用户电视的一种系统[①]。

有线数字电视是相对于地面数字电视和卫星数字电视而言的一种数字电视系统。有线数字电视是基于有线电视系统的基础传播原理，在有线网络数字化升级与改造之后，从内容采集、制作、播出到传输、存储和接收的各个环节全部采用数字技术的一种新的数字电视系统。接收方需要使用机顶盒或者数字电视一体机来接收数字电视信号，观看数字电视节目并使用相关业务。

作为目前技术较为成熟的广电数字化媒体，尤其是其高宽带、强交互的优势，更使得全行业对有线数字电视寄予了厚望。目前，有线数字电视已经进入双向、互动、全功能、全业务的层面。通过创新业务形态、加大新业务的研究与开发，有线电视将具备开展 100 种以上新业态的能力。

美国早在 2009 年 6 月就已经完成了数字电视的转化，英国也于 2012 年 10 月 24 日

① http://baike.baidu.comview54145.htm#2.

完成全部数字电视的转化，但主要是以地面和卫星数字电视为主。据数字电视研究的最新报告，基于对 80 个国家的预测，2017 年全球数字电视家庭用户将达 13.23 亿。2011 年至 2017 年之间，6.48 亿数字电视家庭中将有 2.59 亿来自有线数字电视。

我国的有线数字电视自 2003 年整体转换试点启动以来，经过近 10 年的发展，成果显著。数据显示，截至 2012 年 1 月，我国的有线数字电视用户数达到 1.139 亿，有线数字化程度达到 56.5%，已经有超过 200 个城市基本完成了整体转换，20 多个省完成了省级网络整合。

资料链接

我国有线数字电视发展分五个阶段

我国有线数字电视发展分五个阶段：

第一个阶段是 2001～2002 年，此时数字化市场运营启动，以销售机顶盒、提供境外节目为推动力的发展方式被称为“苏州模式”。

第二个阶段为 2003 年，此时我国确定了有线先行的数字电视发展方向，首批 33 家试点启动。

第三个阶段是 2004～2006 年，在这几年中涌现出了强调信息化和整体转换的“青岛模式”，强调双向化发展的“杭州模式”；2006 年试点结束，我国有线数字电视进入了全面推进的下一个阶段。

第四个阶段为 2007～2008 年，我国重提以省为单位进行网络整合。

第五个阶段为 2009 年之后，下一代广播电视网的规划诞生，开始强调高清与互动业务，之后三网融合试点启动；2011 年，我国有线数字电视提出组建国家级有线网络公司。

二、卫星数字电视

卫星数字电视是居民通过卫星天线、高频头以及接收机收看直播卫星传输的节目。在采用数字技术后，通过卫星广播收到的电视节目比模拟技术能够收到的广播节目要多得多。卫星传播数字电视信号的方式最大的好处就在于覆盖面积大而且不会受到山脉、海洋、湖泊的阻隔，在地面无须设置基站等设施。

卫星数字电视成为很多欧美国家数字电视的主流。美国最早的卫星电视运营公司是首星公司(Prime Star)，其创办者是几家有线电视运营商，该公司在后来的市场竞争中归于沉寂。1995 年和 1996 年，美国 Direct TV 公司和 Dish 公司相继进入直播卫星电视运营业。经过 10 多年的发展，这两家公司成为美国直播卫星电视最主要的两家运营商。截止到 2011 年年底，美国直播卫星总订户是 3420 万户。

卫星已成为欧洲电视广播的主要基础设施，目前欧洲接收卫星电视的家庭不仅首次超过有线电视用户，也继续超过地面电视用户和 IPTV 用户。为推动卫星数字影视业的后续发展，俄罗斯、法国、爱尔兰和英国的多家卫星运营商、广播电视机构及付费电视运营商近期相继推出多项新举措。其涉及的领域涵盖数字电影的卫星传送、Ka 波段卫星新闻采集业务和地面数字电视的卫星广播，以及新的互联网电视服务等。

资料链接

Ka 波段卫星服务的新时代

随着欧洲首颗全 Ka 波段高流通量宽带通信卫星 Eutelsat Ka-sat 9A 在 2011 年 5 月底投入商业服务，欧洲及地中海盆地迎来了一个为广播机构、企业和消费者提供竞争力价格的 Ka 波段卫星服务的新时代。Ka-sat 卫星总容量超过 70Gbps，迄今，该卫星主要用于为企业及住宅用户提供新一代 Tooway Ka 波段宽带服务，其上网下载及上传最高速度分别可高达 10Mbps 和 4Mbps。目前，新一代 Tooway 卫星宽带服务已进入欧洲及地中海盆地 10 多个国家的市场。2012 年 3 月 21 日，总部在巴黎的欧洲卫星运营商 Eutelsat 通信公司宣布，当天通过其高性能的 Ka-sat 卫星正在推出一种创新的卫星新闻采集(SNG)服务。该项服务被称为 News Spotter，也由 Eutelsat 公司旗下的宽带服务子公司 Skylogic 提供，这意味着 Ka-sat 卫星扩大了专业卫星服务的范围。

在我国，卫星数字电视主要针对较为偏远的地区居民。我国的卫星数字电视起步于 2000 年，当时开始制订卫星数字化的发展规划；2003 年明确了发展直播卫星的意图；2006 年 10 月 29 日，我国发射了第一颗广播卫星“鑫诺二号”，但由于技术故障，未能投入使用；2008 年 6 月 9 日，中国的第一颗直播卫星“中星 9 号”广播电视直播卫星发射成功，投入使用；2008 年起，基于“中星 9 号”的直播卫星“户户通”招标采购工作展开。

我国一直把直播卫星定位为“村村通”、“户户通”工程的信源和对有线电视市场的补充，并一直致力于发展公共服务事业。从 2011 年 4 月起，国家开始推进农村广播电视由“村村通”向“户户通”延伸，利用直播卫星向我国有线电视不能通达的农村地区提供广播电视公共服务。甘肃、山西、云南、西藏、内蒙古、青海、河北和宁夏等 24 个省(区、市)的 3900 多个乡镇、46000 多个行政村被划分为直播卫星服务区域。踏入 2012 年以后，国家更是对直播卫星电视进行了更深层次的政策部署，管理和技术创新层出不穷。

资料链接

我国直播卫星电视的业务

1. 基础广播电视接收业务

现阶段，直播卫星公共服务提供的免费节目包括 25 套电视节目和 17 套广播节目。电视节目包括中央电视台 1 至 16 套节目、1 套教育电视台节目、7 套少数民族语言卫视节目和 1 套本省卫视节目。广播节目包括中央人民广播电台 1 至 13 套节目、3 套中国国际广播电台节目和 1 套本省广播电台节目。若用户购买双模机顶盒，除收看上述节目之外，还可以免费收看当地 6 套地面数字电视节目。

2. 增值功能

除了接收广播、电视信号之外，新一代的直播卫星机顶盒还利用技术创新开拓了一系列附加功能。

例如原国家广电总局与电信部门合作在机顶盒上增加的通信服务。这项服务是通过在机顶盒里内置移动通信模块来实现的。用户只要在安装机顶盒时，购买加装电话模块并外接电话机，便可通过移动通信网打电话，通讯资费按照当地移动运营商的普通标准收费。

3. 应急广播功能

除增值功能之外,“户户通”工程还深入挖掘公共服务理念,在机顶盒上开发出了应急广播的新功能,即在发生重大自然灾害时,机顶盒不论是在开机或关机状态,都可自动接收应急广播信号并发出报警声音。终端展现方式是,让电视机播放的电视节目自动切换为有应急广播字样背景的应急广播音频节目。

截至2012年6月底,是我国应急广播工程推进计划的第一阶段,初步建立了国家应急广播体系,基本实现了应急广播在国内重要城市、重点地区的覆盖。具体措施包括:初步建立应急广播制作播发平台和调度控制平台,升级改造全国重点区域传输覆盖网,为藏区44万用户安装带有应急广播功能的直播卫星机顶盒,在北京、天津、上海、广州四个城市开展数字音频广播实验试点等。

目前,我国利用现有资源,统筹多种广播技术手段,已经构建起了覆盖广泛、快速高效、安全可靠的国家应急广播系统。直播卫星应急广播作为该系统的重要一环,开通了“中星6B”、“中星6A”和“中星9号”三个卫星传输通道,并建立起了直播卫星覆盖网,使接收设施能够及时、准确、快速地接收到消息体并自动切换为应急广播画面和音频节目。

4. 数据广播,集合实时服务信息

数据广播功能同样是直播卫星开发出的一项惠民新服务,简单来说,就是用户能在不开电视机的情况下,通过机顶盒内置的小喇叭直接听广播。

数据广播为用户提供免费的新闻时事资讯以及涉农的气象、科技、农贸等综合服务信息,让农村地区群众摆脱了一直以来技术局限所导致的信息闭塞,让他们接收到更多国家时事要闻、新鲜社会观念以及农业培植技术等知识,逐渐缩小与城市地区的观念差距。这一功能创建起了一个农村公共信息服务的大平台,为农村地区的广大群众提供了极大的生产、生活方便。

5. 数据回传业务

新一代机顶盒专门开发了数据采集回传软件,可自动回传用户操作遥控器的数据,此功能不仅可以用于开展收视率调查、统计用户电视接触习惯、节目偏好等信息,也为下一步进入商业运营阶段后开展双向视频点播业务奠定了技术基础。

三、地面数字电视

(一)地面数字电视的概念

地面数字电视是数字电视技术的一种,即通过接受电视塔发出的地面数字电视信号来收看电视节目。对于电视机而言,接收设备需要具备地面数字电视信号接收能力,如果是老式模拟电视,也可以通过专用的机顶盒接收,然后转换成模拟信号连接到电视机上。地面数字电视主要面向没有有线网络覆盖的城郊、乡村等地区,以及移动终端如车载数字电视和手机。

(二)地面数字电视的发展情况

1.国外地面数字电视发展概况

欧洲地面数字电视的发展全球领先,欧洲较早开播地面数字电视的国家有英国、瑞典、德国和意大利等。美国主要是以有线和卫星电视的数字化来带动地面电视的数字化,美国70%的视听者是通过有线电视网或卫星电视网收看地面电视节目的。

英国在经历商业地面数字电视 OnDigtal 公司破产的打击后，对发展策略进行了调整，重新启用了传统免费收看的运营模式。在强有力的价格竞争下，英国地面数字电视逐渐复苏，到 2007 年，英国地面数字电视的普及率已达到 30%。英国的消费者只需花 69 英镑购买一台机顶盒即可接入免费广播的 Freeview 平台。

欧洲 Freeview 地面数字电视服务自从 2002 年年末开播以来，取得了极大的成就，它已发展成可靠的广播数字电视平台。其用户数仅次于卫星付费电视平台英国天空广播公司(BSkyB)的用户数,成为了英国数字电视发展的重要推动力。

2.我国地面数字电视的发展概况

在我国,地面无线广播电视被列为义务性的公共服务,地面数字电视也相应地承担了国家所规定的义务性公共服务。我国是一个农业大国,有50%以上的人口居住在偏远的农村地区,从地面数字电视固定接收承担的公共服务角色看,地面数字电视固定接收的收视人群首先是中低收入的免费收视群体,其覆盖范围以城市远郊区和人口分布相对分散的农村地区为主。

作为有线数字电视有益的、必要的补充和延伸,地面数字电视成为解决农村及边远山区数字电视信号覆盖的重要手段,也承担起向这些人群提供基本的电视服务的重担,并履行广电的宣传教育义务。

1993 年,我国地面数字电视标准研究启动;2005 年起,车载移动电视在城市陆续启动;2006 年,湖南省株洲、安徽省凤阳、河南省安阳等地陆续开通了商业性的地面数字电视服务,年收费在 100～200 元不等。该方式此后被叫停。2006 年 8 月 18 日,国家标准化管理委员会发布地面数字电视国家强制性标准《数字电视地面传输系统帧结构、信道编码和调制技术要求》,自 2007 年 8 月 1 日开始实施。2008 年,在 6 个奥运城市和广州、深圳开展试点工作。2008 年 11 月,国家拨款 25 亿元用于地面数字电视发展,计划在 3 年时间内完成 333 个城市 2861 个县的地面数字电视覆盖,但实际进展缓慢。

2011 年 12 月,国际电信联盟批准我国的 DTMB 标准为国际标准。经过多年的产业推广,目前我国已有 80%以上的地面数字电视运营商开通了地面国标数字电视信号;地面数字电视大面积覆盖系统已经在全国 30 余个省的 300 余个地市大范围开播。

资料链接

我国地面数字电视的发展规划

第一,争取在 2013 年年底全国县级(含)以上城镇以高、标清方式播出地面数字电视,并开始优化从省会城市以及地县市的覆盖网络。

第二,规划从 2015 年开始,在地面数字电视普及率达到模拟电视水平并且地面数字电视接收机普及率达到 85%以上的地级市开始逐步关闭模拟电视信号;到 2018 年,全国地级(含)以上城市地面电视将完成向数字化的过渡。

第三,从2018年年底开始,在地面数字电视普及率达到模拟电视水平并且地面数字电视接收机普及率达到85%以上的县级市开始逐步关闭模拟电视信号。

第四,计划到2020年年底,全面完善地面数字电视覆盖网,关闭地面模拟电视信号,完成地面电视向数字化的过渡。

第三节　IPTV

一、IPTV在全球范围内的发展

IPTV是指通过双向IP网络进行频道及互动业务传输的新业态电视服务。IPTV已在全球范围内得到蓬勃发展。全球范围内IPTV正在迅速发展中(概况见表7—2)。在多数国家,IPTV都是由电信运营商主导的,与有线电视是直接竞争的关系。面对互联网视频的竞争压力,运营商更加积极地推进了IPTV系统的开放性,在IPTV系统中引进互联网内容和应用。例如美国AT&T已经在U—Verse IPTV平台上开通了Flickr服务,支持用户通过电视机浏览Flickr上的图片。Verizon计划在其IPTV平台的FiOS TV上支持Twitter、Myspace、Facebook和YouTube的运行。

在欧洲,意大利Fastweb、法国电信、英国电信、西班牙电信和比利时电信等都大规模开展了IPTV业务或进行IPTV的商用试验;在北美,加拿大曼尼托巴电信(MTS)和萨斯喀萨温电信(SackTel),美国的AT&T、Verizon、Qwest、RTC和Cross等通信公司都进入了IPTV这一市场。同时,全球传媒相继进入互动传媒,积极跟进IPTV产业大潮。根据Informa Telecoms & Media、Parks Associates和盖洛普等公司提供的数据,至2009年年底,全球IPTV用户数量为3300万户,其中亚洲是发展最迅速的地区,在亚洲,香港电信盈科、新加坡电信、日本软银国际与Yahoo!、BB、Cable和以色列电信等都相继开展了IPTV业务。

据宽带论坛发布最新统计报告称,2011年第二季度,全球IPTV用户数量达5100万户,同比增加7.8%。研究公司Point Topic统计数据指出,业内机构透露称法国仍然是IPTV普及率最高的国家,有1105万户用户(或50%的宽带连接家庭)都在接受IPTV的服务。调查所涉及的每个市场中,除西班牙外,IPTV用户数量均呈两位数增长①。

表7—2　世界部分发达国家及地区IPTV运营商的基本情况②

所在区域	运营商名称	基本情况
亚洲	香港电信盈科(PCCW)	2003年9月启动名为"NOW宽频电视"的IPTV服务,是全球最成功的商用IPTV服务之一
	新加坡电信	2001年测试,2007年7月20日正式启动MioTV业务
	韩国电信、SK宽带、LG Dacom	2007年年底,韩国电信KT获准经营IPTV业务;2009年1月,SK宽带、LG Dacom正式提供IPTV业务;KT与SK各占40%以上的市场份额
	日本NTT、KDDI等	2006年前后启动IPTV业务,由NTT、KDDI、BB Cable、Cool. Revo和USEN等五家运营商运营

① http://center.189.cnnewsjsdt/8871.html.

② 中国传媒大学广告学院媒介研究所根据相关资料整理。

续表

所在区域	运营商名称	基本情况
欧洲	意大利 Fast Web	始于 2002 年，是世界上最早开展 IPTV 业务的固网运营商之一
	法国电信	跨国综合服务运营商、2003 年年底推出 IPTV 业务，名为 Maligne TV，2006 年更名为 Orange，提供网络语音、IPTV、宽带接入等服务
	英国电信	2006 年 12 月启动 IPTV 业务，名为 BT Vision；2008 年 9 月开播高清电视；IPTV 不收月租费
	西班牙电信	2007 年推出 IPTV 业务
北美	美国 Verizon	提供 FIOS TV 的 IPTV 业务
	美国 AT&T	美国最大电信运营商，2006 年 7 月推出后名为"U－Verse TV"的 IP 电视服务

二、我国 IPTV 的发展概况

我国从 2005 年就开始 IPTV 业务的商业化运营，最早是由上海东方传媒集团有限公司(SMG)旗下的新媒体公司百视通和中国电信、中国联通共同合作开展的。经过短短六年的发展，2011 年我国的 IPTV 用户规模达到 983 万户①，仅次于法国，在全球 IPTV 用户市场的比例为 20%左右。根据工信部的统计，截至 2012 年 1 月，国内 IPTV 的用户已经达到了 1400 万户。

资料链接

我国以中央、地方两级播控平台为主导的 IPTV

集成播控平台是整个 IPTV 产业链的核心环节。由于所有节目和服务内容都必须首先集中到集成播控平台上，所以它为整个 IPTV 的内容和技术安全提供了保障，确保用户能够获得健康、绿色、安全的视听服务。在我国 IPTV 的政策环境下，集成播控平台的架构权归属于广电。

1. 中央集成播控总平台

根据原国家广电总局的规定，三网融合试点地区 IPTV 集成播控平台的建设由中国网络电视台(CNTV)会同地方电视台，按照全国统一规划、统一标准、统一管理的原则联合建设。两级集成平台组成的联合体再同当地的电信企业统一洽谈签约，对外采用统一的播出呼号"中国广电 IPTV"，负责整个 IPTV 的市场运营和用户推广。中央集成播控总平台向上对接全国性的内容集成商，也就是负责 IPTV 的内容集成和业务策划编排的"牌照方"，接受各家内容集成商提供的媒体内容和业务内容；向下对接多个地区广播电视播出机构建设的 IPTV 集成播控分平台，分发内容及元数据、产品、增值业务、EPG 模板等，并收集试点地区集成播控分平台的运营数据。

2012 年 2 月 1 日，中国网络电视台(CNTV)与上海广播电视台(SMG)在北京签署 IPTV 集成播控平台合并协议。根据协议，双方将以中央电视台开办、中国网络电视台建设和运营的 IPTV 集成播控总平台为基础，建设和完善为全国唯一的 IPTV 中央集成播控总平台。上海广播电视台现有的 IPTV 集成播控平台及各地分平台将整体并入中央电

① http://www.sarft.net/a/31484.aspx.

视台 IPTV 集成播控总平台及各地分平台，作为备份平台。全国 IPTV 用户将由 IPTV 中央集成播控总平台统一管理。双方将把各自拥有的频道和节目资源投入到总平台中，并成立合资公司，负责总平台的可经营性业务。

2. 地方集成播控分平台

截止到 2012 年 5 月，四川、湖北、北京、深圳、山东、湖南、江苏和浙江这八个三网融合试点省市的分平台已经完成建设，并且与中央总平台实现对接。分平台首先接收来自中央总平台的内容，同时也与本地的内容集成商对接，获取本地化的信息。

（一）我国 IPTV 由广电、电信分工合作共同监管

我国的 IPTV 业务按照相关政策是以广电播出机构负责播控、电信负责传输的方式运营的。明确了广电播出机构将负责 IPTV 集成播控平台的建设管理，包括内容管理、数字版权保护、产品管理、增值业务管理和 EPG 计费管理等，确保内容的安全性。电信机构负责 IPTV 内容的传送及宽带接入，确保传输服务的质量①。

最初，IPTV 业务多由我国的通信产业来开办，三网融合政策推动之后，2010 年 6 月，经过多轮博弈，国家三网融合试点方案正式公布，IPTV 的发展获得了前所未有的政策扶持。同年 7 月 12 日，原国家广电总局下发《关于三网融合试点地区 IPTV 集成播控平台建设有关问题的通知》。

《通知》规定我了国的 IPTV 业务将按照广电播出机构负责播控、电信负责传输的方式运营。试点方案明确了广电播出机构将负责 IPTV 集成播控平台的建设管理，包括内容管理、数字版权保护、产品管理、增值业务管理和 EPG 计费管理等，确保内容的安全性；电信机构负责 IPTV 内容的传送及宽带接入，以确保传输服务质量的职能。

344 号文件的出台对 IPTV 的发展起到了极大的影响。因为它的规定改变了 IPTV 牌照商和电信运营商之间的合作方式，也清晰地划分了广电、电信的监管职能，使广电、电信各有所长。

IPTV 的不断发展代表了新业态电视的生命力，它不会因为某一个利益集团的发展利益得到满足就不发展了。在竞争、发展的过程中，无论是广电还是电信，谁把握住了机遇，谁更好地满足了用户、市场的需求，谁先于对方更好更快地推出业务，满足了需求，谁才会是真正的赢家②。

（二）我国 IPTV 的业务运营

1. 传统广播电视内容在 IPTV 的业务呈现

传统上，广播电视内容的分发只能通过电视机这一个终端来呈现。而 IPTV 使这些传统的广播电视内容能够以 IP 机顶盒＋电视机或者以 PC＋IP 机顶盒为终端设备来提供给受众，使同样的内容得以在更多的网络出口和终端上展现，并且被赋予了互动性的特征。从内容集成分发的角度来看，IPTV 成为传统广电频道内容的又一个出口，一方面为整个频道的直播增加了渠道，另一方面它通过对传统频道内容的重新编排、集成，开发出了更多的特色频道内容和点播内容，使这些内容能够在专题频道、VOD 点播、视频回

① 周艳：《解析我国 IPTV 的市场运营》，《电视研究》，2011 年第 11 期。
② 同上。

看中得到多次展现，赋予了传统广播电视内容以新的生命力[①]。

表 7—3　传统广播电视内容在 IPTV 中的呈现方式[②]

传统广播电视内容在 IPTV 业务中的表现	内容呈现方式	对传统广播电视内容的促进作用
直播电视（直播频道）	中央电视台各频道、各省级卫视、付费频道、轮播频道	传统广播电视频道的新出口，专业频道、特色频道满足了用户个性化订购的需求
视频点播（VOD）	VOD 片库内容，包含电影、电视剧、娱乐节目、儿童节目、法制节目、军事人文等类别，还有地区性的特色内容，比如广东省会加入粤语节目，东北地区加入二人转专区等	把传统广播电视内容进行拆分、分类、打标签，再重新组合编排；还可以将热播的内容放在首页进行热播推荐，更好地帮助内容的传播
频道回看	中央电视台频道、各省级卫视、付费频道的 24/48/72 小时回看	让传统广播电视内容不受播出时间的限制，用户即使错过了频道首播时间，也可以通过回看来继续收看

（1）全频道输出

就直播的频道而言，中央电视台各频道、各省级卫视、付费频道和轮播频道是主要的频道类型。CNTV 的国家 IPTV 集成播控总平台拥有的标清直播频道数达 100 个，高清直播频道为 10 个。上海百事通的 IPTV 平台有 100 个以上的直播频道，包含了央视、各地地方卫视、上海文广旗下的 20 多个数字频道以及 42 个轮播频道，如瑜伽、健康、军事、汽车、音乐、金庸剧频道和姚明频道等，让喜欢某一特定类型节目的观众可以享受一站式收看的效果。

（2）优质内容重新包装组合，以点播的方式被重新使用

IPTV 特色的视频点播 VOD 业务的内容绝大多数也来自于传统广播电视的内容。

从 IPTV 的内容集成商的运营情况来看，它们首先必须通过购买、交换、自制等方式将传统广播电视内容集成到自己的内容系统，然后再对系统中的内容素材进行筛选、转换格式、打标签和重新编排后才能将其正式上线，供人点播，这部分内容在整个 IPTV 的内容总量中所占比重正在日益扩展。截至 2010 年，国家集成播控总平台已经拥有总时长超过 2 万小时的视频点播内容，每周节目更新量约为 800～1000 个小时；同时集成了 BBC、美国国家地理、KBS 和 TVB 等各大全球著名电视台的精品节目。

上海百事通的 VOD 点播库就包含了 1500 多部电影、300 多部电视剧以及新闻财经、音乐娱乐、法制纪实、凤凰华娱和赛事等，共计 30 万小时左右，每个月有 10%左右的更新。这些内容的来源其实也是源于传统的广播电视内容，比如国产热播电视剧覆盖率几乎达到 100%，热门影片的覆盖率达到 95%。

（3）直播频道内容还可以被存储、回看

回看业务是 IPTV 基于传统广播电视的直播频道或者比较受欢迎的某类内容，提供用户可以不必要按照传统频道直播的时间，而按照自己的时间较为自由地在两天或者一周的时间内任意回看某个内容的服务。目前，上海百事通 IPTV 的回看业务能够为央

① 周艳：《解析我国 IPTV 的市场运营》，《电视研究》，2011 年第 11 期。

② 同上。

视、地方卫视和数字频道提供48小时直播回看的服务，带有大容量硬盘的机顶盒可以对这些直播频道进行实时录像、存储，用户在48小时之内可以回看并反复进行观看。

2. IPTV上的互动业务

IPTV的市场运营，一方面使得传统的广播电视重新焕发出新的生命力，另一方面，它基于自身的双向网络、内容集成分发系统和相关技术支持，开发出了多种传统广播电视所不具备的业务类型。这些业务不仅包括以信息传播为主的信息类业务，使IPTV成为用户互动信息索取的媒介平台，保持天生的媒体属性；同时还包括丰富的服务受众日常生活方方面面的业务，赋予IPTV生活服务平台的服务属性。

表7—4　IPTV的主要互动业务类型①

	业务类型	具体业务名称
信息类业务	直播类业务	传统频道直播、付费频道直播
	点播类业务	视频点播(VOD)、信息点播
	推送类业务	PVR回看业务、信息资讯服务(包括政务信息、气象信息、旅游信息、便民信息、电视杂志、品牌专区等)
服务类业务	生活服务类业务	家庭医疗、家庭安保、预约挂号、互动投票等服务
	教育服务类业务	远程教育、在线答题
	娱乐服务类业务	游戏业务
	商务服务类业务	采用电子支付的方式在线购买商品、缴纳燃气、水电费，购买火车票、电影票、话剧演出票等

(1)信息类业务

IPTV的信息类业务就是对音频、视频、文字、图片信息的传输服务。因此根据传输方式的不同，这些信息类业务可以被分为直播类业务、点播类业务和推送类业务三种业务类型。直播类业务是单向的实时传递、实时接收的业务类型，包括传统频道和付费频道直播两种。点播类业务则是基于双向网络，用户点播，服务器作出回应，提取信息并传递完全互动的信息服务。而推送类业务则是内容已经被服务器提前推送到用户端，用户则可以根据需要，进行本地化的浏览，比如频道回看和各种资讯信息。这些资讯信息的设置和表达有着很强的区域性和本地化特征，它更加贴近当地用户的生活实际，更实用；二级地方的内容集成与播控平台在这个过程中起到了关键性的作用，因为它在吸收中央平台的内容和业务的同时，自己也从区域性的内容集成商中拿到了本地化的内容。

(2)服务类业务

服务类业务的一大特征在于它基于互动宽带网络提供各种服务，十分强调业务的服务性。正是这类业务的存在，才使得IPTV的受众变为用户，从看电视向用电视的方向转变。

我们看到目前国内IPTV的服务类业务也是非常多样化的，主要包括生活服务、教

① 周艳：《解析我国IPTV的市场运营》，《电视研究》，2011年第11期。

育服务、娱乐服务和商务服务四大类。生活服务类业务服务于居民日常生活和城市管理；教育服务类业务可以借助 IPTV 互动平台提供远程教育，以及面向各个年龄层用户的互动答题业务，寓教于乐；3D 体感游戏、多人在线互动游戏的开展使电视的娱乐性更强；而商务服务类业务则是直接把互联网的电子商务、实地金融支付业务搬到了 IPTV 上。这项服务的开展有两方面的优势，一方面对于用户而言，IPTV 平台又赋予了他们更多、更便利的支付体验，只要在家用遥控器就能在线购物；另一方面对于 IPTV 运营商而言，这个平台一旦解决了支付环节的问题，就会吸引更多的应用内容提供商进入，进而促进整个 IPTV 应用服务市场的发展，获得更广泛的发展空间。

图 7—3　我国百视通不断创新的 IPTV 业务

2010 年，上海东方传媒集团与银联商务有限公司、中银通支付商务有限公司合作，打造了国内首个银行卡的电视支付产品和标准，创造了 IPTV 平台与电子商务、金融支付相结合的 IPTV 支付业务。银行卡电视支付产品推出后，用户即可通过电视终端进行付费点播、通过电视购物等业务进行在线支付。该产品不仅会涉及金融便民支付，如水电煤缴费、火车票、飞机票以及银行卡业务，而且还将支持互联网支付和 IC 卡支付两种模式。

第四节 移动多媒体广播和网络电视

一、移动多媒体广播

(一)国际上移动多媒体广播电视的主要标准

目前,国际上移动多媒体广播电视的标准主要有三项:

1. DVB—H 标准

DVB—H 标准是欧洲数字电视广播标准化团体于 2002 年前后针对通过地面数字广播网络向手持终端提供多媒体业务所制定的传输标准。该标准被认为是 DVB—T 标准的扩展应用,在 DVB—T 网络上只要做很小的修改就可以发送符合 DVB—H 标准的数据流。DVB—H 终端具有较低的功耗,移动接收和抗干扰性能优越,推广成本相对较低。2008 年 3 月,欧盟委员会批准该标准为欧洲移动多媒体广播电视标准,对该标准的普及起到了极大的推动作用。

全球支持该标准的运营商也比较多,包括德国的 BMCO、法国的 TDF Group 和芬兰的 FinPilot 等;终端支持厂家有诺基亚、三星、飞利浦、摩托罗拉和 NEC 等。

DVB—H 标准最早在欧洲实验。意大利、德国、法国、英国、西班牙、瑞典、芬兰、荷兰、葡萄牙、瑞士和奥地利等国家都进行了基于 DVB—H 标准的移动多媒体广播电视实验,取得了较好的实验结果。DVB—H 也积极走出欧洲,向其他地区渗透。澳大利亚、新加坡、马来西亚、印度尼西亚、印度和新西兰等国也进行了实验。

但不足的地方在于,基于 DVB—H 标准的服务存在缺少有吸引力的节目内容和用户付费意愿不足等问题,导致订制用户数不成规模、部分终端制造商不愿开发新型号的 DVB—H 终端等,严重影响了标准的应用。

2. T—DMB 标准

T—DMB 标准是韩国推出的地面数字多媒体广播标准。该标准是在由欧洲厂商开发的尤里卡 147 数字音频广播系统的基础上稍作修改而形成的,向手机、PDA 和便携电视等手持设备传送数字电视节目。基于 T—DMB 标准的服务于 2005 年 12 月 1 日在韩国推出后,服务内容包括音视频广播以及交通、新闻、天气等信息服务,KBS、MBC 和 SBS 等六家广播电视公司采用该标准提供移动多媒体广播电视服务。

由于政府推行用户免费使用移动多媒体广播电视服务的政策,基于 T—DMB 标准的服务运营商存在网络维护资金不足等问题,业务质量受影响,难以维持移动多媒体广播电视的商业运作。

3. MediaFLO 标准

MediaFLO 标准是美国高通公司提出的移动多媒体广播电视技术标准。该标准主要应用在美国。高通公司和 AT&T 及 Verizon 合作推出 MediaFLO 移动电视服务,除提供广播电视节目外,还提供股票和天气预报等信息服务。其商业模式是:高通公司同时扮演网络建设、内容集成与服务转售的角色,将整套服务提供给电信业者,由电信业者直接面对终端客户。

由于MediaFLO标准完全由高通公司自己开发，网络建设、芯片研发、内容集成等成本全由高通公司承担，因而导致消费者的订购成本太高。由于订购意愿不足，难以形成市场规模。因此，高通公司欲在美国停止运营MediaFLO移动多媒体广播电视业务。

表7—5　世界主要三类移动多媒体广播电视标准对比①

技术名称	先进性	成熟性	产业链支持	商用化程度
DVB—H	较好	较高	尚未开展	少量商用，限于欧洲
T—DMB	一般	高	完善	商用，限于韩国
MediaFLO	广播技术结合移动网	较高	由高通牵头运营	商业化刚刚起步

(二)韩国和日本的移动多媒体广播电视的运营状况

1.韩国移动多媒体广播电视运营概况

韩国特有的数字多媒体广播业务是一项新的数字广播业务，原计划于2009年4月推出。它通过卫星将内容发往地面中继站，而后发往手机、个人数字助理(PDA)或有内置接收机的汽车，以便向移动用户提供各种多媒体服务，诸如视频、音频和数据业务。韩国国会于2004年3月通过了新的立法，为向移动用户提供包括HDTV电视节目在内的数字电视节目提供了法律基础。

为此，韩国电信公司(SKT)和日本移动广播公司(MBC)于2004年3月13日联合发射了全球第一颗移动电话电视广播通信卫星——MBSat1，以便向手机和移动中的汽车传送数字电视信号。这颗卫星共有39个频道，通过这颗卫星，可建立一个收入达2.37亿美元的新的移动电视市场。2005年1月10日，由韩国SK电信公司和日本东芝公司合资组建的TU媒体公司提供的韩国卫星数字多媒体广播服务开始试播。

2.日本移动多媒体广播电视的运营概况

日本移动广播公司于1998年5月成立，旨在率先在日本提供卫星多媒体移动服务，包括音频、视频和为不在家的人提供交互业务。

通过使用2.6GHz频段(S频段)的25MHz带宽，MBC公司能够提供约60个不同类型的音乐和其他声音节日的音频频道，包括体育、新闻、音乐、儿童音乐节目以及日本的一些下载频道在内的音频频道。

从广播中心传送出的广播信号发送到2004年3月发射的MBSat1卫星(Ku)波段，信号在该卫星上转为S频段，经过放大，再对全日本广播。假定在信号传输路径中没有障碍，MBSat1卫星的广播信号可以直接接收。在日本高大建筑物林立的城市环境中，通过使用能增强这些地方接收的所谓“填隙”系统(Gap-Filler)，使连续不间断地接收成为可能。同时，采用有效的纠错编码或多径校正特性，使得在任何环境下提供良好质量的音视频数字广播业务成为可能，无论是在建筑物外，还是在移动的汽车中。

广播节目内容可分为三类：音频广播、电视广播(新闻、体育和娱乐节目)和数据节目(新闻、股票市场信息、赛马结果等)。

---

① 中国传媒大学广告学院媒介研究所根据相关资料整理。

(三)我国移动媒体广播的发展概况

1.移动多媒体广播

截至2012年12月,我国的移动多媒体广播业务的信号覆盖超过337个城市和855个县级市,覆盖人口超过5亿人。而在用户发展方面,截至2012年6月,我国移动多媒体广播用户累计达到4500万户,付费用户超过2100万户①。

2.多终端发展

移动多媒体广播终端主要分为单向终端和双向终端两种形式。单向终端主要包括PDA、MP3、MP4和数码相机等,合作厂商有纽曼、蓝魔等。双向终端主要包括手机、笔记本电脑等,合作方有中兴、联想、天语、爱国者、新科等生产商。除此之外,还设计了前装车载、后装车载、平板电脑、手持GPS等各类终端满足不同细分领域的各类用户。经过三年发展,截至2011年8月,移动多媒体广播支持的终端类型已超过千款,其中TD—CMMB终端有166款。

多终端的开发为中广传播移动多媒体广播提供了更多的利润和增长空间,其收益方式也简单地从中国移动分成发展到向汽车等厂商出售移动多媒体广播设备获得收益等多种模式②。

3.多媒体业务

移动多媒体广播的运营机构中广传播集团有限公司已为移动多媒体广播配备了大量电视节目,其中包括CCTV1、CCTV5、CCTV新闻、睛彩电影、睛彩天下等全国性节目以及为31个省级地区播出的省级睛彩节目和331个地方节目。除直播电视外,中广传播还提供了睛彩报纸、睛彩广播、睛彩杂志、睛彩资讯、睛彩生活、睛彩排行榜、睛彩财经、睛彩导航和应急广播等媒体业务,提供新鲜及时的资讯信息。睛彩的命名,体现了中广传播的品牌意识。

表7—6 我国移动多媒体广播的业务构成分析③

业务类别	业务范围	业务名称	业务内容
广播电视节目业务	电视与广播节目	睛彩电视	CCTV1、CCTV5、CCTV新闻、睛彩电影、睛彩天下、本省一套、本市一套共七套电视节目
		睛彩广播	中央人民广播电台、中国国际广播电台、本省人民广播电台的第一套节目、本市人民广播电台的第一套节目共四套广播节目

① http://it.sohu.com/20120827/n351595073.shtml.

② 周艳:《CMMB:新市场,新机遇》,《广告大观:综合版》,2008年第11期。

③ 中国传媒大学广告学院媒介研究所根据相关资料整理。

续表

业务类别	业务范围	业务名称	业务内容
数据广播业务	精选短视频、歌曲MV、精彩游戏、电子报纸、电子杂志、生活资讯、打折信息等	睛彩导航业务	通过广播方式为用户发送实时的道路拥堵情况、流量信息等
		睛彩财经业务	把实时的股市信息数据以广播方式推送到手持电视终端，无需支付任何流量费用；行情覆盖了中国股市、债券和基金三大板块，具体服务包括了股市行情、技术指标、图形走势、排行榜、公司资料、评论分析和财经资讯等板块
		睛彩富媒体广播	可听、可看、可点播、可互动、可下载的新媒体广播业态；具有互动功能，通过点击屏幕上的按键，即可参与到节目中，包括节目评论、有奖竞猜、游戏博彩、互动购物等
		睛彩阅读	将传统的报纸、杂志、书籍等内容发送到用户终端
		应急广播业务	向公众通告紧急事件，应急广播支持文字和图片等多媒体形式
拟推出业务	互动电视、专业频道、移动多媒体广播实时资讯服务和音乐媒体业务		

就目前内容来说，无论是广电节目还是阅读业务，主要来自中广传播对传统媒体内容的集成编辑再分发。“睛彩报纸”由中广传播和中国日报报社、中国青年报报社、南方周末报社、经济观察报社、足球报社、北京晨报社等多家媒体签约推出。“睛彩阅读”则是由中广传播有限公司和出版商联手共同搭建的信息传播平台，通过移动多媒体广播技术网将传统的报刊、杂志、书籍等内容发送到移动多媒体广播的终端。

移动多媒体广播正努力成为一个内容平台商，通过集成多媒体形式的内容、搭建平台来构成对用户的吸引，移动多媒体广播的广电背景无疑能使这一定位获得众多力量的支持，也赢得更多样的合作机会。

4.三级架构运营模式

2009 年，原国家广电总局已经确立了移动多媒体广播全国运营的组织架构，即“中广移动总公司＋省级子公司＋地市级分公司”的三级架构，省公司由中广传播总公司和各省广电单位共同出资建设。省公司负责省内移动多媒体广播项目的投资和运营，广播电视节目传输服务，在各地市下设分公司。如吉林省中广传播有限公司是由原国家广电总局直属的中广传播集团有限公司和吉林省广播电影电视局直属的吉林电视台以及九个地市级广电机构共同出资组建的国有公司，于 2009 年 5 月 26 日正式成立，注册资金为 5000 万元人民币，吉林电视台是省内第一大股东。吉林省中广传播有限公司在吉林省内九个市设立了分公司。

移动多媒体广播的三级架构运营模式从一开始就被誉为广电管理体系的创新。总公司统一管控，也对地方公司放权，因地制宜。总公司统一调控制定发展大计，协调分配资源，省级分公司根据本地特色进行适当调整和规划，是非常合理的运营模式。

截至 2011 年 4 月，全国统一运营的体制基本建立：中广传播集团有限公司与全国 71 家省级广电单位、254 家地市级广电单位共同设立了 30 家省级运营公司，批准设立了 65 家地市级分公司及 151 个代维机构。

二、网络电视

随着电视媒体与网络媒体之间的互动越来越频繁,网络电视台这一新兴媒体形式也随之诞生。可以说,网络电视台既是时代的产物,也是传统广播电视媒体用以抢占互联网市场、与视频网站进行竞争的重要方式。

(一)我国网络电视台的发展

1.我国网络电视台的数量不断增长

2009年12月28日,中国网络电视台正式开播,这是我国最早成立的一家网络电视台,是依托中央电视台,以视听互动为核心、融网络特色与电视特色于一体的全球化、多语种、多终端的网络视频公共服务平台。2010年4月,国家广电总局批准安徽网络电视台成立,成为了我国批准设立的第一家省级网络电视台,延续安徽卫视一直以来的影视剧优势,坚持“剧行天下、爱传万家”的理念,主打电视剧的网络播放,力争成为中国热播剧第一门户网站。随后,江苏、湖南、浙江等省纷纷成立网络电视台。截至2011年4月,已经有11家省级网络电视台成立。

2.我国网络电视台的发展各具特色

在已经开办的各家网络电视台中,中国网络电视台(英文简称CNTV),是中国国家网络电视播出机构,是以视听互动为核心、融网络特色与电视特色于一体的全球化、多语种、多终端的公共服务平台。中国网络电视台充分发挥电视平台和网络平台的双平台的优势,对国际国内重大政治、经济、社会、文化、体育等活动和事件以网络视听的形式进行快速、真实的报道和传播;同时着力为全球用户提供包括视频直播、点播、上传、搜索和分享等在内的、方便快捷的“全功能”服务,成为深受用户喜爱的公共信息娱乐网络视频平台。

安徽网络电视台致力于为用户提供以视频为核心的热剧、娱乐产品及资讯服务。依托安徽卫视优质热剧资源和强力推广体系,着力构建中国热剧娱乐特色资讯发布平台,为网民提供一流的热剧、娱乐、资讯直播点播视频服务,力争成为中国热剧第一门户网站。

江苏网络电视台是由江苏广电总台(集团)竭力打造的专业网络传播平台,作为江苏广电总台的官方网站,囊括了江苏城市、综艺、影视、体育、少儿、国际和公共等11个方面的内容,具有现代感、资讯感及江苏文化风味;频道划分为新闻板块、益智板块、电视剧板块,由此清晰地将新闻、综艺、电视剧三项作为重点传播对象。

湖南网络电视台(金鹰网芒果TV)依托湖南卫视在娱乐节目方面的优势,侧重于娱乐与综艺,在娱乐节目与综艺节目方面敢于也善于开风气之先,“芒果”、“金鹰”成为湖南网络电视台与湖南卫视共享的品牌。

案例:我国的国家网络电视台(CNTV)

1.一个网:以国际国内镜像站点为核心的全球网络视频分发网络(GVDN)。

这个网是国家网络电视台建设的最基本条件。2014年,CNTV会实现在国内20个镜像站点、海外10个镜像站点的部署，架设一张基于全球各大电信运营商物理网上的网络视频分发业务网，并具备全球负载均衡、动态流量监控、自动流量调度等先进的网络管理功能。具备1000G带宽和2.5万台以上的服务器，支撑超过1000万的网络视频直播并发，200万的视频点播并发以及日均10万条网络视频的上传能力，在全球范围内逐步达到5秒打开页面、15秒打开视频的网络视频传播能力 。

2.两个库：即网络视频节目数据库和网络用户数据库。

建设国内最大的网络视频节目数据库，每天加工传统电视精品视频的制作能力达到1000个小时，能够承载网民每天上传视频5000个小时（10万条），并建设100万个小时的网络视频存储能力。网络视频节目数据库和网络用户数据库进行全面对接，网民既可以通过视频搜索等各种形式浏览网络视频节目数据库中的所有节目，也可以将自己拍摄到的内容上传到网络视频节目数据库中，供他人观看和分享。

3.三大平台：网络视频分享与互动平台、视频节目制作和存储平台、视频节目集成与播控平台。

通过这三大平台，可以让网民、手机用户和合作机构方便快捷地上传视频并与他人分享；为互联网、手机、移动传媒等终端提供节目制作存储服务，形成“中央厨房”，同时，形成国家网络电视台视频节目的安全播出体系。

4.四项核心技术研发：视频搜索技术、定制下载技术、视频播放器技术和客户端软件技术。

这些技术可以提供完善的视频搜索服务，推出视频定制下载服务，网民可以在不登录网站的情况下，一键直达观看视频并参与视频上传、下载、订阅、搜索和分享服务。

5.多终端覆盖

传统电视覆盖主要以电视机为终端，在家庭和办公室场所进行收看。网络电视台可以把传统电视覆盖延伸至电脑终端、手持终端及公共场所视听载体，实现全覆盖，随时随地，无处不在。

（二）海外网络电视台的发展

1.英国BBC iPlayer

BBC iPlayer于2007年12月25日正式上线。2008年6月25日，新外观的iPlayer上线，曾经作为测试版和早期版本同时存在。网站过去的标语是回看七天内的BBC电视和广播节目，之后改成了making the unmissable（错过的节目不会错过）。BBC网站上声明，由于版权原因，电视播出七天后的节目不能在iPlayer上观看（部分除外）。

2008年4月，iPlayer占英国网络流量的5%；5月，iPlayer打败第四频道的“Big Art Mob”和the Bebo“Open Media Platform”，赢得BAFTA的“Interactive Innovation Service Platform”奖；6月时每天页面大约被访问500万次；同年12月，BBC宣布自iPlayer发布以来，有共计超过1.8亿次节目的访问量。

2009年的10月，iPlayer的播放次数达到了7000万次，传输了7PB数据，播放总量的三分之二是电视节目，其余是广播节目。电视节目访问多数为回播，电台访问则多是直播。85%的访问来源于电脑，其余来自iPod、iPhone和PS3等15种平台。2009年最受欢迎的电视节目是*Top Gear*，最受欢迎的广播节目是体育节目*Reporting the Ashes*。

图 7—4　英国 BBC iPlayer 的界面和业务

2010 年 5 月，BBC iPlayer 创下了 1.23 亿次的月播放记录。同年，该网站再次更新，加入了推荐系统并进行"社交化改变"。2011 年 2 月，BBC iPlayer 再次更新，链接到了其他电视台的节目。自修改上线以来，iPlayer 列出了独立电视台、Channel 4 和 Channel 5 的节目。这项功能加入了搜寻功能和频道功能。当用户点击其他电视台的节目时，系统会转到相关电视台的网站播放。

2. 美国 HuLu

2007 年 3 月，美国国家广播环球公司(NBC Universal)和新闻集团(News Corp)共同注册成立了 HuLu。成立之初，在股比方面美国国家广播环球公司占 27%的股份，新闻集团旗下的 FOX 娱乐公司占 27%的股份，迪士尼旗下的 ABC 占 27%的股份；另外私募股权公司 Providence Capital 占 19%的股份。正因为有美国国家广播环球公司和新闻集团旗下的福克斯娱乐公司的加入，Hulu 在成立之初就得到了专业制作机构正版视频的保障。

在内容上，Hulu 和全美多家电视台以及电影公司达成协议，通过授权点播模式向用户提供专享视频资源。目前，Hulu.com 拥有超过 90 家电影及电视剧内容提供方，包括 20 世纪福克斯、美国国家广播环球公司、环球、米高梅、索尼影业、华纳兄弟、狮门影业、迪士尼等。目前，Hulu 每天提供的影片数从创立时的 10～400 部发展到当前的超过 1000 部。另外，值得一提的是，Hulu 目前致力于提供专业化制作的独家视频内容，暂时不允许用户上传内容。

图 7—5　美国 HuLu 的界面和业务

在界面的设计上，Hulu设置了TV和Movies两个频道。TV频道中设置了非常清楚的节目分类，包括节目频道（按节目类型选择）、流行剧集、新增剧集、流行真人秀、即将上传的剧集（预告）和浏览等选项，其中节目类型有动作冒险、动物卡通、艺术文化、喜剧、电视剧、家庭剧、食物休闲、家居园艺、恐怖悬疑、音乐、新闻、真人秀、游戏、科学小说、体育赛事、脱口秀和视频游戏等等。在电影频道，除了有和电视一样的类型选择外，还增加了纪录片内容及电影预告和搜索工具等。用户观看便捷，选择面广，收看步骤简便。

本章重要概念和思考题

1. 广播电视新媒体。
2. 广播电视新媒体的重要类别。
3. 有线数字电视及其运营分析。
4. 地面数字电视的运营分析。
5. 移动多媒体广播及其运营分析。
6. 直播入户卫星及其运营分析。
7. IPTV的运营分析。
8. 网络电视的运营分析。

第八章 互联网新媒体

■ **本章要点：**

全球范围内，自从互联网的应用从军方进入民用，就一直迅速地在经济、社会、文化方面引发着巨大的变革和冲击。在传播领域，互联网因为不断开创着的新的信息传播模式而引发媒体运营变革，这个变革最大的特征就在于互动的信息传播模式以及由此引发的互动的媒体运营模式。

互联网能够成为新媒体，在于其能够提供更海量的信息内容、更互动的信息应用模式，在内容运营上开创全新的内容集成运作的模式，更是在营销上开创了融合广播式、互动式、数据库式和活动式等多种手段的全媒体营销模式。

第一节 互联网与新媒体

一、互联网与互联网新媒体

（一）互联网的发展

互联网是交互网络，互相链接的网络的总称。

互联网是利用信息传输网络，借助信息技术支持下的各种硬件和软件支持，将不同区域、不同功能的智能终端(计算机、手机和平板电脑)相互连接起来，以实现这些智能终端背后的人——用户之间通过各种网络应用或服务，来共享信息、交换信息的系统的总称。

国际上公认的互联网最早起源于美国国防部高级研究计划署 DARPA(Defiance Advanced Research Projects Agency)的前身 ARPANET(阿帕网)，该网最初应用于军方，其在 1969 年因仅有四台电脑连接投入使用而成为现代计算机网络诞生的标志。ARPANET网络在技术上的一个重大贡献是 TCP/IP 协议的开发和利用。作为 Internet 的早期骨干网，ARPANET 的试验奠定了互联网的存在和发展基础。

1983 年，ARPANET 分裂为两部分：ARPANET 和纯军事用的 MILNET。同时，局域网和广域网的产生和蓬勃发展对互联网的进一步发展起了重要的作用。其中最引人注目的是美国国家科学基金会 NSF(National Science Foundation)建立的 NSFNET。NSFNET于 1990 年 6 月彻底取代了 ARPANET 而成为互联网的主干网。NSFNET 对互联网的最大贡献是使其向全社会开放，而不像以前那样仅供计算机研究人员和政府机构使用。

互联网在中国的发展非常迅速。1987 年，北京计算机应用技术研究所建成了中国第一个互联网电子邮件的节点，之后在学界、通信界和金融界的参与下，在国家政府的推动下，1994 年，中国与国际互联网相连接，加入了国际互联网体系。

1995 年，互联网在中国由于“瀛海威时空”这个机构的创建而迅速得到推广，瀛海威的创始人张树新更是在北京中关村的核心地带打出了“中国人离信息高速公路还有多远？——向前 1500 米”的户外广告[①]。1996 年，中国有了 10 万户网民；1997 年，瀛海威在全国八个城市提供互联网服务；1997 年，网易公司成立；1998 年，搜狐和新浪公司分别成立；1998 年腾讯公司也在深圳创立；2000 年百度公司成立。中国的互联网正是在大量专业互联网机构的推动下迅速发展起来的。

互联网飞跃式的发展归功于其商业化的战略，大量的商业机构发现互联网在邮件服务、信息检索、信息处理、交换、分享乃至信息交易等方面的巨大服务能力和商业机会，纷纷涌入互联网，由此带来了互联网发展史上的新飞跃。商业机构在互联网上的“耕耘”，除了构建门户、搜索、社交和电子商务等多种互联网应用外，也推动更多的普通用户以各种类型的智能终端加入互联网浪潮，成为网民。根据瑞典互联网市场研究公司 Royal Pingdom 的数据显示，2012 年全球互联网用户已经达到 24 亿户。根据中国互联网络信息中心(CNNIC)《第 31 次中国互联网络发展状况统计报告》，截至 2012 年 12 月底，我国网民规模已达 5.64 亿户。

（二）互联网新媒体的内涵

互联网自诞生之日起，就因为其快速、海量、互动的信息传播模式的创建，成为媒体传播领域的生力军，如今互联网已经成为社会公认的新媒体。

联合国新闻委员会借助“第四媒体”这个称谓来对互联网新媒体进行界定：第四媒体是指继报刊、广播和电视后出现的互联网和正在兴建的信息高速公路。从广义上说，“第四媒体”通常就指互联网（互联网是正在兴建的信息高速公路的主要组成部分）。不过，互联网并非仅有传播信息的媒体功能，还具有电子邮件、电子商务等重要功能；从狭义上说，“第四媒体”是指基于互联网这个载体来传播新闻和信息的网站。

笔者曾经出版过《互联网的媒体化战略》一书，在书中笔者也是将互联网作为一种新媒体来解析的，认为互联网由于其自诞生之日起就在信息传播领域不断开创，加速了信息传播的流动，在用户之间提供信息交流和分享，所以它符合把信息从一个地方或者从一个人传播到另一个地方或者另一个人这样最基本的定义，因此它也是一种媒体。互联网作为一种新媒体形态的特征也越来越明显，不仅实现了对海量信息泛在、高速、高效的加工与聚合，更是推动了信息在机构与机构、机构与社会、机构与个人、个人与个人、个人与社会、信息与实物之间的互动、分享、交易[②]。互联网新媒体从运营角度来看，其最大的特征就在于互动的信息传播模式以及由此引发的互动的媒体运营模式。在内容运营上，互联网媒体开创了通过数据库生成内容和开放内容生产给用户带来崭新的平台集成的运作模式[③]。在营销上，互联网开创了融合广播式营销、互动式营销、数据库式营销和活

---

① 闵大宏：《数字媒体概要》，复旦大学出版社，2003 年版。

② 黄升民、周艳：《互联网的媒体化战略》，中国市场出版社，2012 年版。

③ 同上。

动式营销等多种手段的全营销模式①。

(三)互联网媒体化发展的三个阶段

作为媒体的互联网,我们可以将其发展过程分为三个阶段。从 Web1.0 时代提供海量信息和信息搜索,到 Web2.0 时代开创互动传播模式,再到现在 Web3.0 时代移动互动模式(见表 8—1)。互联网作为一种媒体,不仅能够提供更多的信息,而且能够使得信息的使用方式更加自由;不仅能够使得信息在传者和受者之间、受者和受者之间互动,而且更由于移动性、社交性和商务性使得信息的传播更加自由便利和个性化 。互联网的媒体化服务功能已经由搜索、导航、邮箱等互联网特有的网络服务发展到新闻资讯、电子商务、生活消费、社区交友和娱乐等多种功能,满足了用户全方位的信息需求。

表 8—1 中国互联网发展的三个阶段②

阶段	Web1.0 时代		Web2.0 时代	Web3.0 时代
时间	1995～2001 年	2001～2003 年	2003～2008 年	2008 年以后
典型应用	门户网站	搜索引擎	社区、博客、电子商务等	与移动互联网结合;基于个人身份的服务,基于位置的服务等
内容生产情况	相对匮乏	内容海量,多媒体化	用户创造内容越来越重要	用户随时随地创造内容
用户参与情况	服务器是主体,用户被动接收信息		用户成为主题,主动参与内容创造	用户随时随地创造、传播信息
互联网特征	信息的采集整理	信息的有效筛选	搭建平台,方便用户参与信息的互动、分享	移动与互联网结合,与用户的生活紧密结合

1. Web1.0 时代的互联网媒体

Web1.0 阶段的主要特征是海量、多媒体的信息传播。

互联网不仅打破了传统媒体诸如报纸、杂志、广播、电视的各种信息时间、频率、版面资源的限制,将内容海量地呈现出来,而且还突破了原来传统媒体只能突出某种信息格式(诸如报纸突出文字,杂志突出图片,电视突出影像,广播突出声音)的局限性,把多种信息格式统合成单一的多媒体的信息格式呈现出来,让人们能够多角度、多格式地浏览和使用信息。

Web1.0 时代有两类典型应用,第一类是以海量信息编辑、发布为特征的门户网站,第二类是帮助用户进行信息筛选的搜索引擎应用。在门户网站为典型应用的时期,互联网把海量的信息提供给用户,用户只能被动浏览阅读。随着信息量的逐渐增多,内容海量化与用户需求个性化、具体化的矛盾凸显,能够帮助用户进行信息筛选的搜索引擎应运而生。在整个 Web1.0 阶段,网站是信息发布的主体,用户只是被动地在互联网上单向接收信息。

---

① 黄升民、周艳:《互联网的媒体化战略》,中国市场出版社,2012 年版。

② 王薇:《全方位营销的互联网》,《广告大观:媒介版》,2011 年第 3 期。

2. Web2.0 时代的互联网媒体

Web2.0 阶段的特征是互动的信息传播。这个阶段的互联网媒体借助各种论坛、社区等形式，模糊了信息的发布者和使用者的界限，使得信息的使用者也可以成为传播者。用户不仅能自由使用信息，而且还能进行评论、处理和传播。

到了 Web2.0 时代，社区网站、博客、电子商务的应用被引入到互联网，用户成为了内容的生产源，主动参与互联网的内容创造。

3. Web3.0 时代的互联网媒体

Web3.0 阶段的互联网媒体的特征就是移动性。这个阶段，移动特性一方面源于移动互联网技术和网络的成熟；另一方面源于手机、平板电脑、电子阅读器等智能终端的用户数量不断增多以及这些终端可移动、个人化、随身性的媒体特点，使基于个人身份的服务、基于位置的服务得到应用。借助移动的终端和网络，用户摆脱了在固定地点上网的限制，能够随时随地利用碎片化的时间使用互联网；用户还可以随时随地创造内容，传播信息，用户的参与程度更为深入、灵活。

二、互联网新媒体的业务构成

互联网媒体的信息业务类型具体表现在以下四个方面：

(一)海量信息业务

互联网媒体能够提供海量的信息，这个海量一方面体现在信息量规模巨大，信息的种类多；另一方面由于互联网改变了广播式媒体瞬时传播、转瞬即逝的方式而创造了可储存、按需传播的服务特色，这意味着海量信息能够保存在后台或者本地，在有信息需求的时候能够继续、反复使用。

(二)信息搜索业务

互联网媒体不仅能够提供海量的信息让用户使用，而且其服务手段的优化使得用户可以自主使用信息，用户可以选择喜欢的信息来看，最显而易见的就是提供信息搜索服务。搜索服务提升了人们信息自主使用的效率，通过设定关键词或模糊词，人们能够快速地把想要找到的信息从海量冗余的信息中搜索出来。

(三)信息分享业务

分享是互联网媒体服务功能的特色，传统媒体时代人们对信息的分析不是不能实现，而是实现手段和效果不好。互联网媒体不仅使得人们能够通过评论等手段及时对信息发表看法，还开创了论坛、博客、微博等手段让人们能够自主发布信息，在圈子里分享信息，并且还能了解自己发表信息的广度以及他人对自己的某些信息的评论观点的支持度。

(四)信息消费业务

消费直接完成了服务，使得媒体服务实现了服务的终极目标，这是互联网媒体业务模式的一个巨大进步。互联网无限拉近了信息发布者和信息使用者之间的距离，企业与消费者之间的距离几近于零，从而极大降低了物流成本和信息传递成本，实现即时消费。

这是传统行业所无法企及的便利，互联网的这一优势在电视商务领域得到了充分的发挥。不管是 B2B、B2C 还是 C2C，互联网不仅使得信息能够传播出去，而且能够即时产生交易，促进消费并且实现消费。

表 8—2　互联网媒体的信息服务功能①

网络服务	搜索(综合搜索和垂直搜索)、导航、邮箱、软件下载、杀毒、地图、在线翻译、网络电话、网络硬盘、网络黄页等
新闻资讯	门户、时政、体育、财经、娱乐、女性、动漫游戏资讯、星座、地方等
电子商务	B2B、B2C 综合购物、网上支付、网上银行、旅游预订等
生活消费信息	IT、汽车、房产、财经、健康、饮食、摄影、家居、亲子、招聘、生活帮手等
社区交友	论坛、博客、播客、微博、综合交友、婚恋交友、商务交友、口碑推介等
娱乐服务	网络视频、音乐(搜索和综合)、游戏、文学、电子杂志等

三、互联网媒体的内容运营

内容一直以来都是传统媒体最大的优势资源所在，广播式媒体通过自制或者采购、合作等方式，获得了优质的内容，并且把其按照用户需求的种类、时间、区域差异等进行编排，并分发出去。而互联网媒体的内容运营因为一开始就不是构建在自制内容基础上的，而是用一种对传统内容进行加工、套用的使用模式。由于传统媒体在某些内容上的不足，以及多样化的业务需求，互联网媒体的内容就逐渐开创了集成运营的创新模式。

(一)策划编排内容

互联网媒体的内容运营从一开始就不是构建在自制内容基础上的，没有独立的采编权，其在内容的运作上采用的是对传统媒体数十年的内容进行“盘剥”和“压榨”的使用模式。再加上用户的信息需求日益增大，网络媒体不得不再三地加大信息的摄入量。互联网媒体内容发展经历了一个粗放的、原始的阶段，与拥有大量内容的传统媒体相比，互联网的优势在于可以通过技术支持将海量内容以多媒体的格式呈现给用户，并且通过不断创新的策划和编排手段，使得原来的线性内容被加工整理后更符合互联网用户的使用需求。

原国家新闻出版总署一位负责人将此比喻为“传统媒体的草养大网络媒体的羊，传统媒体种草，网络养羊，人们吃羊肉”。当然，这一现象也与传统媒体自身不无关系。以报纸媒体为例，早在网络媒体大肆转载报纸内容起步之初，报纸媒体之所以“慷慨解囊”，主要还是想通过网络平台提高自身的影响力和竞争力，某些报纸还曾经一度以网站转载率的高低来评价稿件的优劣。

互联网媒体内容的发展经历了一个粗放、原始的阶段，这个时候一个完全不了解什么是信息技术的网站小编辑就能在一天内做出一个集合了数十篇信息技术文章的专区，

① 王薇：《全方位营销的互联网》，《广告大观：媒介版》，2011 年第 3 期。

这种“拿来主义”的做法也引发过许多官司。新京报社在 2006 年 5 月发现，TOM 网站自 2003 年以来，在未获得报社授权的情况下，擅自转载使用其作品竟达 2.5 万余篇。

这样的内容运作方式不尊重传统媒体内容沉淀，没有给予内容生产者足够的补偿，无异于涸泽而渔，长此以往将导致内容生产的枯竭，最终损害到互联网自身的发展。因此，构建在这种模式上的内容运营必须创新。

（二）数据库构建内容

在内容缺口和创新压力之下，互联网媒体利用技术手段构建了数据库创建内容的运作模式。通过构建强大的数据库并对其进行管理，梳理数据指标之间和不同数据库结构之间的关联，把原本零散而没有关联的信息重新组合起来，生产出有人们需要的信息内容[①]，于是互联网媒体的内容运营的能力得以大幅度提升。

图 8—1　汽车之家根据“车型”数据库构建内容

数据库构建内容建立在对零散信息的数据库结构管理基础之上，数据库模型本身并没有什么创新，只是由于互联网互动使用内容、开放采集内容等新内容运营思维的加入，使得这样的模式能够生产出符合人们需要的内容[②]。

表 8—3　互联网媒体用数据库构建内容的模式[③]

网站名称	数据库的构建	数据库产生的内容类型
汽车之家网	构建了以“车”为数据库的核心运营模式，其数据库中有 4767 个车型的详细参数配置、图片内容及报价行情信息，该数据库将车型分为微型车、小型车、紧凑型车、中型车、中大型车、豪华车、MPV、SUV、跑车 9 个系列。9 个系列下的车系频道共计 560 个，在每个系列下提供拼音、品牌、关注度和价格 4 种检索方式	车系频道； 车型对比内容； 关于车性能的专业博客内容； 以车为基础的社区内容

① 周艳：《解析互联网媒体的内容运营和广告营销新模式》，《现代传播》，2011 年第 6 期。

② 同上。

③ 同上。

续表

网站名称	数据库的构建	数据库产生的内容类型
易车网	构建以遍布全国的“汽车经销商”数据库的核心的内容运营模式。通过相关工具，经销商可以实时调整其到货车型、报价信息、促销信息、服务项目等。目前该数据库包括339个城市超过5000家经销商的数据①	车型、对比、测评、导购、报价、口碑、社区、经销商信息等
天极网	构建以IT产品数据库为核心的内容运营模式，其网站内容数据库包括整机、硬件、软件、手机、数码产品和游戏产品6个系列15万余款产品，以及超过1万家商家的报价，区域覆盖31个省	IT资讯、产品查询和消费、社区交流等

（三）用户原创构建内容

UGC即User Generated Content，中文为用户生成内容。

用户不再是大众媒体时代沉默的羔羊，他们积极的评论、转发、上传、分享，他们每时每刻都在信息内容的第一线，他们拥有无穷无尽的想象力和创造力，用户已经成为推动互联网媒体发展的重要推手。

2003年7月，美国新闻学会的媒体中心出版了由谢因·波曼与克里斯·威里斯两人联合提出的*We Media*研究报告，对“自媒体”下了一个定义：“自媒体是一个普通的市民通过数字科技与全球知识体系相连，提供并分享他们真实看法、自身新闻的途径。”②现在这一思想已经在互联网上得以实现。

图8—2　优酷网的用户原创内容

互联网媒体发动用户参与内容，一直在随着其技术发展和业务模式的扩大而不断创新和发展着。在互联网上，用户不仅能对可能来自传统媒体的热点事件和内容进行评论，而且能够自己发现有价值的事件和线索，制作上传并成为内容的创建者③。更有的互联网媒体直接发动用户，通过网络来原创小说、视频短片等，而且设置了一些推动用户参与内容创作的激励机制，使得原创成为其内容最主要的来源（见表8—4）。

---

① 易车网总裁兼CEO李斌在第三届中国传媒趋势论坛上的讲话，2011年1月6日。

② 邓新民：《自媒体：新媒体发展的最新阶段及其特点》，《探索》，2006年第2期。

③ 周艳：《解析互联网媒体的内容运营和广告营销新模式》，《现代传播》，2011年第6期。

随着网络性能提高、用户终端功能的提升，互联网提供了用户参与内容创作的可能，互联网媒体则因势利导，构建出了用户参与内容的运作模式。到了这个阶段，互联网媒体的内容运作不仅弥补其内容不足的劣势，而且由于发动了更多的人参与内容，创建出了崭新的、鲜活的内容运营模式。

表 8—4　互联网用户参与内容的形式和创作方式①

用户参与内容的模式	网站	用户参与内容创作的方式
用户对内容进行评论	天涯论坛 强国论坛等	用户可以自己发布话题； 发表对现有内容或者话题的评论
用户自己创建内容并主动传播	腾讯微信 新浪微博 百度知道 优酷、土豆 起点中文网等	用户对社会热点话题进行转发和评价； 用户自己发现有价值的内容线索，并且自己创建内容上传； 用户自主创作小说、视频等内容

互联网媒介为了发动用户参与构建内容，不仅用了许多激励手段，而且为原创作者提供了脱颖而出的机会和平台。比如一些视频网站为了管理过于松散和个性化的各种类型的拍客，通过进行主题的整合策划，把零散的资料和题材整合为一些专题，并对有影响力的拍客作品进行重点推荐，使这些作品能够接触到广大网友并形成广泛的转载或分享；互联网媒介还会经常举办各种拍客大赛，比如，土豆网专门联合中影集团举办“土豆映像节”以及“橙色盒子”，推展创意营销，并将那些在大赛中表现出众的拍客纳入网站的人才库；也会推荐创作内容特别好的拍客参与为广告客户进行定制视频的创作等，为这些原创作者提供脱颖而出的平台（见图 8—3）。

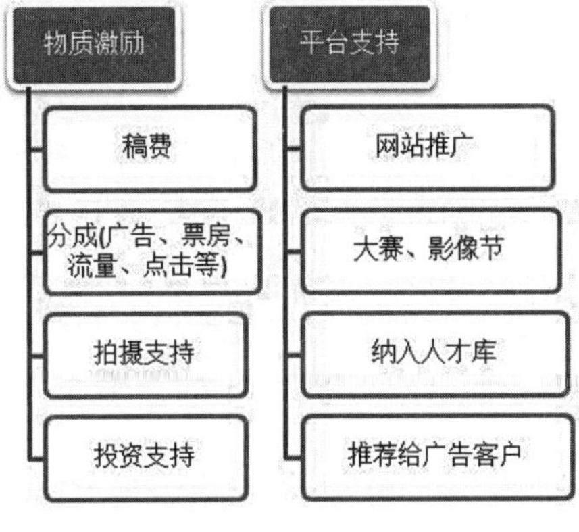

图 8—3　视频网站对拍客的激励方式

资料链接

起点中文网对原创小说作者的激励措施

起点中文网从 2003 年起实行原创文学作品网络版权签约制度。在起点中文网发表 10 万字篇幅以上的作品即可签约，签约作品按与作者的相关协议获得稿酬资助。不同的

① 周艳：《解析互联网媒体的内容运营和广告营销新模式》，《现代传播》，2011 年第 6 期。

签约级作品拥有不同的稿酬资助标准。目前起点中文网的作者最高电子稿酬收入可达千字百元以上。若作品申请加 VIP 进行收费阅读，则向每位读者每千字收取 2～3 分钱，作家和网站7∶3分成。除收费分成以外，作品根据每天更新的字数、人气排行情况、订阅数也会获得相应的奖励。此外，还会通过读者投票评选年度作者之类的活动，给予获奖作者极高的奖励，同时也加强了读者与作者之间的互动交流。

表 8—5　起点中文网对原创小说作者根据订阅量制定稿费

作品订阅奖	每月稿费	每月福利(元)	月最低保障(元)	预估最低年收入
订阅少于 1000	享受低保	0	1200	4800 元/4 个月
平均 1000 订阅	1500	600	0	25200 元/年
平均 3000 订阅	4500	1800	0	75600 元/年
平均 6000 订阅	9000	3600	0	151200 元/年
平均 10000 订阅	15000	6000	0	252000 元/年
平均 15000 订阅	22500	9000	0	378000 元/年

四、互联网媒体的经营模式

说到经营，首先必须考虑的就是向谁收费的问题。一般来说，无非两大类：一是用户直接为所享受的服务付费，此所谓前向收费；二是用户免费使用，由广告主或者平台使用者付费，此所谓后向收费。现在的互联网基本上形成了在免费内容的基础上，靠面向用户的收费增值服务和面向广告客户的广告收入以及面向平台使用者的平台使用费等交织在一起的多元赢利模式。

(一)免费是互联网的基础

免费服务作为一种营销手段在很多行业都普遍存在，比如零售业的免费试用。但对于互联网来说，免费的基础内容则成了生存的根基。因为互联网本身并不生产实体产品，它所提供的只是寄生在实体经济之上的便利服务，并非生活必需品，没有互联网人们的衣食住行照样进行，这也就让互联网失去了强制收费的可能。它只有通过提供大量免费使用的机会，才有可能培养人们的使用习惯，进而积聚人气，形成规模，产生影响力，在此基础上才有可能实现收费。

在互联网上，免费、共享的精神已经深入人心，只要你有足够的耐心，你就可以在网上找到并一直使用各种免费的应用和服务。

当然，除了那些自娱自乐性质的个人站点或企事业单位的官方网站，大量的商业网站要想生存，都不可能一直免费下去，它必须找到适合自己的收入来源。

(二) 面向部分用户提供收费的增值服务

免费模式之所以能生存下去，其核心在于：基础性的服务免费，在溢价的付费服务上赚钱，并把免费作为一种廉价的推广手段。交叉补贴是实现收费的重要方式，可以由收费服务来补贴免费服务，如销售硬件赠送软件，预存话费送手机，也可以由一部分用户为另一部分用户买单，如高端版本收费、低端版本免费等。在互联网上，向部分用户提供收费的增值服务已经成为普遍模式。

比如，低端基础服务免费，而高端服务收费也是互联网上向用户收费的常见模式。在很多网站，用户被划分成诸多等级，不同等级的用户可以享受的服务不尽相同，而高端用户一般都要支付一定费用。在文学网站，最新更新的内容只有付费才能看到；在一些视频网站，付费用户才能享受到更新、更全面的内容；在婚恋交友类网站，付费用户可以享有更多的权益等。

以腾讯为例，针对不同业务推出了各种类型的付费钻石会员，钻石会员可以享受到比普通会员多很多的服务。目前，来自各种会员的费用已经成为腾讯最主要的收入来源之一。

图 8—4　腾讯的 QQ 根据会员付费等级提供不同服务

再比如通过向用户提供虚拟产品交易带来收益，网游是其中的典型代表。网游所带来的虚拟产品交易主要有两大类：一类是用户购买点卡之类的东西，直接为游戏付费；更为普遍的一种就是购买游戏中的道具、装备等，QQ 秀也属于此种类型。虚拟产品交易给网游和网站带来了巨大的商业价值。2012 年中国网络游戏市场规模达 518 亿元，同比增长 19.4%。诸多综合性网站也都是以网游作为主要赢利渠道的，腾讯、网易、搜狐无不如此。

（三）广告收费

与其他媒体类似，广告也是互联网经营中的首要模式。

作为一种新媒体，互联网也经历了一个培育广告市场的过程。在互联网刚起步时，广告市场对它的认可程度并不高，在很长一段时间里，广告收入并不足以支持网站的经营。现在，经过十多年市场培育之后，互联网终于得到了普遍认可，成为仅次于电视媒体、超过报纸媒体的第二大广告投放媒体。目前互联网广告市场呈现集中度高的特点，以广告类型来看，仍然是品牌广告和搜索广告的天下，这两类占据着大约 80%的广告市场。

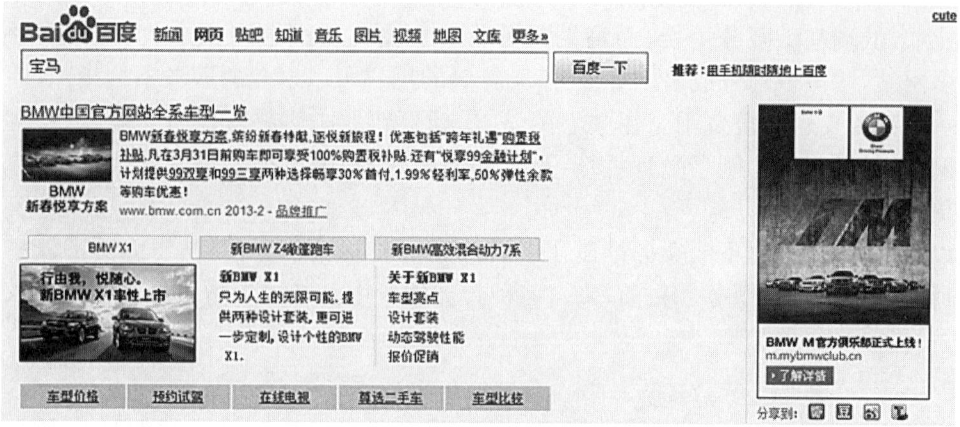

图 8—5　广告是百度收入的主要来源

互联网媒体在广告经营方面也在不断转型和创新。一方面,互联网媒体正在开发更多有效的广告产品和服务,满足广告主的需求;另一方面,广告经营本身,也在积极拓展更互动、更高效的营销模式,为广告主量身打造更丰富、更立体的营销方案,而且还不断通过技术创新,打造互联网广告交易的数字平台,优化广告价值和广告效果,以此来提高广告主的投放黏着度。

(四)平台使用费/佣金

除了直接用户和广告主之外,互联网作为一个信息发布的平台,也在向平台的使用者收取平台使用费,或者参与交易,抽取佣金。这种模式在各种电子商务类网站中普遍存在。比如房产信息类网站,会向发布信息的中介公司和个人收取信息发布费;而在旅游类网站上,消费者通过它们预订酒店、机票以及旅游产品,网站都可以拿到相应的佣金。

图 8—6　阿里巴巴对其服务的各类型商家收取平台使用费

在阿里巴巴和淘宝上，高端卖家需要支付店面费用。如果想要得到更黄金的铺位，比如首页，就需要支付更高的费用，阿里巴巴的付费会员已经达到100万人。

五、互联网媒体的营销模式

传统媒体提供主流内容并且在其内容基础上挖掘一对多的广告信息传播模式。互联网媒体的运营，除了传播内容、提供信息交流和分享外，也挖掘了多样态的广告营销模式。

（一）广播式营销

所谓广播式营销，就是将所要传播的关于广告主产品或服务的信息广泛、快速地告知用户，用户对信息只是被动接受。这种营销方式过去主要是指一对多地传播信息的传统媒体，但是在互联网媒体上仍然有广播式营销方式。互联网媒体上的广告仍然利用了一对多的传播模式，将产品或服务的信息放在热点的位置或内容中，起到吸引其注意，广泛、快速告知其产品或服务信息的目的[①]。

互联网媒体中一对多的广播式营销主要有两种类型：

类型一是出现在各种浏览量比较大的页面或频道的页面展示广告，诸如对联、擎天柱、通栏、焦点图、旗帜、页面弹出和背景图等。

类型二是出现在各种热点的视频内容中直接播放的视频广告，包括视频节目播出前后的插播广告、视频弹窗广告等，它们的形式都跟传统电视媒体广告一样，属于广播式的营销。

（二）互动式营销

所谓互动式营销是借助互动的信息传播方式，使得接触互联网的用户（消费者）和广告主的产品或服务之间能够相互直接交流，也使得用户和用户之间能够借助互联网提供的某种应用功能，分享和传播关于产品或服务的信息，以此来促进广告主的产品或服务信息在人群和市场中广泛、自主地传播[②]。

互联网媒体在内容上的运营特征是其开展互动式营销的基础。目前互联网媒体的互动式营销主要有口碑营销、社区营销、微博营销、视频互动营销、基于地理位置的营销（LBS）等几种方式。

表 8—6　互联网互动营销方式与典型案例介绍[③]

互动营销方式	典型案例	简要介绍
论坛营销	雀巢在论坛发帖《办公室女性咖啡瘦身全攻略》	用一系列的帖子介绍办公室女性用雀巢咖啡减肥塑身的方法，融合怎样用雀巢咖啡制作有创意又可口的食品以及年轻人热衷的星座话题展开讨论；在网友自发的讨论分享中，雀巢咖啡的品牌润物细无声地“潜入”了网友的大脑

① 周艳：《解析互联网媒体的内容运营和广告营销新模式》，《现代传播》，2011年第6期。

② 同上。

③ 中国传媒大学广告学院互动营销教研室根据相关资料整理。

续表

互动营销方式	典型案例	简要介绍
社区营销	奥利奥借助 Qzone 推出奥利奥日志，“童真时刻齐分享”	妈妈族群乐于通过 Qzone 日志的方式记录孩子的童真时刻，并分享给 QQ 好友；基于目标用户行为洞察，打造便捷、有趣、易传播的奥利奥魔方日志，依托于妈妈族群每日使用的腾讯 Qzone 平台，将奥利奥的童真时刻的品牌主张与妈妈族群的日常生活进行巧妙结合，借助于她们主动的网络日常行为，实现品牌在目标群体中的快速渗透和好感度的提升
微博营销	借力营销，用有道词典玩转 Draw Something	有道词典利用 Draw Something 在中国兴起并大热的机会，开发与之高度契合的“有道词典 Draw Something 查词辅助工具”，在新浪微博上发布了三条微博进行病毒传播
视频互动营销	Tipp—Ex(涂改液品牌)“2012 Birthday Party”的互动视频营销	通过视频网站创意性的互动式广告，吸引受众参与趣味性活动，形成病毒风潮；这则互动式广告允许玩家在空白处输入任意时间，总共有 46 个视频为此次 Tipp—Ex 的活动而设计，并在全欧洲发行
LBS 营销	麦当劳在街旁网开展“签到”换取徽章和汉堡的活动营销	街旁网的用户用手机到“麦满分”麦子店站签到，即可自动获得“麦当劳麦满分”虚拟徽章，签到 3 次以上徽章的级别就可升级；然后，麦当劳抽取 100 名幸运儿获得 100 个免费麦当劳“麦满分汉堡大奖”

（三）数据库式营销

数据库式营销是一种基于对数据挖掘分析后根据分析结果进行有针对性的精准传播的营销方式。早在互联网营销发展之前，数据库营销就已经在诸多行业中得到应用，如汽车厂商跟航空公司合作，利用其所拥有的头等舱乘客的数据库进行分析来向有意向的消费者推销其豪华轿车。

只是互联网的发展使得其对数据的搜集和处理变得更便捷，对特定人群、特定需求的广告信息的推送变得更为精准和可操控①。互联网上关于信息内容和使用者之间关系的相关数据、用户的人口统计特征数据、用户的信息浏览行为数据和使用习惯数据、信息传播过程中产生的交易行为等这些通过传统方式很难得到的数据，在互联网上变得容易、便捷，这就使得互联网上的数据库营销更为常见而高效，而且屡见创新。

表 8—7　互联网数据库营销方式和案例分析②

数据库营销	典型案例
精准营销	百度提供精准搜索营销，根据用户搜索信息的资料判断用户的基本特征，给经常搜索生活、育儿话题的女性用户的搜索界面推送香水或化妆品广告，而给那些经常搜索高尔夫、财经等内容的男性高端用户的搜索界面推送豪车的广告； 搜狗音乐盒可以根据听歌曲的用户的基本资料，判断喜欢和点播某歌曲的人群特征，并且在其歌曲播放时弹出与其用户特征吻合的广告
位置营销	街旁网可以记录用户所在位置，并根据用户所在位置，提供与日常生活相关的各种服务，如所在地区的餐饮、住宿信息等

① 周艳：《解析互联网媒体的内容运营和广告营销新模式》，《现代传播》，2011 年第 6 期。

② 同上。

(四)活动式营销

活动式营销也是一种传统的营销方式，借助活动提升广告主品牌的影响力，而且能够拉近品牌和消费者的距离，培养二者之间的情感，或者直接促进销售。

在互联网上，活动式营销变得更为高效。互联网媒体借助与用户之间的互动传播关系，能够迅速发动用户集中参与某种类型的线下营销活动。

目前，各种形式的线下营销活动已经成为互联网媒体非常重要的广告销售支持，即便是没有明确的活动营销报价，或者活动营销本身并不直接赢利，互联网媒体也将给广告客户提供活动营销作为销售支持的重要组成部分。

表 8—8　互联网媒体活动营销典型案例介绍①

互动营销方式	简要介绍
宝马 50 周年庆“速学院”活动	活动预热期，通过新浪、优酷、易车网等进行宣传，招募学员；活动当天现场开设有 MINI 速学院课堂活动，让 500 多名现场来宾在了解 MINI 的知识的同时，仿佛回到了校园时代；活动中还加入了现场试驾、珍宝级特别版 MINI 车的展示环节
“中原文化 万里同风”BMW 文化之旅五周年——线下自驾游与线上宣传深度结合	2011 年是 BMW 文化之旅五周年，也是“非遗”文化保护的重要里程碑；今年以“中原文化”为主题，追溯传承千年的华夏风尚，深度走访山西、河南、湖北沿途的“非遗”文化项目；根据品牌传播的广度需求，腾讯作为战略合作伙伴，以内容营销的方式，确保文化内涵的传播深度；以全平台战略合作高度，整合 IM、微博、腾讯网、QQ 音乐、QQ 无线等平台，拉近了 6980 万受众与“非遗”的距离，倡导举手投足间对“非遗”文化的保护，是文化之旅五年来最具爆发力的线上公益的延展

第二节　网络视频的运营与发展

一、网络视频的定义

中国互联网络信息中心在《2011 年中国网民网络视频应用研究报告》中，对网络视频作了相关界定，认为网络视频是指通过互联网，借助浏览器、客户端播放软件等工具，在线观看视频节目的互联网应用。

而从网络技术的角度讲，网络视频是指内容格式以 Wmv、Rm、Rmvb、Flv、Mov 等类型为主，可以在线通过 Realplayer、Windows Media、Flash、QuickTime 及 DIVX 等主流播放器播放的文件内容。② 另有学者认为，网络视频就是在网上传播的视频资源，狭义的指网络电影、电视剧、新闻、综艺节目、广告等视频节目；广义的还包括自拍 DV 短片、视频聊天、视频游戏等行为③。

综上所述，我们这里所讲的网络视频是在网络上以 Wmv、Rm、Rmvb、Flv 以及 Mov 等视频文件格式传播的动态影像，包括各类影视节目、新闻、广告、Flash 动画、自拍 DV、聊天视频、游戏视频、监控视频等。

---

① 中国传媒大学广告学院互动营销教研室根据相关资料整理。

② 姜旭平：《网络营销》，中国人民大学出版社，2011 年版。

③ 王润：《论媒介文化视野下“不差钱”搞笑视频热背后的传播现象》，《科技促进发展》，2009 年第 9 期。

二、网络视频的发展概况

(一) 全球网络视频发展现状

网络视频最早出现在美国的一些音乐分享类网站中，后来由于其视频化的产品形态和互动的传播模式使其成为人们获取视频数字内容的重要渠道，也成为互联网媒体中异军突起的一支重要力量，甚至有学者预言网络视频对传统电视形成了一定的替代效应。根据 Informa 统计，截至 2010 年年底，全球网络视频用户数(面向 PC)为 11.74 亿户，同比增长 18.21%。2011 年 1 月 4 日，美国市场调研公司皮尤发布的报告显示，2010 年美国 30 岁以下的年轻人中，有 65%将互联网作为主要的新闻来源，较 2007 年的 34%几乎翻了一番。

目前，来自美国的 Hulu、Netflix 和 YouTube 这三家在线视频网站凭借各自的优势在全球视频网站中名列前茅。其中，YouTube 已成为世界上最大的视频分享网站，网站借由 Flash Video 来播放各式各样由上传者制成的影片内容，包括电影剪辑、电视短片、音乐录像带等，以及其他上传者自制的业余影片，如 Vlog、原创的影片等。大部分 YouTube 的上传者仅是个人自行上传，但也有一些媒体公司如哥伦比亚广播公司、英国广播公司、Vevo 以及其他团体与 YouTube 有合作伙伴计划，上传自家公司所录制的影片。如今，每个月有 8 亿人次使用 YouTube，总观看时间超过 30 亿个小时，且每分钟上传的影片长度达 72 个小时。

Hulu 是由通用旗下的美国国家广播环球公司和新闻集团旗下的福克斯公司于 2007 年 3 月共同投资建立的。凭借正版、海量的数据内容，Hulu 在 2012 年的收入为 6.95 亿美元，相比 2010 年增长了 65%。

而 Netflix 成立于 1997 年，是一家在线影片租赁提供商，在美国、加拿大提供互联网随选流媒体播放、DVD、蓝光光碟的在线出租业务。2011 年，Netflix 在线电影服务总收入超越苹果的 iTunes，成为美国最大的网络电影服务提供商。根据相关财报，其 2012 年第四季度的营收总额为 9.45 亿美元。

(二) 我国网络视频发展现状

中国网络视频行业自启动以来，经历了行业的爆发、低迷以及上市热潮几个阶段后，逐渐走向了行业的平稳发展期。

2002 年 5 月，中国电信“互联星空”在广东试点；2004 年 11 月，乐视网的成立掀开了中国视频网站序幕；2005 年上半年土豆网、56.com 和激动网相继上线；2006 年，优酷网、酷 6 网成立，曾经一度，中国视频分享网站超过上百家。随后经过数年整合并购的发展，网络视频已经成为互联网主要应用领域之一。2007 年年底，原国家广电总局、工信部审议通过并发布了《互联网视听节目服务管理规定》，把控市场准入门槛，明确没有“网上传播视听节目许可证”不得从事互联网视听节目服务。该规定自 2008 年 1 月 31 日起施行，网络视频业务的监管正式开始。

根据中国互联网络信息中心数据显示，我国网络视频用户规模一直维持稳定扩大的态势，从 2007 年年底的 1.61 亿逐步增长至 2012 年年底的 3.72 亿，视频用户占网民比例由 2010 年年底的 62.1%提升至 2012 年年底的 65.9%。

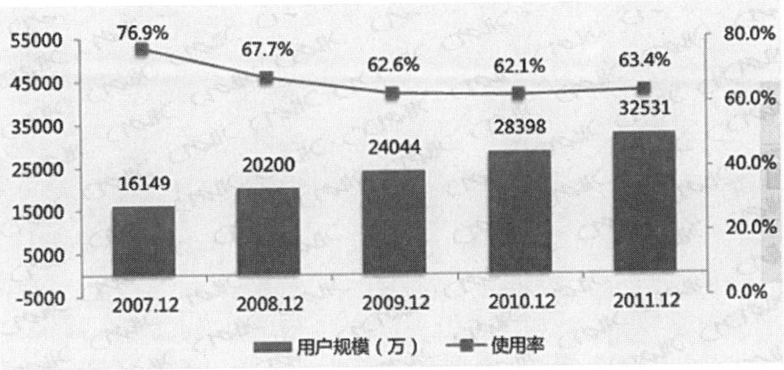

图 8－7　2007.12～2011.12 中国网络视频用户的规模和使用率①

三、网络视频的内容运营和业务构成分析

（一）网络视频的内容运营

内容是媒介的灵魂，是吸引用户的关键。业界有分析认为，目前网络视频的竞争分三层：首先是内容，是否能够提供有正规版权的吸引人的内容；其次是否能够提供让网民流畅观看视频的体验；最后就是能否提供足以吸引人的交互式内容。在这三个竞争层次中起决定性作用的仍是内容。事实上，网络视频行业围绕"内容"的争夺也一直就没有停止过。

同样是可看可听的影视内容，网络视频内容具有可搜索、碎片性、可组合、可链接的特有属性；同时，鉴于影视内容仍是多数视频网站的主要流量来源，各类视频网站也顺势将影视作为网站的主打。

以前视频分享网站往往乐于标榜自己的草根性，而实际上，由专业机构制作的影视剧等内容是其吸引用户的很大一部分原因。一方面，以原创、草根为代表的 UGC 类内容经过两年的爆发增长之后，2009 年因鲜有高质量和影响广泛的作品，逐渐淡出视线；另一方面，视频网站对于优秀影视剧资源的争夺日益白热化。

表 8－9　网络视频内容与传统电视内容相比具有的独特性

可搜索性	不仅是对于标题的搜索，视频搜索还可以关联到视频节目的声音、画面甚至是画面中的相关文字
可碎片性	同一段视频，对于不同的人，意义与作用是不同的，有人关注于前段有人关注于后段；网络视频不同部分的内容都可以可分割、可碎片化处理
可链接性	用户看视频的时候，并不只是孤立地、单纯地看与听，还需要点击查看更多的内容，包括其他相关的文字、图片、甚至是音视频
可组合性	相对于国外的网民来说，中国的网民更加偏爱接受网络编辑的推荐；网站通过编辑提供不同的组合，给受众提供更方便、更直观的欣赏效果

① CNNIC 第 21～29 次互联网络发展状况调查。

表 8—10 以 YouTube 和 Hulu 为代表的视频网站类型对比①

	用户分享型视频网站	影视作品和节目视频网站
网站举例	YouTube	Hulu
投资方	谷歌公司	美国全国广播公司、福克斯广播公司、美国广播公司
成立时间	2005 年 2 月	2007 年 3 月
网站内容	网民上传内容、节目供应商提供内容	正版影视作品和电视节目
内容提供商	广大网民(网民和回忆储存库和作品发布场所)、环球唱片、新索音乐、华纳音乐、哥伦比亚广播公司、中国台湾的三立电视、中国电视公司、台湾公共广播电视集团、雄狮旅行社、中国香港的亚洲电视、香港旅游发展局、香港电台及一些中小型内容提供商	福克斯广播公司、美国全国广播公司、迪士尼、美国广播公司、华纳兄弟、米高梅公司、狮门公司、索尼及美国篮球协会等 250 多家内容制作商
主要特点	覆盖面广,并且将语言与国家的选项区分开; 涵盖个人影片及电视节目片段,音乐录像带及家庭录影等; 在线视频内嵌字幕等功能	高清、正版的电影、电视视频 视频节目可剪辑和编辑,便于分享;用户可以在自己的博客或者社交网络上重新上传整部影片或任何片段
赢利模式	广告收益与用户共享,即上传录像短片的用户将可以得到该网站广告收益的分红; 为网友上传的原创视频寻找买家,由此产生利益分红	强制广告,但可以选择广告内容 2011 年推出付费视频业务

(二)网络视频的业务构成

如表 8—11 所示,网络视频业务按照产业链划分,主要包括视频内容与应用、内容分发渠道,其中内容与应用模式主要有用户产生内容(UGC)和专业内容提供两种。按接收终端类型来划分,网络视频业务又可以分为 PC、互联网电视机和手机电视三种类型。

表 8—11 网络视频的分类与典型业务模式②

	名称	典型业务模式	典型企业	
			国外	国内
按产业链分工划分	视频内容与应用	UGC	YouTube	优酷、酷 6
		专业内容提供	Netflix/Hulu	百度奇艺、搜狐视频
	内容分发渠道	点播业务	Akamai	优酷、酷 6、PPlive/PPS
		直播业务:P2P		
按接收终端划分	PC	在线视频	戴尔	联想
	互联网电视机	互联网电视	硬件:索尼/三星 软件:谷歌/苹果	TCL、海尔、创维、长虹
		无线广播方式	SK 手机电视广播方式、欧洲 DVB—H	中国移动多媒体广播
	手机电视	流媒体方式	NTT Docomo	中国移动、中国联通

① 中国传媒大学广告学院媒介研究所根据公开资料整理。
② 同上。

(三)网络视频,强调用户体验与服务性

互联网平台上用户体验和服务性决定了网络视频的发展特性。

BBC 早在 2007 年就已经推出了 BBC iPlayer 网络视频播客服务软件,用户可以通过它在 BBC 网站上免费、随时随地观看或收听 BBC 广播台、电视台、网站上最近七天内所播出的视频和音频节目。目前,BBC iPlayer 的网上网下点播总量已经达到了 8 亿次。目前人们可以通过 20 多种终端使用 BBC iPlayer,包括 Windows、Mac、Linux 等各种系统的电脑、电视机、手机、掌上游戏机等。中央电视台也在其网络平台上同样推出了自己的客户端播放器 CCTV Box,帮助用户方便、快捷、同步收看中央电视台各直播节目的同时,畅快浏览央视网全部内容,并通过聊天室为用户搭建起沟通的桥梁。而这也是广电机构从用户体验和优化服务性方面作出的一个非常有益的尝试。

图 8—8　BBC iPlayer 和中央电视台的 CCTV Box

案例:YouTube的运营模式

用户分享模式:YouTube是一个以视频分享为纽带的用户关系网站。其分享模式,聚集着海量的满足普通人各种需求的视频,也聚集着用户对各种视频的需求。YouTube就是这样把用户需求聚合起来,构成了一个充满热情的社区,其实这正是其市场细分的形成。只要是YouTube的注册用户,就可以通过关键词进行查找,或者在分类中搜索感兴趣的歌、影、视等艺术者的视频信息,并寻找与自己有着同样兴趣的浏览者展开互动。用户可以对每段视频加以评论、打分;也可以将视频加入自己的收藏夹或引用到博客里;还能通过电子邮件与世界各地的网民分享。

多元产品与服务:广告收入仍然是YouTube的主要收入来源,但其也在不断尝试各种方法以充分发挥其网站的庞大群体优势。在音乐、游戏、电视、电影及手机3G视频方面,与各领域的服务提供商展开合作,满足各细分市场客户不同的价值需求。希望通过电子商务服务销售音乐、电影、电视节目、视频游戏、图书、视频贺卡、音乐会门票,以及在YouTube网站上数百万视频内容上显示其与数字娱乐媒体相关的产品。同时,"YouTube直播"也正式启动,并结合演唱会、派对及娱乐综艺表演,寻求更有效的商业模式。

案例:土豆网的视频内容来源

土豆网的视频内容分为三个部分,第一部分就是用户原创视频,包括投注资金,用来扶植有创意的视频创作;第二个部分就是在版权领域,在土豆推出的黑豆高清正版平台,这个平台是让大众更好地分享热门的高清剧集和电影视频;第三个就是土豆网自己开发的视频创作,有更多资讯的整合,包括自主创作"土豆天使"节目的制作、土豆自有的原创品牌"锐动画"、鼓励原创而举办的"土豆映像节"活动等等。

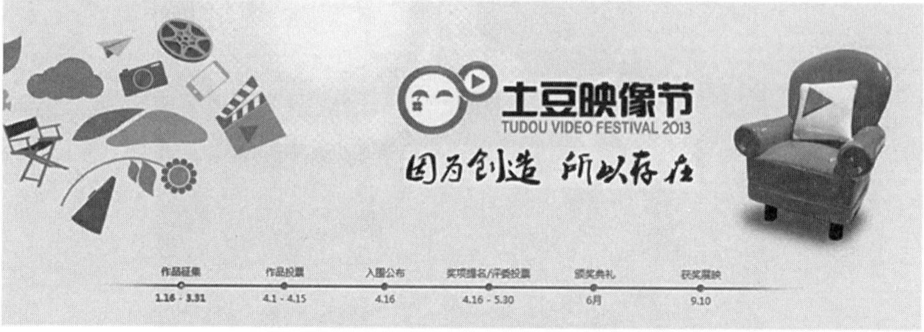

图8—9 土豆映像节界面

案例:Hulu的内容策略

Hulu也是个有着传统广播电视媒体背景的视频网站,其背靠新闻集团旗下的福克斯公司、美国国家广播环球公司以及迪士尼集团旗下的美国广播公司三个传媒机构。最大的优越性莫过于正版、大量、高质量的视频内容了。Hulu的内容定位是把各大电视台最好的电视节目、新闻、访谈节目、连续剧、电影、音乐、演唱会等视频内容以正式授权的方式搬到互联网上,并不牵扯版权问题,同时节目清晰度、音响效果都非常理想。内容的优势,使得Hulu即便不借助网民的视频参与,只由联盟成员提供,仍然能轻松赢得不少人气。

除了大量来自于 NBC、FOX、ABC 的内容之外，Hulu 还与索尼、米高梅、华纳兄弟、狮门影业及 NBA 等 110 多家内容制造商合作。还有如 Comedy Central、圣丹斯频道以及 PBS 这样的小众频道也成为 Hulu 的内容提供者。很多在电视上需要付费收看的内容，在 Hulu 上却能免费播放。内容提供商从 Hulu 所获得的利润中分成，据国外媒体报道称，双方分成的比例是 5∶5。

正版内容是 Hulu 的一项重要竞争力。

首先，版权影响收入。对于广告而言，在网友上传的原创视频内容当中，绝大多数是毫无价值可言的，可控性更是无从谈起，没有哪个品牌愿意将自己的广告放在这种不可预知的内容中。而 Hulu 传统电视的正版视频内容不仅不用受到版权的困扰，而且更能吸引广告客户。

另外，在 Hulu 创立之初，它就不仅是一家视频网站，而且是其他视频网站的内容提供渠道。也就是说，Hulu 网站上来自 ABC 等的正版内容经由 Hulu 的授权，可以提供给其他视频网络渠道，比如 TV.com、Boxee 等，实现内容的二次增值。

四、我国广电、通信和互联网三大力量角逐网络视频市场

在我国，网络视频市场格局主要由广电、电信和互联网三大行业作为主导力量。我们可以将我国的网络视频行业划分成五种角色，即广电队（CNTV、芒果 TV、浙江广电、上海文广、凤凰宽频等）、电信队（互联星空、IPTV、九州在线等）、门户队（新浪、搜狐、网易、腾讯和百度等）、网络电视队（PPTV 和 PPS 等）和视频分享队（优酷等）。

表 8—12　各类视频网站提供的内容资源种类比较

网站类型	网站名称	提供的内容资源种类/业务分类
电信运营商视频网站	互联星空（电信）	电影、电视剧、教育、AVS 专区、高清下载、影视大卖场、开放区、网络电视
广电媒体视频网站	中国网络电视台	爱布谷、新闻台、经济台、体育台、综艺台、电影台、电视剧台、探索台、纪录片台、爱西柚
门户类网站	新浪视频	排行、新闻、娱乐、影视、体育、财经、女性、新浪演播室、新浪电视、直播导视、原创联盟、搞笑、猎奇、军事、游戏
	搜狐视频	社会、影视、综艺、原创、电影库、电视剧库、精选节目单、搜狐美女、2008 搜狐女声、搜狐彩电
视频分享网站	土豆网	娱乐、生活、游戏、原创、科教、影视、体育、音乐、动画、搞笑、商品（展示）和其他
视频下载类网站	BT 联盟	BBsee 版权内容、综艺、韩剧、电视剧、篮球、游戏、动漫、影视、音乐和其他
网络音频	九天、巨鲸、新浪、搜狐、爱国者音乐网、猫扑电台	在线音乐网站、门户网站音乐、音乐搜索引擎、面向终端的音乐下载、网络电台运营商、个人音频服务、小众音频服务、行业音频应用和其他音频运用

（一）互联网网络视频

在三大行业中，互联网的视频网站是目前数量最多、发展成熟度也最高的一支力量，

YouTube 是这一领域最具代表性也是目前世界上发展规模最大的视频网站。在互联网视频领域中，通常包括 P2P 网络电视、视频分享网站、非分享视频点播网站和门户网站、搜索引擎。

其中 PPlive 、PPS 等都属于 P2P 网络电视，其利用流媒体技术起家，主要利用 P2P 技术提供在线直、点播服务，通常有客户端和页面两种播放方式；优酷、酷 6 等则是模仿 YouTube ，以视频分享（用户可以上传视频并彼此分享）为主要业务的视频网站；激动网、乐视网这些网站通常提供的内容以版权内容为主；门户网站视频内容则是依靠前期积累的用户资源和较高的用户黏着度发展而来的，是与其所提供的传统图文新闻并列的服务之一；搜索引擎提供的视频服务以百度为代表，以强大的搜索功能和丰富的内容作为最大的卖点。

此外，互联网企业是网络视频竞争市场中灵活度较高的一方，在风投资金获取方面也比电信行业或者广电行业具有更大的优势，对于新技术的掌握与适应更加迅速，也更加了解网民的需求，更加具有创造力和创新精神，也是目前网络视频市场中步伐较快的一方。

表 8—13　我国网络视频类型和主要业务

网站类型		主要业务	举例
专业网络视频网站	P2P 网络电视	以 P2P 流媒体技术起家的视频网站，主要利用 P2P 技术提供在线直、点播服务，通常有客户端和页面两种播放方式	PPlive 、PPS、悠视、迅雷看看等
	视频分享网站	传统上以模仿 YouTube 起家、以视频分享（用户可以上传视频并彼此分享）为主要业务的视频网站；视频分享网站正在逐步转型与扩展业务范围，因此视频分享的概念也被逐渐淡化	优酷、酷 6、56 网、六间房等
	非分享视频点播网站	视频分享以外的在线点播网站，这些网站自己提供内容，通常提供的内容以版权内容为主	激动网、乐视网等
门户网站		对于门户网站来说，网络视频一般是其提供的与传统图文新闻并列的服务之一	新浪视频、搜狐视频等
搜索引擎		具有强大的视频搜索功能，合作对象极其丰富，内容种类也非常多	百度等

（二）电信网络视频

电信运营商通过多年来的发展和积累目前在网络铺设、渠道建设和终端数量上都有很大的优势，赢利模式也很成熟。网络视频业务目前是电信运营商开始逐渐重视的一种业务类型，用以与广电机构以及互联网民营力量进行竞争。

一方面，电信运营商拥有资金的优势，但在内容资源和视频技术上处于弱势，这正是网络视频市场竞争的核心。除了搭建与上游内容提供商的合作外，还需要寻求与广电系内容提供商的合作。另外，电信运营商通过与拥有先进视频支持技术的民营视频网站合作以获取支持也必不可少的。另一方面，电信运营商在渠道和终端数量上的优势使得其在 3G 时代可以获得更大的优势。

部分电信运营商直接把能够带来用户与流量的互联网应用移植到业务体系中，比如视频网站 YouTube 已经被沃达丰（Vodafone）和威瑞森（Verizon）等运营商引入，供手机用户使用。一些运营商还尝试将互联网应用与电信服务深度整合在一起，以终端形式提供给客户。比如 Verizon 在 2009 年初推出了 VoIP 电话机 Verizon Hub，用户可以通过 Widget 订阅地图信息、路况信息、天气预报等或者浏览其 3G 多媒体服务中的视频。

(三)广电网络视频

从2003年年底开始,广电机构试水网络视频,中广网成为当时广电机构最主要的宽带视频网站,自制及整合了5万小时的视频节目,开设了11个频道、31个栏目,每日更新节目量可达12小时。同年,凤凰卫视推出宽带内容——“凤凰宽频”,视频内容以凤凰卫视节目为主,而这也是之后很多广电机构进入网络视频行业的主要特征之一。无论是中国网络电视台、芒果TV还是东方宽频都是依托于自身的电视媒体和历年来的内容积累,在网络上运营网络视频网站的。

广电机构在专业内容、人才方面的优势明显,版权内容优势突出,但技术和营销力相对较差,融资口径较窄。电信机构的技术基础设施、自有资金和整合营销能力优势突出,但内容实力较差,专业内容人才缺乏。民营互联网系的硬件、版权、政策、专业人才实力较弱,但创新动力强劲,融资口径较宽,运营灵活,综合风险较大。多家电视台争抢视频这块蛋糕,将加剧民营视频企业的危机意识,加速其创新本能,广电机构一统江湖的局面可能并不会出现。虽然“国家队”拥有得天独厚的内容源优势,但在视频创新技术、用户体验、资本组合能力、对市场变化的感知能力等方面,民营企业似乎要更胜一筹。

五、网络视频营销模式

(一)网络视频广告的两种形态和多种形式

网络视频用户规模的提高和新兴网络服务的出现,使网络视频的应用更加广泛和深入,随之而来的是视频广告的收入增长,而目前网络视频企业的主要收入来源还是广告。从营销层面而言,网络视频的营销是“视频”与“互联网”的结合,让这种创新营销形式具备了两者的优点。与传统媒体相比,网络视频不仅成本低廉而且能够有效传达给目标用户,更为精准、互动。而且,依托技术力量的支持,还能够为广告主提供更加精确的传播效果,成为电视广告的有效补充。

根据形式的不同,可以将网络视频广告分为两种基本形态。

一种是展示型的网络视频广告。这类广告形式能够打造很好的品牌知名度,是电视广告的延伸,能够形成整体印象叠加的效果,而且能够实现精准投放,提升传播效果。

另一种则是深度合作型的视频营销广告。通过互动的方式,引发用户的共鸣和参与性,在深化品牌内涵的同时增强用户黏性,提升品牌的影响力,如植入广告、病毒视频以及用户生成的广告形式。

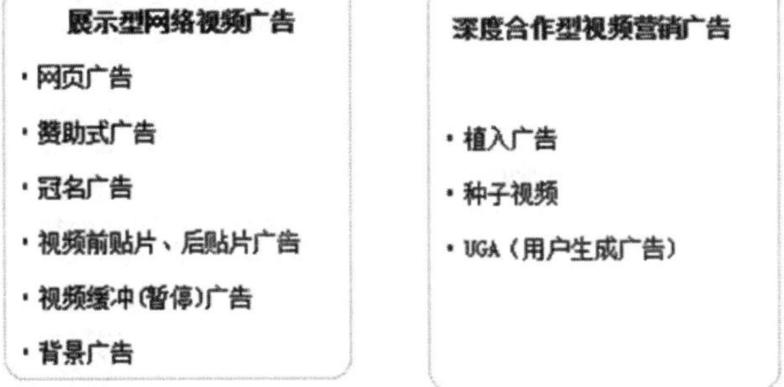

图8—10　网络视频广告的两种基本形态

表 8—14 典型视频广告营销形式比较分析

视频广告形式	简单介绍	与传统电视广告对比
传统视频广告，如前、中、后贴片广告等	与传统电视上投放的广告片无太大区别	可以直接将传统电视的广告片资源在网络投放，实现广告的二次售卖，节约成本
创新的视频广告，如拉幕广告、半透明覆层广告、播放器背景广告等	主要在视频播放窗口及其周边出现，用户产生兴趣时可自行点击观看广告内容	此模式较传统电视广告更加多样，易引起用户兴趣
原创视频短片	将视频情节与广告情节结合在一起，在用户浏览视频时巧妙达到传播效果	具有病毒传播的特质，用户之间可以主动传播和分享，而传统电视广告中用户只能被动接受
品牌专区	为广告主建立专门的视频频道，形成一个集品牌介绍、视频浏览、拍客上传、用户评论的宣传阵地	宣传力度集中，利用网络的互动性，鼓励受众参与和反馈；而在传统电视中几乎不可能实现广告主的专门频道
主题征集	征集用户来为广告主设计创意和制作视频，采纳好的作品予以奖励	集思广益，充分利用网民智慧，而传统电视广告只能由专业机构制作，创意有限
大型原创活动	将根据广告主需求，策划营销活动，将活动网络视频化，培养网民用网络来观看内容，活动各个环节用户都可参与互动	与传统电视广告的活动营销如出一辙，但是更多可以体现互联网的分享和互动，主动吸引用户参与，实现用户与品牌的充分沟通

案例：百威啤酒与土豆网的合作

百威劲柠啤酒与土豆网合作，将品牌植入到土豆自制剧《欢迎爱光临》中，借助娱乐化偶像剧的高辐射力，实现了品牌的跨界传播，并赢得了目标受众的深度青睐。根据调查，有 98.6%的观众认可植入方式，有 86.7%的观众认识了品牌，有 83.5%的观众表示有购买意愿，实现了“品牌植入＋多维度推广”的双赢。

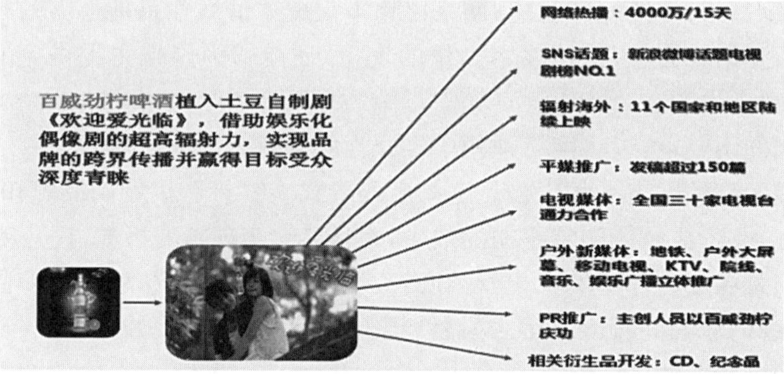

图 8—11 土豆网和百威啤酒内容植入合作

（二）网络视频营销的四个模式

1. 定制视频，打造品牌专属秀场

定制视频内容是企业的品牌秀场，企业开始通过制作网剧和真人秀等综艺节目来争取顾客的好感。之所以说是专属秀场，因定制视频和自制真人秀节目以“网络受众的喜好”为出发点来进行其题材选择、内容设计和角色定位，并在视频网站上播放。

从形式上看，网剧的灵活性很强，可长可短，成本低廉，同时播放准入门槛较低；从观众角度来看，观看自由度大，参与性强，甚至可以选择剧情的发展及不同的结局。

定制视频内容一般无大投资、无大牌明星、无大导演，成本相对较低，一般投资在百万元级别，品牌企业均可轻松参与投资；而且网剧风格和剧情安排可根据品牌传播的需要自由调整，保证植入的品牌能得到最大的曝光率和最有效的表达方式。相对于传统影视及综艺类节目对品牌的宣传效果，网络定制视频的投入产出比更高。

2. 微电影营销

2010 年底在网络上一夜走红的微电影“11 度青春系列”，是由雪佛兰冠名的。广告上线后，雪佛兰在部分城市出现热销。在这股热潮的带动下，“微电影”的视频营销概念应运而生，并引发微电影成为企业营销标配的风潮。

“微电影”的制作从一开始就是按照电影的规格来打造的，由专业团队制作，是画面精美、耐人寻味的短视频。“微电影”通过微博等社会化媒体的协助传播，使企业品牌的传播力度和广度都远远超过了当初的预期。

微电影通过故事化、情节化的内容，全面展示了品牌的内涵，突破了 30 秒常规电视广告的限制，从而实现与消费者多层面、深层次的沟通。微电影营销的效果不在于追求商品形象、标识的曝光量，而是借助好看的故事、考究的视听语言，把产品功能、品牌理念巧妙地渗透进去，达到润物细无声的效果，是一种更为情感化的营销方式。

早期的雪佛兰“11 度青春系列”、“三星四夜奇谭系列”微电影采用品牌冠名的方式，品牌好感度提升效果明显。之后，微电影营销的操作更加灵活，比如克莱斯勒的“一触即发系列”、益达的“酸甜苦辣系列”、和路雪“可爱多系列”、“橘子水晶酒店系列”。微电影运用电影的表现形式、为广告信息增加了故事性。微电影营销的趋势是，推出微电影伴随着明星造势，形成话题传播，之后以病毒视频的形式完成大量的传播。最终实现全面诠释产品，更深入地实现品牌形象、理念的渗透和推广。

图 8—12　雪佛兰与网络视频合作的雪弗兰“11 度青春系列”内容

3. 依靠 SNS 关系链，病毒视频几何式传播

“病毒营销”通过网络短片，利用口碑传播成为与消费者交流强有力的媒介形式。在

营销过程中,它让用户彼此间主动谈论品牌,这种与品牌之间有趣、不可预测的体验,显示出强大互动影响力。

明星话题、创意搞笑、情感诉求等内容是当前病毒视频的主流题材,也最易引发话题,产生良好传播效果。

在病毒视频营销中,互动、社交的平台已经是标配,形成"视频+社交"的联动营销的态势。尤其是微博平台在营销中扮演的角色越来越重要,广告主在微博和社交网站上的主页成为种子视频投放的集散地。

病毒视频在用户关系链之间自由穿插传递、分享和互动,给品牌和广告主提供更多的营销接触点和受众覆盖。通过社交关系链的圈子效应,能够为品牌真正找到有相同爱好的消费群体,实现品牌营销信息在广度曝光的同时也能够将营销传播精准化。

病毒视频营销有两大趋势:一种方式是广告主主动投放种子,主动开展病毒传播,如三菱君阁的真正车主竞猜、玉兰油防晒的代言人 PK、德邦物流"喇叭哥"合唱生日快乐歌等;另外一种操作方式是广告主借力偶发事件,发现新奇性视频内容巧妙与品牌或产品进行关联,促成广泛传播。比如在 YouTube 上,挑战布什先生的"飞鞋事件"视频,最终被品牌厂家利用,其视频通过分享、转帖,最终播放达到百万次以上。

4. UGA 模式——用大众智慧驱动品牌传播

在 Web2.0 时代,真正的创意高人或许将不是广告公司,而是隐藏在长尾中的无数草根。用户创造广告(UGA)模式正是基于这样的理念,利用网友们的脑细胞来作创意驱动,进行全民头脑风暴驱动品牌的传播。

这一模式既能为品牌造势,又能促进品牌与消费者的互动,提升消费者的品牌忠诚度。UGA 模式超越了普通的单向度浏览模式,让用户与品牌高度互动,将品牌传递方式提升到用户参与创作的高度,增加品牌黏性,深化广告效果。

为了点燃网民的参与热情,采用这一模式的营销活动会配合参与奖金和竞猜大奖等激励措施。让互动形式新奇活泼也是广告主考虑的策略,通过巧妙的互动体验,让网友真正有一种"我的活动我做主"的参与感和新鲜感,零距离地融入到活动进程当中。最后,再将参与视频上传的用户引导到线下活动中,通过销售优惠、免费体验等方式促成用户购买行为的产生,或者是参与线下的路演等大型品牌活动,使用户体验品牌文化。

图 8—13 美汁源与土豆网合作征集用户原创的搞笑视频活动

美汁源在土豆网上征集的搞笑视频《一笑赢千金》、“酷熊 Hi 客的 DV 大赛”、匡威的“你制造”、舒耐的“舞动对决”、“凡客体”等这些案例里，用户亲身拍摄视频、参与比赛、抽取奖品，然后到线下销售渠道体验品牌活动日，从而与企业之间形成了深度互动。

第三节　社交媒体的运营与发展

一、社交媒体界定

随着互联网技术和市场的发展，互联网开始为人们提供社交服务，把人在真实社会的交往关系通过虚拟网络服务延展开来。由于人们对社交需求的存在，加之互联网使这种社交更加方便，所以，在互联网的平台上，社交手段不断丰富，有了即时通信、空间、微博、社交网站、论坛、评论、交友和博客等几大类。

笔者认为，社交媒体是每个人的媒体，每个人都能够通过各种社交媒体表达自己的意见，与朋友交流信息，或者因为某种信息聚集在一起。另外，社交媒体中也有一些活跃的网络社区意见领袖(Key Opinion Leader，KOL)，他们比普通网民更加活跃，更主动积极地表达自己的意见，同时他们对事件、产品或品牌的评论更专业而且中立，擅长捕捉社交网络上的潮流热点信息并进行传播，在信息传播过程中扮演着相当重要的角色。借助这些丰富的互联网信息传播工具，人与人之间的交往产生了强烈的互动性，以及由此形成的社交信息内容、社交传播模式和社交营销手段等构成了崭新的媒体形态——社会媒体(Social Media)。

纽约大学著名学者克莱·舍基(Clay Shirky)认为，在互联网提供的各种互动手段的帮助下，“网民已经被戏剧性地联系在一起了。我们所显露出来的关于自身的信息，不论是通过照片、电子邮件还是 My Space 页面，都极大地增加了我们的社会可见度，使我们更容易互相找到，但也更容易被公众审视”①。由此可见，人们在真实社会的社会交往被互联网的媒体化不断延展，而人们在互联网上的社交也同时带动了真实社会关系的变化和丰富。

百度百科认为社交媒体也被称为社会化媒体、社会性媒体，指允许人们撰写、分享、评价、讨论、相互沟通的网站和技术。所谓社交媒体应该是大批网民自发贡献、提取、创造新闻资讯，然后传播的过程②。

维基百科这样界定社交媒体：Social media is information content created by people using highly accessible and scalable publishing technologies. At its most basic sense, social media is a shift in how people discover, read and share news, information and content. It’s a fusion of sociology and technology, transforming monologue (one to many) into dialog (many to many) and is the democratization of information, transforming people from content readers into publishers. Social media has become extremely popular because it allows people to connect in the online world to form relationships for personal and business. Businesses also refer to social media as user—generated content (UGC) or

---

① 〔美〕克莱·舍基著，胡泳、沈满琳译：《未来是湿的：无组织的组织力量》，中国人民大学出版社，2009 年版。

② http://baike.baidu.comview2169907.htm.

consumer－generated media（CGM）。

二、我国社交媒体市场的发展脉络

中国社交媒体的诞生可以追溯到1994年中国第一个论坛——曙光BBS站的诞生。当时也正值中国互联网开创和摸索发展道路的初期。自此，中国社交媒体从单一走向多元化，论坛、即时通讯、博客、SNS、问答百科、微博不断涌现。

从一开始的网民自发聚集交流，到后来的企业主动参与传播，进行商业化变革，中国社交媒体主要经历了五个阶段——蛰伏、培育、成长、爆发和变革，进而形成了以论坛、SNS为主的社交网站和以微博为主的自媒体平台，目前人们所熟知的社交网站有人人网、开心网、豆瓣网、Facebook等，微博平台有新浪微博、腾讯微博、Twitter等。

全球知名管理咨询公司麦肯锡发布了一份《中国社交媒体铸就消费新时代》的调研报告，称截至2011年年底，中国社交媒体用户数量已达3亿，中国拥有全球最多也是最活跃的社交媒体用户群。一二三线城市居民的社交媒体注册率高达95％，此比例远高于日本的30％、美国的67％和韩国的70％。其中，社交媒体对中国消费者购买决定的影响甚至比其他国家和地区更大。中国消费者表示，社交媒体上提到的产品，他们考虑购买的可能性较大。与Facebook主导国外社交媒体市场不同的是，中国社交媒体活跃的都是中国本土网站，例如QQ空间、新浪微博、人人网、开心网、豆瓣等，中国消费者平均每天花46分钟在这类网站上，而美国消费者为37分钟，日本消费者仅为7分钟。互联网用户社会化平台访问时长显著超越新闻资讯，社会化平台应用性最高的互联网应用，占据了用户41％的上网时间。

根据CNNIC 2012年12月发布的《第31次中国互联网络发展状况统计报告》数据显示，即时通讯是中国当前第一大社交媒体，网民使用率高达82.9％，其次是搜索引擎（80.0％）、网络音乐（77.3％）、博客、个人空间（66.1％）和视频（65.9％）等。值得一提的是微博的网民使用率已经达到（54.7％），超过了社交网站（48.8％）。

CIC① 自2008年始制作第一张中国社会化媒体格局图。该图最先的创意来自于国外知名社会化媒体营销专家Brian Solis制作的*the Conversation Prism*，后几经演变，成为2012年的这个格局图，虽然关于这样的分类还存在一些争议，但是这个花瓣图还是能够反映出社交媒体市场的基本格局。CIC研究将中国的社会化媒体分为四大类：

核心网络类：包括微博、社交网站、即时通讯、论坛、音乐视频分享、电子商务（包括团购）、点评网站和分类信息网站，这八类分别对应大众网民的三大核心或者说基本需求——沟通、娱乐、消费。尽管时有跨界发生，但八类平台的核心功能的区分到目前为止始终非常明显，相互之间尚不存在显著的依附关系。

基础功能网络类：包括文档分享、博客、在线百科和在线问答四类。

增值衍生网络类：包括社会化内容聚合、社交游戏、社会化电子商务和签到位置服务。

新兴/细分网络类：在线旅游、婚恋网站、企业社交、商务社交和私密社交等。

---

① CIC是中国提供网络口碑分析工具、技术解决方案、社会化媒体研究和社会化商业咨询服务的第三方公司。专业致力于帮助企业和组织利用中国社会化媒体和网络口碑资讯来实现其商业创新。CIC自2004年起开发了网络口碑分析技术，研究和咨询领域，并率先提出“社会化商业”的革新理念。

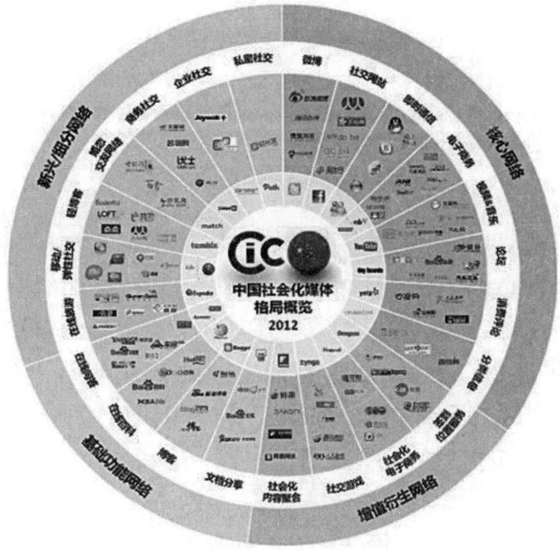

图 8—14　CIC 2012 年研究发布

三、社交媒体的两种赢利模式

社交媒体能够让消费者深度参与，主动传播，打破了企业与消费者之间的信息鸿沟，消费者不再被动地接收信息，而是主动发布、传播信息，因此获得了广大广告主的青睐。

目前，社交媒体的赢利方式主要有两种。一是通过用户端收取费用，包括会员费、虚拟货币、电子商务等等；再一种是面向企业进行收费，主要以收取营销推广费用为主。

在美国近期的研究中发现，社会化广告的有效性（通过对参与度、曝光成本等因素的衡量）排在关键词搜索之后位列第二；有效性达到普通展示类广告的 11 倍之多，是富媒体广告的 2 倍。因此，社交媒体在广告效果上能够将品牌信息以视频或其他具有互动性的形式表现出来，并加入社会化媒体功能的广告，如分享、收听、邀请以及 SNS 植入式广告等。

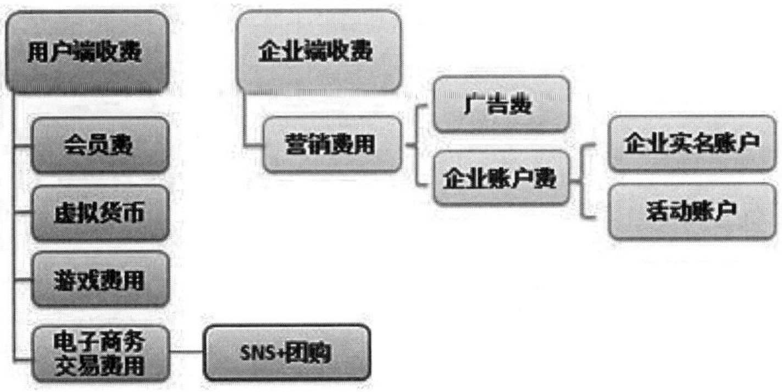

图 8—15　社交媒体的面向用户或面向发布广告和营销活动的企业收费的赢利模式

与此同时，社交媒体能够给用户交流提供一个良好的平台，通过用户之间的信息交流，提供给用户更贴身的信息服务、更有趣的体验，从而吸引用户主动参与，并进行主动的二次传播，达到最佳传播效果。

四、社交媒体的三种营销模式

社交媒体的蓬勃发展让企业看到了商机，纷纷投身于这个潜力无限的领域。社会化营销手段愈加丰富。根据用户的参与程度，可大致分为三个层次：广播类、参与类和商务类。

广播式营销主要为单向传播，目的主要是向受众传达企业、产品的信息，达到扩大知名度、提升好感度的作用，包括展示类广告和植入广告等。参与类营销则是利用企业或品牌的影响力与消费者直接沟通，吸引消费者深度参与，从而维持和增加用户的黏性。商务类营销的目的是借助社会化力量将客户引向电子商务，实现线上销售。

社会化营销理念是以用户为中心，随着消费者在社交网络上花费的时间越来越多，应用范围越来越广，他们对社会化媒体的依赖也与日俱增。因此，作为营销的新子类，社会化营销吸引着越来越多广告主的注意。现在，越来越多的广告主已经开始将社会化营销从整体网络营销计划中独立出来。

但社会化平台媒体形式众多、内容庞杂，针对用户行为追踪、内容抓取等测量难度较大，最常见的测量指标依然停留在曝光、点击、UV 等指标，这些指标无法真正测量社会化营销的价值。此外，业内的测量模型多而混乱，并未形成业界公认的标准方法，导致评价模式不清晰、缺乏说服力。因此，测量指标不完善，成为制约广告主不敢轻易涉足社会化营销的瓶颈之一。

资料链接

2010 年 12 月 3 日，日本服装零售品牌优衣库登录人人网，凭借品牌号召力及粉丝的自传播，上线一周的公共主页粉丝已经破万。

为号召更多粉丝加入，优衣库在 12 月 10 日推出了与人人网独家合作的“UNIQLO LUCKY LINE ”的网上排队活动，此活动将于当日10：00 正式开始。沿用先前在日本及中国台湾极受欢迎的活动概念，让网友在优衣库网站虚拟 UNIQLO 店铺排队购物，即有机会获得 iPhone4、iPad、旅游券和特别版纪念 T 恤等礼物。

图 8—16 人人网优衣库网上排队活动用户参与入口截图

通过网络主页、电子邮件推送、新闻论坛等渠道进行预热后，在人人网设立了活动公共主页，并及时对活动的近况进行更新和维护，最终共有 1330469 人参与了活动，营造了很好的口碑。

(一)社交媒体中一对多的广播式营销

1. 展示类广告：多角度接触你

借助社会化媒体的娱乐特点和关系机制，社会化媒体中的展示类广告突破了以图片、文字为主的传统互联网广告形式，还结合网站自身服务特点配合广告宣传，实现多个角度接触消费者的目的。

2011 年 3 月，新浪微博首次试水硬广，用户在登录页面时即可看到必胜客“新菜单”

的广告图片。为了扩大影响力，必胜客通过微博用户的个人页面侧边栏的企业帐号和活动推荐功能，将专门搭建的活动网站推给用户。用户只需用原微博帐号即可登录到活动网站，参与互动就有可能获得奖励。

虽然形式简单，展示类广告却是社会化媒体收入比重最大、增幅最快的一部分。据统计，美国著名社交网站 Facebook 在 2011 年的展示广告营收总额为 35 亿美元，同时预计 2012 年该数字将进一步上涨至 53 亿美元，营收增幅超越以搜索广告为主的谷歌。

2. 植入广告：潜移默化影响你

当社会化媒体在初步成长时，曾被附加了娱乐和免费的符号，所以植入作为一种相对“婉转”的广告手段，被较早地应用于社会化营销，主要形式包括直接植入和内容植入。前文提到的“新鲜事”功能已初步具有将品牌或产品名称直接植入的特性，而事实上，营销者更乐于采用内容植入的方式，结合社会化媒体的娱乐特性进行广告宣传。

LG 公司推出过一款针对年轻女性的“冰激凌”手机。为了曝光品牌，LG 在女性交友社区“爱情公寓”中搭建了一个虚拟的冰激凌甜品店。店铺设计活泼时尚，LG 商标、手机形象、代言人形象随处可见，直观地告诉消费者“冰激凌”手机的甜美外形和含义。不仅如此，LG 还专门开发一款互动游戏，用户可以同好友一起“挖”冰激凌，令手机的甜美特性更加深入人心。通过对活动的内容进行植入，冰激凌手机收获了良好的口碑。

(二)社交媒体的参与类营销

1. 品牌帐号管理：用关系“黏住”你

品牌帐号管理是以企业或品牌的名义设立官方主页或官方微博，用以建构和维护客户关系。作为与客户沟通的门户，官方主页可同时具备多个功能：传达广告主信息、进行客户关系维护、发起营销活动、化解公关危机等。在社会化平台中，企业形象更加具体，成为消费者身边亲切的朋友。

宜家家居(IKEA)作为国际的家居品牌，在生活中受到很多顾客的喜爱。在互联网上，其官方微博“@宜家家居 IKEA”也力求向用户展现他们的亲和形象。他们用亲切的对话和温馨的话语贴近用户，让用户感受到品牌的关怀和温暖。同时，品牌帐号积极关注用户在微博上对企业的评论，并及时进行回复，通过举办互动活动让更多用户能够参与到和企业的交流中来，这些内容和策略都让这个大品牌给用户留下了亲和的形象。

2. 话题与活动：用互动吸引你

社会化媒体的精妙之处就在于“物以类聚，人以群分”。一个话题或活动的发起，总能吸引具有相同偏好的用户聚集起来，深入参与到这种互动中去。如果将创意主题同品牌相结合，同消费者深入互动，将会给营销带来意想不到的惊喜。

《失恋 33 天》是一部投资几百万的小成本国产电影，票房收入超过 3 亿，匹敌好莱坞大片，这样的票房奇迹得益于其微博营销。为了制造话题，影片的宣传团队设立了官方微博和多个包含“失恋 33 天”字样的辅助微博，接下来建立“失恋博物馆”、收集“失恋物语”，用奖品或上镜机会来鼓励用户上传照片和讲述故事，掀起了一场失恋话题“旋风”。当影片上映时，《失恋 33 天》的官方微博粉丝超过 10 万人，相关微博愈 800 万条，且相关数字仍在增长中。

(三)社交媒体的电子商务类营销

社交商务是社交网络与电子商务结合的营销方式。2010 年,国内网络购物市场快速增长,商务类应用的快速增长使国内互联网实体商务的价值提升,而社会化媒体电商化与其自身特性密不可分。

从“社交网站用户电子商务使用情况”可以看出,网络购物和社交网站用户高度重合,电子商务在社交平台上的发展具有很好的用户基础。社交社区带来了信息流,电子商务带来了现金流,而社会化电子商务所做的就是通过社交网络的营销将有效的信息流转化为现金流,同时反馈至社交网络的分享平台,实现两者的双赢。社交电子商务能在 2013 年大热,可谓水到渠成。

目前,社交商务的主要形式有两种:一是社交平台商务化,即在社交平台上设置购物链接、开放电商入口,或是向社交平台用户定向推送电子商务信息,如人人网成立团购网站“糯米团”,两个网站可以实现帐号互通和信息共享,将 SNS 流量导入电子商务网站;另一种是电子商务社交化,即基于电子商务进行互动分享,如凡客诚品推出的社区营销平台“凡客达人”,用户可以在此展示产品搭配、分享购物心得,从而带动商务平台的销售。

无论哪种形式,社交商务的最终目的都是引导社交平台上的用户进行商业行为,这也是社会化媒体在进行了大量尝试后,寻找到的一条可能会构建成熟商业模式的道路。

第四节　国内互联网运营案例

一、新浪

自 1998 年 11 月成立至今,新浪经历了从 Web 1.0 到 Web 3.0 的变化。在 Web 1.0 时代,它是最早的以整合内容为主的门户网站。新浪通过多元化的业务布局,紧跟互联网发展步伐,不断调整转型,尤其是微博平台的成功推出,更是成为其在 web3.0 时代,黏着用户、聚合自身业务、整合资源的一个利器。门户网站的新局面已经展现。

(一)多元业务组合

新浪虽以新闻起家,随着互联网大潮的发展,新浪也在不断拓展业务范围,目前旗下拥有五大业务主线,分别包括:提供网络新闻及内容服务的新浪网、提供移动增值服务的新浪无线、提供 Web 2.0 服务及游戏的新浪互动社区、提供搜索及企业服务的新浪企业服务以及提供网上购物服务的新浪电子商务。

通过这五大业务主线,新浪向用户提供包括地区性门户网站、移动增值服务、搜索引擎及目录索引、兴趣分类与社区建设型频道、免费及收费邮箱、博客、影音流媒体、网络游戏、分类信息、收费服务、电子商务和企业电子解决方案等在内的一系列服务。

目前,由于视频、移动互联网和社交网络这三大业务具有较大潜力,因此成为新浪未来的发展重点,并在新浪整体运营中发挥核心作用。

(二)从门户网站向互联网平台转型

视频内容的建设,只是新浪重视内容建设的一个典型表现,在移动互联网和博客、微博等社交网络产品的建设上，新浪一样不遗余力，逐渐实现从门户网站向全方位服务平台的转型。

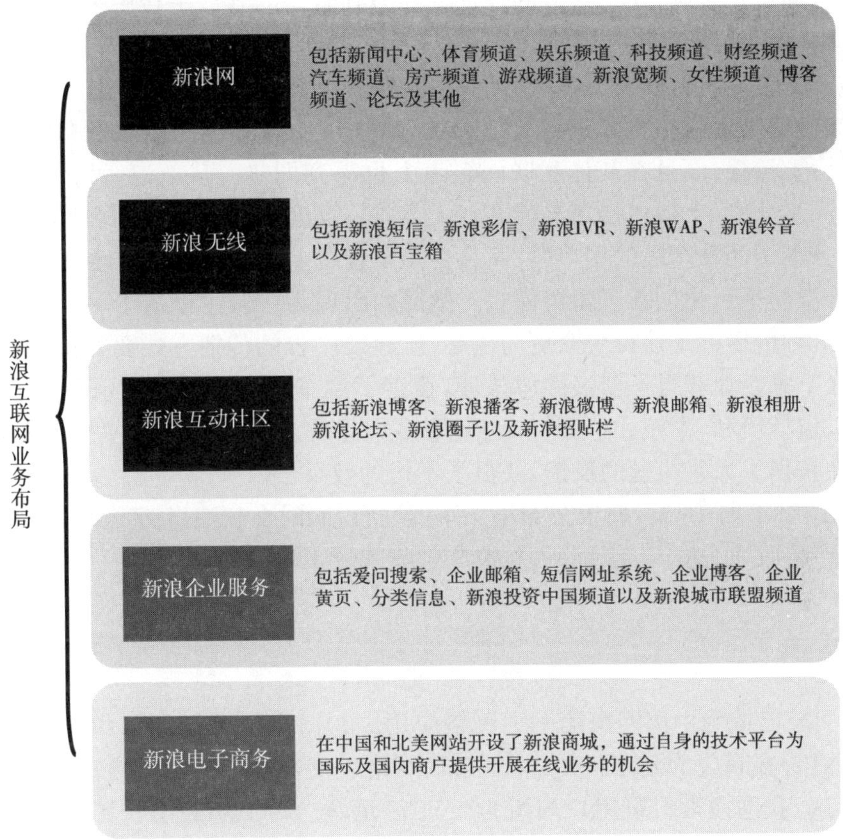

图 8—17　新浪互联网业务布局

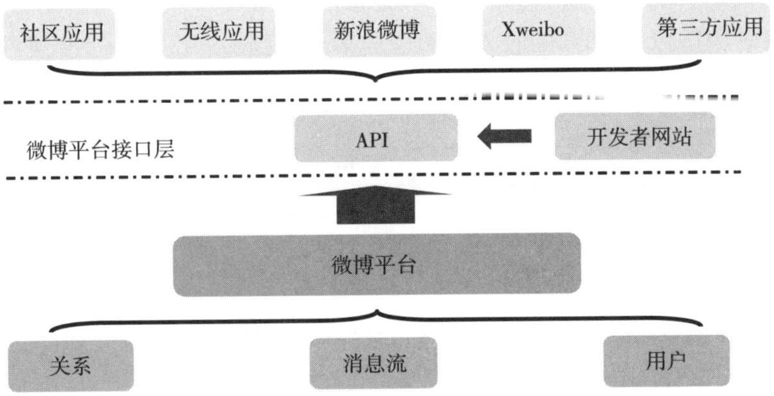

图 8—18　新浪微博平台架构

2010 年新浪微博的成功推出，为新浪改变经营模式、向全方位服务平台转型提供了转机。微博为新浪带来的变化主要体现在以下几方面：

第一，微博的平台化经营降低了内容制作以及产品研发成本。截至2012年年底，新浪微博注册用户已经突破5亿人大关，同比增长74%，日活跃用户数达到4640万人。

除了普通用户之外，还有众多的开发者参与到微博的开放平台中来。开发者可以通过API接口，将自己的网站或者应用与微博平台上的用户、消息流以及关系圈连接起来，同时在微博平台上自行开发出社区、无线、Xweibo以及多种第三方应用。

第二，微博平台化拓宽了内容传播渠道，增加了用户黏性。用户发布内容不仅在新浪微博平台上传播，而且在其他互联网渠道上也得到同步。从新浪微博诞生开始，就内置了博客同步功能，支持包括新浪博客、QQ空间、百度空间等多个知名博客站点。这种合作不仅分享了两种产品的用户群，而且在一定程度上增加了用户黏性。

第三，微博平台化创新了营销模式。微博的出现为广告主创造了一个更为开放的营销平台。这种传播方式使得受众更为主动，比起硬广告的传播方式要显得柔和许多。目前，已有几千家企业获得了新浪微博认证，覆盖了汽车、餐饮、影视娱乐和电子商务等30多个行业，包括伊利、中粮、欧莱雅和淘宝等多个品牌。他们通过微博平台发布产品、资讯信息，并获得了大量粉丝的反馈，获得了不错的效果。

在2012年8月16日，新浪公布第二季度财报，同时在新浪微博上线三年来首次对外公布社交广告收入，达千万级别，占新浪广告收入的10%。

二、百度

搜索引擎已成为中国网民第一大网络应用。2013年1月15日，中国互联网络信息中心(CNNIC)在京发布第31次《中国互联网络发展状况统计报告》。数据显示，截至2012年年底，我国搜索引擎用户规模为4.51亿元，较2011年底增长了4370万人，年增长率为10.7%，在网民中的渗透率为80.0%。

据艾瑞咨询发布的《2012年中国搜索引擎市场报告》显示，2012全年搜索引擎市场营收规模为280.7亿元，相比2011年增长48.6%，高于中国网络广告市场整体46.8%的增幅。2012年全年百度营收占搜索市场年度总营收的79.5%，继续占据行业领先地位，优势明显；谷歌中国以15.8%的收入份额位居第二；搜狗占比3.0%，搜搜占比1.5%，分别位居第三、第四位。

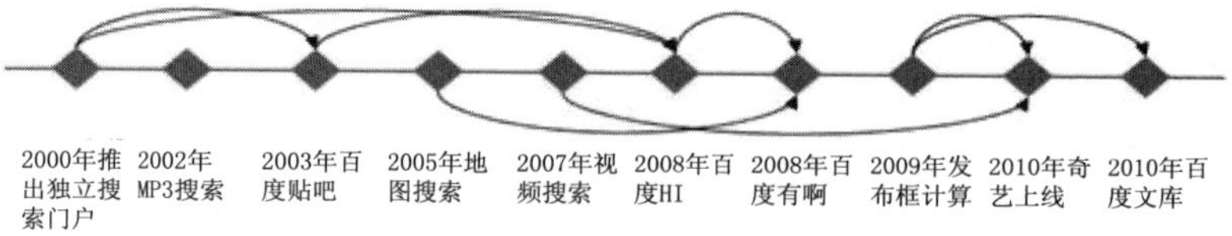

图8—19 百度主要产品上线时间轴

2000年，李彦宏的七人团队正式推出独立搜索门户baidu.com。十年之后，百度已经完成了传统搜索业务、社区业务、生活业务和内容业务的全面布局，推出了“百度HI”客户端，并以框计算对搜索进行了改革，以传统搜索为核心和起点，向不同方向衍生，形成了全业务的布局。

三、阿里巴巴

十几年前的阿里巴巴还只是一个为商家提供信息交流平台的小网站，如今已经发展成为一个拥有覆盖B2B、B2C和C2C业务的电子商务交易平台、支付工具、搜索引擎以及电子商务云计算数据中心的庞大集团，旗下的阿里巴巴网络有限公司、淘宝网和支付宝等业务也分别成为该领域当之无愧的龙头。

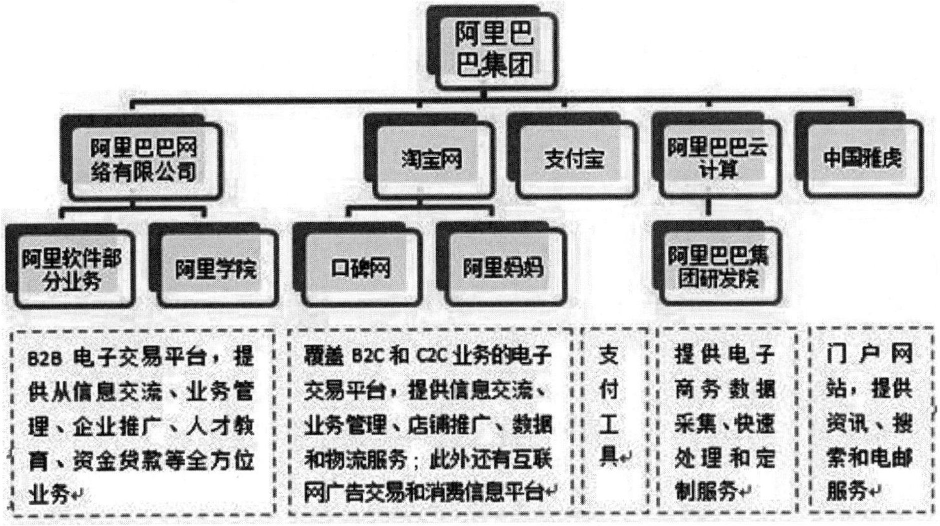

图8—20 阿里巴巴集团架构

(一)以平台、支付、搜索和云计算为核心的业务布局

阿里巴巴集团的电子商务帝国版图由1999年创立的阿里巴巴网络有限公司开始。如今，阿里巴巴的B2B电子商务业务一步步发展壮大，至此已经从一个单纯的B2B交易平台转型成为中小企业电子商务综合服务提供商。

阿里巴巴2011全年营业收入同比增长15.5%，共计人民币64.2亿元，净利润同比增长16.6%，共计人民币17.1亿元，在国内B2B电子商务领域首屈一指。

截至2012年6月30日，阿里巴巴国际交易市场拥有2940万名注册用户及250万家企业商铺，服务覆盖超过240个国家和地区。中国交易市场拥有小企业业务注册用户数5480万名，840万家企业商铺。

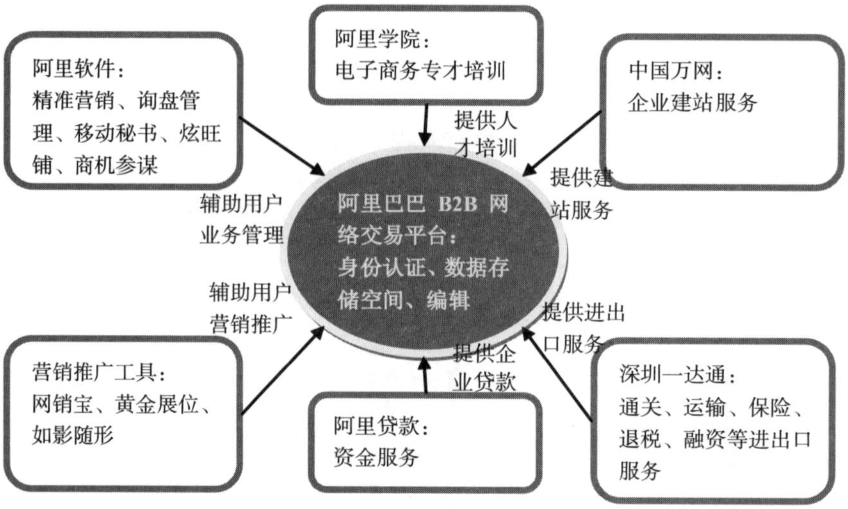

图 8—21　阿里巴巴网络有限公司的服务体系

淘宝网是阿里巴巴集团的第二面旗帜。和阿里巴巴类似，淘宝网也致力于为客户提供综合服务：包括搜索营销、展示广告和线下推广三种解决方案的营销推广服务；通过专为第三方软件开发商而设的“淘宝开放平台”为用户提供店铺管理、营销推广、数据分析和导购软件；通过“淘宝魔方”为用户提供海量原始数据分享服务；通过物流宝平台为商家提供一站式电子商务物流配送外包服务；通过淘宝大学提供专业网商培训。

支付宝的出现解决了阿里巴巴电子商务帝国版图扩张的一大难题。在第三方支付平台出现以前，交易安全的无法保障制约了电子商务的进一步发展。支付宝提供的第三方信用担保服务，让买家可在确认满意所购的产品后才将款项发放给商家，降低了消费者网上购物的交易风险，因此受到交易双方的欢迎。目前，支付宝已经成为中国领先的第三方网上支付平台，占有超过 50%的市场份额。

作为国内最大的 B2B、B2C 和 C2C 网上交易平台，阿里巴巴集团拥有海量的电子商务交易数据。阿里巴巴云计算就以这海量的数据为基础，致力于打造以数据为中心的先进的云计算服务平台，为用户提供完整的互联网计算服务，包括电子商务数据采集、海量电子商务数据快速处理以及定制化的电子商务数据服务，以帮助阿里巴巴集团及整个电子商务生态链成长。

(二)以平台和服务为核心，提供全方位综合服务

搭建平台并为平台上的用户提供更多更好的服务是阿里巴巴的营销最突出的两个特点。阿里巴巴研究中心曾发布一个电子商务生态系统的结构层，核心层是包括买家和卖家的交易平台；扩展层包括了软件服务商、物流公司、金融支付机构、保险公司和广告服务商；第三层相关层则是行业组织、教育、科研和政府部门。

可以说，阿里巴巴集团为用户提供的服务就是依照此生态系统发展而来的：它为用户提供各种业务管理软件和多重营销手段，建立了现代物流体系为各类商家提供社会化物流服务，开发平台上的海量交易数据为用户决策提供参考，甚至帮助用户培训人才并提供资金贷款服务。这多重的服务既是集团对用户需求的满足，也是其创造赢利的来源。

第五节　国外互联网运营案例

一、谷歌

有一家公司，它的广告系统连年为其贡献96%以上的营收份额；它拥有一个占据全球互联网视频市场80%份额的视频平台、一家制作公司、一间音乐商店和电子书商店；它的终端产品包括电视、笔记本电脑、电子阅读器和手机……它就是互联网巨头、正将触角伸向传媒领域的活跃分子——谷歌。

(一)生态圈：谷歌传媒帝国的产业版图

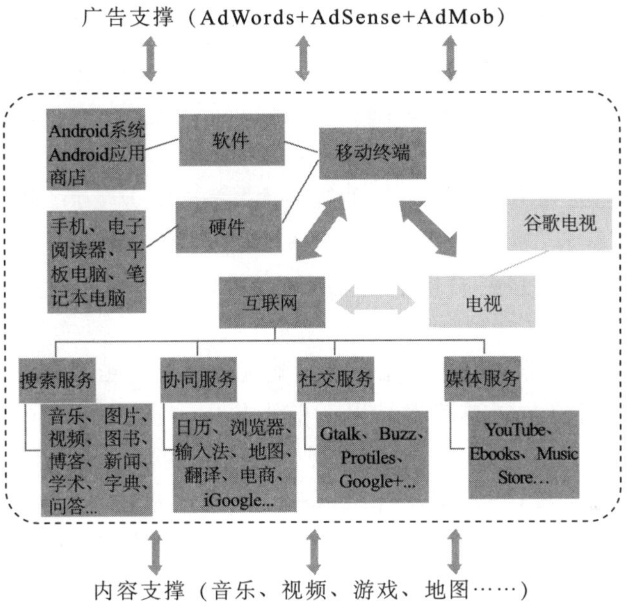

图8—22　谷歌基于广告和内容支撑的传媒产业版图

目前，谷歌的搜索仍然稳坐全球搜索领域的头把交椅，但搜索领域的成功并没让谷歌得意忘形。为了多方位争夺用户、吸引广告投放，谷歌踏上了从搜索霸主向传媒新贵转型的漫漫长路。谷歌构建了一个开放的生态圈，涵盖互联网、电视和移动终端三大领域。搜索引擎是生态圈的基石，内容是其支撑，而广告系统则是其推动力。

近年来，谷歌搜索和广告业务都受到了来自以Facebook为首的社交网站的强大冲击。一方面，一部分用户开始以社交网络为起点来接触信息，多年来一直以搜索来霸占互联网入口的谷歌面临着被边缘化的危险；另一方面，据ComScore的报告显示，2011年第一季度，Facebook在广告市场中占据了31.2%的市场份额。

在这样的背景下，谷歌于2011年6月29日推出了社交平台“Google+”。除了抵御社交网络的进攻之外，谷歌还有更大的战略意图——“攻守兼备”。谷歌将用社交力量打通旗下既有业务通道（例如整合搜索、Gmail和地图等大部分谷歌业务）、完善自身产业架构，从而勾勒更大的传媒帝国版图。依靠“Google搜索”和“Google+”，谷歌提供的业务可覆盖用户在互联网上的一切行为。

20 世纪末，互联网带领人们从客厅走进卧室。然而，谷歌现在又回到了客厅战场，重新挖掘电视的价值，尝试改变电视行业的游戏规则。谷歌电视是谷歌向传统电视行业下的一纸战书，电视一旦插上互联网翅膀，沿用多年的“千人成本”刻度尺就会被毫不留情地折断。

此外，谷歌也没有忽视移动终端这个迅速崛起的“第五媒体”。手机、电子阅读器和平板电脑等，最潮的终端谷歌都有。打着谷歌烙印的移动终端都有着开源平台安卓的DNA，借助第三方应用开发商的力量，谷歌拥有广阔无垠的发展空间。

（二）谷歌的搜索利器

Google 搜索为谷歌公司建立了一个世界上最大的数据库。依靠搜索引擎优化(SEO)，谷歌得以扮演“编辑”的角色，对海量互联网信息进行集成。例如，谷歌于 2007 年 12 月推出了“Knol”，旨在创建一个权威网络知识库。与竞争对手维基百科不同的是，Knol 欢迎用户上传内容，并贯彻署名制。如果作者同意在页面中加入 AdSense 广告，则可以和谷歌分成广告收入。

在内容战场，Knol 并不是谷歌上演的第一次“袭击”。从 2002 年 3 月，谷歌发布新闻聚合器 Google News 起，谷歌就开始有意识地集成内容。Knol 意味着谷歌由纯粹地聚合和过滤其他网站内容向自己打造内容转型。2006 年 10 月，谷歌收购了 YouTube，直接扩充了内容库。

众所周知，搜索结果排名对网站流量的影响无比巨大。依靠旗下的 Knol、Blogger 和 YouTube，谷歌至少可以在同类搜索结果的前十位中占据三个席位。以视频为例，根据 ComScore 公布的 2011 年 9 月份美国在线视频数据，谷歌继同年四月后再次成为用户观看在线视频的第一大来源；当月美国在线视频观看总次数达 398 亿次，谷歌占 47%。谷歌网站 9 月的视频观看次数达 186 亿次，其中大部分流量来自 YouTube。

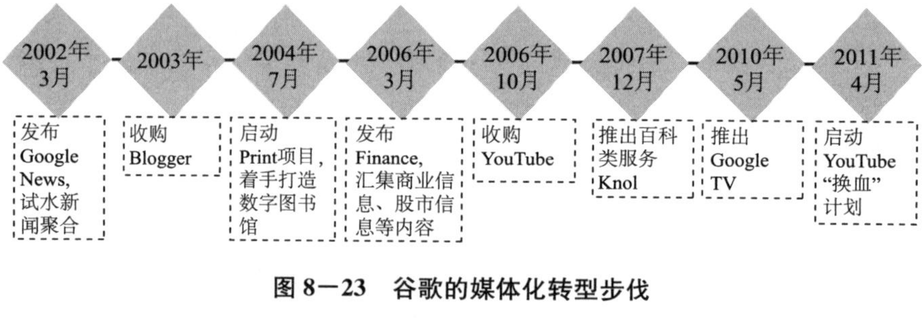

图 8—23　谷歌的媒体化转型步伐

（三）谷歌的频道战略，打造 YouTube 媒体平台

从 2009 年起，YouTube 开始围绕频道组织内容。目前，YouTube 的主页上已经出现了音乐、体育等主题频道——它们都是免费的。与之前繁杂的内容相比，频道的设置明显为 YouTube 带来了更多流量。例如，环球、新索和百代曾在 YouTube 上放置了自己的音乐视频，但流量和营收一直不乐观。2009 年 4 月 10 日，YouTube 和环球合推音乐视频网站 “Vevo”，双方将分享 Vevo.com 以及 YouTube 上的 Vevo 频道的广告营收。

目前，Vevo 频道已经成为 YouTube 上收视率最高的频道。

除免费内容之外，YouTube 还于 2012 年推出“收费频道”。YouTube 正在创建一个有广告支持的频道网络，让人们在 YouTube 网站上逗留更长的时间，从而赚取更多的广告收入。

2011 年 4 月，谷歌宣布将斥资 1 亿美元打造 100 个原创内容的网络视频频道，并于 2012 年推向市场。事实上，在 2011 年的前九个月中，谷歌已经为 YouTube 的内容采购花费了 1.73 亿美元。

目前，YouTube 已经和一些媒体机构和个人签订合约。谷歌将预先向多数创作者支付 500 万美元资金，换取这些公司和个人每周为频道制作 5～10 个小时的原创节目。一旦这些节目的收入抵消了预付款，谷歌将与他们分享广告收入。协议的期限为三年，至少在第一年，这些节目将独家提供给 YouTube。

已经达成合作的媒体机构包括《华尔街日报》、路透社、狮门影业公司和专门制作游戏主题内容的 Machinima 公司等。此外，华纳兄弟、新闻集团旗下的 ShineReveille 等子公司已和谷歌进入最终谈判阶段。歌星麦当娜、影星阿什顿·库彻、嘻哈天王 Jay—Z、滑板明星托尼·霍克等文体艺人已经和谷歌签约，将在 YouTube 上开设独家频道。有意思的是，篮球传奇人物沙奎尔·奥尼尔将负责一个喜剧频道。

依靠单纯购买来扩充优质内容显然不够。且不说谷歌是否能连年负担高额的购买成本，谷歌绝对不会让 YouTube 陷入被传统媒体绑架的被动境地——如果传统媒体终止了合作关系，YouTube 将何去何从？拥有自己的原创力量至关重要。因此，谷歌为 YouTube 建立了合作平台，一方面组建专业团队参与内容自制，另一方面用丰厚的条件吸引原创力量为其供应内容。

2011 年 3 月 8 日，YouTube 收购了视频制作公司 Next New Networks，正式涉足数字内容制作管理业务，目的在于充实专业制作力量，构建内容平台。同时，谷歌于 2010 年和 2011 年分别推出了“合作伙伴补助项目”（Partner Grants Program）和“培训项目”（YouTube Next），为内容创作人提供补助和培训，帮助他们创作出价值更高的视频。此外，独立内容原创者若同意让谷歌在其视频旁边显示广告或者同意租赁流媒体视频，还能从中获取广告分成——谷歌一向是这么干的，一切创新和改变都直指广告经营。

拥有频道化编辑思维和内容运作能力的 YouTube 越来越像一个电视台。“频道战略”之于 YouTube、之于视频市场的重要性可以和频道数量的暴增之于有线电视行业的重要性相提并论。对于广告主而言，这些频道将成为他们接触全球消费者的新途径。值得注意的是，谷歌已经把 YouTube 从互联网上搬到了谷歌电视中。在 YouTube 内容库的支撑下，谷歌电视迈开了取代有线电视的步伐。

（四）谷歌电视，进军电视产业

全世界有 40 亿电视观众，这个数字比手机和电脑的用户相加还要多。广播电视和有线电视的广告市场足有 700 亿美元，这个数字还在不断增长。谁都想吃电视广告这块大蛋糕，谷歌自不例外。

2010 年 5 月，谷歌推出了互联网电视——谷歌电视。谷歌的野心是将其做成电视的搜索门户，颠覆人们看电视的习惯，届时视频内容离开了谷歌电视就像现在的新闻失去了搜索引擎一样——到时，谷歌必将占据互联网电视的广告高地。

根据美国市场调查公司弗雷斯特研究公司报告表明，2011 年，谷歌电视将会进入 200 万个美国家庭；至 2015 年，这个数字将为 4300 万个。如果谷歌电视覆盖面足够广，谷歌的搜索算法将直接推动谷歌电视成为互联网电视乃至整个收视行业之王。

内容是决定谷歌电视成败的决定性因素。用户只为感兴趣的内容消费注意力，并不在乎在哪里看、通过什么方式看。2010 年 10 月，尚属新生儿的谷歌电视令美国三大电视网感到恐慌，遭遇其联合封杀，失去内容支撑的谷歌电视举步维艰。事实上，谷歌一直在跟各方内容提供者进行谈判，虽然目前仍未和三大电视网达成和解，但一些大内容商旗下的子频道、开放的垂直内容商及很多互联网内容提供商，都已经投入到谷歌电视的怀抱中。

随着近年来智能手机的迅速普及，消费者的 App 使用习惯已经养成。谷歌电视搭载的安卓系统实现了谷歌电视与其他终端之间的操作联动和内容共享，还创造了无可限量的 App 应用空间。谷歌正在和安卓开发商推出应用在谷歌电视上的 App，这几年的侧重点是 SNS 和游戏。依靠安卓，谷歌电视除了看电视，什么也都能做——它将成为消费者家中最智能的一块屏幕。调研机构 Strategy Analytics 的数据显示，2012 年第四季度，安卓手机的全球出货量为 1.521 亿台，同比接近翻番，而在全球智能手机市场的份额则从 2011 年年底的 51%上升至 70%。

谷歌电视的赢利模式就是针对不同用户投放精准广告，并与合作伙伴分享收入。这将彻底盘整传统免费频道的广告商业机制，让传统媒体感到恐慌——如果谷歌能帮助阿玛尼获知潜在的高消费用户并助其进行精准投放广告，阿玛尼还会执迷不悟地继续把广告费砸在传统电视广告上吗？显然不会。

谷歌电视对谷歌而言意义非凡。它整合了谷歌在互联网上的多项优质服务（例如搜索、Chrome 浏览器等），打通了搜索、内容和系统三大服务之间的节点，从而助力谷歌从互联网战场、个人战场向终端市场、家庭市场发起进攻。社交的力量不可小觑，谷歌电视已经提供用户一边看电视一边发 Twitter 的功能。随着未来“Google+”和谷歌电视的深度整合，谷歌电视将成为社交网络的又一大入口。届时，《牛津辞典》可能会为“Google”词条收录更多的含义。“Google”可以是名词也可以是动词，它意指搜索行为、收看习惯——甚至是一种生活方式。

二、Facebook

2011 年上半年，Facebook 营收为 16 亿美元，同比实现了 100%的成长，而利润更是达到了 5 亿美元。在瞬息万变的互联网世界，其他 SNS 网站还在摸索赢利模式的时候，Facebook的商业模式逐渐明晰，其缔造的网络社交帝国正展现着蓬勃的生命力。

（一）完善的社交服务，增强用户体验

社交服务是 SNS 网站区别于其他互联网媒体的根本。除了一些基本应用如墙和涂鸦板（留言板）、状态、ILike（分享）、礼物和群组等外，Facebook 还开发出一些更简单实用的特色应用，如 Poke（捅）功能，类似于 QQ 中的抖动，主要是为了引起好友注意；ILike 按钮功能帮助用户标注自己喜欢的页面并能同步到 Facebook 上；市场功能是 Facebook 较

为特色的一项社交服务，所有用户可以免费发布分类广告，如发布售卖二手货、租房、工作信息等。

此外，Facebook 对引导与创造用户需求具有敏锐的洞察力。如 2011 年 Facebook 在 F8 大会中推出（升级版）Open Graph（开放图谱）与 Timeline（时间线），该功能可让用户将其过去的照片和信息的布局改变为类似杂志的布局方式，增强用户体验。Facebook 还将推出自己的媒体平台，目前已与欧洲音乐服务商 Spotify 达成合作协议。Spotify 简便易用的服务已经遍布欧洲大部分地区，其注册用户可以用每月不到 10 美元的低价享受到无限制地在线收听世界上大部分音乐的服务体验。

（二）营销服务多向延伸，呈现精准性与互动性

营销服务上，中小广告主大多利用平台的精准性定时向目标人群推送广告信息，这一类商家也是目前 Facebook 赢利的主要来源。而一些大型广告主品牌善于在 Facebook 上免费设立公共主页开展互动活动或植入趣味 App 吸引用户参与，达到提升品牌形象的目的。ILike 按钮功能的普及让用户喜欢的页面都能收录到 Facebook 的搜索结果中，使得搜索广告成为 Facebook 未来进军的蓝海。此外，社会化电子商务也是 Facebook 营销服务的新探索。企业将公共主页打造成电商页面，社交与电子商务的结合不仅方便用户体验，也会让商家的营销信息更具互动性和说服力。

（三）免费开放 App 平台，海量应用粘黏用户

自 2007 年 Facebook 推出 API（应用编程接口）后，Facebook 成为了一个开放的 App 平台。Facebook 的应用可谓应有尽有，生活、商务、游戏、娱乐等几十个领域里有超过十万量级的应用。官方数据显示，Facebook 平台上运行的各种第三方应用不下 2000 种，而在其开放平台 F8 上，有多达 8000 种的第三方应用程序正在不断地被测试和利用。目前有超过 5 亿用户通过 700 万个应用在 Facebook 上进行互动，其中，社交游戏是用户关注的焦点，也是 Facebook 与第三方的吸金石。如 2009 年在 Facebook 上盛行的农场游戏 *FarmVille* 的月度活跃用户数突破了 8000 万人，2010 年年初的 Watercooler 的策略型游戏《卡米洛特的王国》（*Kingdoms of Camelot*）拥有了超过 370 万的月活跃用户。

（四）布局移动互联网，拓展生命线

在移动互联网领域，Facebook 的布局主要在移动应用和终端两方面。Facebook 目前已针对 iPhone、Android、WebOS 和其他平台推出应用，至今已有 2.5 亿用户每月通过移动设备访问 Facebook。Facebook 还试水位置服务，2010 年效仿 Foursquare 推出 Facebook Places 功能；2011 年其以 7000 万美元的价格收购伦敦的移动设备应用开发商 Snaptu，希望为用户提供更多的移动服务。在终端方面，Facebook 于 2010 年推出的 Facebook Frid卡以及在 MWC2011 上由 HTC 推出的 Facebook 社交互联手机让人看到了其希望渗入人们现实生活的雄心。

（五）健全广告管理系统，支撑广告运营

目前在 Facebook 可以实现的赢利模式包括传统展示广告、互动广告、搜索广告、电子商务以及出售虚拟物品或游戏道具等形式，也就是说 Facebook 既可以做到向企业收

费，也可以向用户收费。

广告是 Facebook 营收的最主要来源。2007 年 Facebook 曾推出广告系统 Beacon，通过该系统，用户在第三方网站的购买和其他网络活动会以提示信息的方式发送给 Facebook好友，试图通过好友来激发用户的消费行为，最终却因遭用户投诉侵犯隐私而被迫关闭。

2011 年 8 月，Facebook 正式宣布开放广告接口（Ads API）应用服务，通过在该接口上投放第三方的高效广告管理工具，广告主甚至可以保证数百万的复杂媒体营销计划正常运营并实现广告管理的高效优化。在此之前，Facebook 只为少数有限的第三方广告管理工具供应商提供了准入接口，包括 Techlightenment、TBG Digital、Spruce Media 和 AdParlor等。随着更多第三方工具与服务供应商进入 Ads API 市场，Facebook 将构建更为高效的广告运营平台，实现广告赢利模式的多元化，同时广告主可以凭借该项服务自主、灵活地管理广告投放活动，并实现广告效益的最大化。

本章重要概念和思考题

1. 互联网新媒体。
2. 互联网新媒体发展的三个阶段解析。
3. 互联网新媒体的业务构成分析。
4. 互联网如何创新内容运营模式。
5. 互联网的广告营销模式分析。
6. 网络视频和网络视频的营销模式。
7. 社交媒体和社交媒体的营销模式。

第九章　通信产业移动新媒体发展综述

■ **本章要点：**

通信一直是信息产业重要的组成部分，随着技术的进步，通信不仅能为我们提供语音通话服务，而且能够为我们提供在移动状态中的视音频和数据等各种信息格式的传播沟通服务。2009 年 12 月，全球数据流量首次超过语音流量，对于运营商而言，ARPU 值亦逐渐走低。与此同时，移动宽带的数据流量以每年 100%的速度持续增长，于是开拓新的媒体业务成为通信运营商提升 ARPU 值的最佳路径。

正是在这样的环境下，本教材把通信业的移动新媒体也作为一个重要章节来展开。移动媒体的兴起与发展，从技术上来讲带动了各种移动信息传播科技领域成果的市场化应用；从消费者领域来讲，用户的碎片化时间，在各种移动终端上得到了一定的短时聚合。随着移动互联网的兴起与发展，移动媒体更是以前所未有的强势姿态进入社交媒体和电子商务交易等服务领域。移动媒体形成了独特的新媒体群落，移动信息传播业成为迅速成长的新兴产业。

第一节　通信产业与移动媒体

一、通信产业的界定

（一）世界通信产业的发展

1. 世界通信产业发展脉络

通信产业的发展历史悠久，早在 1837 年，美国人摩尔斯就发明了电报机；1857 年，横跨大西洋海底的电报电缆铺设完成，承载信息远距离传输的基础介质完成。1875 年，美国人贝尔发明历史上的第一部电话，这种支持远距离的通话服务自此开启了通信服务业的迅速发展的大门。

步入 21 世纪之后，全球通信技术不断更新换代。如今 3G 已经在全球逐渐普及，进入规模发展阶段。截至 2011 年 2 月，3G 网络已经覆盖全球超过 165 个国家和地区，占全球国家和地区总数的 72%。全球的 4G 网络也正在加速成熟。作为 3G 的延伸，4G 意味着更多的参与方，更多技术、行业、应用的融合，以及更快的速度和更优质的体验。

爱立信于 2012 年 6 月发布的流量与市场数据报告《网络社会的脉动》显示，到 2017 年，3G 网络覆盖全球 85%的人口，同时，4G 覆盖全球 50%的人口。

可以说，全球通信产业从模拟到数字、从2G到3G、从3G到4G的演进，除了技术不断创新外，其实最根本的推动力还是用户需求的不断增长，从而激发了通信运营商为提高ARPU、开拓新的频段，以支持用户数量的持续增长、更有效的频谱利用率以及更低的营运成本。

随着电子信息技术的进步，通信产业与其他信息服务业在依托的物理平台和提供的服务方面互相渗透，走向融合。新型的技术手段对传统通信业务产生了重大的影响和冲击，特别是在"三网融合"、"三屏融合"的时代浪潮下，通信产业为了应对广电网、互联网的竞争，积极拓展新媒体业务领域，寻找新的赢利增长点。

2. 世界通信产业的市场发展规模

根据全球电信与媒体市场调研公司 Inform Telecoms & Media 2012年初发布的研究报告，全球移动运营商共900多家，年度的服务收入高达上万亿美元。

另一家电信业权威资讯机构 Ovum 在2012年发布数据称，2012年全球电信运营商收入将超过2万亿美元，其中有60%来自移动运营商[①]。

据国际电信联盟(ITU)报告显示，截至2011年年末，全球移动用户数达到60亿，用户普及率达86%。共有105个国家的移动用户数超过该国居民总数，包括博茨瓦纳、加蓬、纳米比亚、塞舌尔和南非等非洲国家。据国际电信联盟2013年2月27日发布的《2013年世界ICT实录》预测，到2013年年末，全球整体的移动通信普及率将达到96%，发达国家为128%，发展中国家则为89%。

据瑞典互联网市场研究机构 Pingdom 于2013年1月发布的数据，截至2012年年末，全球互联网用户数达24亿户。

3G用户在全球也呈现出持续增长态势，亚太地区扩大3G市场的领先优势。2011年，全球3G及以上用户18.43亿户，占全球移动用户的比例为31.86%，继续保持增长势头。相比之下，2G及以下用户为39.44亿户，占全球移动用户的比例为68.14%，继续占据市场主导地位。

(二)我国通信产业的发展

1. 中国通信产业的发展脉络

我国通信产业是由邮电业务发展而来的。从清朝末年至新中国成立初期，邮电和电信业分别隶属于不同的管理部门。邮政一直是一个独立的中央直属的机构，电信则隶属于交通部门管理。最早的邮电业务是从1896年3月20日开始的，由当时北洋政府总理大臣李鸿章奏请光绪皇帝批准，由英国人督办并在北京正式成立中华大清邮政；而最早的电信业务则是在1912年由丹麦人在中国天津至北京之间架设的单铁电报线路，首次使用莫尔斯人工报机拍发电报，成功开启了中国电信的雏形。一直到1951年9月25日，邮政和电信统一纳入中华人民共和国邮电部，自此邮政和电信合并。以后受中国政治经济发展的影响，邮政和电信经历两次合并和分家，到1998年，在深化政府机构改革浪潮推动下，实施邮政和电信业务分营。直到2007年，邮政划归交通运输部，电信划归工业与信息化部。因此，窄义的通信产业主要指电信服务业和电信设备制造业。

---

① http://www.ccidcom.comhtmlxingyebaogao/tongjishuju/201301/07－192898.html.

1987 年 11 月 18 日，第一个模拟蜂窝移动电话系统在广东省建成并投入商用，开启了我国移动通信业务的大门。随着移动通信技术、网络宽带接入业务的发展，经过历次重组，目前我国形成了中国电信通信集团、中国移动通信集团和中国联通通信集团三大集团公司。三家各有自己的移动网络和固定网络，都能提供固话、移动话务和宽带接入等多种通话业务和数据业务。只是由于各个集团公司重组的资源不同，中国移动的移动通信用户数量有绝对优势，但是在家庭宽带接入领域起步晚，中国电信和中国联通的移动用户正在迅速发展中，但是两家一南一北几乎垄断着家庭宽带服务的市场。

2. 中国通信产业的市场规模

在中国，据《2012 年全国电信业统计公报》显示，全国电话用户净增 11895.7 万户，总数达到 139030.8 万户。其中，移动电话用户净增 12590.2 万户，达到 111215.5 万户，在电话用户总数中所占的比重达到 80.0%。3G 用户净增 10438 万户，年净增用户首次突破 1 亿户，达到 23280.3 万户。电信综合价格水平同比下降 1.9%。

移动增值业务中，移动个性化回铃业务用户达到 60838.4 万户，渗透率达到 54.7%；移动短信业务用户达到 76481.5 万户，渗透率达到 68.8%；移动彩信业务用户达到 20704.3 万户，渗透率达到 18.6%；手机报业务用户达到 9592.5 万户，渗透率达到 8.6%。

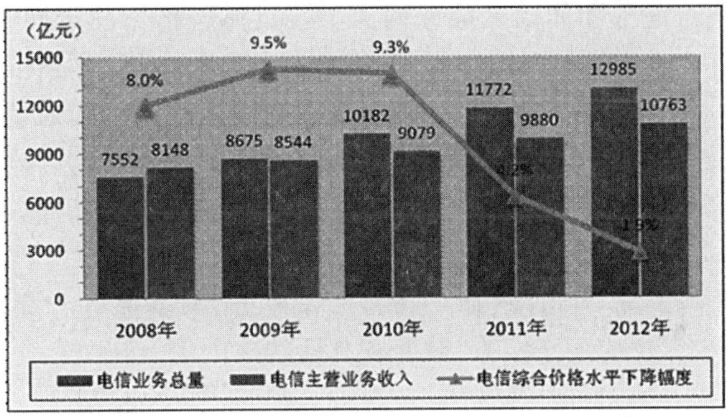

图 9—1　2007～2012 年电信综合价格水平下降情况

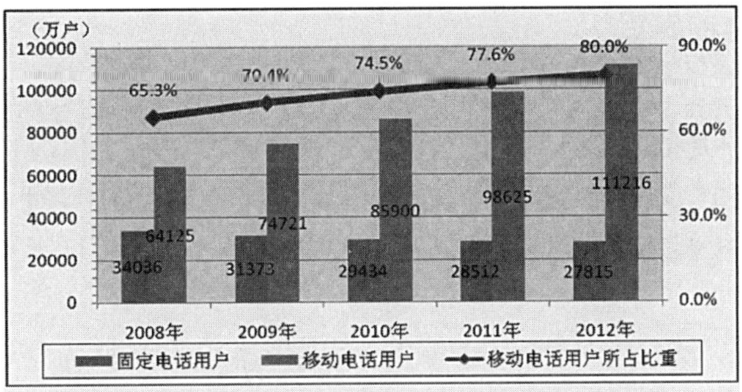

图 9—2　2007～2012 年移动电话用户所占比重

中国互联网络信息中心于 2013 年 1 月发布《第 31 次中国互联网络发展状况统计报告》，截至 2012 年 12 月底，中国网民达到 5.64 亿人，全年新增网民 5090 万人，互联网普及率为 42.1%。中国手机网民规模达到了 4.20 亿人，较上年底增加约 6440 万人，网民中使用手机上网的用户由上年底的69.3%提升至74.5%。

根据工信部统计的数据显示，2012年全行业完成电信业务总量12984.6亿元，同比增长11.1%；实现电信业务收入10762.9亿元，同比增长9.0%；完成电信固定资产投资3613.8亿元，同比增长8.5%。

（三）通信产业的界定

通俗地理解通信产业是指信息的传输与交换。在当今信息社会，通信则与传感、计算技术紧密结合，成为整个社会的高级“神经中枢”①。

通信网已经不再是单一的电话网或电报文字通信网，而是一个综合性的为多种信息服务的通信网。在技术不断发展进步支撑下，通信网不仅连接着数亿部以上的电话，还向大量的用户提供数据通信业务。通信行业也成为与能源、汽车、钢铁和农业并列的世界五大行业之一。

按照不同的分类方式，对通信产业有不同的划分标准。

从产业形态来看，通信产业可以分为通信服务业和通信设备的制造业，服务业是指向普通消费者用户或者政府、企业等行业用户提供各种电信服务；设备制造业是与通信有关的各种网络产业、通讯设备产业、终端产业等。通信服务业从所提供的服务种类的区隔来看，可分为语音业务和非语音业务两大类。具体包括为固定网电话（包括国内长途电话、国际电话和本地电话）、移动电话、数据业务、多媒体通信业务和无线寻呼等。

按照通信业务所依托的网络不同，一般又分为有线通信与无线通信。有线通信是指传输介质为物质的线缆，比如以导线、电缆、光缆、波导、纳米材料为传输通信信号介质的通信方式；无线通信是指其信号传输介质是看不见、摸不着的如电磁波、移动通信和卫星通信等形式的通信方式。

此外，从消费市场来看，通信业务又分为个人业务、家庭业务和集团用户业务等形态。当然通信业务也广泛应用于军方、政府和其他特殊市场。

二、对移动媒体的界定

（一）对移动媒体的界定

到目前为止，对于什么是移动媒体还没有一个统一的定论，有学者认为移动媒体是指交通中使用的各种类型的媒体，也有学者认为移动媒体就是手机媒体。

中国人民大学的匡文波教授，曾在其《手机媒体概论》一书中，对手机媒体进行了相关的定义，他认为手机媒体是借助手机进行信息传播的工具，而且手机媒体是网络媒体的延伸②。

中国传媒大学的宫承波教授在其主编的《新媒体概论》中，认为移动电视又称数字电视地面广播，是指采用广播技术（地面传输技术）播出，接收端具有移动性，能够满足移动人群收视需求的电视系统③。

---

① 樊昌信等：《通信原理》（第五版），国防工业出版社，2001年版。

② 匡文波：《手机媒体概论》，中国人民大学出版社，2006年版。

③ 宫承波：《新媒体概论》，中国广播电视出版社，2009年版。

本教材中笔者所指的移动媒体，是指在通信技术和通信网络支持下，以各种移动设备为终端，承载了文字、图片、音视频等多种媒体信息格式，满足了人们在移动状态和碎片化时间里信息消费需求的新形态媒体。

(二)传统业务衰退是通信产业发展移动媒体的动因

对于通信产业来说，传统通信业务的衰退是全世界所面临的共同问题。随着技术的发展，广电网络也具备了开展语音和宽带接入业务的能力，行业竞争不断加剧，使得通信业未来发展空间更为狭窄。

在全球范围来看，通信传统的优势业务——语音和宽带接入业务，已经到达了产业发展的顶峰时期，未来并没有新的增长点，预期收益也在不断下滑，而一些新的增值业务(即包括我们所说的移动媒体业务)在通信运营商营收中的比重正呈现出不断增长的趋势。由此可见，移动媒体业务成为通信产业新的经济增长点或者可以通过移动媒体业务的开展，带动通信产业用户对运营商的依赖，从而稳固或增加对传统业务的使用，产生新的付费增长空间①。

中国几大通信运营商面临同样的问题，亟需进行产业转型，进行二次创业，基于此运营商提出了建设下一代通信网络"NGN"和提升产业价值的战略规划。而从现在的业务发展前景来看，单纯依靠现有的语音和宽带接入业务，不足以支撑产业升级到 NGN 所需的成本，因此，以"电视机＋家庭需求"为诉求的 IPTV 和以"手机＋个人需求"为诉求的手机媒体新业务就成为了通信产业巩固既有市场、增强用户黏着度、提升用户价值的必由之路，媒体化发展也成为通信行业生死存亡的必然选择。

以中国移动为例，从 2005 年到 2011 年的七年间，虽然其用户数量在逐渐增加，从 2005 年的 2.5 亿户增长到了 2011 年的 6.5 亿户，但是其 ARPU 却在年年递减，从 2005 年的 90 元降低到 2011 年的 71 元。2012 年上半年，中国移动的用户 ARPU 降至 67 元，而此前三年的同期，这一数据分别为 70 元、72 元和 75 元。

相应地，在中国移动的营收结构中，增值业务的比重在 2005 年的时候是 20.6%，到 2011 年这一数字变成了 29.1%；中国电信的增值业务收入从 2005 年的 99.8 亿元增长到了 2011 年的 271.3 亿元；2011 年，中国联通的非语音业务在全部移动服务收入中所占比达到了 48.7%。

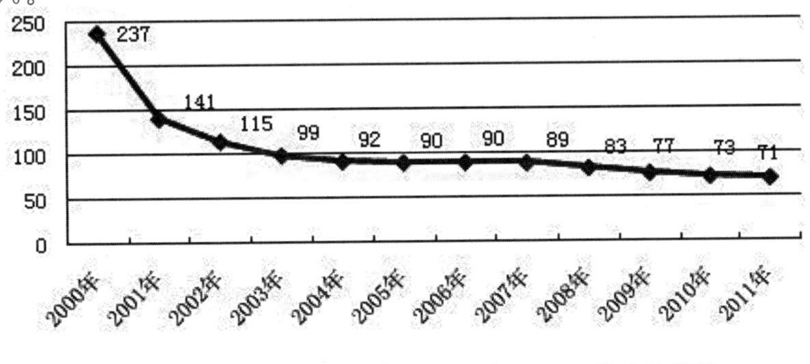

图 9—3　中国移动 2000 年～2011 年 ARPU 值变化趋势

(数据来源：中国移动历年年报统计)

① 孙铭欣：《三网融合之通信业：理想与现实的悖论》，《广告大观：媒介版》，2011 年第 6 期。

目前，我国通信产业的媒体业务包括无线音乐、手机游戏、手机报、手机阅读、手机电视、手机视频、手机支付和手机即时通讯等等。在内容业务、网络建设、运营模式、营销推广和用户服务等角度，通信产业为媒体化进行了大量的储备。

第二节 移动媒体的业务运营

一、移动媒体业务的主要形态

我们将移动媒体业务主要划分为两种形态，即媒体类形态和移动互联网类形态。

（一）媒体类

所谓媒体类形态，即指跟传统媒体的业务类型相似，对传统媒体的依赖比较强的业务，诸如手机阅读、手机视频、手机游戏、手机音乐等业务都是传统媒体在通信媒体上的延伸。这类业务满足了用户在移动状态下的娱乐和信息消费需求，移动终端使得用户摆脱了线缆以及固定位置的限制，具有移动性和自由使用的特征。

（二）互联网类业务

移动媒体的移动互联网类业务与其媒体类业务相比，无论是在运营方式还是表现形式上都更加互联网化，也更依赖于移动互联网的发展。换言之，就是通过移动的终端，实现媒体业务在桌面互联网上的应用，如手机 IM、手机 SNS、手机支付和定位服务等。这些业务都是以移动互联网的快速发展和为多种类型的移动智能终端的崛起为基础的。

表 9—1 通信运营商三巨头的媒体业务和移动互联网业务整理①

			中国电信	中国移动	中国联通
通信运营商移动媒体业务布局	媒体类	手机报	“天翼”用户手机报	新闻早晚报	“沃 3G”用户手机报
		手机应用商店	天翼空间 约 11 万个应用	Mobile Market 约 13 万个应用	沃商店
		手机阅读	WAP 阅读方式	手机、专用阅读器	客户端下载、在线阅读
		手机视频	天翼视讯	手机电视	手机电视、可视电话
		手机游戏	在线游戏、游戏下载	单机、网游、图文	java 游戏等
		手机音乐	爱音乐	无线音乐	手机音乐俱乐部
		手机证券	股市行情	手机证券	掌上股市
	移动互联类	手机 IM	天翼 live	飞信	超信
		手机 SNS	百事群平台	SNS 社区	U—Powerbook
		手机地图、导航	手机地图、天翼导航	中国移动 GIS 地图	地图服务、语音导航
		手机支付	翼支付	中国移动手机支付	中国联通手机支付
		手机邮箱	189 邮箱	139 邮箱	联通邮箱
		手机浏览	无	浏览器“冲浪”	无
		手机搜索	手机生活搜索	无	中国联通手机搜索（娱乐、应用、信息、实用类内容搜索）

① 中国传媒大学广告学院媒介研究所根据实地考察整理。

二、移动媒体的业务分类

(一)移动媒体业务分类

业务是根据用户的需求发展而来的,在移动媒体时代,用户的信息需求包括信息获取(浏览、搜索、位置服务等)、娱乐休闲(视频、音乐、游戏等)、电子商务(移动 B2B 和 B2C 交易等)和交流沟通(社区和即时通讯等)。

图 9—4　手机移动业务种类丰富

移动媒体业务类型多样,可以分为信息资讯类、娱乐休闲类和生活服务类业务:

1. 信息资讯类业务包括手机报和手机阅读等,满足用户信息获取的需求。

2. 娱乐休闲类业务包括手机音乐、手机动漫、手机视频和手机游戏,满足用户娱乐消遣的需求,打发碎片化时间。

3. 生活服务类业务包括手机支付、手机炒股、手机邮箱、即时通讯、手机导航、手机地图、手机社交应用等,如手机 QQ、人人网、淘宝网、携程和百度等。用户借助手机实现定位、导航、搜索和支付等应用,满足用户生活中多方面的需求。

表 9—2　移动媒体的业务类型分析①

业务类型		用户需求	业务主体	发展阶段	典型案例
信息资讯类业务	手机报	获取各种信息资讯	运营商、报社、杂志社	成熟	中国电信全国和地方手机报;《周末画报》iPad 客户端
	手机阅读		运营商、互联网网站、终端	起步期	中国移动手机阅读推客户端和 WAP 链接;盛大起点中文网手机版、盛大书童客户端;苹果 iBook

① 中国传媒大学广告学院媒介研究所根据实地考察整理。

续表

业务类型		用户需求	业务主体	发展阶段	典型案例
娱乐休闲类业务	手机音乐	打发时间娱乐消遣	运营商、互联网网站、终端	成熟	中国电信爱音乐、诺基亚 OVI 乐随享服务
	手机视频		运营商、视频网站、传统媒体	受制于网速，尚未充分发展	中国移动手机视频、土豆网
	手机动漫		运营商、互联网企业	起步期	腾讯门户动漫频道
	手机游戏		运营商、互联网企业、终端	较为成熟	中国移动、腾讯 QQ 游戏、安卓应用商城
生活服务类业务	手机邮箱	交流沟通	运营商、互联网企业	互联网企业邮箱业务成熟，运营商手机邮箱处于起步期	中国移动 139 邮箱；网易 126、163 邮箱
	手机即时通讯		运营商、互联网企业	互联网企业 IM 业务成熟，运营商业务发展较弱	中国移动飞信、QQ、MSN
	手机 SNS		运营商、互联网企业	互联网企业 SNS 较成熟，运营商 SNS 业务起步期	新浪微博、人人网
	手机导航地图	信息获取	运营商、互联网企业、终端	较成熟，精度有待提高	中国移动推手机导航客户端；谷歌 Earth、百度地图；诺基亚 OVI 地图
	手机支付购物	电子商务	运营商、互联网企业	起步期，安全性、标准等问题	中国电信手机支付、淘宝手机客户端

（二）移动媒体业务参与主体多元

移动媒体业务的参与主体多元化，包括运营商、终端厂商、互联网企业和传统媒体。

运营商积极参与移动媒体的业务，由于其本身可以控制渠道和用户，运营商涉足几乎所有业务形态，目前无线音乐、阅读、即时通信和移动支付等业务发展迅速。

智能终端原本只是移动媒体的业务接收的设备，但是终端机构并不甘沦为硬件销售商，而要在移动媒体发展中分一杯羹，所以依靠应用商城和内容集成平台等，终端厂商在信息获取类和娱乐类业务中占据一席之地。

传统互联网企业通过在互联网上丰富的业务服务能力为用户提供良好的服务而树立了品牌，所以就把其业务优势顺延到移动媒体上，提供了丰富的业务。

传统媒体也积极介入移动媒体的业务发展中，通过客户端和应用软件等形式提供视频、音乐和阅读等娱乐信息服务，把自己在传统媒体时代的优秀内容产品化，迁移到移动媒体平台上继续获得传播的影响力和收益。

三、移动媒体业务集成三种方式：门户、商城、客户端

移动媒体提供了丰富的业务，这些业务展示在终端上的形态以及支持消费者使用的方式很关键，从这个角度上讲，我们把移动媒体业务分为三种集成模式。

(一)门户模式

门户是业务的展示平台，也是重要的窗口和渠道。门户模式是一种展示型的业务模式，即把多种业务都集成在一个大门户下面，通过分类整理好，方便用户自己选择。在互联网时代，门户就是用户浏览信息或者进入其他业务的重要入口。在移动媒体时代亦是如此，门户成为一个入口，在这个大的入口上有很多重要的置顶信息和置顶的业务推荐。

目前移动媒体的门户包括腾讯 3g. qq. com、新浪 3g. sina. com、空中网、3G 门户、移动梦网、沃门户和互联星空等。目前我国通信业的三大运营商都建设了门户，并且通过手机浏览器默认首页等方式方便用户登录。

(二) 商城模式(应用程序商店)

商城模式即升级的搜索和交易型业务模式，它不是单纯地展示各种类型的业务，而是把很多业务以其应用(App)来作分类，并且最终以应用程序的形态通过一个商城(应用程序商店)像买卖市场一样的方式体现出来，使用户和各种代表不同业务应用的程序直接发生交易行为，苹果的 App Store 就是一个典型的应用商城模式。

图 9—5　典型的手机应用商城模式——苹果的 App Store

作为一种新的商业赢利模式，应用程序商店可以通过利用第三方开发商的力量，以分成的方式获得更多的利润；从市场战略的角度看，应用程序商店可以提高手机用户的黏力，通过更多的服务提高用户的忠诚度；从今后发展战略来看，应用程序商店创造了新的产业链，在为手机终端厂商带来利润的同时，也为产业链主体和第三方应用程序开发方创造了更多的机会，并且具有演进为新的数字发行渠道的战略意义。

从界面上看，各个运营商的手机软件商店将包括音乐类、GSP 类、商务类和视频类等应用，与苹果的 App Store 很像。不同之处在于，苹果的 App Store 与谷歌的 Google Play 都只针对自己的系统和机型，而运营商考虑到用户手机型号的多样性，则整合了各类系统的应用，作为对包括 iOS、安卓、塞班和 Windows Phone 等在内的各操作系统都开放的平台，吸引用户来下载，并积极鼓励开发者来运营商的开放平台上做开发。

我国的三大运营商中，从应用数量上看，电信的天翼空间已经逐渐赶上了移动的“MM”，而中国联通则势头较弱，且中国联通除了沃商店，还有“一起沃”和“手游世界”这两个应用商城，各个商店之间业务有重合，会互相分流开发者和流量，也容易造成内部利益的不一致。

图 9—6　中国联通的沃商城

在应用商城这一领域，运营商的对手不止有苹果和谷歌，自从苹果公司的 App Store 大获成功后，产业链各方都纷纷着手建设自己的手机程序应用商店。这其中既包括诺基亚、三星、黑莓和索爱等手机厂商，也包括微软这样的互联网巨头，而作为设备商的爱立信和华为也推出了自己的应用程序商城。

表 9—3　移动商城的典型代表分析①

主体	商城	上线时间	分成机制	应用数量
苹果	App Store	2008. 7. 11		77 万(2013 年 2 月)
谷歌	Android Market	2008. 8. 29		80 万(2013 年 2 月)
中国移动	移动商城	2009. 8. 17	开发者获得七成	13. 3 万(2012 年 6 月)
中国联通	沃商城＋一起沃＋手游世界	2010. 8. 19		3. 6 万(2012 年 6 月)
中国电信	天翼空间	2010. 3. 17		11. 5 万(2012 年 6 月)

(三)客户端模式

除了门户与应用商店以外，某些桌面客户端也开始成为了一种业务的集成方式。

客户端则是一种相对独立，提供用户直接使用的模式，这种集成的思路是从用户选择出发，把一些用户规模比较成熟的业务或者品牌化的业务做成独立的客户端，用户在桌面生成客户端后，可以自由使用其服务。

腾讯的移动 QQ 客户端和浏览器就是一例。当用户习惯在手机上通过 QQ 客户端和 QQ 浏览器接入各种移动互联网业务时，腾讯就可以"挟"用户优势，与内容、终端等合作，做应用、内容的集成平台，占据行业的主导地位。

以百度客户端为例，用户可以观看新闻、图片、视频等内容，也可以搜索地图等信息。

① 中国传媒大学广告学院媒介研究所根据相关公开资料整理。

四、移动媒体业务运营的四个支撑要素

(一)内容:全媒体信息格式的传播指向

通信行业媒体化的最直接表现就在于开办了大量的媒体类业务,文字、图片、音频和视频等均可以通过通信网、互联网和手机来进行传播,全球的运营商纷纷把自身的定位转变为综合信息服务商,通信行业进入了全面媒体时代。

特别是视频业务的推出更是把通信行业的媒体化推向了高潮,伴随着3G时代的到来,移动视频业务也被称为手机电视业务,更是被看成是杀手级应用。除了传统的广播电视类节目之外,视频点播、视频会议和视频电话等应用也在全球掀起了应用的浪潮。

(二)网络:向宽带方向升级,移动网与固网联动

通信网络在建立之初是为了支持语音业务的,因此都是窄带。而随着媒体业务的发展,尤其是音视频和网络互动交流类业务的发展,对带宽提出了非常高的要求。因此,通信运营商一方面加大了对在3G网络建设方面的投入;另一方面,全球关于4G的技术规划和尝试也已经开始启动,移动网从窄带向着宽带迈进已经成为事实。

世界范围内,通信运营商几乎都同时拥有了固网和移动网,由此也为它们开展固网和移动网结合的业务提供了可能,比如三屏合一的业务。即使不在业务层面上直接联动,固网和移动网业务捆绑销售已经被普遍采用,并成为吸引新用户、增强用户黏着度的有效手段。

(三)营销:以多种营销推广模式吸引用户,助推媒体业务

营销推广能力是全球通信行业的优势所在。在过去若干年的积累中,通信行业在营销推广方面的经验已经非常成熟。这种成熟的营销推广能力在媒体业务的推广过程中,同样发挥了重要的价值。我们看到,无论是国外还是国内的几大通信运营商,都纷纷通过广告、活动、促销和捆绑销售等各种各样的营销策略,打造和提升品牌价值,提高用户对新的媒体业务的认知和了解程度,加快了媒体业务的发展速度。

(四)服务:依靠服务能力支撑媒体业务运营

目前,全球的通信运营商都已经建立起了完善的用户管理和计费系统。由于通信运营商传统语音服务必须精确计费的要求,其业务运营支撑系统的建设、运作积累了丰富的经验,不仅是不同业务和不同用户之间的计费结算非常清晰,而且其总公司与分公司之间、各分公司之间、不同运营商之间的结算也都非常清晰明了。各方利益划分明确,不同业务之间可以随意打包,用户也可以随意选择,优秀的服务能力成为媒体业务发展的有力支撑。

从服务渠道来看,通信运营商也已经在几十年积累的基础上形成了一个庞大、广泛和深入的渠道服务体系,用户可以通过多种渠道,方便快捷地接触到运营商。营业厅遍布大街小巷,甚至在很偏僻的农村,都可以看到它们的存在,并拥有规范而高效的服务;呼叫中心24小时在线,坐席员的数量多达数万名,再加上网上营业厅、短信、自助终端,用户随时随地可以办理所有的业务。

与此同时，通信运营商还为用户提供了类型多样的业务和套餐选择，不同的用户可以根据不同需求，随意选择业务，选择空间非常广泛。

第三节　手机视频

一、手机视频的定义及特点

手机电视/视频是指以手机为终端，传输传统直播电视频道或者提供视频内容点播、推送、分享等业务应用。媒体机构倾向于用手机电视这个称谓，代表自己的优势内容在手机这个终端平台的延伸，而通信运营商则想要区别于传统电视的表述，认为自己不是只能够提供传统的电视频道或者电视节目，而是能够提供多种视频服务，包括点播、推送、分享等功能，所以更倾向于用手机视频这个称谓。

目前，手机电视/视频业务的实现方式主要有四种。

第一种为客户端模式。通过手机上的手机电视客户端软件或下载并安装的手机电视客户端软件，再通过 3G 网络或 Wifi 等接入移动互联网络，通过启动手机客户端使用手机视频，实现在线观看或下载观看。

第二种为手机上网模式。手机通过接入和访问移动互联网络，发现目标视频内容并进行观看、下载、上传分享等。在观看期间，用户可以对节目进行播放、停止、暂停、全屏放大、退出全屏等操作。

第三种为短信和语音模式。通过发送短信，获取手机视频主页链接，直接点击进入业务专区，浏览并收看节目；或者拨打手机电视业务的特殊服务号码，访问手机电视的视频语音门户，通过手机按键选择视频门户的视频菜单，享受视频播放服务。

第四种为接收移动多媒体广播，面向智能手机、智能电脑、小屏幕的车载终端或者其他手持移动终端等系统，利用卫星广播的方式，实现“天地”一体覆盖、支持电视和广播节目的手机播发。

手机视频的运营表现出复杂性，参与的环节更多，各环节之间的利益关系错综复杂。从全球范围来看，手机视频运营核心的几个环节包括从内容生产商（Content Provider，CP）、服务提供商（Service Provider，SP）、技术支持商（Technology Provider，TP）、网络运营商、终端设备制造商最后到达用户。

除了实体运营机构外，手机视频的运营还较容易受到外围环境的影响，这些因素包括政策环境、技术环境和市场发展状况等，尤其是政策层面的变动，往往对我国手机视频产业发展方向产生较大的影响。

二、国外手机电视运营分析

（一）国外手机电视发展历程

手机电视业务是目前国外用户手机媒体业务中很受欢迎的业务类型之一。随着 3G 市场的推进，手机电视逐渐成为一种颇受欢迎的业务，多国运营商将其作为新的经济增长点。从国家来看，日韩和欧美的手机视频业务均有不同程度的发展，其中韩国和日本是最早实现手机电视服务的市场，欧洲和北美地区的市场紧随其后。

日本是全球3G市场发展比较成熟的国家，早在2003年就推出手机电视业务。继日本运营商成功运营手机电视业务后，欧洲、美洲和亚洲各地的运营商也纷纷开始手机电视业务试点。2004年，美国无线运营商Sprint推出手机电视业务；2004年11月，法国Orange开始3G移动电视业务运营；2005年底，威瑞森（Verizon）和高通（Qualcomm）合作推出基于Media FLO技术的手机电视服务；2008年，英国BBC将一种移动电视标准技术嵌入诺基亚N96手机中，用户可以下载BBC的视频和音频节目。

资料链接

日本移动运营商NTT DoCoMo认为，用户并不会长时间利用手机终端观看电视节目，而更愿意在特定的时间观看自己喜欢的节目。NTT DoCoMo向移动客户端提供手机频道“BeeTV”，内容涵盖电视剧、音乐、喜剧、动画、电影、综艺和影像博客等，服务价格为315日元/月，可24小时观看。截至2010年年底，NTT DoCoMo的手机电视业务用户达到了100万户的规模。

（二）全球手机电视用户规模

市场调研公司Juniper公开的数据显示，由于可接受数字电视信号的手机数量不断增长，全球手机电视服务销售正进入高速增长期。2013年，全球约有3.3亿手机电视用户，消费者用于手机电视接收的开支达到27亿美元，其中将有不到14%的用户选择付费收看手机电视。美国将成为移动电视服务的最大市场，其次是韩国和中国。

全球数据服务咨询机构尼尔森公司的数据也显示，2010年美国宽带用户在线或使用手持设备观看电视节目的周发生率是39%，比2009年的34%上升了5个百分点。四分之一的宽带用户几乎每天在线或使用手持设备观看电视节目，这个比例在较年轻的宽带用户中增长得更为显著①。

（三）国外手机电视的运营模式

国外手机电视的实现方式很多，由于技术成熟度、移动运营商之间的差别以及各个国家在手机电视这一块的制度和政策都不尽相同，决定了全球手机电视的运营模式也多种多样，其中运营模式发展比较迅速且比较成功的主要是在美国、韩国等发达国家和地区。

表9—4　海外主要运营商开展的手机电视业务品牌②

运营商	业务品牌		业务描述
日本 NTT DoCoMo	iMode	iMotion	视频电话、视频短片、视频邮件
		iShot	视频邮件
		iAppli	各类信息
	FOMA	高速数据通信	高速视频内容下载
		M—stage	流电影、音乐视频短片
		V—live	流媒体视频业务

① 国家广电总局发展研究中心：《40%美国宽带用户在线观看电视》，《国外广播影视动态》，2010年第21期。

② 中国传媒大学广告学院媒介研究所根据相关资料整理。

续表

运营商	业务品牌	业务描述
日本 J—phone	Movie Sha—Mail	视频短片
日本 KDDI	Ezmovie	流媒体视频业务
	Ezplus	娱乐和电子商务
	NaviMail	观看最新的电视广告
韩国 SKT	Nate	多媒体内容
	June	VOD、MOD、可视电话、多媒体消息、电视等
	TU Media	传统电视内容的传送
韩国 KTF	magic@multipack	信息、娱乐、游戏、电视、世界杯直播等
	Fimm	多媒体信息
韩国 LGT	Ex—i	邮件、游戏下载、信息与娱乐等
	Khai	针对 17～25 岁的年轻人的多媒体业务
美国 Sprint	SprintTV	在线实时收看电视节目
		全长度电影和电视节目的下载业务
		按次计费手机电影服务

1. 美国手机电视的运营模式

目前，美国的手机电视业务发展较为迅速，主要通过移动通信网络利用流媒体的方式来实现。Sprint 的手机电视业务是由斯普林特公司联合第一家全球性的移动电视和移动广播服务提供商 MobiTV 公司合作推出的，已经形成了成熟的产业链和运营模式，可以作为美国的手机电视业务发展的代表。

Sprint 公司采取移动通信网络利用流媒体的方式实现。

Sprint 公司手机电视运营对用户进行终端补贴。Sprint 通过手机终端补贴的方式，将智能手机廉价卖给用户。Sprint 开发了手机播放软件，播放 MobiTV 提供的视频内容。Sprint 基于手机电视产业链做到了整体协同。

Sprint 在手机电视运营的过程中注重对内容的集成，实现了互动点播。MobiTV 在重新编辑传统电视节目的基础上，开发了适合短时间内观看的节目，包括时政要闻、体育播报、天气、路况和手机电视短剧等，通过个性化节目定制，受到用户欢迎。

Sprint 的手机电视用户是美国的中高收入人群。采用“固定包月费＋点播频道费用”的收费方式，包月费 9.99 美元，可收看 4 个基本频道。后来还推出 15～20 个付费定制节目频道。

Sprint 针对不同消费者播出了时间很短的广告(5 秒)，内容偏重于推广品牌。

手机电视 Sprint—Nextel 的直播的电视频道数量达 72 个，用户需每月支付 9.95 美元的包月费收看 13 个直播频道，包括迪士尼频道、福克斯移动、国家气象频道、音乐频道和国家橄榄球联盟网等。另外，Sprint—Nextel 还有 4 种付费频道包，分别为 Sprint TV Xtra(更多频道包)，有 25 个频道；TV Premier(优质频道包)，有 6 个频道；Sprint TV en Vivo(西班牙语频道包)，有 25 个频道以及 Sprint TV 4 Biz (财经频道包)，有 4 个频道。这 4 个付费频道包的频道与免费基本包的频道的内容不重复。付费频道包的频道内容比免费基本频道包的频道内容更丰富，也更具针对性。比如在“更多频道包”中就包含了ESPN频道、历史频道、发现频道等；“西班牙语频道包”则是针对西班牙语人群；“财经频道包”则是重点针对关注金融、财经、新闻的商务人士，包括福克斯财经频道、华尔街频道等。

2.韩国手机电视的运营模式

韩国正在大力推动的手机电视业务是利用卫星和移动网络向公众传送视频和音频节目的数字多媒体广播业务，通过卫星将内容发往地面中转站，而后发往手机、掌上电脑PDA或有内置接收机的汽车，向移动用户提供诸如视频、音频和数据业务等各种多媒体服务。

其最具代表性的是韩国的TU Media公司，TU Media公司通过卫星网络运营手机电视业务。韩国政府大力倡导“数字多媒体广播战略”并通过国家资本对其进行扶持。TU Media公司的最大股东，韩国电信公司SKT于2004年3月13日发射了全球第一颗移动广播电视通信卫星——MD－SALTL。TU Media成为全球第一家手机电视公司。卫星运营网络由地面发射站、卫星、地面增强放大器与用户接收端组成，特点是传播效率高，可以克服传输通道阻塞的瓶颈。

TU Media公司是韩国SKT移动公司的子公司，SKT主导了韩国手机电视的产业价值链，是整个产业链的核心企业。SKT对终端制造厂商和CP/SP等资源拥有较强的控制力，能有效保证终端的研发/生产，节目内容的生产符合用户的需求，卫星网络保障了传播渠道的通畅。SKT牵头组成19个手机制造厂商的“手机开发协议会”，它本身占15％的股权。TU Media的手机电视内容提供商主要由电视机构组成。TU Media的手机电视有40个频道的节目，内容基本是普通电视节目，仅有两个专门的手机节目频道。

TU Media市场主要定位于25～35岁的中高收入人群。

TU Media收费来源主要是信息费，少量是占用移动网络的流量费用；采取包月制，有两个额外的付费频道，节目内容大多是传统电视的翻版和复制。

3.欧洲手机电视业务的发展

欧洲的手机电视业务还处在试验阶段。欧洲的一些运营商也推出了利用手机观看电视节目的业务。

英国BBC将iPlayer技术嵌入智能手机中，用户可以下载BBC的视频和音频节目到手机。芬兰的Radiolinja公司采用WAP技术，通过建立与移动媒体网站的连接，即可收看视频业务，视频内容包括卡拉OK、音乐视频、喜剧片段、脱口秀和卡通节目等。波兰的Polska Telefonia Cyfrowa(PTC)在波兰推出了“Video Era Omnix”业务，用户通过手机可观看流行的电影和电视节目。

三、我国手机电视的运营分析

目前在中国手机视频市场运营中，主要有三个重要的角色，包括通信系的网络运营商、广电系的牌照方和互联网方面的视频网站。

早在2004年3月，中国移动就在广州向全球通用户提供了手机电视业务。2005年10月，中国移动和国内第一家获得手机电视牌照的上海文广新闻传媒集团签署战略合作协议，共同推出“手机电视”业务。2006 年 12 月，中国移动与中央电视台合作推出手机电视业务。中国联通和中国电信集团也都大力进军手机电视业务领域，把手机电视定为增值业务的工作重点之一。

截至目前，我国广电管理部门给 13 家机构颁发了手机视频牌照。手机视频牌照分为集成类牌照和自有类牌照两种类型。集成就是允许集成和播放具有授权的其他公司的版权内容，即作为内容服务提供商参与到产业链中；自有类牌照就只能在手机平台运营自己机构的内容。

互联网视频网站依靠其在固网和 PC 终端积累的运营视频内容的经验、用户黏性和口碑，也积极在移动互联网手机视频中扮演着重要的角色。它们主要是作为通信运营商的 CP 与其开展合作，纷纷推出了网络视频的手机版本。

(一)国内手机电视内容来源

目前，手机视频内容提供商主要包括传统电视台、网络媒体、电影和唱片公司、专业影视制作机构和用户自制的内容等，由于各方对手机视频市场十分关注，所以都通过各种方式积极参与进来。

1. 传统媒体

从目前的手机电视的操作来看，传统媒体的优势内容仍然是手机内容运营的主要内容来源。一方面，传统媒体的内容主要是提供手机电视的直播服务，通过手机可以收看传统电视台的直播节目；技术的发展使得手机对电视流的转播已经基本达到流畅和同步的状态。另一方面，来自传统媒体的综艺节目、新闻剪辑、体育报道和娱乐节目等内容也为手机视频提供素材储备，成为手机电视提供点播等业务的重要内容源。

2. 网络媒体

各种类型的视频网站依靠其在固网和 PC 终端积累的运营视频内容的经验、用户黏性和口碑，也积极在移动互联网的手机视频中扮演着重要的角色。它们主要是作为通信运营商的 CP 与其开展合作，纷纷推出网络视频的手机版本。视频网站自己制作的新闻资讯、动漫、游戏和影视等也是重要的内容来源。

3. 专业影视制作机构

专业影视制作机构包括国营和民营、国内外的电影制片厂、唱片公司和专业影视制作机构，是电视剧集、影片、栏目、电影短片、电影预告片、电影花絮和电视剧片花等内容的主要生产者。

4. 专业手机视频制作机构：手机短视频、系列剧等

虽然传统媒体机构在内容提供方面有着先天的优势，但是由于手机媒体技术和屏幕等因素的限制，手机电视对内容就有更特殊的要求。因此，出现了专门为手机提供视频制作的机构，他们制作出的具有某种连续性的短片或者是重新集成的短视频内容将更适合手机。

5. 用户

用户既包括网友个人上传，也包括小作坊式的内容制作工作室。前者主要是网络用户或手机用户的个人上传，也就说，只要拥有了设备，任何个人都可能成为作品的提供

者；后者则更多是专门为手机或其他移动终端提供视频内容的小型个人或者小团队的工作室，其制作的视频短片与传统内容制作公司生产出的内容大相径庭，但在网络传播上却受到了一定数量群体的追捧。

（二）国内手机电视内容分类

从内容分类上看，如果将视频网站分为广电媒体视频网站、门户网站视频频道、视频分享网站和运营商手机视频业务，可以看出四类主体的内容分类各自不同。广电媒体手机视频传承了传统媒体内容的特点；门户网站与视频分享网站注重用户的原创内容；运营商手机视频内容分类相对单一。

表 9—5　我国手机视频运营主体和内容构成分析①

业务运营主体	视频内容
广电媒体视频网站手机电视	电视频道直播、电视栏目、播客、影视剧、动画片、纪录片
门户网站手机电视	影视剧、电视直播、电视栏目、播客、拍客新闻资讯、嘉宾聊天、体育、财经、实用生活、军事、音乐、八卦、搞笑、猎奇
视频分享网站手机视频	电影、电视剧、综艺节目、资讯、体育、汽车、科技、娱乐、音乐、动漫、生活、时尚、旅游、母婴、教育、搞笑、广告、用户原创
运营商手机视频	娱乐、影视、动漫、体育、财经、原创、搞笑、军事

（三）国内手机电视的四种功能

目前，国内的手机电视的功能主要有点播、下载、直播和推送四大类功能。

1. 点播

点播是将媒体内容编码压缩成相应格式，存放在内容服务器上并把内容的描述信息以及链接放置在手机门户上。最终用户就可以通过访问手机门户，发现感兴趣的内容，有选择地进行播放。

2. 直播

直播编码服务器将实时信号编码压缩成相应格式，并经由服务器分发到用户的手机终端播放器。用户能够实时同步观看视频内容。

3. 下载

用户将视频内容下载并存储到手机终端中，然后可以选择在任意时间进行播放。

4. 推送

根据不同用户需求，定制视频产品，定时私密推送。用户可以定自己所需，定制不同的视频产品，接受其推送的链接。

① 中国传媒大学广告学院媒介研究所根据相关资料整理。

图 9—7 凤凰的手机台、芒果的手机台和土豆的手机台

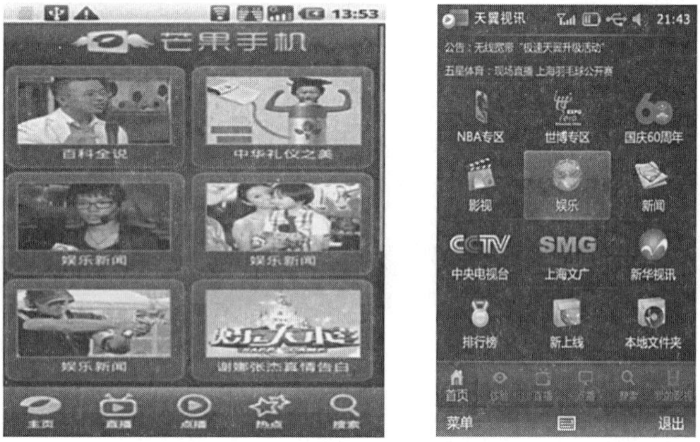

图 9—8 中国电信手机视讯界面

资料链接

中国移动手机电视运营

1. 手机电视两种观看方式：WAP 和客户端

表 9—6 WAP 和客户端的功能

WAP	客户端
点播、直播、下载	点播、直播、下载和回播（三天内的直播节目）

手机视频有两种观看方式：WAP 和客户端，从功能上看，两者都可以实现点播、直播

和下载，客户端还能够回看三天以内的直播节目。

2. 合作类型：垂直栏目与品牌合作

表 9—7　垂直栏目与品牌合作情况

垂直栏目业务				品牌合作业务		
由中国移动主导进行栏目规划，以用户对手机视频内容的使用偏好为基础，对内容采取垂直分类组成的栏目，如影视、体育、财经、动漫等				以手机视频合作伙伴的品牌进行业务分类，如 CCTV 手机视频、上海文广手机视频等		
分成比例： 中国移动：SP：CP＝60%：10%：30%				分成比例： 中国移动：合作伙伴＝60%：40%		
重点发展垂直栏目目前统一 6 元/月，订购精彩 15 套餐的用户可观看所有垂直栏目				合作业务的包月在 5 元、6 元、8 元等不同档的资费		
产品资费						
栏目名称	运营支持	内容审核	信息费	栏目名称	合作伙伴	信息费：月/次
影视	国视通讯	国视通讯	包月 6 元，按次 1 元，订购精彩 15 套餐的用户可观看所有垂直栏目	CCTV 手机电视	央视国际	6 元/1 元
体育	央视国际	央视国际		CCTV 足球频道	央视国际	6 元/1 元
财经	东方龙	东方龙		CCTV 第五频道	央视国际	10 元/1 元
动漫	央视国际	央视国际		东方手机电视	东方龙	10 元/2 元
娱乐	中投视讯	中投视讯		东方龙高尔夫频道	东方龙	包月 50
搞笑	央广视讯	央广视讯		CRI 手机电视	国际视讯	10 元/2 元
原创	土豆网	央视国际		中国国家地理	国际视讯	8 元/2 元
军事	凤凰新媒体	央广视讯		中国气象频道	国际视讯	5 元/1 元
				央广视讯手机电视	央广视讯	8 元/2 元
				视讯中国手机电视	中投视讯	10 元/1 元
				人民网手机电视	人民网	8 元/2 元
				新华视讯	新华社	免费

第四节　手机报运营

一、手机报定义及特点

（一）手机报的概念

手机报是传统媒体和电信媒体结合的产物。

2009 年，中国互联网络信息中心 2 月发布的《中国手机上网行为研究报告（简版）》指出，手机报是基于移动网络传输，并在手机上进行阅读的经过特殊包装后的报纸。

中国人民大学新闻学院副教授匡文波对于手机报的定义为："手机报是指将纸质报纸的新闻内容，通过移动通信技术平台传播，使用户能通过手机阅读到报纸内容的一种信息传播业务。"①

① 匡文波：《手机媒体概论》，中国人民大学出版社，2006 年版。

(二)手机报特点

1. 移动性和便携性

随着生活节奏的加快,人们的生活方式不断改变,时间被分割进入碎片化的状态,空间被整合进入移动化状态。手机报正符合人们的这些变化,可以摆脱时空的限制,只要移动通信网络畅通,不论你置身边远山区还是出差在旅途,只要通过随身携带的手机就可以随时了解多种资讯内容,真正体现了无时不在、无处不在的功能。

2. 即时互动性

手机报在即时互动性方面有着得天独厚的优势。手机平台上的信息传输是双向的,用户不仅可以接受信息也可以发出信息,而且用户在阅读手机报后,可以直接对信息内容进行即时评论,并把自己身边发生的信息通过手机发送到编辑平台,具有极强的即时互动特性。

3. 表现形式的丰富

手机报具有多媒体的特性,不仅能够传递文字和图片,而且还能够传递动画和声音。移动互联网时代用户可以自由选择内容提供商提供的各种定制的信息服务,通过便捷的互动和反馈机制,使手机报更加个性化和人性化。

二、手机报的市场运营分析

(一)国外手机报的发展

手机报原创于日本,在日本报纸发行量饱和并走下坡路时,《朝日新闻》和《日本经济新闻》等报社纷纷通过手机媒体传送新闻。

美国和欧洲则是使用了"新闻快递"(News Express)服务来实现手机报业务,时代华纳以及 CNN 专门组建小分组每天向手机用户提供 15～20 条数字新闻,并附有彩色图片,最新的报道则以时尚短信的方式在第一时间发送到手机上,使其能像在报刊亭一样在手机里自由地选择报纸杂志。

资料链接

iMode 推动日本手机报发展

日本的手机报是以一种叫 iMode 的技术为依托的。日本 iMode 诞生于 1999 年 2 月 22 日,由日本电报电话公司 NTT 和移动通信公司 DoCoMo 共同推出,能够使用户以低廉的费用上网,IMode 为日本手机媒体的发展奠定了坚实的技术基础。iMode 手机作为网络终端,成为新闻、广告和增值服务的载体。日本各大报社纷纷通过手机媒体传送新闻,手机用户可以根据菜单选择网络信息服务。手机用户阅读新闻所缴的费用由 NTT DoCoMo 公司与各报社分成。

iMode 创造了新的电信服务赢利模式,即代内容提供商收取信息费,与内容提供商进行利润分成,分成比例一般是 9∶91,即信息费中的 9%将作为手续费归 NTT DoCo-Mo 公司所有。合理的收费模式使内容提供商获得了一定的收入,从而激励内容提供商不断提供完善和新颖的内容，促进了信息源的发展，也降低了内容提供商的运营风险。

(二)国内手机报的发展

我国第一份完整的手机报出现在2004年7月18日，由《中国妇女报》与中国移动合作推出的全国第一家手机报《中国妇女报彩信版》，自此手机报在国内快速发展。同年年底，重庆联通与重庆各大报纸进行业务合作，推出了《重庆晨报》、《重庆晚报》和《热报》的WAP版手机报。

2005年，国内十多家地方性报社和主流媒体也开始先后涉足这一新兴领域。2005年1月10日，杭州日报报业集团和杭州移动合作推出彩信手机报纸。手机报由"杭州网"编辑运作，内容汇集旗下《杭州日报》、《都市快报》和《每日商报》三家报纸的当天新闻。

2006年，手机报的发展出现小高潮，全国手机报呈现一片繁荣，内容形式更加丰富，个性更加突出。2006年1月1日，无锡新传媒网和中国联通联手推出《无锡手机报》，内容选取了无锡日报报业集团当天出版的7份报纸的精华，图文并茂。该手机报依托CDMA网络高速数据传输优势，不仅突破了其他手机报5000字的容量限制，还预留了音视频功能。

手机报在全国范围内已形成规模竞争的2007年，中共机关报和专业版手机报开始运营，手机报市场趋于理性。2007年2月28日，中国最大的综合性平面媒体和中共中央机关报《人民日报》开始面向全国正式发行手机报。其主要内容以《人民日报》的内容为主导，以人民网的内容为基础，充分体现权威性、公信力和大众化的完美结合。

根据艾瑞咨询研究发现，2009年中国手机报市场达到15.8亿元，比2008年增长12.2%，其中手机报付费用户规模达到5200万户，比2008年增长10.6%。

资料链接

《中国妇女报彩信版》手机报案例

产业链组成主要包括四方：运营商——中国移动、信息源提供商——《中国妇女报》、手机报系统开发技术公司——北京好易时空网络科技有限公司、用户。在这条产业链中，运营商中国移动一般只创造开展移动增值业务的环境，提供业务接入、技术支持、计费与收费、统一客服、市场宣传等服务，不提供适合手机报的软件系统的技术和设备，所以需要引入第三方——北京好易时空网络科技有限公司。

三、我国手机报的内容构成

手机报内容来源主要有两种方式，一种是由内容提供商提供专业内容，另一种是由运营商自主进行内容整理和供给：

(一)由内容提供商提供

内容提供商(简称CP)位于手机报产业的最上端，用户所使用的也正是手机报的内容。随着媒体类型的丰富、终端市场的不断饱和，内容也将成为整个数字时代最为重要的资源优势。目前手机报的内容提供商主题多样，同时内容提供商提供的内容也多种多样，包含新闻资讯、财经新闻、娱乐新闻、体育新闻、商业消费资讯、天气资讯等。

表 9—8 手机报 CP 类型及代表

CP 类型	CP
通讯社	新华社、中新社
报社/报业集团	人民日报社、中国日报社、南方报业集团
杂志社	瑞丽杂志社、中国地理杂志社
电视台	中央电视台、凤凰卫视
广播台	中央人民广播电台
网络媒体	财经网

（二）运营商自主集成

除了内容提供商提供内容外，运营商也会从内容合作者处挑选一部分内容，自主集成为手机报产品，分发给用户。比如中国移动的《新闻早晚报》、中国电信的《天翼快讯》等。

此外，按照不同的内容，手机报可以分为新闻、体育、文娱时尚、生活、文学、财经、教育、游戏、法制、军事、科技和品牌专刊 12 个类别。

表 9—9 三大运营商手机报分类及内容

运营商 手机报类型	中国移动	中国联通	中国电信
新闻类	《新闻早晚报》、《新闻周刊》、《人民日报》、《新华手机报》、《南方日报》等	《新闻早晚报》、《人民日报》、《环球时报》、《北京青年报》	《新闻早晚报》、《新华快递》
体育类	《体育新闻》、《风云足球》、《无界篮球》、《足球报》、《体坛周刊》等	《足球》、《体坛周报》、《中国国家地理》	《体育快报》、《先锋体育》
文娱时尚类	《无线音乐》、《电影爱好者》、《明星娱乐》等	《明星娱乐》	《电影报》、《搜狐娱乐》
生活类	《周末画报》、《瑞丽》、《中国国家地理》、《TV 视界》、《三联生活周刊》等	《三联生活周刊》、《女友》《昕薇》	《今报民生参考》、《赢生活》
文学类	《移动图书馆》、《青年文摘》等	《三月风》、《科幻世界》	
财经类	《中广财经》、《21 财经》、《财经》、《致富经》、《理财周刊》等	《中国证券报》、《证券日报》、《国际商报》、《第一财经日报》	《经济观察报》、《证券日报》、《理财报》
教育类	《M—zone 英语报》、*China Daily*、《育儿天地》	《21 世纪英文报》	
游戏类	《Game 风》		
法制类	《法制日报》		
军事类	《环球军事》		
科技类	《互联网周刊》、《中国网友报》、《电脑报》	《中国花卉报》、《电脑报》	
品牌专刊	《全球通专刊》、《动感地带专刊》		

第五节　手机门户

一、手机门户定义及特点

(一)手机门户的定义

门户(portal),本意是指正门、入口。在互联网媒体中,门户是指用户进入互联网各种应用服务的入口。所谓手机门户,是指在手机终端上能够提供综合性互联网信息资源服务的应用系统。

(二)手机门户的特点

手机门户是手机媒体业务的展示平台,也是重要的窗口和渠道。门户集成各种业务,包括图铃、电子书、手机报、视频和游戏动漫等,是良好的展示平台,用户能够通过门户获取各种内容、业务,满足一站式的需求。

目前比较活跃的手机门户包括腾讯 3g. qq. com、新浪 3g. sina. com、3G 门户等,这些手机门户是由互联网企业面向手机用户提供移动互联网服务的门户。

而移动梦网、沃门户、互联星空等手机门户,则是通信运营商自己建立的手机门户,运营商以减免流量等方式,吸引用户在门户上使用相应的业务。当形成习惯时,就可以进一步发展用户付费订阅。

二、手机门户的市场运营分析

(一)国外手机门户发展概况

日本 DeNA 可以说是海外手机门户网站的典型代表,创立于 1999 年,最初是互联网企业,目前已经成为向移动互联网提供服务的著名企业,其旗下的 Mobage—Town 承担其整个手机门户业务。它以运作最成熟的社区为核心,通过社交、游戏、内容、拍卖等功能黏住用户,再向用户收取增值费,主要包括虚拟货币、虚拟道具物品以及游戏花费,逐步开拓了搜索、新闻等业务,发展成为全方位的门户网站。

表 9—10　日本手机门户 Mobage—Town 主要业务内容

Mobage—Town	
游戏	休闲式线上游戏、结盟游戏、多机游戏等 200 多种游戏
SNS	名人博客、BBS、短信、Q&A
搜索	趣味话题、天气、地图、打工信息
新闻资讯	
小说阅读	
用户分享	日记、音乐、视频、烹饪、图片
其他	运势占卜

手机游戏是手机门户的主要内容之一，Mobage－Town 向手机用户提供免费的网络游戏，从大型的多人游戏到迷你小游戏。在创立之初，Mobage－Town 提供的游戏都是免费的，主要是为了吸引用户群。从 2008 年，Mobage－Town 开始投入一些大型游戏，这些游戏基本上也是免费的，但收费模式从完全免费的游戏模式渐渐地开始向收费的形式转变。

游戏免费但使用工具收费，这与网络游戏的赢利模式是相同的。玩家在玩游戏的时候，一个重要的工具就是头像(avator)，各种绚丽的头像得到玩家的普遍认可。从 2008 年开始，Mobage－Town 开始着手研发 3D 的头像。

此外，Mobage－Town 的发展如此迅速，一个重要的亮点就是它所提供的社区服务，比如博客、电子邮件、聊天室、日志和留言板等。通过将游戏与社区相结合的方式，使得用户在使用网站的时候，既有丰富的游戏可玩，也有社区让兴趣相同的人进行沟通，讨论关于游戏的问题，这种游戏社区的方式取得了巨大的成功。

图 9－9　日本 DeNA 手机门户 Mobage－Town

(二)国内手机门户的运营现状

早在 2003 年，我国曾经出现了一段时间的手机门户发展热潮，但是那个时候的手机门户网站主要以经营彩铃、图片和游戏等内容提供商提供的下载服务为主。直到 2008 年我国通信市场进入 3G 元年，手机门户的发展才随着 3G 的来临出现重大转机。

调研数据显示，手机门户网站活跃用户对手机网站的使用集中在几家大的手机门户网站上，其中手机腾讯网、手机新浪网和 3G 门户网是使用率最高的三大门户网站，也是累积用户规模最多的三大手机门户网站，行业整体集中度较高。

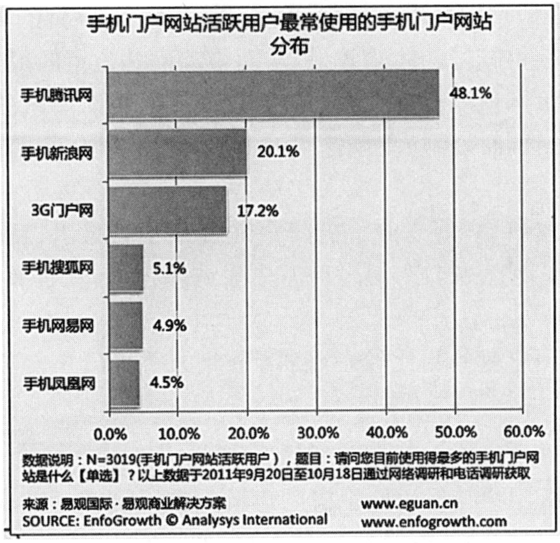

图 9—10 手机门户网站活跃用户最常使用的手机门户网站分布

(三)运营商手机门户运营分析

在通信运营商的手机门户中，中国移动的梦网运营比较成熟，从内容编排到内容容量，梦网都领先于联通和电信的手机门户。梦网的业务既包括一些图铃业务、游戏业务和书报杂志类的精品业务，又包括一些理财、投资、股票和应用工具这样的专业收费业务，当然还有一些诸如天气预报、话费查询、营业厅服务等免费业务。

案例：中国移动手机梦网门户

通过对中国移动梦网门户的分析，我们发现：中国移动现在的界面与免费手机门户网站有些类似，淡化了其收费的色彩。首页标签分类细致，包括天气、直播、营业厅和视频等多个标签供用户点击获取。主要业务构成按照精品业务、普通业务和免费业务可以分成如表 9－10 中的类别。其中精品业务占据了主要位置，主要由各 SP 提供。普通业务和免费业务则是由中国移动自己集成。在梦网门户的业务中，免费资讯和图库为其贡献了近 30%的流量，由于图库的文本比资讯大，因此可以推算出资讯的 PV 量远远超过文本。

表 9—11 中国移动手机门户网站业务一览

精品业务	直播、视频、MM、导航、游戏、阅读、影视、铃图、动漫、主题、品牌、营业厅、MO 新生活、下载专区
普通业务	资讯、空间、理财、汽车、数码、杂谈、情感、职场、时尚、掌上北京
免费业务	营业厅、天气

(四)互联网企业的手机门户运营分析

除了运营商推出自己的手机门户网站业务外，一些互联网企业也纷纷推出了手机门户网站业务。目前，原来桌面互联网的巨头腾讯、搜狐、新浪和一直都在移动互联网领域开拓的 UC－Web、3G 门户都开发了适应 2G 手机以及 3G 手机的黑白版本和彩版，多版本的设置能够使用户获得较好的体验效果，从而带动网站流量的提升。

手机腾讯网和新浪网依靠桌面门户的优势，平移了桌面门户的内容资讯，页面布局比专业门户紧凑得多。同时，消息更新速度也比专业门户快，新浪的页面更新平均每两分钟一次。

而 UC－Web 和 3G 门户等专业手机门户则避开了与腾讯、新浪的互联网门户资讯竞争，新闻资讯量远远少于大门户，但是前者更强调应用性，在首页部分大量的应用占据了主导。

与运营商的手机门户业务相比较，互联网企业的手机门户业务凭借自己的优势，有着不同的特点：

1. *搜索＋互动*

互联网企业的手机门户与运营商手机门户最大的区别在于前者强调用户的主动性。各网站均有搜索功能，提供的搜索标签的位置以及搜索类别划分都比较细致，注重用户的个性需求。除此之外，互联网企业的手机门户还支持用户的评论功能，能够增强用户互动性，提升页面的黏着力。

2. *以免费内容居多*

经过对几个门户网站各频道的随机使用体验，可以发现，运营商的手机门户网站除了资讯内容免费之外，其他业务大部分属于收费业务。但是在互联网企业的手机门户网站中，这种情况有所不同，在随机使用的业务体验中大部分属于免费业务。而且在部分业务品质上，互联网企业的手机门户与运营商手机门户之间并未存在明显差异。

资料链接

3G 门户的业务运营案例

表 9－12　3G 门户业务体系①

项目		具体内容
内容类产品	搜索	自有品牌搜索引擎 39yy.net.cn，提供天气、餐饮娱乐、交通旅行等生活服务、实用信息、软件、游戏、网页和视频等多种搜索
	资讯	包括新闻、体育、娱乐、财经等资讯报道信息及互动平台服务
	图铃、影视下载	提供手机图片、铃声、影视、Rap3、视频、游戏及 GG 系列智能客户端软件的下载服务
	虚拟社区	通过论坛、相册、博客等频道提供聊天、交友、图片展示、信息共享的互动平台及服务
	手机游戏	提供游戏资讯、游戏指南、玩家心得等信息及相关下载服务
	电子图书	提供包括悬疑科幻、都市言情等 18 种门类、数十万本书籍（含原创）的在线阅读、下载及书友互动等服务

① 中国传媒大学广告学院媒介研究所根据公开资料整理。

续表

项目		具体内容
手机客户端软件产品	GG Live	手机流媒体在线看电视软件：目前支持在线收听电台节目、电视、直播、影视播放、视频播放等功能
	GG Music	手机在线音乐播放软件
	GG Book	手机在线阅读软件：集搜书、看书、藏书等多功能于一体的手机免费读书软件
	GG 财神爷	手机在线炒股软件：支持联通和移动在手机上实时查看沪深证券实时行情、港股外汇基金行情等，而且内置了国内最大的无线互联网门户网站——3G门户的财经频道
	GG 装机王	提供各类软件、游戏下载的软件：用户可以获取最新的手机软件、游戏资讯，最新的手机软件、游戏安装文件，还可以对这些软件、游戏进行评论、打分操作
	GG Ticket	集天气预报、火车时刻查询、飞机票查询和票务交流等功能的手机查票软件
	GG 主题	收集换皮肤软件：方便地在手机上制作各式各样、不同风格的精美主题，并能立即安装应用
	手机邮箱	能实现手机和传统互联网邮箱互发邮件，支持附件下载并附带网络U盘
	Go	手机浏览器

第六节　手机社区运营业务概况

一、手机 SNS 定义

SNS 全称 Social Networking Services，即社会性网络服务，专指能够帮助人们通过互联网构建社会性网络的各种应用服务的总称。

手机 SNS 是社会性媒体在移动互联网络的具体应用，以智能手机为移动终端载体，以用户真实通信关系或者其他的社会关系为基础，将 SNS 与移动通信技术有机结合，为人与人、人与机、机与机间的沟通和互动提供各种应用服务。

二、手机 SNS 的发展概况

(一)国外手机 SNS 发展概况

目前大多数社交媒体的重心还是在桌面互联网上，如 My Space、Facebook 和人人网等。从世界范围看，随着 3G 应用的快速推进和手机终端性能提升，移动互联网迅速发展起来，手机逐渐成为“个人信息处理中心”，手机 SNS 正迎来一个难得的发展良机。2008 年 1 月 28 日，美国第一个手机社交网站 Moco Space 开通，只面向手机用户提供服务，通过 PC 无法访问。日本手机 SNS 网站 MIXI 在 2006 年 10 月开通服务，其在手机端登录的访问量迅速增长并且超过 PC 端。从 2008 年 6 月起，MIXI 70%的访问量来自移动客户端。日本另外一家手机 SNS 网站 GREE 在 2008 年 12 月成功上市，市值超过 12 亿美元。

(二)国内手机 SNS 发展概况

中国手机 SNS 基础用户正呈现不断扩大趋势，与此同时，手机 SNS 的用户体验逐渐产生很大改观，用户完全摆脱了对传统互联网的依赖，在手机上发表自己的见解，展示自己的个性，建立自己的圈子。目前，中国市场上销售的一些智能手机，也几乎都内置了时下最为流行的SNS社交网站，包括人人网、开心网、新浪微博和微信等热门社交网站客户端。

根据易观智库Enfodesk最新发布的《2012年中国移动位置交友应用市场季度监测报告》数据显示，截至2012年6月底，中国移动位置交友应用市场累计帐户规模达到5987万户，市场活跃帐户规模达到774万户。

三、手机SNS的市场运营分析

手机SNS市场主要由移动运营商和互联网机构积极参与。

其中，移动运营商属于网络渠道供应商，参与流量分成，逐步增加自身的SNS服务建设。互联网机构积极参与手机SNS的发展，作为服务的提供商，它们多为传统SNS网站向移动互联网的渗透。

在具体的运营过程中，又出现了不同角色之间的交叉合作模式。

第一种是运营商通过和传统的SNS网站合作，向用户提供手机SNS服务，移动网络仅仅作为SNS业务的数据通道。运营商对业务的控制力取决于和传统SNS网站的合作方式。以Facebook为例，Facebook与50多个国家的运营商合作推出Facebook手机版或Fackbook定制手机。移动Facebook的应用，除原有应用在手机上也能继续应用以外，还提供一些专门的移动应用，例如通过短信更新用户状态信息、发送站内信/留言、收到电话时显示来电者的Facebook头像等。

第二种是运营商开辟专门的手机SNS门户，整合各类内容、服务、软件等提供手机SNS业务，用户可通过门户访问多个SNS站点。运营商能够对业务进行引导整合，满足用户细分需求。典型案例是AT&T的My Communities，其整合了Live Journal、My Space、Photobucket、Rabble以及Xanga等多个SNS网站，用户可访问多个满足不同需求的SNS帐号，采用包月模式，月租费为2.99美元。

第三种是运营商创建自己的手机SNS平台，深度融合运营商现有业务，并可整合用户信息、通信网络能力、SP/CP资源提供移动SNS业务。运营商对业务能够绝对控制。国内运营商也创建了自己的移动SNS平台，如中国移动的139社区、中国电信的天翼社区。

表9—13 国内、外移动SNS发展情况①

电信运营商	推出时间	国家	业务内容
KDDI	2006.11	日本	移动社区服务
SKT	2006.11	韩国	Cyworld
Cingular	2006.12	美国	My Space
Vodatone	2007.2	欧洲	My Space
Orange	2008.4	法国	Facebook、My Space

① 中国传媒大学广告学院媒介研究所根据公开资料整理。

续表

电信运营商	推出时间	国家	业务内容
中国移动	2008. 9	中国	139 社区
中国电信	2010. 3	中国	天翼社区

类型	代表公司	代表产品
互联网门户	搜狐	白社会
	新浪	新浪微博
	腾讯	手机 QQ、微信
操作系统厂商	微软	3G MSN 社区
互联网服务商	千橡互动	手机人人网
	北京开心人	手机开心网
	上海捷步士	手机图钉网
电信运营商	中国移动	手机 139 社区

案例:腾讯微信

微信是腾讯公司于 2011 年 1 月 21 日推出的一款通过网络快速发送语音短信、视频、图片和文字,支持多人群聊的手机聊天软件。用户可以通过微信与好友进行形式上更加丰富的类似于短信和彩信等方式的服务进行联系。

截至 2012 年 3 月底,微信用户破 1 亿户,耗时 433 天。2012 年 9 月 17 日,微信用户破 2 亿户,耗时缩短至不到 6 个月。截至 2013 年 1 月 19 日,微信用户达 3 亿户,时间进一步缩短至 5 个月以内,而且仍在加速普及中。

微信的特点在于,第一,主打为语音短信,不需要文字通讯,且可以跨运营商通信,更为方便及时,这一功能削弱了用户对语音电话和短信的使用,给传统的通信运营商带来了较大的压力;第二,添加了位置因素,增加了地理位置交友,同时也基于地理位置为广告主提供有针对性的营销服务;第三,微信的爆发式增长,带动了二维码在社交和商务营销上的应用。

图 9—11　腾讯的微信业务

本章重要概念和思考题

1. 移动媒体。
2. 移动媒体的业务主要形态分析。
3. 移动媒体业务集成的三种模式分析。
4. 国内外手机视频的运营分析。
5. 国内外手机报的运营分析。
6. 国内外手机门户的运营分析。
7. 国内外手机社区的运营分析。

图书在版编目(CIP)数据

新媒体理论与实务/周艳著. ——北京:中国传媒大学出版社,2014.2(2018.1 重印)
(网络与新媒体专业“十二五”规划教材)

ISBN 978-7-5657-0942-5

Ⅰ.①新… Ⅱ.①周… Ⅲ.①传播媒介—经营管理—高等学校—教材
Ⅳ.①G206.2

中国版本图书馆 CIP 数据核字(2013)第 055712 号

新媒体理论与实务

著　　　者 周　艳
责 任 编 辑 范明懿
装帧设计指导 吴学夫　杨　蕾　郭开鹤　吴　颖
设 计 总 监 杨　蕾
装 帧 设 计 刘鑫等平面设计团队
责 任 印 制 阳金洲
出　版　人 蔡　翔

出版发行 中国传媒大学出版社
社　　址 北京市朝阳区定福庄东街 1 号　邮编:100024
电　　话 86—10—65450528　65450532　传真:65779405
网　　址 http://www.cucp.com.cn
经　　销 全国新华书店

印　　刷 北京玺诚印务有限公司
开　　本 787×1092mm　1/16
印　　张 17
字　　数 360 千字
版　　次 2014 年 10 月第 1 版　　2018 年 1 月第 3 次印刷

书　　号 ISBN 978-7-5657-0942-5/G·0942　**定　价** 45.00 元

致力专业核心教材建设　提升学科与学校影响力

中国传媒大学出版社陆续推出

我校15个专业“十二五”规划教材约160种

播音与主持艺术专业（10种）
广播电视编导专业（电视编辑方向）（11种）
广播电视编导专业（文艺编导方向）（10种）
广播电视新闻专业（11种）
广播电视工程专业（9种）
广告学专业（12种）
摄影专业（11种）
录音艺术专业（12种）
动画专业（10种）
数字媒体艺术专业（12种）
数字游戏设计专业（10种）
网络与新媒体专业（12种）
网络工程专业（11种）
信息安全专业（10种）
文化产业管理专业（10种）

传媒人书店（For IOS）　传媒人书店（For Android）　微博关注我们　微信关注我们　访问我们的主页

本书更多相关资源可从中国传媒大学出版社网站下载
网址：http://www.cucp.com.cn
责任编辑：范明懿　　意见反馈及投稿邮箱：fanmingyi07@163.com
联系电话：010-6578 3601